中级物流师职业资格认证 考试辅导

龚延成　主　编
徐　椿　副主编
黄荣贵　主　审

金盾出版社

内 容 提 要

本书从应试角度出发,在介绍中级物流师职业资格认证考试教材各个单元学习目标、知识结构的基础上,解读主要知识点,分析解答近年来的全真试题,并给出每个单元的模拟试题和参考答案;然后,分析考试试卷特点和答题注意事项,并对综合案例题的答题技巧进行分析探讨,给出综合案例题的全真试题分析与解答。

本书能帮助参考人员熟悉考试重点内容、试卷特点、答题要领,并在较短时间内提高考试技巧和考试成绩,从而顺利通过中级物流师职业资格认证考试。

图书在版编目(CIP)数据

中级物流师职业资格认证考试辅导/龚延成主编 .—北京:金盾出版社,2014.10

ISBN 978-7-5082-9545-9

Ⅰ.①中… Ⅱ.①龚… Ⅲ.①物流—物资管理—资格考试—自学参考资料 Ⅳ.①F252

中国版本图书馆 CIP 数据核字(2014)第 157633 号

金盾出版社出版、总发行
北京太平路 5 号(地铁万寿路站往南)
邮政编码:100036 电话:68214039 83219215
传真:68276683 网址:www.jdcbs.cn
封面印刷:北京精美彩色印刷有限公司
正文印刷:北京万友印刷有限公司
装订:北京万友印刷有限公司
各地新华书店经销
开本:705×1000 1/16 印张:23.75 字数:422 千字
2014 年 10 月第 1 版第 1 次印刷
印数:1~4 000 册 定价:59.00 元

前　　言

　　物流业作为一个新兴的战略性产业,涉及领域广,吸纳就业人数多,促进生产、推动消费作用大,在促进产业结构调整、转变经济发展方式和增加国民经济竞争力等方面发挥了重要作用。中国物流业起步晚,在整体发展水平上落后西方发达国家 20～30 年。

　　影响中国物流业发展的因素很多,其中物流人才缺乏是关键。物流师职业资格培训教育是物流管理人才培训的主要途径之一。为抓好物流职业资格培训,中国物流与采购联合会在国家有关部门的指导下,组织制订了物流师国家标准,编写了教材,在全国布点,开展初级、中级和高级物流师培训和认证考试,一般每年的 5 月和 11 月分两次进行。

　　中级物流师职业资格认证考试采用中国物流与采购联合会统一编写的《销售物流管理》《生产物流管理》和《物流企业运行管理》教材,考题题型为判断题、单项选择题、多项选择题、情景回答题、论述题和综合案例题。其中前三项题型为客观题,为考卷第一部分,在答题卡上涂填选项,共计 120 题,答题时间为 90 分钟,时间到后即交试卷第一部分;后三项题型为主观题,为考卷第二部分,在试卷上直接填写答案,共计 10 大题(综合案例题一般又分为 3～5 小题),答题时间为 120 分钟。总体来看,考试时间紧,题量多,难度大,通过率较低。

　　本书从应试角度出发,在介绍中级物流师职业资格认证考试教材各个单元学习目标、知识结构的基础上,解读主要知识点,分析解答近年来的全真试题,并给出每个单元的模拟试题和参考答案(注:书中"见书本 1.1"或"见教材 3.1.1"等,是指与本书配套用的"书本"或"教材");然后,分析考试试卷特点和答题注意事项,并对综合案例题的答题技巧进行分析探讨,给出综合案例题的全真试题分析与解答。本书编写的目的是让参考人员熟悉考试重点内容、试卷特点、答题要领,并在较短时间内提高考试技巧和考试成绩,顺利通过中级物流师职业资格认证考试。

　　本书由龚延成担任主编,徐椿为副主编,黄荣贵为主审。在编写过程中,文字、赵方庚、杨希锐、施红星、彭丽伟、陈一永、陆克久、闫彬、黎才武、贾龙真、付成钢等同志参与了资料收集和文档整理工作。

作　者

目　录

第一篇　销售物流管理

第三篇　物流企业运行管理

第四篇　考试试卷特点及综合案例题答题技巧

第一篇　销售物流管理

单元一　概　述

一、学习目标

1. 掌握销售物流与销售渠道的关系。
2. 掌握销售物流的概念、环节及内容。
3. 了解销售物流管理的内容、方法及在不同行业的发展。
4. 确定销售物流的发展方向。

二、知识结构

知识结构如图 1-1 所示。

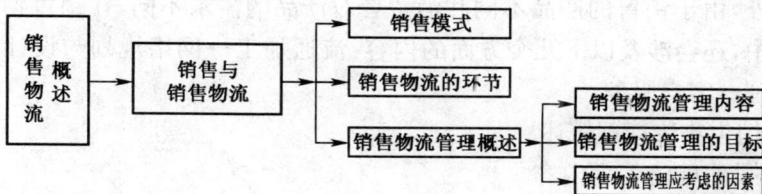

图 1-1　销售物流管理知识结构

三、主要知识点解读

销售物流也叫做分销物流，是生产企业、流通企业在商品销售过程中的物流活动，具体是指产品从下生产线开始，经过包装、装卸搬运、储存、流通加工、运输、配送，最后送到用户或消费者手中的物流活动。

销售物流既要承接生产，又要面向用户或消费者，是企业物流的一个重要环节。对于不同的企业而言，由于产品属性的不同和销售模式及渠道的差异，销售物流的实际运作形式和管理模式也具有不同的行业特点和销售渠道，总的来看，主要有两种形式：一是生产企业直接面向消费者；二是从生产企业到流通企业，然后到消费者。

1. 销售模式

销售模式和渠道直接影响着销售物流的规划布局、运作管理模式。目前，市场上运用较多的销售模式有直销、代销、经销、分销和网络销售。

网络销售不同于传统意义上的销售,具体体现在如下几个方面:

①网络销售分为 B2B、B2C 等销售模式。

②销售者展示的产品信息主要是照片、文字,而不是样品或货架商品。

③消费者通过网络了解产品、价格等信息,并在网络上完成订单和送货预约。信誉对销售者来说至关重要。

④网络销售的退货比一般销售渠道的退货更为复杂,特别是 B2C 销售模式的退货。

⑤产生了新的资金流方式。

⑥网上销售的配送方式与传统销售没有本质的区别。

因此,无论商品从生产企业到消费者采用的是直接供应模式还是间接供应模式,对物流影响的关键环节是物流运作,即经过多少次的物流活动。环节越多、越复杂,商品所附加的费用越高,同等条件下销售越困难。

2. 销售物流的环节

单就产品的销售而言,销售物流主要包括如下环节:产品包装→产品储存→装卸搬运→运输和配送。这是销售物流中必不可少的几个步骤。

另外,由于销售的产品不同和消费者对产品的需求不同,在销售物流的管理内容中,还会涉及以下几个方面的内容:流通加工→网络规划与设计→物流信息管理→客户服务。

3. 销售物流管理概述

(1)销售物流管理内容

所谓销售物流管理就是对于销售物流活动的计划、组织、指挥、协调和控制,具体的内容主要包括以下几个方面:

制定市场战略和物流战略→规划物流网络布局→策划销售物流总体运作方案→设计规划各个物流网点的相关方案→策划设计运输、配送方案→策划设计库存方案→策划设计流通加工方案→策划设计包装装卸方案→策划设计物流运作方案的实施→物流运作过程的管理→物流业绩管理→物流人员的管理→物流技术的开发和运用→物流客户服务方案。

(2)销售物流管理的目标

销售物流管理的目标是保证销售物流有效合理地运行。

(3)销售物流管理考虑的因素

在销售物流管理中,需要考虑的内容主要有:

①销售支持和扩大市场。

②客户服务水平。

③提高物流工作质量。

④降低物流成本,提高物流工作效率。

⑤不断学习、开发和运用新的物流技术。

4. 生产企业销售物流的主要形式

(1)销售对象为企业

这种生产企业为原材料或半成品生产企业,其主要客户是其他的生产企业。这种企业的销售物流相对较短,也比较简单,产品品种相对较少,只需要从一地到另一地的运输配送,强调配送的及时性和准确性。

(2)销售对象为消费者

这种生产企业生产的最终产品直接面对消费者,其销售物流需要考虑从产成品下线,从车间到仓库,从仓库到配送中心,从零售终端到消费者等几个阶段和过程,关系整个供应链的下游运作和管理。

5. 终端零售企业的物流管理

终端零售企业直接面向单一的消费者,其核心是销售物流。超市物流主要是内部供应物流;网络销售、大家电销售等需要考虑直接将商品配送到消费者;批发、分销商等直接将商品配送到下级客户,主要是大批量的配送。因此,零售企业物流系统的设立应充分考虑一定商圈内客户运营的需要,而且有宅配需要的消费者对反应实效的要求越来越高,物流的规划中应着重考虑反应能力和灵活性。

6. 销售物流的信息化管理

销售物流的信息化管理是销售物流快速发展的需要,很多企业一方面通过现代信息系统提高企业内部的销售物流效率(如 POS 系统、数字库存管理系统等),另一方面,也积极利用 EOS、EDI 等,在生产企业与批发企业或零售企业之间实现订、发货自动化,真正做到销售的在线化、正确化和即时化。

四、全真考试试题分析

论述题

请阐述生产物流与销售物流的区别和联系。

试题分析:本题考核对物流概念的全面理解,应从定义、职能、特征等方面来阐述区别,从系统整体角度来说明其联系。答题可按定义、区别、联系的逻辑顺序展开,由于是论述题,分值较高,应尽可能回答全面、细致、准确,具体可参考《销售物流管理》与《生产物流管理》的第一章相关内容。

答题要点如下:

区别:生产物流是对原材料、零部件与半成品在生产过程中的管理和计划,涉及物料流和信息流,但基本不涉及资金流的管理,以满足生产需求为目的。销售物流是对产成品在流通领域的管理和计划,包括对物料流、信息流和资金流的管理,以满足消费者的需求为目的。销售物流管理是针对客户的独立需求,而生产物流管理是针对生产线的相关需求;销售物流管理是以满足最终消费者的购买需求而进行的一系列活动,而生产物流管理的重心则是保障生产顺利进行的一系列活动;销售物流管理活动受到消费者消费特征的影响,而生产物流管理则更多的是受产品结构以及生产工艺特征的影响。从流程上看,生产物流是从原材料及采购的标准件、外协件开始,到产品从生产线完成加工制造下线结束,基本在厂区完成,而销售物流则从产品从生产线下线开始,经过包装、搬运、储存、运输、配送等环节,直到客户手中的物流活动。

联系:尽管生产物流与销售物流有所不同,但是在产业链上,销售物流又对生产物流产生重要影响,继而生产物流向上游传导影响到供应物流,这意味着生产物流与销售物流和供应物流存在着紧密联系。生产物流是销售物流的保障和前提条件,销售物流是使生产物流变现的手段。

五、单元测试题及参考答案

单元测试题

(一)判断题

1. 销售物流又叫做分销物流,是生产企业、流通加工企业在商品销售过程中的物流活动,具体包括产品包装、装卸搬运、储存、流通加工、运输、配送等环节。(　　)

2. 对企业而言,销售物流的形式主要有两种:一是生产企业直接面向消费者;二是生产企业到流通企业,然后到消费者。(　　)

3. 销售物流是企业物流的一个重要环节,与企业的销售系统、分销商、零售商及客户配合,共同完成产品的销售任务。(　　)

4. 销售模式和渠道直接影响销售物流的规划布局和运作管理模式。目前,市场上运用较多的销售模式有直销、代销、分销和网络销售四种。(　　)

5. 直销模式是指生产企业直接将商品销售给消费者,而不通过中间的流通企业,如安利、戴尔、奇瑞等公司的销售模式。(　　)

6. 网络销售是指在互联网开放的网络环境下,基于浏览器/服务器应用方式,买卖双方不谋面地进行各种商贸活动,实现消费者的网上购物、商户之间的网上交易和在线电子支付的销售模式。(　　)

7. 从生产企业到消费者的直接或间接渠道,对物流的影响关键是物流管理的模式,即企业采取什么样的管理方法、手段,而物流活动的每一具体环节及其物流内容在运作原理上都是相通的。(　　)

8. 对产品实施包装的主要目的是既要考虑运输、仓储空间的利用和易于

保护及搬运的可操作性,又要顾及使用者的便利性,还要考虑促销目的的捆绑等形式的包装。(　)

9. 销售物流环节不仅包括产品包装、储存、装卸搬运、运输和配送,还包括流通加工、网络规划与设计、物流信息管理、客户服务等相关内容。(　)

10. 销售物流管理就是对销售物流活动的计划、组织、指挥、协调和控制,包括网络销售和客户的回访等活动。(　)

11. 销售物流管理的目标是保证销售物流有效合理地运行,既扩大市场、提高客户服务水平,又降低成本、提高物流工作效率。因此,对企业而言,销售物流的环节越少越好。(　)

12. 在供应链模式下,销售物流与供应物流是一个事物的两个方面。(　)

13. 在当前市场竞争极其激烈、产品性能逐渐趋同的情况下,企业要实现产品销售的高效化,需要考虑的因素有很多,如市场的扩大、销售的支持、物流环节的控制、客户服务水平等。(　)

14. 在构筑企业自身的物流系统、确立销售策略过程中,生产企业与零售企业在面对消费者时,他们的销售物流管理策略基本是趋同的,即实现销售的最大化。(　)

15. 销售物流的信息化系统对生产企业、终端零售企业提高企业内部的销售物流效率具有积极作用,如 POS 系统、数字库存管理系统的使用等。(　)

(二)单项选择题

1. 销售物流又叫做分销物流,是企业物流的一个重要环节,与企业的(　)配合,共同完成产品的销售任务。
　　A. 生产系统　　　B. 管理系统　　　C. 后勤系统　　　D. 销售系统

2. (　)既要承接生产,又要面向用户或消费者。
　　A. 生产物流　　　B. 企业物流　　　C. 销售物流　　　D. 库存管理

3. (　)和渠道直接影响销售物流的规划布局和运作管理模式。
　　A. 销售模式　　　B. 生产模式　　　C. 管理模式　　　D. 库存方式

4. 没有商品所有权,只是促成交易,从中赚取佣金的模式属于(　)。
　　A. 直销模式　　　B. 代销模式　　　C. 经销模式　　　D. 分销模式

5. 利用资金从厂家购买商品并转手销售给下一级消费者,从而赚取利差的一种销售模式属于(　)。
　　A. 直销模式　　　B. 代销模式　　　C. 经销模式　　　D. 分销模式

6. 从生产企业到消费者的直接或间接供应渠道,对物流影响的关键是(　)。
　　A. 产品价格　　　B. 销售模式　　　C. 管理模式

　　D. 物流运作的环节

7. 在物流销售成本中,成本占据较大的活动是(　　)。

　　A. 装卸搬运　　　B. 流通加工　　　C. 产品储存　　　D. 运输配送

8. 超市物流主要是内部供应(　　)物流。

　　A. 流通加工　　　B. 生产管理　　　C. 产品储存　　　D. 内部供应

9. (　　)物流系统的设立应充分考虑一定商圈内客户运营的需要,而且有宅配需要的消费者对反应实效的要求越来越高,物流的规划应着重考虑反应能力和灵活性。

　　　A. 零售企业　　　B. 生产企业　　　C. 加工企业　　　D. 管理部门

10. 生产原材料或半成品的企业的主要客户是其他的生产企业,这种企业的销售物流相对较短,产品品种相对较少,只需要从一地到另一地的运输配送,强调配送的(　　)。

　　　A. 科学性　　　　B. 及时性　　　　C. 准确性

　　　D. 及时性和准确性

(三)多项选择题

1. 下列属于销售物流管理活动范围的是(　　)。

　　A. 产品包装　　　B. 装卸搬运　　　C. 流通加工　　　D. 储存运输

　　E. 产品配送

2. 目前市场上运用较多的销售模式有(　　)。

　　A. 直销模式　　　B. 代销模式　　　C. 经销模式　　　D. 分销模式

　　E. 电子商务

3. 下列关于网络销售的描述正确的是(　　)。

　　A. 产品的非直观性

　　B. 建立消费者的信任很重要

　　C. 退货比一般销售渠道的退货更为复杂

　　D. 配送方式与传统销售没有本质的区别

　　E. 消费者通过网络了解产品

4. 装卸搬运是销售物流的一个重要环节,装卸搬运的方式直接影响(　　)。

　　A. 物流作业效率　　　　　　　B. 商品残次控制　　　C. 成本

　　D. 分销模式　　　　　　　　　E. 储存方式

5. 下列属于在销售物流的管理内容中涉及的活动是(　　)。

　　A. 流通加工　　　　　　　　　B. 物流信息管理

　　C. 客户服务　　　　　　　　　D. 电子订货

　　E. 网络规划与设计

6. 在销售物流的管理中,客户服务至关重要,它起着减少中间环节、提高客户服务水平、促进销售的作用。下列属于客户服务内容的是( )。

    A. 货物跟踪   B. 运价咨询   C. 业务查询   D. 售后咨询

    E. 产品维修

7. 下列属于销售物流管理内容的是( )。

    A. 制定市场战略和物流战略

    B. 策划销售物流总体运作方案

    C. 设计规划各个物流网点的建设方案

    D. 策划设计流通加工的方案

    E. 物流运作过程的检查、监督、控制和统计、总结

8. 在竞争日趋激烈、产品日渐趋同的情况下,企业要实现销售物流管理的高效化,需要考虑的因素很多,下列属于销售物流管理考虑的因素是( )。

    A. 销售支持和扩大市场   B. 降低物流成本

    C. 提高物流工作质量   D. 客户服务水平

    E. 不断学习、开发和运用新的物流技术

(四)问答题

1. 什么是销售物流与销售物流管理?

2. 销售物流的主要环节有哪些?

3. 销售物流管理的内容有哪些?

(五)论述题

生产企业与零售企业在构筑自身的物流系统、确立销售策略过程中,各自的特点是什么?

【参考答案】

(一)判断题

1. ×,2. √,3. ×,4. ×,5. ×,6. √,7. ×,8. √,9. √,10. √,11. √,12. √,13. √,14. ×,15. √。

(二)单项选择题

1. D,2. C,3. A,4. B,5. C,6. D,7. D,8. D,9. A,10. D。

(三)多项选择题

1. ABCDE, 2. ABCDE, 3. ABCDE, 4. ABC, 5. ABCDE, 6. ABCDE, 7. ABCDE,8. ABCDE。

(四)问答题

1. 见书本"1.1 销售与销售物流"。

2. 见书本"1.1.2 销售物流的环节"。

3. 见书本"1.1.3 销售物流管理概述"部分"1.销售物流管理内容"。

(五)论述题

结合书本"1.1 销售与销售物流"最后部分作答。

单元二　销售物流的规划

一、学习目标

1. 销售物流规划的特征。
2. 描述销售物流规划的内容及原则。
3. 了解销售物流规划的具体内容。
4. 了解物流信息系统的内容。
5. 熟悉销售物流规划的方法。

二、知识结构

知识结构如图 1-2 所示。

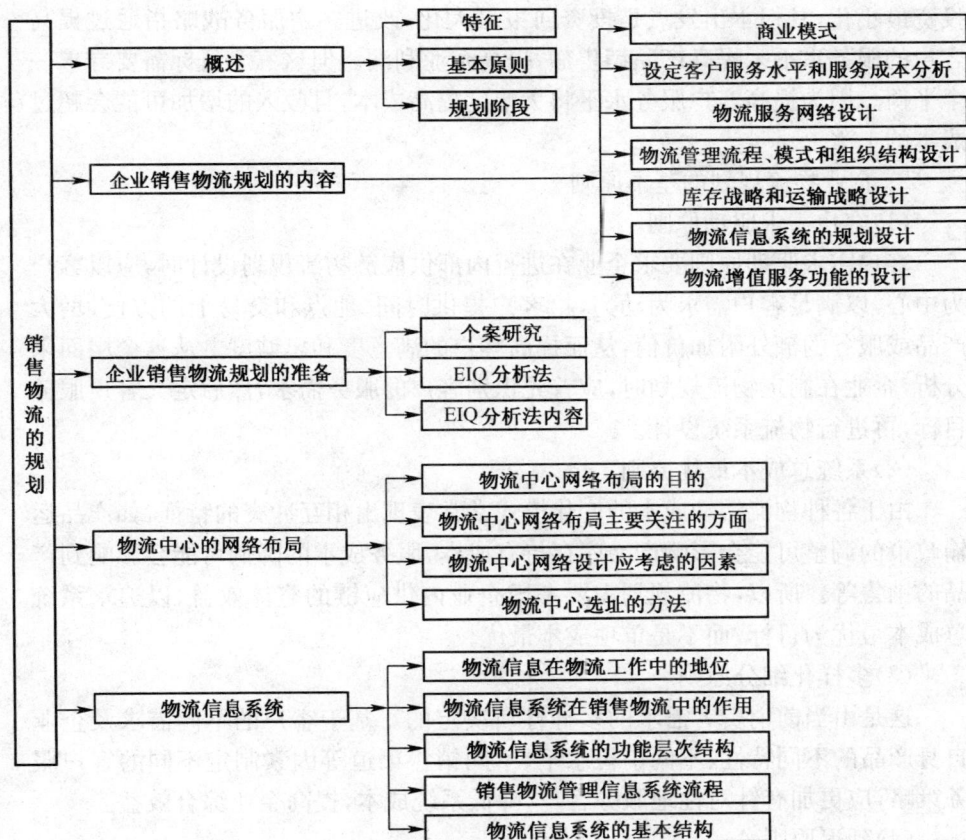

图 1-2　销售物流规划知识结构

三、主要知识点解读

(一)概述

1. 销售物流规划的特征

销售物流的规划是基于供应链体系的基本框架下,根据企业自身的发展战略和销售市场分布、对未来一段时期销售物流活动所做出的指导方案,具有目的性、前瞻性、动态性和综合性四个方面的显著特征。

物流规划方案的制定程序:确定企业战略目标→物流成本分析→制定物流规划方案→方案业绩和效果评估。

物流规划方案的制定一般要围绕降低经营成本、减少投资金额和改进客户服务这三个目标而展开。其中,降低经营成本是指在保持一定的客户服务水平的条件下尽量将系统总成本降到最低;减少投资金额指战略的实施目标是使总投资最小化,其根本出发点是投资回报最大化;改进客户服务战略指通过提高客户的服务水平来提高产品销售额,提高企业利润。但这三个目标需要寻求一个平衡。因为提高客户服务水平将大幅度提高成本,且收入的增加可能会超过成本的上涨。

2. 企业物流规划的基本原则

(1)客户需求驱动原则

客户需求驱动原则要求企业在进行内部供应链物流规划设计时,应以客户为中心,以满足客户需求为动力,给客户提供时间、地点和交易上的方便,增大产品或服务的额外附加价值,从而提高客户的满意度和忠诚度。从这个层面来分析,企业在制定物流规划时,应首先识别客户的服务需求,然后定义客户服务目标,再进行物流系统设计。

(2)系统总成本最优原则

由于各种物流活动成本的变化模式常常表现出相互冲突的特征,如产品运输政策的调整可能会影响产品库存持有成本,服务成本的降低可能会影响到产品的销售等。所以,物流规划需要考虑企业内供应链的整体效益,以追求系统总成本最优为目标,而不是单项成本最优。

(3)多样化细分原则

这是由当前消费者需求的多样性所决定的。基于客户的不同需求及企业自身产品的不同特性、不同销售水平、不同销售渠道等因素制定不同的客户服务策略,应更加有针对性地服务客户,降低系统成本,提高企业综合效益。

(4)延迟原则

延迟原则是指分拨过程中运输的时间和最终产品的加工时间应推迟到收到客户订单之后,是企业大规模定制生产的主要原则之一,不仅可提高运输的经济性和企业资源的使用柔性，而且可减少企业根据需求预测生产而必须保有的库存，以及为保有库存而进行的调拨运输，降低企业生产风险和供应链管理成本，全面提高企业效益。

（5）大规模定制原则

大规模定制原则强调物流、供应链作业活动中的规模经济效益。比如，将小批量运输合并为大批量运输；将早到达的客户订单与稍后到达的客户订单合在一起进行集中处理，进行沿线配送等，可大大降低单位货物的运输、配送成本。实行这种原则的前提是客户需求的相对宽松性和企业订单合并的可行性。如果抛弃客户需求而仅从企业本身考虑大规模定制，这种销售规划的定制将是很危险的。

（6）标准化原则

在客户需求多样性的情况下，企业要实现更多的利润就必须生产更多品种的产品。在这种需求带动下，企业就需要拿出更多的资金来维持因产品品种增多而花费的库存成本。标准化和延迟概念的综合运用是一个有效解决这一问题的工具。生产中的标准化可以通过可替换的零备件、模块化的产品设计和生产，以及给同样产品贴加不同品牌的标签等而实现。这样可以有效控制供应渠道中必须处理的零备件、供给品和原材料的种类。通过延迟，也可以控制分拨渠道中产品多样化的弊端。

3. 物流规划的阶段

物流规划基本分为四个阶段，即规划准备阶段、总体区分阶段、详细布置阶段和业务设计阶段。

（二）企业销售物流规划的内容

1. 商业模式

企业销售物流采取商业运作模式的表现形式主要有两种：一是作为独立物流公司和利润中心，既承担内部物流配送，又承接社会第三方物流服务；二是作为企业的一个部门，即成本中心，作为企业后勤支持的保障。

商业模式直接决定了物流运作模式和内部管理模式的设计，因此，企业在进行销售物流规划时，需要根据企业自身战略和物流发展的不同阶段做出选择和规划。

对于大部分生产企业，销售物流部分属于成本中心，在物流的设计中主要围绕如何降低成本，同时运作模式按照公司的一个部门进行设计。对于将销售物流作为利润中心的企业，在规划中除需要考虑作为内部第三方的运作成本的转化外，还要考虑外部业务的市场营销，这属于物流企业的运作管理模式。

目前，国内多数连锁零售企业自己组建物流管理团队，成立物流公司，最主要的是通过自营物流运作,改变供应渠道,缩短供应链,与上游供应商一起降低供应链成本;而国外很多现存的第三方物流公司是由企业分离出来,除承担原企业的配送任务外,还要自负盈亏,承接社会的物流配送任务。

2. 设定客户服务水平和服务成本分析

客户服务水平的设定是供应链规划的首要任务,直接影响着整个物流网络和系统的规划。客户服务水平较低,物流网点设定较少,运输方式可以使用廉价的方式,订单服务提前期较长。反之,当客户服务水平接近上限时,成本比服务水平上升更快。因此,客户服务水平在企业的设定是不断变化的,企业应根据不同的发展阶段的发展策略,制定相应的物流客户服务水平。

3. 物流服务网络设计

物流服务网络设计应充分考虑配送中心的数量、服务半径、位置和大小等。

4. 物流管理流程和管理模式、组织结构的设计

企业销售物流有以下四种主要的模式:企业自己组织销售物流、第三方物流企业组织销售物流、自己组织和第三方的结合、用户自己提货。

物流组织和业务流程的规划应从企业供应链管理的全局角度出发进行系统的考虑,关键是在保障企业物流总成本最低的情况下,达到物流作业的顺畅、高效率和较高的服务水平。

(1)管理流程设计

由于企业的供应链结构、经营模式、物流中心功能和建筑结构等的不同,企业物流管理的流程也不同,但基本的依据是产品属性、渠道属性、营业规模、流量预估和系统、设备、组织方面等。

①产品属性。从产品对温层的要求来分有常温和低温产品。低温商品在每一个环节都需要合乎低温标准的冷藏冷冻设备,使其保持在最适宜的低温。必须结合低温环境操作运输、仓储、装卸、包装、流通加工、信息系统等相关物流活动,满足顾客及社会需求。凡是产品都有物流的需求,不同的产品有不同的流程,规划设计都必须符合产品属性,才能产生效率。

②渠道属性。不同渠道的企业供应链长短不同,上下游的操作不同,其流程规划也不同。

③营业规模。物流中心涉及固定成本、变动成本、对外营运成本等。要实现这些成本的综合效益最大,则必须选出合适的损益平衡点。这个平衡点取决于营业规模的大小,即足够的营业规模是获利的关键。

同时,营业规模也影响着物流中心的大小设计,物流作业量的波动又直接影响物流中心的使用效率。

④流量预估。物流的产能是有限制的。如仓库有最大储位的限制,运输有

车辆的限制,工时也有一定的限制。因此,在时间上必须考虑供应链伙伴间的适配性以及存在的变数。

(2)管理模式

企业具有不同的产品,生产这些不同的产品需要不同的产品线。自然,不同的产品也需要不同的配送模式。对于一个独立的企业个体来说,在选择产品配送时,就需要考虑不同的配送模式。

现代化的物流作业管理的具体方法:①掌握每一个节点是否按照计划完成;②品质检测;③按部就班完成每一个规定好的动作;④记录所有的过程以便改进和修正。

(3)组织规划

组织规划的确定既要结合企业内部供应链的整体组织架构和战略需求,又要结合整体作业流程和成本。

5. 库存战略和运输战略设计

库存战略和运输战略设计主要依据企业服务水平而设定。库存战略既有选定库存存放方式、存放地点、补货方式等,又有库存水平的设定。而运输则包括运输方式、运输批量、运输时间及路线的选择。

6. 物流信息系统的规划设计

物流信息系统的重点是信息的共享性和即时性,主要围绕企业物流、商流、资金流和信息流的协调统一,以提高整体的运作效率和质量为目的。

7. 物流增值服务(流通加工)功能的设计

依据物流商业模式及企业市场、销售战略而规划设计的物流增值服务功能。在延迟、大订单定制原则下,物流越来越承担着重要的增值服务职能。

(三)规划的准备

物流规划是一个相对复杂的过程,从了解需求开始,到历史数据的分析、了解及验证需求的明确性,以及各种相关因素的收集分析。

分析需求的方式分为定性和定量两种,定性分析可以使用个案研究,定量分析常用到 EIQ 分析法。

1. 个案研究

个案研究法的优点是具有处理档案、访谈以及观察不同种类证据的能力。

个案研究法包含两种证据来源,即直接观察和有系统的访谈。其程序包括:

①确立研究主题与目的。

②设计分析单位。

③研究设计单一个案或多个案。

④研究设计选择对象。

⑤研究设计资料收集方法。

2. EIQ 分析法

EIQ 分析法是日本铃木震先生提出的,其含义分别是:

E 是指订单的内容,即每一笔接收的订单具有同时进行拣货且配送至同一地点的特性。只要在订单截止时间内,笔数追加的订单均可合并成单一订单,在物流作业过程视作同一订单;反之,在同一批量的订量下,要求以不同时间或不同地点配送货品,对物流中心而言即为多个订单,必须进行订单分割。

I 是指商品品项或种类。只要是不同质、量、包装单位、包装形式等的产品,都视作不同的品项。

Q 是指数量,即每一笔订单和每一品项所订购的数量资料,是结合订单与品项的媒介。

3. EIQ 分析法的内容

EIQ 分析法是将量化资料做成物流特性的分析。这些分析包括 EN 分析、EQ 分析、IQ 分析及 IK 分析等。这些分析是基于相应的数据统计进行的。

除上述统计之外,也可用金额分析,对于贡献力不同的商品作储位规划上的参考,以期做到储位最有效率的运用。

(四)物流中心的网络布局

1. 物流中心网络布局的目的

①寻求库存、运输、制造成本和服务水平的平衡。

②在不确定的情况下,有效的管理供应和需求的库存。

③有效地利用资源。

2. 物流中心网络布局主要关注的方面

①确定合适的数量。

②确定位置。

③确定每一个物流中心的大小。

④在每一个物流中心的产品配置。

⑤确定供给源的要求。

⑥确定配送策略,即客户的分配。

3. 物流中心网络设计应考虑的因素

(1)物流设施和物流服务水平

设计物流中心网络必须在企业物流服务水平设定的前提下进行。若企业客户对产品获得时间的要求不高,则企业就能集中力量扩大每一设施的能力;若企业客户对产品获得时间的要求苛刻,则企业就需集中力量在离客户较近的地方布局更多的、储存能力相对较小的物流中心,以此来缩短对客户需求的反应时间。

(2)物流设施和成本

当供应链中的设施数量、设施布局和生产能力配置改变时,就会发生物流费用和设施成本。

①库存成本。当供应链中设施数量增加时,库存及由此引起的库存成本就会增加。为减少库存成本,企业经常会尽量合并设施以减少设施数量。

②运输成本。因为进货量一般相对较大较集中,单位送货成本一般比单位进货成本高,所以,增加仓库数量就能更接近客户,从而减少送货距离,减少运输费用。但如果增加到了一定数目,使得批量进货规模很小时,设施数量的增加也会使运输费用增多。

③设施成本。设施成本分为固定成本和可变成本。设施建设和租赁成本被当作固定成本。与配送中心运营相关的成本随配送数量的变化而变化,因此被看作是可变成本。设施成本随设施数量的减少而减少。

物流总成本包括供应链中的库存、运输和设施成本之和,随着设施数目的增加,物流总成本会先减后增。

对于生产企业,物流中心的网络布局,还需要考虑生产厂内的仓库容量和安全库存策略;对于流通企业,更重要的是要考虑配送覆盖网点的距离和服务水平,同时平衡订货批量对采购订单的影响。

4. 物流中心选址的方法

物流网络的设计涉及多个物流中心的选址,是一个复杂的过程。多物流中心的选址需要综合评价各个方面,以达到服务水平和总成本的平衡。

要实现网络物流总成本最低,需要复合运算和平衡库存持有成本、运输成本、设施成本等各个成本。

多个物流中心的选址还可以通过多重心法、Cluster法和混合-整数线性规划确定。

①多重心法。将起讫点预先分配给位置待定的仓库,形成与待选址仓库数量相等的起讫点群落,找出每个起讫点群落的精确重心点,最优解是使系统总成本最小的解。

②Cluster法。首先将配送中心的选址定位在各个需求点上,然后通过将需求点进行组合,降低配送中心的数量,并比较组合后的配送中心总成本是否小于组合前的总成本,如果小于,则继续进行组合,直至组合后的总成本大于组合前的总成本。

③混合-整数线性规划。找出物流网络口仓库的数量、规模和位置,使得

通过该网络运送所有产品的固定成本和线性可变成本在一定条件约束下降到最低点。

(五)物流信息系统

1. 物流信息在物流工作中的地位

物流信息是整个物流运作和管理的神经网络。对企业而言,一个正确的物流决策必须有正确的信息为依据,而任何物流决策又必须以各种信息的方式传达到各个执行点。

2. 物流信息系统在销售物流中的作用

①桥梁作用。现代物流以信息为中心,密切联系需求和供给的系统。要实现整体最优,必须采用信息技术,将包括信息在内的各种软件和硬件资源整合,统一规划,有效协调企业部门及企业的上下游。

②推动作用。物流信息系统是整个物流系统的心脏,又是整体物流系统的神经网络,联系着物流运作和管理的各个环节。物流信息系统的发展,不仅成为提高物流运作效率、降低物流成本的主要手段,也有力推动了现代物流突飞猛进的发展。

③协助作用。物流信息系统对销售物流各作业流程具有协助的功能,它以流程管理取代传统的人为控制,提供管理所需的报表,增加决策的周全性;同时,还为信息共享提供支持,从而缩短了信息传递时间,使决策和供应链的合作成为可能。

3. 物流信息系统的功能层次结构

物流信息系统把各个物流运作行为串联成了一个完整的有机整体,由战略规划、决策分析、管理控制和作业系统四个层次组成。

作业系统是管理控制、决策分析和战略规划的基石。

管理控制的重点是绩效跟踪和评估。

决策分析的重点是通过对软件的应用,管理者能够对具有战略意义的物流措施作出鉴别、评估和比较,从而提高工作效率。

战略规划注重来自于信息的支持,以不断完善物流战略。

4. 销售物流管理信息系统流程

销售物流管理信息系统主要涉及企业的两个方面:一方面是面向供应商的补货系统,另一方面是客户订单的处理和向客户进行配送的过程。

5. 物流信息系统的基本结构

①库存管理系统。主要包括以下模块:采购补货预测、采购订单、客户订单处理、订单分配、进销库报表、异常库存报表等。

②仓库运作管理。主要包括预约管理、收货、上架、订单处理、补货、拣货、

集货区管理、退换货管理、残次管理、货物移动管理、货位管理、盘点、KPI 管理等。

物流信息系统是企业 ERP 系统的一部分,必须结合整个供应链进行设计和规划。在选择信息系统时,必须考虑物流运作的实际情况和未来的需求,具有一定的可持续性和灵活性。

市场上的任何一个系统软件都不可能完全符合企业自身的需求,必须根据企业战略和经营模式进行相应的开发工作。管理软件一般分为模块式和定制开发两种。模块式便于标准化,并易于根据不同企业的需求进行不同的组合,但灵活性一般相对较弱。定制式是根据企业的自身需求进行量身定做,个性化较强,更能符合企业自身发展的需要,但后期业务变化时的再开发费用较高。

四、全真考试试题分析

(一)判断题

EIQ 分析法是将量化资料做成物流特性的分析。( )

试题分析:本题考核对 EIQ 分析法内容的理解,是教材原话,答案为正确,详见教材"2.3.3 EIQ 分析法的内容"。

(二)多项选择题

1. EIQ 分析法是利用销售资料的( )之间的关系做出个别和交叉的统计比较。

    A. 订单内容　　　B. 订单总笔数

    C. 商品种类　　　D. 出货总品种数

    E. 数量

试题分析:本题考核对 EIQ 分析法概念的理解,答案为 ACE。英文简写"EIQ",E 是指订单内容,I 是指商品种类或品项,Q 是指每一笔订单和每一种类商品订购的数量,详见教材"2.3.2 EIQ 分析法"。

2. 企业在追求产品品种多样性的同时,需要平衡由此带来的库存增加成本。( )的综合运用可以有效解决这一问题。

    A. 客户驱动　　　B. 标准化　　　C. 系统总成本最优

    D. 延迟　　　　　E. 电算化

试题分析:本题考核对企业物流规划基本原则的理解,答案为 BD。在企业物流规划基本原则的六个原则中,延迟原则和标准化原则可平衡客户多样化需求而产生的成本,详见教材"2.1.1 企业物流规划的基本原则"。

五、单元测试题及参考答案

单元测试题

(一)判断题

1. 无论是生产企业还是流通企业,销售物流的整体规划都是根据自己的发展战略和销售市场分布,对未来一段时期销售物流活动所做出的指导方案,是基于市场销售情况而建立的。(　)

2. 拟制物流规划,首先要进行物流成本分析,然后制定适合企业的物流规划方案,最后对物流规划方案实施的总体业绩和效果进行评估。(　)

3. 减少投资金额战略的目标是使总投资最优化,其根本出发点是产品销售最大化。(　)

4. 改进客户服务战略认为,企业收入取决于其所提供的客户服务水平。尽管提供客户服务水平将大幅度提高成本,但收入的增加可能会超过成本的上涨。(　)

5. 客户需求驱动原则要求企业在进行内部供应链物流规划设计时应以客户为中心,以满足客户需求为动力,增大产品或服务的额外附加价值,提高客户的满意度和忠诚度。(　)

6. 系统总成本最优原则要求设计企业内供应链时,为实现总成本最大化,各部门、各项物流活动的效益必须都实现最大化。(　)

7. 延迟原则是指分拨过程中运输的时间和产品的生产时间应推迟到收到客户订单之后。(　)

8. 大规模定制原则强调物流、供应链作业活动中的规模经济效益。企业是否使用大规模定制原则,主要的依据是运送时间延长而可能造成的客户服务水平下降和订单合并的成本节约之间的平衡。(　)

9. 企业运用标准化原则的主要目的之一,就是在追求产品品种多样性的同时,平衡由此带来的库存增加成本。(　)

10. 在制定物流规划的准备阶段,企业不仅要积极做好各种数据、各种决策因素的收集分析,还要做好基本物流模式的规划和简要的总体布局工作。(　)

11. 商业模式即企业如何从财务上定位自己的物流,直接决定了物流运作模式和内部管理模式的设计。(　)

12. 目前,国内多数连锁零售企业自己组建物流管理团队,成立物流公司,最主要的是通过第三方物流运作改变供应渠道,缩短供应链。(　)

13. 客户服务水平的设定是企业供应链规划的主要任务之一,直接影响整

个物流网络和系统的规划。（　）

14. 企业在不同的发展阶段有不同的发展策略。在不同的发展阶段，物流客户服务水平也会有不同的需求和规划。整个发展就是服务水平和服务成本的不断平衡和完善。（　）

15. 企业物流组织和业务流程的规划应从企业供应链管理的销售角度出发进行系统综合考虑，关键是在保障企业物流总成本最低的情况下，达到物流作业的顺畅、高效和较高的服务水平。（　）

16. 物流管理流程的多样性是由企业差异性的供应链结构及经营模式决定的。（　）

17. 物流中心的成本损益平衡点取决于营业规模的大小，即足够的营业规模是获利的关键。（　）

18. 现代化的物流管理工作是建立在标准作业流程基础上的，作业流程的规划设计就是管理模式的确立。（　）

19. 链条式的管理方法就是要将所有工作合理化，管理者的角色转变为策略的制定者以及工作的监督者。（　）

20. 库存战略既包含选定库存存放方式、存放地点、补货方式等内容，还包括库存成本的设定。（　）

21. 物流信息系统的规划设计主要围绕企业物流、商流、资金流和信息流的协调统一，以提高整体运作效率为目的。（　）

22. 物流规划设计从制定需求计划开始，到分析历史数据、了解及验证需求的明确性，以及各种相关因素的收集分析。（　）

23. 个案研究法的优点是它具有处理档案、访谈以及观察不同种类证据的能力。（　）

24. EIQ 分析法是将量化资料做成物流特性的分析，这些分析是基于相应的数据统计进行的。（　）

25. 物流中心网络布局的目的之一就是寻求库存、运输、制造成本和服务水平的平衡。（　）

26. 设计物流中心网络必须在企业物流服务水平设定的前提下进行。（　）

27. 当供应链中的设施数量、设施布局和生产能力配置改变时，物流费用和设施成本一般不会发生变化。（　）

28. 对于生产企业而言，物流中心的网络布局不仅要考虑生产厂内的仓库容量和安全库存策略，还要考虑配送覆盖网点的距离和服务水平。（　）

29. 物流信息系统的功能在于协助规范作业流程，以流程管理取代传统的

人为控制,其目的则是提供管理所需的报表,增加决策的针对性。（ ）

30. 在信息系统的选择时,必须考虑物流运作的实际情况和未来的需求,应具有一定的可持续性和灵活性。（ ）

(二)单项选择题

1. 企业拟制物流规划一般围绕三个目标而展开,其中,（ ）是指在保持一定的客户服务水平的条件下尽量将系统总成本降到最低。

    A. 扩大市场营销   B. 改进客户服务

    C. 减少投资金额   D. 降低经营成本

2. 企业拟制物流规划时,（ ）目标是为避免进行仓储而直接将产品送达客户,放弃自有仓库选择公共仓库,选择适时供给而不采用储备库存的办法,或者利用第三方物流管理等。

    A. 扩大市场营销   B. 改进生产技术

    C. 减少投资金额   D. 降低销售成本

3. 企业物流规划的客户需求驱动原则要求企业在进行内部供应链物流规划设计时应以（ ）为中心,以满足客户需求为动力,增大产品或服务的额外附加价值。

    A. 客户   B. 市场   C. 产品质量   D. 销售成本

4. 延迟原则是指分拨过程中运输的时间和最终产品的加工时间应推迟到（ ）之后。

    A. 收到客户订单   B. 收到生产订单

    C. 收到生产计划   D. 收到财务报表

5. 大规模定制原则需要着重平衡由于运送时间延长而可能造成的（ ）下降和订单合并的成本节约之间的关系。

    A. 客户服务水平   B. 产品发生质变

    C. 产品自身性能   D. 流通加工能力

6. 企业要实现产品品种的多样性,满足客户个性化需求,就要为此担负更多的库存成本,（ ）和延迟概念的综合运用是一个有效解决这一问题的工具。

    A. 合理化   B. 标准化   C. 精确化   D. 效率化

7.（ ）直接决定了物流运作模式和内部管理模式的设计。

    A. 商业模式   B. 销售模式   C. 生产模式   D. 物流模式

8. 对于大部分生产企业,销售物流部分属于（ ）,在物流的设计中主要围绕如何降低成本,同时运作模式按照公司的一个部门进行设计。

    A. 企业部门   B. 外包产品   C. 成本中心   D. 商业模式

9. 目前,国内多数连锁零售企业自己组建物流管理团队,成立物流公司,最主要的是通过( )运作。

　　A. 第三方物流　　　B. 外包物流　　C. 供应链物流　　　D. 自营物流

10. ( )的设定是供应链规划的首要任务,直接影响整个物流网络和系统的规划。

　　A. 客户服务水平　　　　　　　B. 供应网络设计

　　C. 外包物流方式　　　　　　　D. 商业物流模式

11. 企业销售物流组织和业务流程的规划应从企业供应链管理的全局角度出发,进行系统综合的考虑,关键是在保障企业物流( )的情况下,达到物流作业的顺畅、高效和较高的服务水平。

　　A. 速度最快　　　　　　　　　B. 服务质量最好

　　C. 总成本最低　　　　　　　　D. 效率最高

12. 销售物流管理模式是物流运营部分的关键,主要包括物流服务组织体系的构建,业务职能和业务流程的分工、设计,其中( )是选择自营还是外包的关键因素。

　　A. 管理规划　　　　　　　　　B. 管理模式

　　C. 产品类型　　　　　　　　　D. 管理模式的规划

13. 物流中心涉及有固定成本、变动成本和对外营运的收入,其中,损益平衡点取决于( )。

　　A. 营业规模的大小　　　　　　B. 服务质量高低

　　C. 物流网络布局　　　　　　　D. 产品核心竞争力

14. 由于仓库有最大储位的限制,运输有车辆的限制,生产有工时的限制,因此,在进行物流管理流程设计时,除要考虑产品属性、渠道属性和营业规模外,还需做好( )。

　　A. 流量预估　　B. 供应链协调　　C. 产能规划　　D. 销售预测

15. 物流管理的组织规划既要结合企业内部供应链的整体组织架构及战略需求,又必须结合整体作业流程和( )。

　　A. 服务观念　　B. 成本观念　　C. 效率观念　　D. 质量观念

16. 库存战略既有选定库存存放方式、存放地点、补货方式等,又有( )的设定。

　　A. 运输方式　　B. 运输批量　　C. 库存水平　　D. 网络选址

17. 物流信息系统的重点是信息的( )和即时性。

　　A. 准确性　　B. 共享性　　C. 精准性　　D. 协调性

18. 物流规划中分析需求的方式分为定性和定量两种,定性的分析可以使用个案研究,定量分析常用到( )分析法。

A. EIQ   B. ABC   C. EDQ   D. "二八"定律

19. 设计物流中心网络必须在企业物流（ ）设定的前提下进行。

　　A. 生产效率   B. 交货提前期   C. 服务水平   D. 产品质量

20. 如果企业的客户群认为较短的反应时间很重要，那么就必须布局在离客户较近的地方。这类企业就应当设有许多配送中心，每个配送中心的储存能力（ ）。

　　A. 大   B. 较大   C. 超大   D. 较小

21. 当供应链中设施数量增加时，库存及由此引起的库存成本就会增加，为减少库存成本，企业经常会尽量（ ）以减少设施数量。

　　A. 合并设施   B. 卖掉设施   C. 转移设施   D. 将设施封存

22. 单位送货成本一般比单位进货成本高，因此，随着设施数量的增加，运输费用的变化是（ ）。

　　A. 不断减少   B. 先减少后增加

　　C. 先增加后减少   D. 保持不变

23. 设施建设和租赁成本被当作（ ）。

　　A. 流动成本   B. 固定成本   C. 可变成本   D. 库存成本

24. 物流总成本包括供应链中的库存、运输和设施成本之和，随着设施数目的增加，物流总成本的变化情况是（ ）。

　　A. 不断减少   B. 先减后增   C. 先增后减   D. 不断增加

25. 物流中心的网络布局对于生产企业需要考虑生产厂内的（ ）和安全库存策略。

　　A. 仓库容量   B. 配送距离   C. 服务水平   D. 订货批量

26. 物流网络的设计涉及多个物流中心的选址，是一个复杂的过程，不同于单一物流中心的确定，多设施的选址需要综合评价各个方面，是（ ）与总成本的平衡。

　　A. 采购价格   B. 产品质量   C. 服务水平   D. 网点数量

27. 网络物流总成本的最低点既不在运输成本的最低点，也不在库存持有成本的最低点，这就是（ ）的特点。

　　A. 生产物流   B. 销售物流   C. 企业物流   D. 整合物流

28. 物流信息系统是整个物流系统的心脏，又是整体物流系统的神经网络，联系着物流运作和管理的各个环节，同时又是提高物流运作效率、降低物流成本的主要手段。（ ）就是首先依靠强大的物流信息系统来提高效率，降低成本的。

　　A. 沃尔玛   B. 家乐福   C. 大润发   D. 乐购

29. 物流信息系统把各个物流运作行为串联成为一个完整的有机整体。这个有机体由作业系统、管理控制、决策分析和战略规划四个层次的功能组成，其中（　）是其他三大部分的基石。

    A. 作业系统　　　B. 管理控制　　　C. 决策分析　　　D. 战略规划

30. （　）重点是软件工具，通过软件的应用，管理者能够对具有战略意义的物流措施作出鉴别、评估和比较，从而提高工作效率。

    A. 生产规划　　　B. 管理手段　　　C. 决策分析　　　D. 战略规划

（三）多项选择题

1. 下列属于销售物流规划特征的是（　）。

    A. 目的性　　　B. 前瞻性　　　C. 动态性　　　D. 综合性
    E. 周全性

2. 企业物流规划一般围绕（　）目标而展开。

    A. 降低经营成本　　　　　　B. 提高产品质量
    C. 减少投资金额　　　　　　D. 扩大市场销售
    E. 改进客户服务

3. 企业物流规划的基本原则包括（　）。

    A. 客户需求驱动原则　　　　B. 多样化细分原则
    C. 标准化原则　　　　　　　D. 大规模定制原则
    E. 系统总成本最优原则

4. 企业物流规划阶段包括（　）。

    A. 规划准备阶段　　　　　　B. 数据分析阶段
    C. 总体区分阶段　　　　　　D. 详细布置阶段
    E. 业务设计阶段

5. 企业物流规划的主要内容有（　）。

    A. 物流服务网络设计　　　　B. 库存战略和运输战略设计
    C. 商业模式　　　　　　　　D. 物流信息系统的规划设计
    E. 设定客户服务水平和服务成本分析

6. 企业物流规划中管理流程的设计需要考虑的主要是（　）。

    A. 产品属性　　　B. 渠道属性　　　C. 营业规模　　　D. 运输成本
    E. 流量预估

7. 物流信息系统的规划设计重点是信息的共享性和即时性，主要围绕企业（　）的协调统一，以提高整体的运作效率和质量为目的。

    A. 物流　　　B. 商流　　　C. 资金流　　　D. 信息流
    E. 提前期

8. 个案研究法包含两种证据的来源:直接观察和有系统的访谈,主要程序包括(　　)。

    A. 确立研究主题与目的　　　　　B. 设计分析单位

    C. 研究设计单一个案或多个案　　D. 研究设计选择对象

    E. 研究设计资料收集方法

9. EIQ 分析法是将量化资料做成物流特性的分析,这些分析包括(　　)等。

    A. EN 分析　　　B. EQ 分析　　　C. IQ 分析　　　D. IK 分析

    E. EI 分析

10. 物流中心连接着供应商、工厂以及下游的配送网点,承担着库存管理、商品流转、客户服务的功能,因此,物流中心网络布局的主要目的是(　　)。

    A. 减少库存成本　　　　　　　　B. 有效地利用资源

    C. 在不确定情况下,有效地管理供应和需求的库存

    D. 提高服务水平

    E. 寻求库存、运输、制造成本和服务水平的平衡

11. 物流中心网络布局主要关注的内容有(　　)。

    A. 确定合适的数量　　　　　　　B. 确定供给源的要求

    C. 确定每一个物流中心的大小　　D. 在每一个物流中心的产品配置

    E. 确定配送策略,即客户的分配

12. 物流设施成本分为(　　)。

    A. 固定成本　　　　　　　　　　B. 维修成本

    C. 可变成本　　　　　　　　　　D. 保养成本

    E. 购买成本

13. 物流总成本包括供应链中的(　　)。

    A. 库存成本　　　　　　　　　　B. 运输成本

    C. 员工工资　　　　　　　　　　D. 设施成本

    E. 市场调查

14. 在确定物流中心数量时,经常用的运算方法有(　　)。

    A. 多重心法　　B. Cluster 法　　C. ABC 法　　　D. 蝴蝶效应

    E. 混合—整数线性规划

15. 混合—整数线性规划是通过找出物流网络中仓库的数量、规模和位置,使得通过该网络运送所有产品的固定成本和线性可变成本在一定约束条件下降到最低点。这个约束包括(　　)。

    A. 不能超过每个工厂/供应商的供货能力

    B. 所有产品的需求必须得到满足

C. 各仓库的吞吐量不能超过其吞吐能力

D. 必须达到最低吞吐量仓库才能可以开始运营

E. 同一消费者需要的所有产品必须由同一仓库供给

16. 下列属于物流信息系统特点的是( )。

A. 实时化　　　B. 网络化　　　C. 系统化　　　D. 规模化

E. 集成化

17. 物流信息系统把各个物流运作行为串联成了一个完整的有机整体,这个有机体由( )层次的功能组成。

A. 作业系统　　　　　　　　B. 管理控制

C. 决策分析　　　　　　　　D. 战略规划

E. 软件应用

18. 物流信息作业系统以正式的( )和注重日常操作管理为特点,结构化的运作和庞大的交易量的结合,要求信息系统高效的运作和稳定。

A. 规则　　　　　　　　　　B. 标准

C. 流程　　　　　　　　　　D. 操作手册

E. 巨大交易量

19. 物流信息系统管理控制重点是( )。

A. 绩效跟踪　　　　　　　　B. 软件应用

C. 成本控制　　　　　　　　D. 软件开发

E. 绩效评估

20. 由于农产品的生产受季节、天气等影响较大,因此,在农业物流的销售物流规划中根据产品特性的不同,主要分为( )等类型,并采取不同的销售模式和配送策略。

A. 水果蔬菜　　　　　　　　B. 鲜活水产品

C. 农药化肥　　　　　　　　D. 肉及肉制品

E. 粮食

(四)问答题

1. 销售物流规划的原则是什么?

2. 销售物流规划的内容有哪些?

3. 网络规划需要考虑哪些方面?

4. 物流信息系统的基本结构包括哪些?

(五)论述题

进行物流网络中心布局有何意义?物流中心选址经常采用哪些方法?并举一例证。

【参考答案】

(一)判断题

1. ×,2. ×,3. ×,4. √,5. √,6. ×,7. ×,8. √,9. √,10. ×,11. √,12. ×,13. ×,14. √,15. ×,16. √,17. √,18. √,19. ×,20. ×,21. ×,22. ×,23. √,24. √,25. √,26. √,27. ×,28. ×,29. ×,30. √。

(二)单项选择题

1. D,2. C,3. A,4. A,5. A,6. B,7. A,8. C,9. D,10. A,11. C,12. D,13. A,14. A,15. B,16. C,17. B,18. A,19. C,20. D,21. A,22. B,23. B,24. B,25. A,26. C,27. D,28. A,29. A,30. C。

(三)多项选择题

1. ABCD, 2. ACE, 3. ABCDE, 4. ACDE, 5. ABCDE, 6. ABCE, 7. ABCD, 8. ABCDE, 9. ABCD, 10. BCE, 11. ABCDE, 12. AC, 13. ABD, 14. ABE, 15. ABCDE,16. ABCDE,17. ABCD,18. ABCDE,19. AE,20. ABDE。

(四)问答题

1. 见书本"2.1.2 企业物流规划的基本原则"。

2. 见书本"2.2 企业销售物流规划的内容"。

3. 见书本"2.4.3 物流中心网络设计应考虑的因素"。

4. 见书本"2.5.5 物流信息系统的基本结构"。

(五)论述题

结合书本"2.4 物流中心的网络布局"作答。

单元三 需求预测

一、学习目标

1. 了解需求和需求预测的类型。
2. 了解需求预测的特征和特点。
3. 了解需求预测的步骤和方法。
4. 了解几种常用的需求预测模型。

二、知识结构

知识结构如图 1-3 所示。

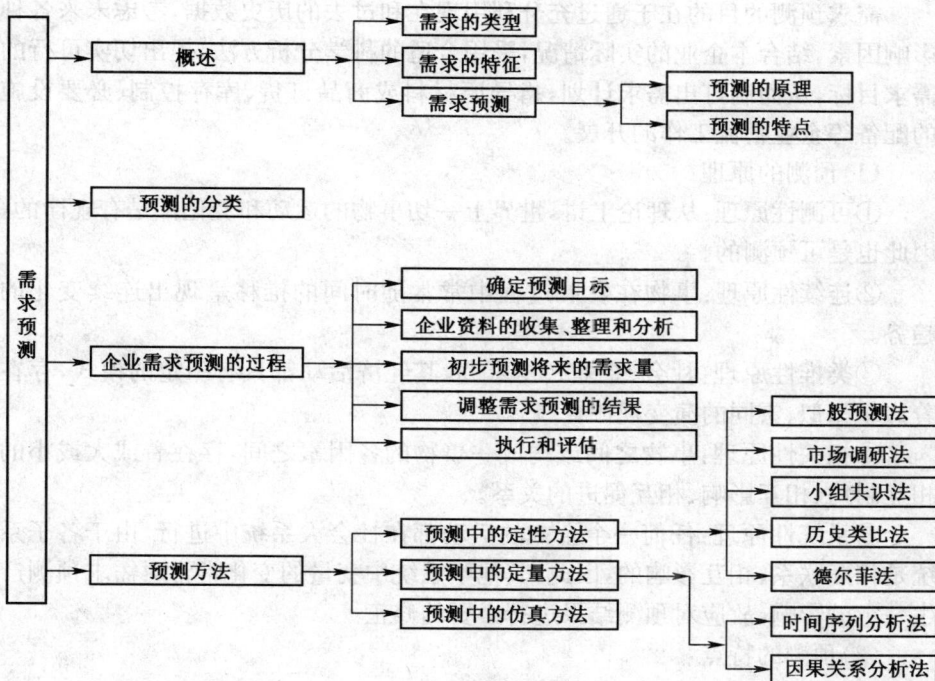

图 1-3 需求预测知识结构

三、主要知识点解读

(一)概述

1. 需求的类型

需求可分为独立需求和相关需求。独立需求是指某产品或服务的需求与其他产品没有关联,是完全独立的,其数量与需求出现的概率是随机的、不确定的。而相关需求则是指某种产品或服务的需求与其他产品相关,其需求数量和需求时间与其他变量存在一定的相关性。由此可见,需求可能是间断的,也可能是连续的。间断性需求无法预测,连续性需求则可以使用历史数据对未来需求进行预测。

2. 需求的特性

连续性需求通常有如下四种特性:①趋势性(通常反映一种连续的发展方向);②周期性波动(需求随商业周期和产品生命周期等因素的变化,呈现出周期性的增长或降低的趋势);③季节性变化(受季节因素影响,需求在一段时间内呈现高于或低于平均水平的情形);④随机性变化(需求因受许多未知因素的影响而发生的不规则变化)。

3. 需求预测

需求预测的目的在于通过充分利用现在和过去的历史数据,考虑未来各种影响因素,结合本企业的实际情况,采用合适的科学分析方法,提出切实可行的需求目标,从而制订出需求计划,指导原材料或商品订货、库存控制、必要设施的配备等企业物流工作的开展。

(1)预测的原理

①可测性原理:从理论上讲,世界上一切事物的运动和变化都是有规律的,因此也是可预测的。

②连续性原理:事物在发展过程中常常随时间的推移呈现出连续变化的趋势。

③类推性原理:社会、企业乃至家庭,其经济活动都具有一定的模式,存在着许多相似、雷同的演变规律。

④相关性原理:事物之间或构成一事物的各因素之间,存在着或大或小的相互制约、相互影响、相互促进的关系。

⑤系统性原理:任何一个企业的活动都在社会大系统中进行,由于各子系统是相互联系、相互影响的,因此,其他子系统中变量的变化常常对需求预测产生一定的影响,故应对预测结果进行必要的修正。

(2)预测的特点

①预测将是不准确的。

②预测需要有误差的估计。

③经验和直觉对预测很重要,但也很危险。

④对于较大的物品组合,预测更准确。

⑤时间越短,预测越准确。

(二)预测的分类

按时间跨度来分,预测主要分为如下三类:

①短期预测。短期预测时间跨度最多为 1 年,而通常少于 3 个月,主要用于购货、工作安排、所需员工、工作指定和生产水平的计划工作。

②中期预测。中期预测的时间跨度通常是从 3 个月到 3 年,主要用于销售计划、生产计划和预算、现金预算和分析不同作业方案。

③长期预测。长期预测的时间跨度通常为 3 年及 3 年以上,主要用于规划新产品、资本支出、生产设备安装或添置,及研究与发展。

需求预测必须将短期需求预测或生产进度安排与长期战略性需求预测有机结合起来。短期预测是根据存储单位(SKU)水平作出的,与销售、客户关系以及依据预订库存或安排运输来实施计划等相互作用。而长期预测则是在更为集中的基础上作出的,必须在现有客户信息之外假设需求状况,必须使用供应链之外的信息以便能预测变化趋势。当前,由于产品生产周期已经极大地缩短,所以大多数企业将预测重点放在短期计划上。因为准确的短期预测和对变化的快速反应可以大幅度地削减库存,帮助公司掌握销售变化趋势。

(三)需求预测的过程

①确定预测目标。主要围绕预测的目的是什么、将被如何使用、是否用于企业计划进入的市场、是否需要体现对现金的控制、是否能满足指导生产和物流工作的要求五个方面。

②资料的收集、整理和分析。

③初步预测将来的需求量。

④调整需求预测的结果。

⑤执行和评估。

(四)预测的方法

1. 预测中的定性方法

(1)一般预测

一般预测是基于逐步累加来自底层的预测。它的假设条件是:处于最底层的、离客户最近的、最了解产品最终用途的销售人员最清楚产品未来的需求情况。

(2)市场调研

市场调研主要用于新产品研发,了解对现有产品的评价,了解客户对现有产品的好恶,了解特定层次的客户偏好哪些竞争性商品,通常是聘请专业市场调研公司进行,其数据收集方法常采用问卷调查或上门访谈的方式。

(3)小组共识法

小组共识法是由不同层次的人员在会上自由讨论,当底层人员(尤其是一线销售人员)的意见受到忽视时,常采用这种方法。

（4）历史类比法

历史类比法可用于很多产品类型，如互补产品、替代产品等竞争性产品等。当预测某些新产品的需求时，如果有的产品及同类型产品可用来作为类比模型，预测结果将更加准确。

（5）德尔菲法

德尔菲法的预测特点是专家小组在相互独立的情况下，以匿名的方式，分别进行需求预测，然后将各成员的意见进行比较，再对不同之处进行讨论，最终达成一致结果。这种方法简便易行，科学性和实用性兼顾，可避免会议讨论时产生的害怕权威而随声附和或固执己见等情况，同时可以使大家的意见较快统一，参加者容易接受结论，具有一定程度的客观性。

德尔菲法的具体操作步骤：

①选择具有不同背景的专家组成小组。

②通过问卷，从专家处了解信息。

③汇总专家意见，附上新问题，再次发给专家。

④再次汇总，提炼预测结果和条件，再次发给所有专家。

⑤如有必要，再重复上一步骤。

⑥综合处理。

2. 预测中的定量方法

（1）时间序列分析法

指对过去的需求数据采用一系列的方法进行分析，最终确定一个需求预测值的方法。这种方法假定将来的需求模式同过去的一致，市场条件相对稳定，并且历史数据真实可靠，常用于短期预测，中长期预测不宜采用。这种方法主要包括简单移动平均法、加权移动平均法和指数平滑法三种，其中：加权移动平均法和指数平滑法在运用中由于突出时间的重要性，其预测的准确性相对简单移动平均法要高；指数平滑法还具有指数模型的精确度非常高、建立指数模型相对容易、用户能了解模型如何进行、使用模型无须过多计算和所需计算机内存很小等优点。

（2）因果关系分析法

因果关系分析法是指通过某个产品的需求量与自然变量之间存在的因果关系进行分析预测的一种方法。常见的因果关系分析法有回归分析预测法、经济模型、投入产出模型等。

①回归分析预测法。回归分析预测法可分为一元回归分析预测法和多元回归分析预测法；也可以分为线性回归预测和非线性回归预测。它是在分析市场现象自变量与因变量之间相互关系的基础上，建立变量之间的回归方程，并

将回归方程作为预测模型,根据自变量在预测期的数量变化来预测因变量,即将需求作为函数、将影响需求的因素作为变量来预测。

②经济模型。经济模型是指用来描述所研究的经济事物的有关经济变量之间相互关系的理论结构。一个经济模型通常包括变量、假设、假说和预测等。经济模型主要是用来研究经济现象间互相依存的数量关系。其目的是为了反映经济现象的内部联系及其运动过程,帮助人们进行经济分析和经济预测,解决现实的经济问题,主要运用于经济实证分析、经济政策分析、发展情景分析、规划嵌入分析。

建立经济模型的一般过程包括四个方面:a. 对经济现实进行归纳,形成抽象的概念;b. 概括和总结概念间的相互联系和基本规律;c. 进一步把概念符号化;d. 建立模型,对模型求解并对结果进行解释。

③投入产出模型。投入产出模型来源于一个经济系统各部门生产和消耗的实际统计资料,同时描述了当时各部门之间的投入与产出之间的协调关系,反映了产品供应与需求的平衡关系,因而在实际中有广泛应用。尤其在经济分析方面,可用于结构分析,还可以用于编制经济计划和进行经济调整等。编制计划的一种作法是先规定各部门计划期的总产量,然后计算出各部门的最终需求。

3. 预测中的仿真方法

仿真是用计算机对真实系统在一定环境下各要素的相互作用进行有条件的模仿试验,并求得数值解的一种数量分析方法,也称为模拟。在现代生产、销售等商务关系相对复杂的社会背景下,仅仅依靠人力去分析各种复杂的数据,容易出现遗漏等情况,为此,仿真模拟可在一定的数据支撑下,实现更加客观、具体的预测。

四、全真考试试题分析

(一)判断题

1. 独立需求的需求质量和需求时间与其他的变量存在一定的相互关系,可以通过一定的数学关系推算得出。(　　)

试题分析:本题考核对独立需求概念的理解。答案为错误。从字面可判断本题是错误的,所谓独立需求就是与其他产品需求没有关联关系,需求的产生是随机、独立的,如设备维修件的需求,详见教材"3.1.1需求的原则"。

2. 在定量预测方法中,时间序列分析的原理是假定需求与某些内在因素或周围环境的外部因素有关,是在分析市场自变量和因变量之间相关关系的基础上,建立变量之间的回归方程,并将回归方程作为预测模式的一种方法。(　　)

试题分析：本题考核对定量需求预测方法的理解，答案为错误。错误之处是混淆了"时间序列分析"与"因果关系分析"两种定量预测方法的概念，试题文字描述是因果关系分析法，而时间序列分析法只依据时间为自变量进行预测，假定外部环境是稳定的，详见教材"3.4.1 预测中的定量方法"。

（二）单项选择题

1. 在需求管理的内容中，我们把需求分为独立需求和相关需求两类。下面选项中，（　）选项是对相关需求的正确描述。

A. 独立于人们的主观控制能力之外。

B. 其数量与出现的概率是随机的、不确定的、模糊的。

C. 某项物料的需求与对其他物料的需求无关。

D. 其需求数量和需求时间与其他的变量存在一定的相互关系，可以通过一定的数学关系推算得出

试题分析：本题考核对两种需求类型的理解，答案为 D。其他选项均是描述独立需求的，详见教材"3.1.1 需求的原则"。

2. 预测（forecasting）是独立需求管理的重要组成部分，下面对于预测特点的描述正确的是（　）。

A. 预测永远是正确的。

B. 对于较大的物品组合，预测更准确些。

C. 对于时间较长的预测更为准确。

D. 对于较大的物流组合，预测更准确。

试题分析：本题考核对预测的理解，答案为 D。预测特点：1）预测将是不准确的；2）预测需要误差的估计；3）经验和直觉对预测很重要，但也很危险；4）对于较大的物品组合，预测更准确；5）时间越短，预测越准确。详见教材"3.1.3 需求预测"。

（三）多项选择题

需求管理中，我们把需求分为独立需要和相应需求，其中独立需求的特点是（　）。

A. 其数量与出现的概率是随机的。

B. 其数量与出现的概率是不确定的。

C. 其数量与出现的概率是模糊的。

D. 其需求数量和需求时间与其他的变量存在一定的相互关系。

E. 其数量和需求时间是可以通过一定的数学关系推算得出。

试题分析：本题考核对两种需求类型的理解，答案为 ABC。其他选项均是描述相关需求的，详见教材"3.1.1 需求的原则"。

五、单元测试题及参考答案

单元测试题

(一)判断题

1. 独立需求是指某产品或服务的需求与其他产品没有关联,是完全独立的,其数量与需求出现的概率是随机的、不确定的,如办公家具的需求与办公人员的数量相关。(　　)

2. 需求可能是间断的,也可能是连续的,但无论表现形式如何,都是可以预测的。间断性需求的预测需要复杂的数学模型,而连续性需求则可以利用历史数据对未来需求进行预测。(　　)

3. 趋势性是需求的特性之一,它通常反映了一种连续的发展方向。可能是恒定不变的,也可能是持续增长或减少。无论时间区间多长,这种趋势都是不发生变化的。(　　)

4. 需求因受许多未知因素的影响而发生的不规则变化的现象称之为随机性变化。由于需求预测的方法主要针对的是需求变化存在一定规律性的事物,而不是偶然性的随机变化,因此,对随机性变化的需求是无法预测的。(　　)

5. 需求预测是指估计未来一定时间内,整个产品或特定产品的需求数量和需求金额。(　　)

6. 从可测性原理分析,世界上一切事物的运动和变化都是有规律的,因此也是可预测的。(　　)

7. 预测原理的相关性原理表述是:事物之间或构成一事物的各因素之间,存在着或大或小的相互制约、相互影响、相互促进的关系。这种关系常常随时间的推移呈现出连续变化的趋势。(　　)

8. 系统性原理告诉我们,任何一个企业的活动都是在社会大系统中进行,由于各子系统是相互联系、相互影响的,因此,其他子系统中变量的变化常常对需求预测产生一定的影响,但影响不大,行业内的预测无需修正。(　　)

9. 按时间跨度来分,预测有三种分类:短期预测、中期预测和长期预测。其中,预测的时间跨度通常是从3个月到3年,主要用于销售计划、生产计划以及预算、现金预算、工作安排、所需员工、工作指定和生产水平的计划工作。(　　)

10. 长期预测是在集中现有客户信息的基础上作出的,必须认真分析和使用供应链之内的信息,以便有效预测变化趋势。(　　)

11. 采用市场调研的方法进行预测,主要用于新产品研发、了解对现有产品的评价、了解客户对现有产品的好恶和了解特定层次的客户偏好哪些竞争性商品。(　　)

12. 预测某些新产品的需求时,如果有的产品及同类型产品可用来作为类比模型,是最理想的情况,这种方法就叫做类比法,可用于很多产品类型,如互补产品、替代产品等非竞争性产品等。(　　)

13. 专家小组在相互沟通的情况下,以匿名的方式,分别进行需求预测,然后将各成员的意见进行比较,再对不同之处进行讨论,最终达成一致结果的预测方法叫做德尔菲法。(　　)

14. 德尔菲法简便易行,具有一定的科学性和实用性,可避免会议讨论时产生的害怕权威而随声附和或固执己见等情况,同时可以使大家的意见较快统一,参加者容易接受结论。(　　)

15. 因果关系分析法是指对过去的需求数据利用一系列的方法进行分析,最终确定一个需求预测值的方法。(　　)

16. 时间越短、物品组合越大,预测越准确。(　　)

17. 由于经验和直觉对预测很重要,因此,在现代预测过程中,主要依靠经验和直觉。(　　)

18. 加权移动平均的权重值都相等,而简单移动平均的各元素权重可以不同。(　　)

19. 经验法和试算法是选择权重的最简单的方法。一般而言,最近期的数据最能预示未来的情况,因而其权重应小些。(　　)

20. 指数平滑法只需要最近期的预测值、预测期的实际需求量和平滑常数三个数据就可预测未来,因此具有建立指数模型相对容易、用户能了解模型如何进行、无须过多计算等优点。(　　)

(二)单项选择题

1. 独立需求是指某产品或服务的需求与其他产品没有关联,是完全独立的,其数量与需求出现的概率是随机的、不确定的,如(　　)的需求。

　　A. 办公家具　　　　　　　　　　B. 维修件

　　C. 办公用品型号　　　　　　　　D. 办公人员的数量

2. 连续性需求通常有四种表现形式,属于需求随着商业周期和产品生命周期等因素的变化,并呈现出周期性的增长或降低的趋势的是(　　)。

　　A. 需求的趋势性　　　　　　　　B. 需求的季节性变化

　　C. 需求的周期性波动　　　　　　D. 需求的随机性变化

3. 需求预测是指估计未来一定时间内整个产品或特定产品的需求数量和需求(　　)。

　　A. 计划　　　　　B. 时间　　　　　C. 型号　　　　　D. 金额

4. 短期预测时间跨度最多为 1 年,而通常少于(　　)。

A. 半年　　　　　B. 一个季度　　C. 4 个月　　　　D. 5 个月

5. 中期预测主要用于销售计划、生产计划以及预算、现金预算和（　）。

　　A. 分析不同作业方案　　　　　　　B. 资本支出

　　C. 规划新产品　　　　　　　　　　D. 安装生产设备

6. 短期预测是根据（　）水平作出的，与销售、客户关系以及依据预订库存或安排运输来实施计划等相互作用。

　　A. 生产　　　　　B. 产品质量　　C. 员工操作　　D. 存储单位

7. 现在，由于产品生产周期已经极大缩短，大多数企业将预测重点放在（　）计划上。

　　A. 短期　　　　　B. 中期　　　　C. 中长期　　　　D. 长期

8. 市场调研主要用于（　）研发，了解对现有产品的评价，了解客户对现有产品的好恶，了解特定层次的客户偏好哪些竞争性商品。

　　A. 改进产品　　B. 新产品　　　C. 替代品　　　　D. 翻新产品

9. 时间序列分析法是指对过去的需求数据利用一系列的方法进行分析，最终确定（　）需求预测值的方法。

　　A. 一个　　　　　B. 两个　　　　C. 三个　　　　　D. 多个

10. 仿真是用计算机对真实系统在一定环境下各要素的相互作用进行有条件的模仿试验，并求得数值解的一种数量分析方法，也称为（　）。

　　A. 假设　　　　　B. 想象　　　　C. 模拟　　　　　D. 对比

（三）多项选择题

1. 下列属于相关需求的是（　）。

　　A. 成品　　　　B. 办公家具　　C. 维修件　　　D. 办公人员

　　E. 办公设备

2. 连续性需求通常的表现形式是（　）。

　　A. 趋势性　　　B. 周期性　　　C. 规律性　　　D. 随机性变化

　　E. 季节性变化

3. 预测的主要原理有（　）。

　　A. 可测性原理　　B. 连续性原理　　C. 类推性原理　　D. 相关性原理

　　E. 系统性原理

4. 下列属于需求预测特点的是（　）。

　　A. 预测将是不准确的　　　　　　B. 预测需要误差的估计

　　C. 对于较大的物品组合，预测更准确

　　D. 时间越短，预测越准确

　　E. 经验和直觉对预测很重要，但也很危险

5. 按时间跨度来分,预测可分为( )。

    A. 短期预测   B. 中短期预测   C. 长期预测   D. 中期预测

    E. 中长期预测

6. 下列属于长期预测内容的是( )。

    A. 规划新产品   B. 生产设备安装

    C. 资本支出   D. 生产设备添置

    E. 现金预算和分析

7. 预测方法一般可分为( )。

    A. 定性方法   B. 定量方法

    C. 仿真方法   D. 假设方法

    E. 推理方法

8. 下列属于预测中的定性方法的是( )。

    A. 一般预测   B. 市场调研

    C. 历史类比   D. 德尔菲法

    E. 小组共识法

9. 常见的因果关系分析法有( )。

    A. 经济模型   B. 时间序列法

    C. 回归分析预测法   D. 投入产出模型

    E. 加权移动平均法

10. 下列对指数平滑法优点的描述,正确的是( )。

    A. 指数模型的精确度非常高   B. 建立指数模型相对容易

    C. 用户能了解模型如何进行   D. 使用模型无须过多计算

    E. 由于所用的历史数据有限,因而所需计算机内存很小

(四)问答题

1. 需求预测的类型和特征有哪些?

2. 需求预测具有哪些特点?

3. 需求预测的步骤是什么?

4. 德尔菲法预测的步骤及优缺点有哪些?

(五)论述题

常用的基本需求预测模型有哪些? 简要概述指数平滑法的优点,并举例说明。

【参考答案】

    (一)判断题

    1. ×,2. ×,3. ×,4. ×,5. √,6. √,7. ×,8. ×,9. ×,10. ×,11. √,12. ×,

13. ×,14. √,15. ×,16. √,17. ×,18. ×,19. ×,20. √。

(二)单项选择题

1. B,2. C,3. D,4. B,5. A,6. D,7. A,8. B,9. A,10. C。

(三)多项选择题

1. BDE，2. ABDE，3. ABCDE，4. ABCDE，5. ACD，6. ABCD，7. ABC，8. ABCDE，9. ACD，10. ABCDE。

(四)问答题

1. 见书本"3.1.1 需求的类型"和"3.1.2 需求的特征"。

2. 见书本"3.1.3 需求预测"中"2.预测的特点"。

3. 见书本"3.3 企业需求预测的过程"。

4. 见书本"3.3 预测的方法"中"5.德尔菲法"。

(五)论述题

结合书本"3.3 预测的方法"作答。

单元四　库存管理

一、学习目标

1. 了解和掌握库存管理的基本理论和库存管理的基本概念。
2. 了解保有库存的原因及其作用。
3. 了解库存计划和订货的基本原理和方法。
4. 了解库存管理的一般策略。
5. 掌握实际运作中的日常库存的管理方法。
6. 了解协同管理的基本方式及各种方式的一般概念。

二、知识结构

知识结构如图 1-4 所示。

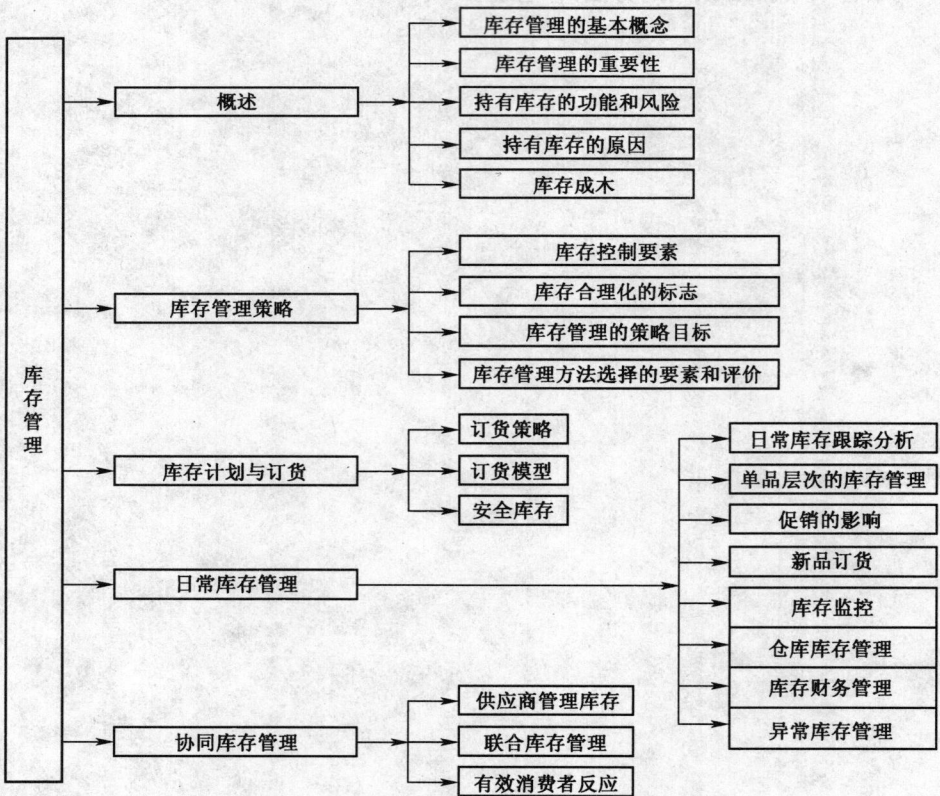

图 1-4　库存管理知识结构

三、主要知识点解读

(一)概述

1. 库存管理的基本概念

库存管理是指优化物资的存储,以便使企业在合适的时间以最低的成本满足用户对特定数量和质量产品的需求的管理活动。

生产物流和销售物流都牵涉到库存管理,其中,销售物流的库存管理的内容包括分析和评价供应链对保持库存的需求及所需库存数量,建立库存监视和供应计划与控制机制。

库存管理活动的关键就是进行库存分析,其目的是为了确定订货量和订货时间。

2. 库存管理的重要性

任何产品的库存都会占用企业资金,尤其是不良库存还会降低企业的灵活性,甚至拖垮整个企业。一般而言,企业库存水平越低,盈利便越多,对市场条件变化的反应能力便越强。因此,在保持客户服务水平的前提下,实现成本的最优化就成了库存管理的终极目标。而且,库存管理的好坏在很大程度上也决定了企业的盈利和它所处的供应链的效率。

3. 持有库存的功能和风险

持有库存中,按库存目的分类,库存可以分为周转库存、安全库存、季节性储备库存、促销的储备库存。

保有库存的风险对不同的渠道所具有风险的程度也不同,在买方市场下,一般下游会将库存转移到上游,比如对滞销商品要求厂家提供促销费进行促销或者直接退货。

4. 持有库存的原因

①需求预测失误。

②供应商供货的不确定性和延迟。

③供应商最小订货批量。

④供应商交货间隔。

⑤存货方法和策略。

⑥库存补充间隔及数量。

⑦战略性库存。

⑧采购价格优势。

⑨用户提前期短于供应商提前期。

⑩交货成本的最小化。

⑪供应链库存。

⑫预留或预防性库存。

5. 库存成本

库存成本主要包括库存持有成本、订货成本、缺货成本和在途库存持有成本。

(1)库存持有成本

库存持有成本是指为保持库存而发生的成本，分为固定成本和变动成本，包括四项内容：资金占用成本、存储空间成本、库存服务成本、库存风险成本（库存贬值、损失）。其中，固定成本与库存数量无关，如仓库折旧、人员固定工资等；变动成本与库存数量有关，如占用资金的应计利息、破损和变质损失、保险费用等。

(2)订货成本

订货成本是指向供应商发出采购订单而进行的各种活动的费用，如差旅费、邮资等。

(3)缺货成本

缺货成本包括延迟造成的销售损失、不能及时和全部交货造成的商誉及付款延迟的损失、为满足供应造成的生产中断和计划混乱、以高于正常水平的价格进行小批量采购，以解决供应不足、从其他地方采购而导致产品质量和规格差异。

(4)在途库存持有成本

当企业以目的地交货价出售产品时，企业就要负责将产品送达客户，完成交接后所有权才转移。在交货前，在途库存依然属于企业所有，运货方式及所需的时间是储存成本的一部分，企业应对运输成本和在途库存持有成本进行分析。因此，持有在途库存持有成本时，企业需要考虑以下四项内容：①在途库存的资金占用成本一般等于仓库库存的资金占用成本，如果在运输途中，卖方对库存具有所有权，这部分需要考虑；②存储空间成本一般与在途库存不相关；③在途库存一般不负担税务，但保险部分需要考虑；④由于运输时间相对较短，货物贬值的风险一般较小，但对于鲜活农产品，在途库存持有成本也必须进行考虑。

(二)库存管理策略

随着市场的进一步细分和竞争的加剧，管理好库存已成为企业争取更多利益的关键。因此，如何把库存控制在最佳数量，尽量用最少的人力、物力、财力把库存管理好，获取最大的供给保障，成为企业追求的目标，甚至是企业之间竞争生存的重要一环。

1. 库存控制要素

①企业的选地和选产：这是库存控制结果的最基础要素。

②库存的地点:库存放置在何处直接影响库存水平。

③订货:订货频次和订货批量是决定库存水平的非常重要的因素。

④运输:运输是库存控制的外部因素,运输的提前和延误直接影响库存的水平。

⑤信息:监控信息的采集、传递、反馈是控制的一个关键。

⑥管理:库存控制系统并不靠一条流水线、一种新技术工艺等硬件系统支持,而是靠管理。

2. 库存合理化的标志

①质量:在存储期间,保证商品的品质不发生变化,包括商品变质、损坏等,以实现商品的"时间价值"。

②库存数量:在保证库存功能实现的前提下,要有一个合理的数量范围。

③库存持有时间:与数量有关,库存数量越大,储存时间越长。

④库存结构:不同销售单位的商品的储存数量的比例关系,尤其相关性很强的各种物品之间的比例关系更能反映库存合理与否。一个结构合理的库存既不会有畅销品的缺货,又不会有滞销品的积压。

⑤地区分布:用不同地区库存数量和库存结构的比例关系,进行判断和当地需求相比库存对需求的保障程度,同时,也可以判断对整个物流的影响。

⑥库存费用:通过库存费用量化对比储存的合理性。

3. 库存管理的策略目标

销售物流库存管理的策略是在物流总成本最低、服务水平最优的前提下制定的。对库存策略的制定具有关键影响的因素有:

①顾客服务策略:不同客户需求的服务水平设定。

②产品要求:由于不同的产品在销售和收益上具有不同的表现,公司的销售策略也不同。

③运输策略:由于不同的运输工具、运输半径、反应时效要求不同,因此,库存策略需要对不同的产品制定不同的运输策略和相应的库存策略。

④时间要求:由于客户对时间的要求不同,决定了整个物流网点的布局密度,进而决定了库存的存放策略。

⑤竞争表现:竞争对手的策略和市场的竞争压力可促使一个企业产生良好的库存策略。

4. 选择库存管理方法的要素和评价

(1)选择库存管理方法应考虑的要素

①需求类型:独立需求依据准确的预测,相关需求依据对它产生影响的产品需求预测。

②企业运作反应方式:拉动方式或推动方式。

③按订单存货和按仓库存货:订单存货是需求驱动,仓库存货是根据预测。

④单独管理和系统化管理:单独管理是就单一地点库存分别管理,系统管理则是将系统库存作为整体进行最优管理。

(2)库存管理方法的评价

①客户满意度:主要是订单满足率。

②延期交货:到货及时率。

③库存周转次数。

(三)库存计划与订货

对于生产企业,一般通过市场预测安排生产,然后转化为相应的销售物流库存。因此,销售物流部分的商品库存是和生产计划紧密相关的。对于零售企业,预测库存需求后,需要向供应商发出采购订单。库存计划除考虑客户需求外,还要考虑供应商的物流能力的影响。由此可见,生产企业和零售企业的库存相互影响,生产企业如果能够及时、准确地获得零售商的销售数据及库存数据,其预测的准确性就会大大提高,而零售企业的补货由于供应商的供应能力限制就越少。这两者是相辅相成的,也是整体供应链需要规划和研究的课题。

1. 订货策略

订货策略的基本内涵式决定什么时间对库存进行检查、补充,以及每次补充的数量。涉及的内容包括:

①订货点和订货批量。

②订货提前期:从订货开始到收到订货批量为止的一段时间。

③相关决策变量:检查周期,订货点,订货批量,最大库存。

2. 订货模型

1)经济订货批量(EOQ)是常用的订货模型,有以下七个方面的假设条件:

①需求速率保持不变。

②补给完成周期保持不变。

③不考虑购买数量折扣(单位货物的价格、运输费用固定)。

④不允许缺货。

⑤货物的补充瞬时完成。

⑥只有一种货物。

⑦不考虑资金限制。

2)其基本的公式可表示为:

$$EOQ = \sqrt{\frac{2C_0 D}{h}}$$

式中：D 是单位时间需求量，T 是平均完成周期，C_0 是每次订货发生的费用，Q 是最大库存量，h 是每单位产品每单位时间的保管成本。

3）此外，EOQ 延伸还需要考虑到：

①数量折扣：数量折扣可用基本的 EOQ 公式直接处理。

②批量生产：批量生产规模是指最经济的数量（从制造角度分析）。

③多产品购买：当同时购买一种以上产品时，必须要考虑数量折扣。

④有限的资本。

⑤运输成本要求。

3. 安全库存

(1)安全库存量的确定

1）服务水平的确定

①需求的概率超过某一特定值，或可能造成缺货的期望数量。

②订货点的库存量＝订货期间的使用量＋安全库存。

③服务水平越高，缺货风险越低。

④服务水平＋缺货风险＝1。

2）估计安全库存量所要考虑的因素

①随着安全库存投资的增加会使服务水平的增量越来越少。

②选择适当的客户服务水平，决定投资安全库存。

③客户服务水平、安全库存和生产批量是相互影响的。

④生产超过需求时，预期存货可以提供安全库存的功能。

⑤相关需求物品的客户服务水平是 100%。

(2)安全库存公式

当提前期内的需求状况和标准差一旦被确定，利用下面的公式可获得安全库存量 SS。

$$SS = Z\sigma_D \sqrt{L}$$

式中：Z 是一定顾客服务水平下需求的安全系数，L 是提前期的长短，σ_D 是在提前其内需求的标准方差。

(3)需求和补给的不确定因素对安全库存的影响

在多数情况下，提前期和需求都是随机变化的，此时，我们假设顾客的需求和提前期是相互独立的，则 SS 为

$$SS = Z\sqrt{\sigma_D^2 \overline{L} + \overline{d}^2 \sigma_L^2}$$

式中：Z、σ_D 释义不变，σ_L 是提前期的标准差，$\overline{d}$ 是提前期内的平均日需求量，$\overline{L}$ 是平均提前期水平。

(四)日常库存管理

1. 日常库存跟踪分析

日常库存跟踪分析主要采用库存 ABC 管理方法。库存 ABC 管理方法又叫库存分类控制法,它把物品按品种和占用资金大小分类,见表 1-1。

A 类产品:占年销售收入的绝大部分,且数量不大,因此应当特别关注。应连续观察 A 类产品的库存情况,使用更为精细的预测方法,仔细估计运作策略所需的成本参数。

B 类产品:采用周期性观察,采用分组订货方式,而不是单独订货。可不使用非常精细的预测方法。

C 类产品:最低程度的控制。对于需求适中的低价产品,采用大批量订货,以减少订货频率。对于昂贵的 C 类产品,最好不持有任何库存,需要时再订货即可。也可以使用 cross—docking 的运作方式。

表 1-1　ABC 分类管理表

	A 类	B 类	C 类
定额的综合程度	按品种、规格	按大类品种	按该区总金额
库存控制的计算方法	按具体数学模型	按具体数学模型	经验统计法
检查频率	经常检查	一般检查	按季或年度检查
统计	详细统计	一般统计	按金额统计
控制	严格控制	一般控制	金额总量控制
安全库存量	控制很低	较大	允许较高

2. 单品层次的库存管理

单品管理不仅能够真正进行库存的预测和管理,而且还能最大程度地平衡产品的库存结构。为此,在信息系统的支持下,为弥补 ABC 分析不足,有效解决同一产品组中不同存储单元的差异问题,根据变化性和价值对单品进行分类,使单品层次的库存政策能够反映供应风险和增加盈利。

3. 促销的影响

为提高销售,企业会不定期进行不同程度的促销,在消费者非理性消费时,促销对销售的影响非常显著。进而,库存管理也就呈现了极大的波动性,且波谷和波峰差异巨大。这给库存管理和订货带来了很大的难度。库存管理就是尽量缓和这种非正常的波动。

在日常工作中,促销一般分为限量促销、限时促销和正常促销,此外,还有特殊商品的促销。

（1）限量促销

一般适用于制造企业，零售企业使用的相对较少，促销商品的订货相对比较简单，只要足额订货即可。

（2）限时促销

一般适用于零售企业，特别适用于连锁超市。这种促销商品的订货难度较大，需要根据顾客对商品的认知度进行判断，一般采用分批订货的方法，根据限时的长短，第一批进行相对较大的订货，再根据第一天的销售情况，调整下一批次的订货量。

（3）正常促销

一般根据企业过往的促销经历，适当在日常销售上加倍即可，如果供应商的反应速度可以，即可采用分不同批次订货。

4. 新品订货

新上市的产品最难预测市场销售情况，特别是快速消费品，更难以预测。对于生产企业来说，需要根据市场预测，制定初期销售目标和基本生产量，即基本铺货和二次补货的量即可，对于零售企业则基本保证货架、堆头需求，备有少量的安全库存，关键是二次补货。家电行业由于可以进行在途销售，这部分相对容易控制。

5. 库存监控

尽管在日常的订货过程中已经进行了分析，但由于实际的销售情况总是波动的，而且由于商业的目的，企业会囤放一部分货物，特别是零售企业，这部分囤货能否按时、按计划卖出，将直接影响库存水平和实际的利润，库存管理部门需要在日常的库存分析和跟踪中及时提醒相关部门采取行动。因此，库存管理部门要经常对现有库存进行跟踪分析。在日常库存分析中，要注意高库存商品、滞销商品、新品、退货商品等库存及缺货率分析，从不同的方面控制，以达到库存控制目标。

（1）高库存商品

在设定库存周转目标时，单个商品的周转要高于目标。高库存还需要分清是商业囤货、订货过高、新品还是滞销库存。商业囤货商品需要提醒相应的采购或销售；订货过高，需要分析原因并调整订货策略；已经产生的高库存，需要联系相关部门采取行动；新品需要分析该商品是否适合市场；滞销商品对于商品零售企业需要进行相应商品的淘汰，而反应到生产企业则需要考虑生产计划的调整。

（2）退货

无论生产企业还是商业零售企业，从客户或店铺退回的商品都需要及时进行处理，否则，这部分商品的质量就会发生问题。零售商业需要分析退货的原因,及时调整品类策略。

（3）缺货率

这是库存管理部门每日的功课。现有 ERP 系统均能够提供每个 SKU 的缺货情况,包括数量、品项、金额。要针对每个 SKU 或每个供应商商品进行原因分析,找出针对性解决方案。

6. 仓库库存管理

仓库库存管理的最基本任务是保证商品的准确性和安全性。

（1）商品保质期管理

大部分商品都存在保质期的管理问题。企业信息系统都具有不同的商品先进先出、先到期先出的功能。在仓库管理中,特别是设有拣货位的仓库,在补货时,需要将原有库存放于补货的上面。为解决这一问题,很多先进的信息系统已经能够采用及时补货策略,即当拣货位库存为零时补货。

在进行收货时,收货人员必须检查商品质量和保质期是否符合收货要求;企业要制定相应的收货保质期标准,标准要留出商品保存、卖出及顾客使用时间的相应时间长度。

（2）库存记录管理

库存记录的准确性直接影响订货的准确性。销售物流库存记录的内容主要包括物品的标记和分类、物品的位置、单位成本和实价、可互换或代用的物品、储存年限、物品入库日期、发出日期、供应来源、库存金额等。

（3）盘点

盘点的主要目的是确保库存信息的准确性,从而获得财务报告,在仓库运作中能够做出准确的货物补充决策。从财务的角度看,确定的目标是金额盘亏率;从仓库管理的角度看,确定的目标是库存准确率。库存准确率的计算需要包括每一个 SKU,每一个批次、商品状态、货位准确等,是一个能够全面反映仓库管理好坏的指标。

盘点分为定期盘点和动态循环盘点。①定期盘点:一般企业在每年年初确定当年的盘点计划,不同的企业应根据配送中心的规模确定不同的盘点间隔,最少一个月,最多一年。定期盘点需要停止仓库的运作,和财务一起进行,是比较彻底的盘点方式。②动态循环盘点:适用于配送中心规模较大、品种繁多、零售企业的日常仓库管理。动态循环盘点有利于及时修正错误和发现问题,库存管理部更能够获得准确的库存信息,进而订货更加准确。

7. 库存财务管理

库存具有实物和财务属性。库存财务核算主要放在与成本变化有关的物流活动方面。

（1）财务记录管理

库存的财务核算所采用的核算方法会显著影响存货的总金额和有关销售商品的成本。

（2）库存取得的计价

按照会计准则，各类库存应以历史成本入账。企业无论以何种方式取得存货，凡与存货有关的支出均应计入存货成本，包括：①外购存货：一般在财务中进价和费用分开记录。②自制存货：自制存货需要根据各种制造成本确定商品的成本价格，相当于进价。③委托加工存货：包括所有发生的费用。

（3）库存出货的计价

①先入先出法：假设已销售或已消耗货物都是储存时间最长的货物，以及仓库中仍储存货物的都是最后购入或产出的货物进行计算。

②后入先出法：仓库中物品的成本是最早获得物品的成本，发出物品均按最近获得物品成本计价。

③平均成本法：在定期库存系统中，可使用算术平均数、加权平均数、移动平均数进行计算。但只有移动平均数最适于连续库存，适于计算机管理的库存作业。

④特定成本法：真实记录每批次的货物成本，出货和进货成本相等，适于数量少而价值大的货物。信息系统的发展已经能够进行单个商品的信息记录和跟踪，商品的真实成本也就可以真实地在财务中呈现。

8. 异常库存

在日常库存管理中，总存在着一些特殊库存。针对这些库存，需要通过定期的跟踪和分析，及时进行处理，否则就会占用仓库容量和影响订货的准确性。

（1）残次品

残次商品必须及时整理，并根据公司的规定进行报废或其他处理，将其从正常可卖库存的信息系统中移走。

（2）退货

退货属于逆向物流的一种。由于退货直接改变了库存现状，影响了事先的判断，因此，来自零售企业的店铺退货直接影响库存订货。对于零售企业，店铺的退货需及时处理。快速消费品企业使用残次补贴的方式，避免退货物流。

（3）暂存

特别是 B2C 的家电比较普遍，顾客购买商品后，企业送货到门时，由于顾客临时更改时间而导致的未达货物，暂时存放在仓库。

（4）已售未提

顾客购买商品并不立即要求送货，而是等待一段时间，虽然商品已经销售，但实际库存并未减少,依然占用仓库。此部分库存是企业为提高顾客服务所造成的必然成本,但需要尽快清理,否则将占据大量仓库资源。

(五)协同库存管理

库存管理是整个供应链管理的目的,因此,库存管理不能仅限于企业内部,需要联系上下游企业共同努力,也即产生新的合作方式和管理方法。

1. 供应商管理库存

供应商管理库存即用户将库存决策权代理给供应商,由供应商决定何时补货、补多少货,目的是使用户和供应商的成本最优。

(1)供应商管理库存的形式

①货和货权都在供应商,如早期的 JIT;②货在用户处,但货权属于供应商,如代销、寄售;③货和货权都在用户,但由供应商管理库存及补货工作。

(2)供应商管理库存的条件

①前提条件:上、下游企业的战略合作伙伴关系,信息共享,准确的需求预测。

②保障条件:合理的框架协议,共同减少成本的目标,结算与支付方式。

③基础条件:先进的信息技术,可以交互使用的平台和标准。

(3)供应商管理库存的优点

减少库存,缩短提前期,降低运作成本,提高供应链的持续改进能力,降低采购订单、发票、付款、收费等的交易成本。

(4)供应商管理库存的风险

对企业间的信任要求较高,决策过程基本上单方决定(供应商);意外损失(如货物丢失、变质、损坏等)一般由供应商承担,加大了供应商的风险。

2. 联合库存管理

联合库存管理是在供应商管理库存的基础上发展起来的上游企业和下游企业权利、责任平衡和风险共担的库存管理模式。

联合库存管理强调供应链中各个节点同时参与,共同制定库存计划,每个库存管理者都考虑相互之间的协调性,使各节点之间的需求预期保持一致,从而消除需求变异造成的库存放大。其优点包括:

①将传统的多级别、多节点的库存管理转化成核心企业的库存管理,简化了供应链库存管理运作流程。

②有利于简化供应链库存层次和优化运输路线。

③通过共享信息和库存,把供应链系统集成为上游和下游两个协调管理中心,提高了供应链的稳定性。

④为高效实现其他科学的供应链物流管理,如连续补货、快速反应、准时化

供货等创造了条件。

3. 有效消费者反应

销售商与供应商为消除系统中不必要的成本和费用并给客户带来更大效益而进行密切合作的一种供应链管理战略。

有效消费者反应是一种观念，不是一种新技术，主要目的是消除整个供应链管理流程中没有为消费者增加价值的成本，将推式供给系统转变成更有效率的需求拉动式系统，并将这些效率化的成果回馈给消费者，期望能以更快、更好、更经济的方式把商品送到消费者的手中，满足消费者的需求。目前，ECR的推广对象主要以快速消费品和食品杂货为主。

(1)有效消费者反应的基本架构

①需求管理。涉及有关商品与服务需求方面的认知与管理，并直接影响到消费者的满足、销售额(量)以及市场占有率等，其内容包括需求策略与能力、商品组合最佳化、促销最佳化、新商品导入最佳化、合作创造消费者的价值。其中，合作创造消费者的价值又包含三个主要要素，即协同式情报管理、锁定目标消费者和差异化方案。

②供应管理。其焦点主要集中在以下4个改善供应链上商品流动的概念，从不同方向满足整个供应链快速及有效商品补货模式的需求，即供应策略与能力、有效供给、整合需求导向的供给和操作最佳化。

③驱动力。为使需求管理和供应管理能真正落实，商品识别与数据管理能力的支持是主要的驱动力。驱动力包含三个领域，即共同识别标准、交换信息标准、全球数据同步。

④整合力。在新技术应用和发展的支持下，需求与供应管理的策略能力能够改变原有的商业模式，形成协同式电子商务，并持续增加与交易伙伴的互动和价值提升，它包含两个领域，即协同计划与预测。

(2)有效消费者反应的预期效益

①能够减少存货成本。

②实现较低的商品售价。

③降低缺货率。

④提升销售业绩。

(3)有效消费者反应的观念

①凡是对消费者没有附加价值的环节必须排除，取得最佳效益。

②确认供应链内的合作体制和结盟关系。

③实现准确即时的信息流，以信息代替库存。

四、全真考试试题分析

(一)判断题

1. 库存管理的目标就是实现成本的最优化。(　)

试题分析:本题考核对库存管理目标的理解,答案为错误。库存管理的目标就是在保持客户服务水平的前提下实现成本的最优化,详见教材"4.1.2 库存管理的重要性"。

2. 在库存出库计价方面,财务上的出库流动必须与货物的真实流动相一致。(　)

试题分析:本题考核对库存出货计价的理解,答案为错误。库存具有实物和财务属性,在企业中,这二者既相互分离又相互联系。库存财务核算主要放在与成本变化有关的物流活动方面。库存流动方法与物品的出库方式有关,财务上假定的出库流动可以不同于货物的真实实物流动,详见教材"4.4.7 库存财务管理"。

3. 使用 EOQ 经济订货批量模型时必须满足的假设条件之一是允许缺货。

试题分析:本题考核对 EOQ 模型假设条件的理解,答案为错误。EOQ 的假设:①需求速率保持不变;②补给完成周期保持不变;③不考虑购买数量折扣(单位货物的价格、运输费用固定);④不允许缺货;⑤货物的补充瞬时完成;⑥只有一种货物;⑦不考虑资金限制。详见教材"4.3.2 订货模型"。

(二)单项选择题

1. 在库存控制管理的定量订货法中,关键的决策变量是(　)。

　　A. 需求速率　　　　　　　　　B. 订货提前期

　　C. 订货周期　　　　　　　　　D. 订货点和订货量

试题分析:本题考核对订货策略的理解,答案为 D。订货相关决策变量为:检查周期、订货点、订货批量、最大库存量。需求速率和订货提前期为定量订货法 EOQ 模型的自变量,而非决策变量;订货周期是定期订货法中的决策变量,而非定量订货法中的决策变量,详见教材"4.3.1 订货策略"。

2. 在商品的年需求量一定的情况下,每次的订货量越大,则(　)。

　　A. 订购成本越大,储存成本越小

　　B. 订购成本越小,储存成本越大

　　C. 订购成本越小,储存成本越小

　　D. 订购成本越大,储存成本越大

试题分析:本题考核对库存成本的理解,答案为 B。存储成本(库存持有成本)是指为保持库存而发生的成本,分为固定成本和变动成本。订货成本是指向供应商发出采购订单而进行的各种活动的费用,如差旅费、邮资等。在年需求量一定的情况下,每次的订货量越大,就会导致订购成本越小,平均库存量越大,储存成本也越大。详见教材"4.1.5 库存成本"。

(三)多项选择题

有效消费者反应中的供应管理主要集中在(　)等改善供应链上商品流动的概念。

A. 供应策略与能力

B. 商品组合最优化

C. 有效供给

D. 整合需求导向的供给

E. 操作最优化

试题分析:本题考核对 ERC(有效消费者反应)概念的理解,答案为ACDE。供应管理(Supply Management)的焦点主要集中在供应策略与能力、有效供给、整合需求导向的供给、操作最优化四个改善供应链上商品流动的概念,从不同方向满足整个供应链快速及有效商品补货模式的需求。选项 B 属于有效消费者反应系统构架的范畴,不属于管理内容。详见教材"4.5.3 有效消费者反应"。

(四)情景回答题

Y 公司为海南省一家果蔬批发企业,主要客户为北京、天津、上海等地的大型连锁超市。企业年终进行本年度成本核算时,库存成本一栏包含了库存持有成本、订货成本和缺货成本三项。你认为该企业的库存成本核算是否合理? 为什么?

试题分析:本题考核销售物流中的库存成本的构成问题。库存成本主要包括库存持有成本、订货成本、缺货成本和在途库存持有成本,该企业没有考虑在途库存持有成本。由于运输距离较远,运输物资为果蔬,易变质腐烂,这部分成本不能忽视。

答案要点:该企业库存成本核算不尽合理。除库存持有成本、订货成本和缺货成本这三项之外,还应增加在途库存持有成本。由于这家企业在海南,所经营的产品是果蔬,而客户为距海南较远的北京、天津、上海,由于运输路途较长,货物腐烂变质的风险较大,所以,应将在途库存成本考虑在核算范围内。(答题应适当展开)

五、单元测试题及参考答案

单元测试题

(一)判断题

1. 库存管理是指优化物资的存储、以便使企业在合适的时间、以最低的成本、满足用户对特定数量和质量产品的需求的管理活动。( )

2. 库存分析的目的就是为了确定生产多少和订货量多少的问题。( )

3. 对企业而言,保留库存就意味着占用资金,而且这部分资金不能再为企业用于其他用途。因此,库存管理的目标就是在保持客户服务水平的前提下实现成本的最优化。( )

4. 保有库存的风险对不同的渠道具有风险的程度也不同。对零售商而言,由于存货风险范围一般较小,在各种产品上承担的风险基本相等。( )

5. 库存持有成本是指为保持库存而发生的成本,分为固定成本、变动成本和订货成本。( )

6. 缺货成本包括延迟造成的销售损失、不能及时和全部交货造成的商誉及付款延迟的损失、为了满足供应造成的生产中断和计划混乱、从其他地方采购而产生的差旅费、邮资等。( )

7. 由于在途库存存在各种不确定风险,因此,在途库存的资金占用成本一般大于仓库库存的资金占用成本。( )

8. 由于运输时间相对较短,货物贬值的风险较小,因此,在途库存不计货物贬值成本。( )

9. 把库存控制在最佳数量,尽量用最少的人力、物力、财力把库存管理好,获取最大的供给保障,不仅是企业追求的目标,也是企业之间竞争的重要一环。( )

10. 在一般的库存控制系统中,起决定作用或较大作用的要素主要有 6 种,其中,企业的选地和选产是库存控制结果的最关键要素。( )

11. 库存结构的合理与否,需要结合销售、生产进行分析。一个结构合理的库存,既不会有畅销品的缺货,又不会有滞销品的积压。( )

12. 销售物流的库存管理的策略制定必须基于销售策略和客户发展策略,是以支持销售并结合物流的其他环节综合考虑的。( )

13. 不同的产品在销售和收益上具有不同的表现,公司的销售策略也不同。因此,在展开选择性的库存策略时,必须考虑产品线的利润率。( )

14. 库存策略的不同直接影响着运输策略的制定。不同的运输工具或不同的运输半径、反应时效要求,库存策略需要对不同的产品制定不同的运输策

略和相应的库存策略。（　）

15. 库存管理方法中,既有单独管理又有系统化管理。所谓单独管理就是单一地点库存单一管理,所谓系统管理就是将系统库存作为整体进行分别管理。（　）

16. 整个销售物流部分的库存管理策略直接与销售水平和库存成本相关,企业需要根据库存管理的不同方法和企业的实际战略需求制定合理的库存管理策略。（　）

17. 对于生产企业,销售物流部分的商品库存和生产计划紧密相关,一般通过企业 JIT 系统进行市场预测,根据预测安排生产,然后转化为相应的销售物流库存,并安排相应的存库地点。（　）

18. 对于零售企业,预测库存需求后,需要向供应商发出采购订单。库存计划除考虑客户需求外,还要考虑供应商的生产能力的影响。（　）

19. 在经济订货批量模型中,总库存成本对于订货批量的变动较为敏感,即订货批量的变化对年订货成本和库存保管成本的影响很大。（　）

20. 在 EOQ 应用中,需要延伸考虑运输成本,如果对运输成本要求很高,企业就应在确保满载率的情况下,兼顾 EOQ 批量的多少。（　）

21. 服务水平的设定直接影响安全库存的设定,服务水平与缺货损失之间的平衡是每一个企业需要考虑和研究的,特别是随着商品同质化的发展,一旦缺货,消费者很容易就可以找到替代品。（　）

22. 库存 ABC 管理方法又叫库存分类控制法,对 B 类产品,在检查频率上可采用一般性检查,也可采用按季或年度检查;在库存控制上,主要采取金额总量控制的方法。（　）

23. 单品层次的库存管理不仅能够真正进行库存的预测和管理,而且还能最大程度地平衡产品的库存结构。（　）

24. 在消费者非理性消费的情况,促销对销售的影响非常显著。一般制造企业经常使用限时促销,零售企业使用限量促销。（　）

25. 生鲜商品的促销比较特殊,特别是对保质期要求相对较高的商品,应根据商品鲜度的变化,随时进行打折销售,原则上不保留库存。（　）

26. 对于新上市产品,需要根据市场预测,制定初期销售目标和基本生产量,对于零售企业则应保证基本铺货和二次补货的量,并备有少量的安全库存。（　）

27. 日常库存分析要注意高库存商品、滞销商品、新品、退货商品等库存及缺货率分析,从不同的方面进行控制,以达到库存控制目标。（　）

28. 退货是库存管理部门每日要做的功课,无论生产企业还是商业零售企

业,从客户或店铺退回的商品都需要及时进行处理,否则这部分商品的质量就会发生问题。（　）

29. 大部分商品都存在保质期的管理问题。企业信息系统都采用不同先进先出、先到期先出的方法。食品、化工及药品、零售行业基本都采用先到期先出,而大部分实行先到后出。（　）

30. 库存记录的准确性直接影响销售的准确性。商品由入库到出库,有关库存操作的每一个环节,都需要相应的记录凭证。（　）

31. 盘点的主要目的是确保库存信息的准确性,从而获得财务报告,在仓库运作中能够做出准确的货物补充决策。（　）

32. 在定期盘点中,一般企业在每年的年终确定下年的盘点计划。不同的企业根据配送中心的规模确定不同的盘点间隔,最少三个月,最多一年。（　）

33. 库存具有实物和财务属性,在企业中,这二者既相互分离又相互联系。库存财务核算主要放在与销售变化有关的物流活动方面。（　）

34. 库存流动方法与物品的出库方式有关,财务上假定的出库流动等同于货物的真实实物流动。（　）

35. 平均成本法是库存出货计价的方法之一,可使用的平均数有算术平均数、加权平均数、移动平均数。这些平均数的算法都可在定期库存系统中使用,但只有加权平均数最适合于连续库存。（　）

36. 退货是逆向物流的一种,特别是零售企业的店铺退货,将直接影响库存订货。（　）

37. 供应商管理库存的目的是使生产企业和消费者的成本最优。（　）

38. 先进的信息技术如条码技术、RFID 运行平台是供应商管理库存得以实施的前提条件。（　）

39. 联合库存管理是在供应商管理库存的基础上发展起来的上游企业和下游企业权利、责任平衡和风险共担的库存管理模式。（　）

40. 有效消费者反应是销售商与供应商为消除系统中不必要的成本和费用并给客户带来更大效益而进行密切合作的一种供应链管理战略。（　）

(二)单项选择题

1. 除成本损失外,保持过量库存还会导致库存的（　）并严重降低企业的灵活性,特别是一些创新性比较强的产品,如电子产品。

  A. 增加　 B. 减少　 C. 过时　 D. 以上都不对

2. 库存管理的目标就是在保持客户服务水平的前提下实现（　）。

  A. 成本的最优化　 B. 库存的最优化

  C. 库存的最小化　 D. 反应的高效化

3. 保有库存的风险对不同的渠道具有风险的程度也不同。在买方市场下,一般下游会将库存转移到上游,比如国内零售企业的残次品一般由供应商负担。

    A. 生产商　　　　B. 加盟商　　　　C. 销售商　　　　D. 供应商

4. 下列不属于库存持有成本的是( )。

    A. 资金占用成本　　　　　　　B. 存储空间成本

    C. 库存服务成本　　　　　　　D. 差旅费、邮资

5. 在途库存的资金占用成本一般( )仓库库存的资金占用成本。

    A. 大于　　　　B. 等于　　　　C. 小于　　　　D. 远小于

6. 下列不属于库存合理化指标的是( )。

    A. 质量　　　　B. 管理　　　　C. 库存数量　　　　D. 地区分布

7. 下列不属于库存控制要素的是( )。

    A. 订货　　　　B. 运输　　　　C. 信息　　　　D. 库存费用

8. 制定库存管理策略的目的是为了实现在物流总成本最低的前提下服务水平最优。下列不属于对库存策略的制定起关键影响的是( )。

    A. 产品要求　　　B. 运输策略　　　C. 时间要求　　　D. 产品形态

9. 对于生产企业,销售物流部分的商品库存是和( )紧密相关的,一般通过企业 DRP 系统进行市场预测,根据预测安排生产,然后转化为相应的销售物流库存,并安排相应的存库地点。

    A. 产品性质　　　B. 生产计划　　　C. 销售计划　　　D. 销售订单

10. 对于零售企业,库存计划除考虑客户需求外,还要考虑供应商的( )的影响。

    A. 供应能力　　　B. 销售能力　　　C. 物流能力　　　D. 服务质量

11. 在订货策略上,经常使用订货模型是( )。

    A. EOQ　　　　B. EAQ　　　　C. EQQ　　　　D. OEQ

12. 下列不属于经济订购批量假设条件的是( )。

    A. 不允许缺货　　　　　　　　B. 只有两种货物

    C. 不考虑资金限制　　　　　　D. 需求速率保持不变

13. 下列关于确定安全库存量时对服务水平的确定的描述不正确的是( )。

    A. 需求的概率超过某一特定值,或可能造成缺货的期望数量

    B. 服务水平+缺货风险=1

    C. 订货点的库存量=订货期间的使用量+安全库存

    D. 服务水平越高,资金风险越低

14. 库存 ABC 管理方法又叫（　　）。
  A. 按品种分类法   B. 按占用资金大小分类法
  C. 按产品质量等级分类法   D. 库存分类控制法

15. A 类产品采取的检查频率是（　　）。
  A. 经常检查   B. 一般检查   C. 季度检查   D. 年度检查

16. 在 ABC 分类管理中，C 类产品采取的库存控制计算方法是（　　）。
  A. 按具体数学模型   B. 经验统计法
  C. 按金额统计   D. 按大类品种统计

17. 一般制造企业经常使用的销售方式是（　　）。
  A. 正常促销   B. 限时促销   C. 限量促销   D. 限产品促销

18. 在新品销售中，电子商务中（　　）部分的电子商品，基于长尾理论，其商品品种较多，但平均到单品的销售则大小不一，特别是对一些销售极小的商品，需要保留很小的库存，但随着这种商品的增多，其库存总量会不断加大。
  A. B2C   B. B2B   C. C2B   D. C2C

19. 在库存控制中，高库存商品要设定库存周转目标，单个商品的周转要（　　）目标。
  A. 低于   B. 等于   C. 高于   D. 以上都不对

20. 在进行缺货率分析时，现有 ERP 系统均能够提供每个 SKU 的缺货情况，其中不包括（　　）。
  A. 数量   B. 品项   C. 金额   D. 时间

21. 仓库管理中，特别是设有拣货位的仓库，在补货时，需要将原有库存放于补货的上面。为解决这一问题，很多先进的信息系统已经能够采用及时补货策略，即当拣货位库存（　　）时补货。
  A. 小于零   B. 大于零   C. 等于零   D. 接近零

22. 盘点的主要目的是确保库存信息的准确性，从而获得财务报告，在仓库运作中能够做出准确的货物补充决策，其中（　　）盘点需要停止仓库的运作，和财务一起进行，是比较彻底的盘点方式。
  A. 定期   B. 定点   C. 定量   D. 动态循环

23. 库存的财务核算所采用的核算方法会显著影响存货的总金额和有关销售商品的成本。在权责发生制下，存货计算方法分为（　　）和存货流动法。
  A. 平均累加法   B. 移动平均法
  C. 加权平均法   D. 估价法

24. 供应商管理库存的目的是使用户和供应商的成本最优，买方不再拥有库存，只制定（　　）。

A. 销售计划　　B. 订购计划　　　C. 服务水平　　　D. 生产计划

25. 下列关于供应商管理库存的描述不正确的是（　　）。

A. 卖方完全控制库存，直到销售完补充库存

B. 货和货权都在供应商处

C. 对于企业间的信任要求较高

D. 意外损失都由供应商承担

26. 下列关于联合库存管理的描述不正确的是（　　）。

A. 是在 VMI 的基础上发展起来

B. 权利、责任平衡和风险共担的库存管理模式

C. 有利于简化供应链库存层次和优化运输路线

D. 降低了采购订单、发票、收费等的交易成本

27. 下列关于有效消费者反应的描述不正确的是（　　）。

A. ECR 是一种观念，不是一种新技术

B. ECR 是一种观念，也是一种新技术

C. ECR 的推广对象主要以食品杂货为主

D. 将推式的供给系统转变成拉式系统

28. 下列不属于 ECR 基本构架的是（　　）。

A. 供应管理　　B. 需求管理　　　C. 标准工具　　　D. 产品质量

29. 下列关于 ECR 预期效益的描述不正确的是（　　）。

A. 减少存货成本　　　　　　B. 较低的商品售价

C. 产品质量提升　　　　　　D. 降低缺货率

30. 关于 ECR 观念的描述不正确的是（　　）。

A. 定位自己的客户群和安排相应商品类别的程序

B. 确认供应链内的合作体制和结盟关系

C. 凡是对消费者没有附加价值的环节必须排除，达到最佳效益

D. 实现准确即时的信息流，以信息代替库存

(三) 多项选择题

1. 库存分析的目的就是为了确定（　　）。

A. 订货量多少　　　　　　　B. 何时订货

C. 何时出售　　　　　　　　D. 何时盘点

E. 何时退货

2. 按库存的目的分类，库存可分为（　　）。

A. 周转库存　　　　　　　　B. 安全库存

C. 促销储备库存　　　　　　D. 待售库存

    E. 季节性储备库存

3. 持有库存的原因是（　　）。

    A. 需求预测失误　　　　　　　　B. 供应商供货的不确定性和延迟

    C. 采购价格优势　　　　　　　　D. 库存补充间隔及数量

    E. 用户提前期短于供应商提前期

4. 库存成本主要包括（　　）。

    A. 订货成本　　　　　　　　　　B. 缺货成本

    C. 补货成本　　　　　　　　　　D. 在途库存持有成本

    E. 库存持有成本

5. 库存持有成本包括（　　）。

    A. 资金占用成本　　　　　　　　B. 存储空间成本

    C. 库存服务成本　　　　　　　　D. 库存风险成本

    E. 商品贬值、损失成本

6. 关于在途库存持有成本的描述正确的是（　　）。

    A. 在途库存的资金占用成本一般等于仓库库存的资金占用成本

    B. 存储空间成本一般与在途库存不相关

    C. 在途库存一般不负担税务，但保险部分需要考虑

    D. 由于运输时间相对较短，货物贬值的风险较小

    E. 对于鲜活农产品需要考虑在途库存持有成本

7. 在一般的库存控制系统中，起决定作用或较大作用的要素主要有（　　）。

    A. 订货　　　　　B. 运输　　　　　C. 信息　　　　　D. 管理

    E. 库存的地点

8. 在保有的库存管理中，库存的合理化指标主要有（　　）。

    A. 质量　　　　B. 库存数量　　　　C. 库存结构　　　　D. 地区分布

    E. 库存持有时间

9. 在库存管理的策略目标中，以下属于对库存策略的制定具有关键影响的是（　　）。

    A. 顾客服务　　　B. 产品要求　　　　C. 时间要求　　　　D. 竞争表现

    E. 运输

10. 下列属于库存管理方法选择应考虑的因素有（　　）。

    A. 需求类型　　　　　　　　　　B. 客户满意度

    C. 企业运作反应方式　　　　　　D. 单独管理和系统化管理

    E. 按订单存货和按仓库存货

11. 库存管理方法的评价指标基本包括（　　）。

  A. 客户满意度　　　　　　　　B. 延期交货

  C. 产品质量　　　　　　　　　D. 销售速度

  E. 库存周转次数

12. 下列属于经济订货批量假设条件的是（　　）。

  A. 不允许缺货　　　　　　　　B. 只有一种货物

  C. 补给完成周期保持不变　　　D. 不考虑购买数量折扣

  E. 货物的补充瞬时完成

13. 下列属于经济订货批量延伸考虑条件的是（　　）。

  A. 数量折扣　　B. 批量生产　　　C. 多产品购买　　D. 有限的资本

  E. 运输成本要求

14. 下列属于安全库存量中服务水平确定内容的是（　　）。

  A. 服务水平越高,缺货风险越低

  B. 服务水平＋缺货风险＝1

  C. 需求的概率超过某一特定值

  D. 可能造成缺货的期望数量

  E. 订货点的库存量＝订货期间的使用量＋安全库存

15. 关于估计安全库存量所要考虑的因素的描述正确的是（　　）。

  A. 随着安全库存投资的增加会使服务水平的增量越来越少

  B. 选择适当的客户服务水平,决定投资安全库存

  C. 客户服务水平、安全库存和生产批量是相互影响的

  D. 生产超过需求时,预期存货可以提供安全库存的功能

  E. 相关需求物品的客户服务水平是 100%

16. 关于 ABC 分类管理的描述不正确的是（　　）。

  A. 对于 A 类产品,库存控制的计算方法可采用经验统计法

  B. 对于 B 类产品,定额的综合程度一般采取按大类品种

  C. 对于 A 类产品,安全库存量的控制一般允许较高的控制

  D. 对于 C 类产品,检查频率一般是按季度或年度进行

  E. 对于 B 类产品,采取的控制策略一般是金额总量控制

17. 关于促销的描述正确的是（　　）。

  A. 促销一般分为限量促销、限时促销和正常促销

  B. 一般制造企业、零售企业经常使用限量促销

  C. 一般制造企业、零售企业经常使用限时促销

  D. 一般制造企业经常使用限量促销,一般零售企业经常使用限时

促销

　　E. 一般制造企业经常使用限时促销,一般零售企业经常使用限量促销

18. 为达到库存控制目标,需要从不同的方面对库存进行控制,尤其在日常库存分析中,需要高度注意( )。

　　A. 高库存商品　　　　　　　　B. 退货

　　C. 缺货率分析　　　　　　　　D. 销售速度

　　E. 订货期

19. 下列属于商品保质期管理报表中内容的是( )。

　　A. 生产日期　　B. 预警日期　　C. 目标日期　　D. 到期日

　　E. 保质期长度

20. 库存记录的准确性直接影响订货的准确性,销售物流库存记录内容主要包括( )。

　　A. 发出日期　　B. 储存年限　　C. 供应来源　　D. 库存金额

　　E. 单位成本和实价

21. 下列关于盘点的描述正确的是( )。

　　A. 盘点的主要目的是确保库存信息的准确性

　　B. 盘点分为定期盘点、定物盘点和动态循环盘点

　　C. 采取定期盘点的企业一般在每年的年初确定当年的盘点计划

　　D. 动态循环盘点比较适合配送中心规模较大、品种繁多的零售企业

　　E. 定物盘点的时间间隔一般为最少一个月,最多一年

22. 在库存财务管理中,库存流动方法与物品的出库方式有关,库存出货的计价方法有( )。

　　A. 先入先出法　　　　　　　　B. 后入先出法

　　C. 平均成本法　　　　　　　　D. 加权平均法

　　E. 特定成本法

23. 下列属于异常库存管理内容的是( )。

　　A. 残次品管理　　　　　　　　B. 退货

　　C. 暂存　　　　　　　　　　　D. 已售未提

　　E. 未售已定

24. 下列关于供应商管理库存的形式描述正确的是( )。

　　A. 货和货权都在供应商处

　　B. 货在用户处、但货权属于供应商

　　C. 提高了供应链的持续改进能力

　　D. 对于企业间的信任要求较高

E. 货和货权都在用户处,但由供应商管理库存及补货工作

25. 下列关于联合库存管理的描述正确的是( )。

A. 联合库存管理是在 VMI 的基础上发展起来的

B. 达到了对整个供应链库存的优化管理,简化了供应链库存管理运作流程

C. 有利于简化供应链库存层次和优化运输路线

D. 通过共享信息和库存,提高了供应链的稳定性

E. 为其他科学的供应链物流管理创造了条件

26. 下列关于有效消费者反应的描述正确的是( )。

A. 有效消费者反应是一种观念,不是一种新技术

B. 有效消费者反应不仅是一种观念,也是一种新技术

C. 有效消费者反应的推广对象主要以快速消费品为主

D. 有效消费者反应的推广对象主要以食品杂货为主

E. 有效消费者反应的主要目的是消除整个供应链管理流程中没有为消费者增加价值的成本

27. 有效消费者反应的主要基础架构分为( )。

A. 需求管理　　　　　　　　B. 供应管理

C. 驱动力　　　　　　　　　D. 整合力

E. 亲和力

28. 需求管理涉及有关商品与服务需求方面的认知与管理,并直接影响到消费者的满足、销售额(量)以及市场占有率等,其内容包括( )。

A. 需求策略与能力　　　　　B. 商品组合最佳化

C. 促销最佳化　　　　　　　D. 新商品导入最佳化

E. 合作创造消费者的价值

29. 下列关于有效消费者反应的观念的描述正确的是( )。

A. 凡是对消费者没有附加价值的环节必须排除,达到最佳效益

B. 确认供应链内的合作体制和结盟关系

C. 整个供应链的作业成本因效率的提升而降低

D. 供货商以及零售商能够通过系统间的整合保证商品的快速上架

E. 实现准确即时的信息流,以信息代替库存

30. 有效消费者反应所要达到的预期效益是( )。

A. 降低缺货率　　　　　　　B. 提升销售

C. 减少存货成本　　　　　　D. 较高的服务

E. 较低的商品售价

(四)问答题

1. 为什么要做好库存管理?

2. 企业为什么持有库存? 持有库存的成本是什么?

3. 销售物流的库存策略是什么?

4. 经济订购批量模型的假设条件有哪些? 公式中各字母表达的含义是什么?

5. 库存分类控制法是如何对产品进行分类控制的?

6. 简述 VMI、JMI 和 ECR 的基本概念。

(五)论述题

1. 促销对企业销售的影响有哪些? 针对不同的企业,应采取哪些针对性促销模式?

2. 简述仓库库存管理的几个方面。

3. 简述 ECR 对控制库存的影响,如何有效利用 ECR?

【参考答案】

(一)判断题

1.√,2.×,3.√,4.×,5.×,6.×,7.×,8.×,9.√,10.×,11.×,12.√,13.√,14.√,15.×,16.×,17.×,18.×,19.×,20.×,21.√,22.×,23.√,24.×,25.√,26.×,27.√,28.×,29.×,30.×,31.√,32.×,33.×,34.×,35.×,36.√,37.×,38.×,39.√,40.√。

(二)单项选择题

1.C,2.A,3.D,4.D,5.B,6.B,7.D,8.D,9.B,10.C,11.A,12.B,13.D,14.D,15.A,16.B,17.C,18.A,19.C,20.D,21.C,22.A,23.D,24.C,25.D,26.D,27.B,28.D,29.C,30.A。

(三)多项选择题

1.AB,2.ABCE,3.ABCDE,4.ABDE,5.ABCDE,6.ABCDE,7.ABCDE,8.ABCDE,9.ABCDE,10.ACDE,11.ABE,12.ABCDE,13.ABCDE,14.ABCDE,15.ABCDE,16.ACE,17.AD,18.ABC,19.ABCDE,20.ABCDE,21.ACD,22.ABCE,23.ABCD,24.ABE,25.ABCDE,26.ACDE,27.ABCD,28.ABCDE,29.ABE,30.ABCE。

(四)问答题

1. 见书本"4.1.2 库存管理的重要性"。

2. 见书本"4.1.3 持有库存的功能和风险"。

3. 见书本"4.2 库存管理策略"。

4. 见书本"4.3.2 订货模型"。

5. 见书本"4.4.1 日常库存跟踪分析"。

6. 见书本"4.5 协同库存管理"。

(五)论述题

1. 结合书本"4.4.3 促销的影响"作答。

2. 结合书本"4.4.6 仓库库存管理"作答。

3. 结合书本"4.5.3 有效消费者反应"作答。

单元五　销售物流客户服务

一、学习目标

1. 了解掌握销售物流客户服务的意义、特点及重要性。
2. 了解销售物流中的渠道和渠道维护基本原理。
3. 了解掌握订单管理、送货签收及退换货等基本流程。
4. 了解销售物流服务的一般评价指标。

二、知识结构

知识结构如图 1-5 所示。

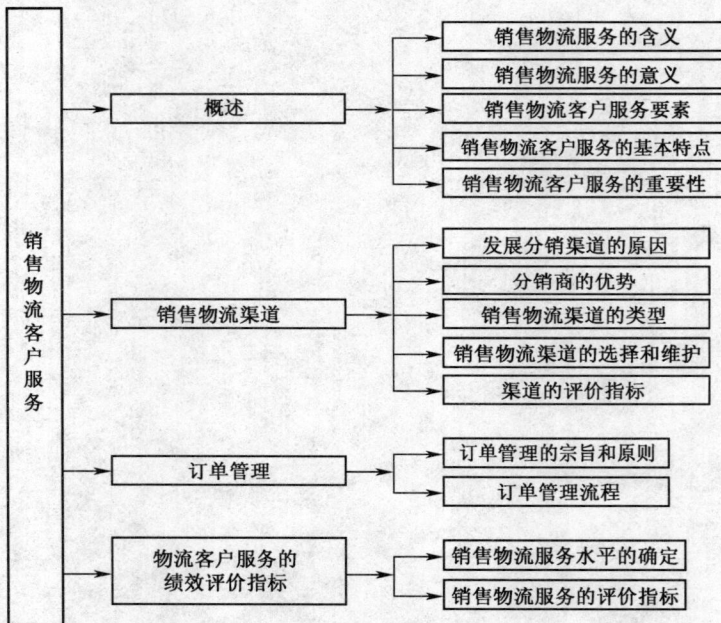

```
                                    ┌─────────────────────┐
                              ┌────►│  销售物流服务的含义    │
                              │     ├─────────────────────┤
                              ├────►│  销售物流服务的意义    │
                     ┌─────┐  │     ├─────────────────────┤
                  ┌─►│概述 │──┼────►│ 销售物流客户服务要素   │
                  │  └─────┘  │     ├─────────────────────┤
                  │           ├────►│ 销售物流客户服务的基本特点│
                  │           │     ├─────────────────────┤
                  │           └────►│ 销售物流客户服务的重要性 │
                  │                 └─────────────────────┘
  销                                ┌─────────────────────┐
  售                          ┌────►│  发展分销渠道的原因    │
  物                          │     ├─────────────────────┤
  流                          ├────►│   分销商的优势        │
  客  ┌────────────────┐      │     ├─────────────────────┤
  户─►│  销售物流渠道    │──────┼────►│ 销售物流渠道的类型     │
  服  └────────────────┘      │     ├─────────────────────┤
  务                          ├────►│ 销售物流渠道的选择和维护│
                              │     ├─────────────────────┤
                              └────►│   渠道的评价指标       │
                                    └─────────────────────┘
                                    ┌─────────────────────┐
     ┌──────────┐             ┌────►│ 订单管理的宗旨和原则   │
   ─►│ 订单管理  │─────────────┤     ├─────────────────────┤
     └──────────┘             └────►│    订单管理流程       │
                                    └─────────────────────┘
     ┌────────────────┐            ┌─────────────────────┐
     │ 物流客户服务的   │      ┌────►│ 销售物流服务水平的确定 │
   ─►│ 绩效评价指标     │──────┤     ├─────────────────────┤
     └────────────────┘      └────►│ 销售物流服务的评价指标 │
                                    └─────────────────────┘
```

图 1-5　销售物流客户服务知识结构

三、主要知识点解读

(一)概述

无论制造企业还是零售企业,客户服务都是销售物流中不可或缺的部分,尤其是 B2C 的物流,一般都建有庞大的呼叫中心,负责对客户进行回访。

1. 销售物流服务的含义

销售物流服务是指在最有效和最经济的成本前提下,围绕市场需求,为顾客提供满意的产品和服务的活动。

2. 销售物流服务的意义

物流服务起着连接厂家、批发商、零售商和消费者的纽带作用,是企业经营差别化的重要一环。其中,销售物流中的外部服务物流主要考虑如何为客户和消费者提供更好的服务,而内部服务物流则主要考虑如何对待内部客户。物流服务水准的确立对经营绩效产生重大影响。物流服务方式的选择对降低物流成本有重要影响。

3. 销售物流客户服务要素

销售物流客户服务要素包括交易前要素、交易中要素和交易后要素。由于顾客服务的多变性和每个特殊市场的需求差异性的存在,对于任何一个企业来说,这些要素并不是普遍适用于每一个企业,关键是要有一个明确的顾客服务政策。

4. 销售物流服务的基本特点

1)产品的可得性,其主要有指标如下:

①缺货频率:出现缺货无法满足订单的次数。

②订单满足率:用来衡量缺货的程度及其影响的指标。

③发出订货的完成状况:对产品可得性最准确的衡量指标。

2)运作绩效,是指根据客户的订单送付货物所需要的时间,主要指标如下:

①运作速度:客户产生需求、下达采购订单、产品送货直至客户使用这一过程所需时间。

②持续性:订货、交货周期的持续性用运行周期按计划所规定的时间运行完毕的次数来衡量。

③灵活性:处理异常的顾客需求的能力。

3)服务可靠性,是指运作的稳定性,是一个综合指标,主要表现有完好无损的到货、准确无误的结算、货物准确及时地到达、订单的完全满足(数量和品种)等特征。

5. 销售物流客户服务的重要性

销售物流客户服务的水平直接影响客户的忠诚度和实际费用的控制。对企业来说,重要的是平衡服务水平与流程控制成本,从而选择适合的客户服务策略。

销售物流客户服务的重要性主要从以下两个方面衡量:

(1)服务—损失函数

根据田口玄一的说法,随着服务(质量)偏离目标值越远,损失会递增。递增的速度可用以下公式表示:

$$L = k(y - m)^2$$

式中，L 是以美元表示的单位损失（惩罚成本），y 是质量变量的值，m 是质量变量 y 的目标值，K 是常数，取决于质量变量在财务上的重要性。

（2）缺货导致的收入损失

据美国进行的一个研究发现，在一家普通超市的下午营业中，购物者会遇到商品目录中 8.2% 的品种缺货。这些购物者有 30% 的概率买不到可替代的另一商品，他们会推迟购买或到其他地方选购。这种情况的结果是零售商损失了可能会在那些缺货品种上发生的 46% 的潜在销售额。

（二）销售物流渠道

销售物流渠道又叫分销渠道，是指产品从生产企业运送到消费者或客户手中所经过的路线及经营机构。从物流的角度看，营销渠道的作用就是在节省成本的前提下，以最快的速度、有效率地把产品送到顾客手中。其中，分销渠道的一体化是建立高效物流系统的基础。

1. 发展分销渠道的原因

①中间商对其代理的区域市场较为熟悉，并且拥有一批固定的客户群，能帮助厂商迅速打开市场。

②分销商对本地客户的资信情况和投资环境更为了解，可帮助厂商规避投资和交易风险，同时还可减少自己构建销售网络所必需的高昂费用，降低整体销售成本。

③分销商一次性订购批量产品能大大减轻厂商的压力。

2. 分销商的优势

①减少市场中交易的次数。

②专业化的分销渠道设置使分销成本最小化，交易规范化。

③为买卖双方搜索市场资源提供了便利。

④厂商能够相对降低财务风险。

3. 销售物流渠道的类型

①直接销售物流渠道。

②间接销售物流渠道。

③代销渠道。

4. 销售物流渠道的选择和维护

每一个企业需要根据自身的实际情况选择合适的销售物流渠道。不同的行业、不同的产品及不同的客户定位，决定了选择何种销售物流渠道。选择经销商时必须考虑以下几方面：

（1）硬件

①经销商的市场范围。

②经销商的产品组合。

③经销商的地理位置。

④经销商的二级网点。

（2）软件

①分销商的产品销售经验。

②经销商的财务状况及管理水平。

③经销商的人员素质和能力。

④经销商的促销政策和技术。

⑤经销商的综合服务能力。

⑥经销商商业道德人格品质。

5. 渠道的评价指标

良好的渠道管理包含业务伙伴的合作、市场营销的组织、高效的物流配送、优质的客户服务等内容。

（1）渠道绩效评估定性方法

①渠道成员协作的程度。

②渠道成员矛盾冲突的程度。

③所需信息的可获取程度。

（2）渠道绩效评估定量方法

①每单元的分销成本。

②履行订单的出错率。

③商品的破损率。

（三）订单管理

所谓订单处理是指从接到客户订单开始一直到着手准备拣选货品之间的工作，通常包括有关用户和订单的资料、单据处理等内容。

1. 订单管理的宗旨和原则

每一个企业的订单管理都必须基于各自的财务、信息系统、配送能力进行相应的设计，其宗旨就是充分利用现有资源及创新，在成本最优的情况下，向客户提供最好的服务。订单管理的原则就是综合平衡成本和服务两项重要指标。

2. 订单管理流程

（1）订单准备

企业库存管理人员根据订单预测及相应的促销、季节等因素影响的调整，并考虑供应商规定的最小订单量的限制，以此确定最终的订货数量，一般考虑多货品的整体订单。

有些企业为控制库存，对订货人员的订货数量进行权限的限制，一旦某一单品订货数量超出其权限范围,将由上一级审批,以此控制盲目的订货。但是,企业由于促销要求,在供应商的存货能力能够支撑的情况下,有可能对某一单品需要大批量的存货。

(2)订单传输

传输订单信息是第二道工序,有两种基本方式,即人工和电子方式。

人工方式包括邮寄订单或由销售人员亲自将订单送到录入地点。电子方式包括免费电话、数据电话。以上两种方式,由于其自身的局限性,已基本不再使用。传真机方式很多企业还在使用,但存在传输订单不清晰,供应商需要专门的系统录入人员,差错率高。目前,使用较多的是网络订单和 EDI 订单。网络订单是通过上游企业的网络直接下订单,一般网络上都设有固定的订单格式。EDI 订单是利用互联网将供需双方的系统链接在一起,需方发出电子订单,供方直接将订单转入订单处理系统,速度快,既保证准确率又可以节省人力。

(3)订单录入

订单录入是指在订单实际履行前所进行的各项工作,主要包括以下方面:

①核对订货信息的准确性。

②检查所需商品是否可得。

③如有必要,准备补交货订单或取消订单的文件。

④审核客户信息。

⑤必要时转录订单信息。

⑥开具账单。

(4)订单履行

订单履行是由与实物有关的活动组成,主要包括以下内容:

①通过提取存货、生产或购进客户所需货物。

②对货物进行运输包装。

③安排送货。

④准备运输单据。

⑤发票的准备和邮寄。

(5)订单处理原则

每一个企业都可根据自身情况确定订单处理的原则,这由企业对顾客服务的策略决定。客户订单的处理优先权法则有以下几种:

①先收到,先处理。

②使处理时间最短。

③预先确定顺序号。

④优先处理订货量小、相对简单的订单。

⑤优先处理承诺交货日期最早的订单。

⑥优先处理距约定交货日最近的订单。

(6)订单状况的报告

订单状况报告的内容主要包括：

①在整个订单周转过程中跟踪订单。

②与客户交接订单处理进度、订货交付时间等方面的信息。

(7)订单管理中的相关事项

①最小订单量。

②订货批量与价格。

③付款优惠。

④配额系统。

⑤客户订单的取消和补充。

⑥多点送货。

此外，还需另外关注客户信息的更改、关闭、新客户的开设等细节问题。

(8)电子商城的客户订单

目前阶段，电子商城的客户是单一消费者，而不是企业。因此，客户根据自身需要在网上进行寻找合适的商品。电子商城应让消费者能进行商品的自由选择，并且在选择商品的同时，进行对被选商品的进一步筛选，即将备选商品集中在选择的过程。订单一旦成功即传入物流系统，物流系统根据消费者要求到达的时间并根据城市、路线进行订单合并和处理，后续送货流程同一般 B2C 物流。在付款方式上，越来越多的消费者选择货到付款或通过支付宝付款，以便产生商品拒收后，货款能够保证退回。

(四)物流客户服务的绩效评价指标

1. 销售物流服务水平的确定

销售物流服务需要根据企业的销售策略和物流策略来制定相应的物流服务水平。确定物流服务水平方法可以有多种，一般常用方法是将竞争对手的服务水平作为标杆。这种方法的不足之处是很难断定对方是否很好把握了顾客的需求并提供了正确的服务要素。通常情况下，确定服务水平的原理主要有三种：

(1)根据顾客对缺货的反应来确定顾客服务水平

顾客服务水平的重要一点是保证最终顾客能方便及时地了解和购买到所需的商品。零售环节的顾客服务水平对销售影响很大，因此，必须明确最终顾客对缺货的反应模式。某种产品缺货时，顾客可能购买同种品牌不同规格的产品,也可能购买另一种品牌的同类产品,或者更换商店。因此,生产企业要通过调整订货周期、供货满足率、运输方式等,尽量避免零售环节缺货现象的发生。

(2)成本与收益的权衡

成本与收益权衡的目标是以最低的物流总成本实现给定的物流服务水平。通过服务水平与成本之间的变化关系,根据企业的实际状况,可以运用多种方法确定实际的关系模型。

(3)ABC分析与帕累托定律

将不同产品在不同顾客处的贡献度进行区分并列出等级,根据等级确定产品对客户的服务水平。具体应用是首先绘制出顾客—产品贡献矩阵,然后根据顾客对产品的贡献情况确定服务水平。

(4)顾客服务与80/20原则(见图1-6)

客户服务	关键产品关键客户	发展	
A	关键产品关键客户	发展	
B	发展	维持	
C			审查
	A	B	C
		产品	

图1-6 客户服务与80/20原则的确定

2. 销售物流服务的评价指标

确定了物流服务水平后,企业在销售物流服务的执行过程中,还要根据销售物流服务的评价指标对物流服务进行跟踪和考核。

1)客户满意度:这是概括性指标,反映企业对客户的重视程度,一般通过问卷、座谈等方式向客户获得客户满意与否的相关信息,但在绩效考评体系中可操作性较差。

2)物流客户服务评价指标还可根据服务要素分为交易前要素、交易中要素和交易后要素。

3)B2C客户服务指标。无论电子商城还是大家电、家具等B2C类的服务,由于直接面对消费者,其相对的客户服务指标不同于企业对企业的物流服务。这些指标包括:

①客户投诉率及客户投诉处理及时性。

②送货及时性。

③服务态度。

④是否开箱验货。

⑤退换货及时率。

⑥安装及时率。

⑦为营造企业的良好形象,规范送货人员的着装、行为等。

总之,销售物流的服务是产品销售过程的一部分,顾客满意度的高低直接影响顾客忠诚度,进而影响销售。销售物流管理人员需要结合销售需求和战略确定合理的服务水平,并通过考核确保执行到位。

四、全真考试试题分析

(一)判断题

1. 销售物流客户服务的要素对于每个企业都是一样的,但不同企业对各要素的要求不同。（ ）

试题分析:本题考核对物流客户要素的理解,答案为错误。在客户服务中,需要根据不同细分市场中的不同需求来理解客户服务,并不存在普遍适用的要素列表,详见教材"5.1.2 销售物流客户服务要素"。

2. 脱离现有的分销渠道去独自改进物流系统是不行的,没有分销渠道的一体化,高效的物流体系就不能建立。（ ）

试题分析:本题考核对销售物流渠道的理解,答案为正确,试题文字是教材原话,详见教材"5.2 销售物流渠道"。

3. 最小订单量是考虑运输、订单处理等物流成本,企业制定相应最小订单量,客户未能满足此量的订单视为无效订单。（ ）

试题分析:本题考核对订单管理中最小订单量的理解,答案为正确,试题文字是教材原话,详见教材"5.3.2 订单管理流程"。

(二)单项选择题

1. 物流服务中"二律背反"的状态主要表现在（ ）。

　　A. 数量与成本之间　　　　　　B. 数量与服务之间

　　C. 服务与成本之间　　　　　　D. 结构与成本之间

试题分析:本题考核对物流服务水平与物流成本之间关系的理解,答案为C。服务水平提高,物流成本就会加大,详见教材"5.4.1 销售物流服务水平的确定"中图 5-4。

2. 对产品的可得性最准确的绩效衡量指标是（ ）。

　　A. 缺货频率　　　　　　　　　B. 顾客频率

　　C. 运作绩效　　　　　　　　　D. 发出订货的完成状况

试题分析:本题考核对产品可得性概念的理解,答案为 D。选项 A 也是产品的可得性的绩效衡量指标,但不是最准确的指标;选项 C 是运作绩效的指标;选项 B 是干扰选项。详见教材"5.1.4 销售物流客户服务的基本特点"。

3. 销售物流服务评价指标的概括性指标是（　　）。

A. 市场份额　　　B. 客户忠诚度　　　C. 客户满意度　　　D. 企业形象

试题分析:本题考核对销售物流服务评价指标的理解,答案为 C。其他选项都属于客户满意度的分解二级指标,详见教材"5.4.2 销售物流服务的评价指标"。

(三)多项选择题

物流客户服务评价指标中属于交易中要素的是（　　）。

A. 目标交付时间　　　　　　　　B. 订单满足率

C. 订单跟踪　　　　　　　　　　D. 票据的及时性

E. 货损率

试题分析:本题考核对销售物流客户服务评价指标的理解,答案为 BCE。物流客户服务评价指标可根据服务要素分为交易前要素、交易中、交易后三个阶段的多项评价指标。交易中的评价指标有:1)下订单的方便性;2)订单满足率;3)订货周期一致;4)订货周期时间;5)订单处理正确率;6)订单跟踪;7)送货及时率;8)灵活性;9)货损率,详见教材"5.4.2 销售物流服务的评价指标"中表5-6。

五、单元测试题及参考答案

单元测试题

(一)判断题

1. 无论制造企业还是零售企业,在销售物流部分都有客户服务部,特别是B2B 的物流,一般建有庞大的呼叫中心,负责对客户的回访。（　　）

2. 销售物流服务是围绕客户需求,在最有效和最经济的策略下,为顾客提供满意的产品和服务的活动。（　　）

3. 销售物流中的内部服务物流主要考虑如何为客户和消费者提供更好的服务。（　　）

4. 物流服务方式的选择不仅对经营绩效产生重大影响,而且对降低物流成本也产生重要影响。（　　）

5. 销售物流客户服务的交易前要素中,包括顾客服务条例的书面说明、组织结构、系统柔性、订货信息、技术服务等内容。（　　）

6. 销售物流服务的可靠性是指根据客户的订单送付货物所需要的时间,是一个综合指标。（　　）

7. 客户服务的水平直接影响客户的忠诚度和实际费用的控制,因此,需要

平衡服务水平与流程控制成本,从而选择适合的客户服务策略。( )

8. 销售物流渠道又叫分销渠道,是指产品从生产企业运送到消费者或客户手中所经过的时间及经营机构。( )

9. 实施分销的原因之一是分销商对本地客户的资信情况和投资环境更为了解,可以帮助厂商规避投资和交易风险,同时还可以减少自己构建销售网络所必需的高昂费用,降低整体销售成本。( )

10. 在间接销售物流渠道中,销售商与生产者不是商品买卖关系,只是接受客户委托,办理代购、代销及代存等业务。在此过程中,由于流通环节增加,物流运作费用增加。( )

11. 不同的行业、不同的产品及不同的客户定位决定了选择何种销售物流渠道。目前,较多选择间接销售物流渠道这种模式。( )

12. 在选择经销商时,不仅要考虑经销商的产品组合,还要考虑经销商的地理位置,即所选分销商的经营范围所包括的地区与企业产品的预期销售地区是否一致。( )

13. 良好的渠道管理包含业务伙伴的合作、市场营销的组织、高效的物流配送、优质的客户服务等内容,渠道绩效评估也主要是从这些方面进行评估。( )

14. 所谓订单管理是指从接到客户订单开始一直到着手准备拣选货品之间的工作,通常包括有关客户和订单的资料、单据处理等内容。( )

15. 传输订单信息是订单准备的一项内容,涉及订货请求从出发地到订单录入地的传输过程。( )

16. 所谓网络订单即通过互联网将供需双方的系统链接在一起,需方发出电子订单,供方直接将订单转入订单处理系统,速度快,既保证准确率又可以节省人力。( )

17. 订单录入指在订单实际履行前所进行的各项工作。随着信息系统的发展,订单录入中的许多核对环节大部分由系统承担。( )

18. 发票是随货同行还是客户确认后再邮寄发票,不同的企业可以综合平衡确定。随着快递业务的普及和速度的提高,越来越多的企业选择客户签收确认后,按实际发生开具发票并邮寄。( )

19. ASN 是指将订单处理后有关订单满足、送货时间、预计到达时间、送货车辆信息等信息通过电子或传真方式通知客户的一种方式。( )

20. 顾客服务水平的重要一点是保证最终顾客能方便及时了解和购买到所需的商品。( )

(二)单项选择题

1. 物流服务已成为企业经营差别化的重要一环,销售物流中的( )服务物流主要考虑如何为客户和消费者提供更好的服务。

  A. 外部   B. 内部   C. 企业   D. 销售商

  2. 下列属于销售物流客户服务的交易前要素的是（ ）。

  A. 缺货水平 B. 订货信息 C. 产品跟踪 D. 技术服务

  3. 下列属于销售物流客户服务的交易中要素的是（ ）。

  A. 组织结构 B. 系统柔性 C. 系统准确性 D. 临时借用

  4. 下列属于销售物流客户服务的交易后要素的是（ ）。

  A. 技术服务 B. 缺货水平 C. 订货信息 D. 产品跟踪

  5. 下列属于产品的可得性指标的是（ ）。

  A. 运作速度 B. 缺货频率 C. 持续性 D. 灵活性

  6. 下列不属于服务可靠性指标的是（ ）。

  A. 完好的到货   B. 及时到达

  C. 运作速度   D. 订单的完全满足

  7. 在服务—损失函数中，按照田口玄一的说法，随着服务（质量）偏离目标值，损失会（ ）。

  A. 递减   B. 递增

  C. 不变   D. 它们之间没有关系

  8. 销售物流渠道又叫（ ），是指产品从生产企业运送到消费者或客户手中所经过的路线及经营机构。

  A. 分销渠道 B. 销售渠道 C. 散销渠道 D. 营销销售

  9. 下列关于分销商优势的描述不正确的是（ ）。

  A. 减少了市场中交易的次数

  B. 为买卖双方搜索市场资源提供了便利

  C. 使分销成本最小化、交易规范化

  D. 能够承担账期要求，只是厂商存在很大财务风险

  10. 下列关于代销商的描述不正确的是（ ）。

  A. 与生产者不是商品买卖关系

  B. 没有商品的所有权

  C. 以佣金或手续费方式赚取报酬

  D. 具有集中、平衡、扩散、分担风险等功能

  11. 不同的行业、不同的产品及不同的客户定位决定了选择何种销售物流渠道，特别在分销商模式下，目前较多的是选择（ ）。

  A. 分销渠道   B. 代销渠道

  C. 直接销售物流渠道   D. 间接销售物流渠道

12. 选择经销商时必须考虑的硬件条件是（　）。
　　A. 分销商的产品销售经验　　　　B. 经销商的财务状况及管理水平
　　C. 经销商的市场范围　　　　　　D. 经销商的综合服务能力

13. 每一个企业的订单管理都必须基于各自的财务、信息系统、（　）进行相应的设计，其宗旨就是充分利用现有资源及创新，在成本最优的情况下，向客户提供最好的服务。
　　A. 销售能力　　B. 配送能力　　C. 运输能力　　D. 拣货能力

14. 在订单管理流程中，传输订单信息是第（　）道工序。
　　A. 一　　　　　B. 二　　　　　C. 三　　　　　D. 四

15. 随着信息系统的发展，订单录入中的许多核对环节均可由系统承担。在 EDI 订单中，系统还可以直接将订单满足情况反馈给（　）。
　　A. 分销商　　　B. 生产企业　　C. 零售商　　　D. 客户

16. 发票的随货同行是指在客户完全签收的情况下，发票流程结束；一旦不能完全签收，发票将（　），流程时间延长。
　　A. 作废重开　　　　　　　　　　B. 被退回企业
　　C. 被退回分销商　　　　　　　　D. 被退回税务部门

17. 在订单处理原则中，下列不是对特定原则的选择要考虑的内容的是（　）。
　　A. 是否对所有客户都公平　　　　B. 各订单间重要性的差异
　　C. 能够实现的一般订单的处理速度
　　D. 预先确定顺序号

18. 关于 ASN 的描述不正确的是（　）。
　　A. 客户可以事先获得信息　　　　B. 能够充分利用资源
　　C. 能够减少无效等待时间　　　　D. 能够为客户提供多样性服务

19. 销售物流服务需要根据企业的（　）制定相应的物流服务水平，而确定物流服务水平的方法可以有多种，取决于企业的销售策略和物流策略。
　　A. 分销能力　　B. 配送能力　　C. 物流策略　　D. 生产策略

20.（　）的顾客服务水平对销售影响很大，因此，必须明确最终顾客对缺货的反应模式。
　　A. 分销环节　　B. 零售环节　　C. 最终环节　　D. 生产环节

（三）多项选择题

1. 下列属于销售物流客户服务要素中交易前要素的是（　）。
　　A. 组织结构　　B. 系统柔性　　C. 顾客服务条例的书面说明
　　D. 技术服务　　E. 客户得到的书面陈述

2. 下列属于销售物流客户服务要素中交易中要素的是(　　)。

　　A. 缺货水平　　　　B. 订货信息　　　C. 顾客抱怨、投诉和退货

　　D. 系统准确性　　　E. 产品可替代性

3. 下列属于产品的可得性指标的是(　　)。

　　A. 缺货频率　　　　B. 运作速度　　　C. 它是一个综合指标

　　D. 订单满足率　　　E. 发出订货的完成状况

4. 销售物流客户服务主要体现在(　　)。

　　A. 运作绩效　　　　B. 服务可靠性　　C. 产品是生产地及生产商

　　D. 产品的可得性

　　E. 产品本身具有的科技含量和顾客的满意程度

5. 发展分销渠道的原因主要有(　　)。

　　A. 中间商对其代理的区域市场较为熟悉

　　B. 分销商对本地客户的资信情况和投资环境更为了解

　　C. 可以帮助厂商规避投资和交易风险

　　D. 分销商能够大大减轻厂商的压力

　　E. 拥有一批固定的客户群,能够帮助厂商迅速打开市场

6. 分销商的优势主要体现在(　　)。

　　A. 减少了市场中交易的次数

　　B. 为买卖双方搜索市场资源提供了便利

　　C. 使分销成本最小化,交易规范化　　D. 能够承担账期要求

　　E. 能够相对降低厂商的财务风险

7. 在间接销售物流渠道中,中间商作为桥梁纽带,具有(　　)等功能。

　　A. 集中　　　　　　B. 平衡　　　　　C. 扩散　　　　D. 办理代存

　　E. 分担风险

8. 选择经销商时必须考虑的硬件条件是(　　)。

　　A. 经销商的市场范围

　　B. 经销商的地理位置

　　C. 经销商的二级网点

　　D. 经销商的产品组合

　　E. 经销商的财务状况及管理水平

9. 选择经销商时必须考虑的软件条件是(　　)。

　　A. 分销商的产品销售经验　　　　　B. 经销商的人员素质和能力

　　C. 经销商的促销政策和技术　　　　D. 经销商的综合服务能力

　　E. 经销商商业道德人格品质

10. 在渠道绩效评估中,下列属于定性评估方法的是( )。

    A. 渠道成员协作的程度   B. 每单元的分销成本

    C. 渠道成员矛盾冲突的程度   D. 履行订单的出错率

    E. 所需信息的可获取程度

11. 订单管理流程包含订单周期中诸多活动,有( )。

    A. 订单准备   B. 订单传输   C. 订单录入   D. 订单履行

    E. 订单状况报告

12. 订单录入指在订单实际履行前所进行的各项工作,主要包括( )。

    A. 核对订货信息的准确性

    B. 准备补交货订单或取消订单的文件

    C. 检查所需商品是否可得

    D. 审核客户信息   E. 开具账单

13. 订单履行是由与实物有关的活动组成,主要包括的内容有( )。

    A. 对货物进行运输包装

    B. 通过提取存货、生产或购进客户所需货物

    C. 发票的准备和邮寄   D. 准备运输单据

    E. 安排送货

14. 下列属于对于客户订单处理优先权法的是( )。

    A. 优先处理订货量小,相对简单的订单

    B. 优先处理承诺交货日期最早的订单

    C. 预先确定顺序号

    D. 优先处理距约定交货日最近的订单

    E. 使处理时间最短

15. 关于 ASN 的描述正确的是( )。

    A. 客户可以事先获得信息   B. 能够减少无效等待时间

    C. 能够充分利用资源   D. 有利于库存管理部门快速反应

    E. 能够提高客户满意率和整体供应链的作业效率

16. 在物流客户服务的绩效评价中,确定服务水平的原理主要有( )。

    A. 根据顾客对缺货的反应   B. 成本与收益的权衡

    C. ABC 分析与帕累托定律   D. 顾客服务与 80/20 原则

    E. ASN 法则

17. 客户满意度是概括性指标,为增强其在绩效考评体系中可操作性,一般将其分解成若干指标进行评价,这些指标包括( )。

    A. 市场份额   B. 企业形象

C. 声誉　　　　　　　　　　D. 客户忠诚度

E. 退货途径

18. 物流客户服务评价指标可以根据服务要素分为交易前要素、交易中要素、交易后要素,下列属于交易前要素指标的是(　　)。

A. 库存可得性　　　　　　　B. 目标交付时间

C. 它是一个综合指标　　　　D. 订单满足率

E. 信息能力

19. 物流客户服务评价指标可以根据服务要素分为交易前要素、交易中要素、交易后要素,下列属于交易中要素指标的是(　　)。

A. 订单满足率　　　　　　　B. 下订单的方便性

C. 订货周期时间　　　　　　D. 送货及时率

E. 订单处理正确率

20. 下列属于 B2C 客户服务评价指标的是(　　)。

A. 送货及时性　　B. 退换货及时率　　C. 是否开箱验机

D. 安装及时率　　E. 客户投诉率及客户投诉处理及时性

(四)问答题

1. 采取分销的优点是什么?

2. 如何选择适合的销售物流渠道?

3. 简述订单管理需要考虑哪些方面?

4. 销售物流服务水平如何确定?

(五)论述题

1. 销售物流服务的要素有哪些? 与这些要素相对应的服务指标是什么?

2. 简述搞好销售物流客户服务的意义,并列举一例说明。

【参考答案】

(一)判断题

1. ×,2. ×,3. ×,4. ×,5. ×,6. ×,7. √,8. ×,9. √,10. ×,11. √,12. ×,13. √,14. √,15. ×,16. ×,17. ×,18. √,19. √,20. √。

(二)单项选择题

1. A,2. D,3. C,4. D,5. B,6. C,7. B,8. A,9. D,10. D,11. D,12. C,13. B,14. B,15. D,16. A,17. D,18. D,19. C,20. B。

(三)多项选择题

1. ABCDE, 2. ABDE, 3. ADE, 4. ABD, 5. ABCDE, 6. ABCDE, 7. ABCE, 8. ABCD, 9. ABCDE, 10. ACE, 11. ABCDE, 12. ABCDE, 13. ABCDE,

14. ABCDE，15. ABCDE，16. ABCD，17. ABCD，18. ABE，19. ABCDE，20. ABCDE。

(四)问答题

1. 结合书本"5.2.1 发展分销渠道的原因"和"5.2.2 分销商的优势"作答。

2. 见书本"5.2.4 销售物流渠道的选择和维护"。

3. 见书本"5.3.2 订单管理流程"。

4. 见书本"5.4.1 销售物流服务水平的确定"。

(五)论述题

1. 结合书本"5.1.3 销售物流客户服务要素"部分作答。

2. 结合书本"5.1.5 销售物流客户服务的重要性"部分作答。

单元六 销售物流的配送管理

一、学习目标

1. 了解销售物流的主要配送环节及其重点事项和策略、原则。
2. 了解掌握流通加工的基本内容。
3. 了解运输配送路线选择的常见模型。
4. 了解掌握逆向物流的基本操作原理。
5. 掌握物流成本的计算范围、管理和控制内容。

二、知识结构

知识结构如图 1-7 所示。

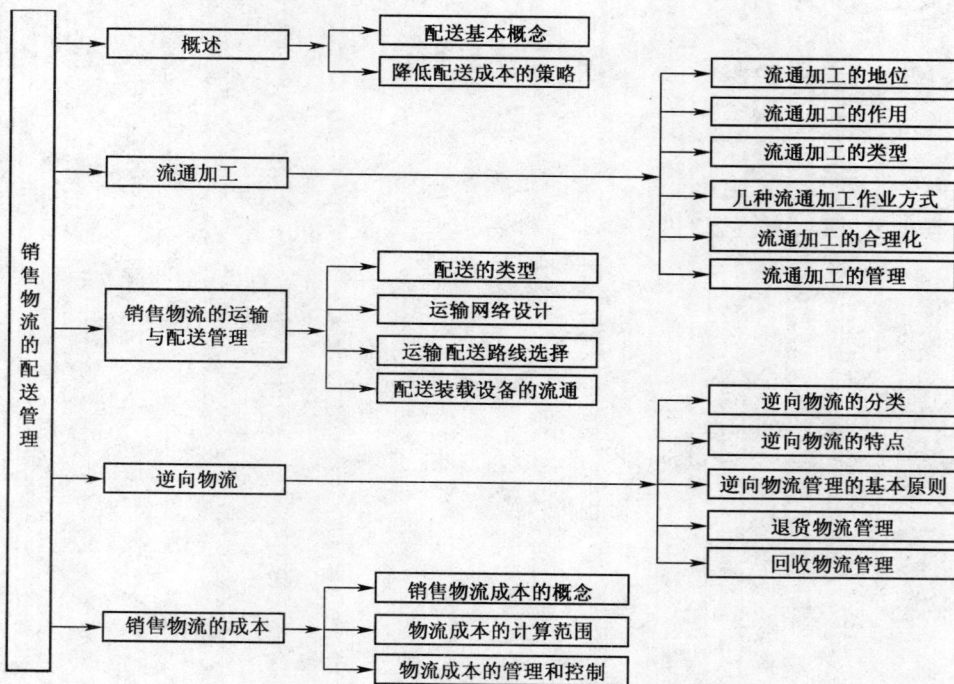

图 1-7 销售物流的配送管理知识结构

三、主要知识点解读

(一)概述

1. 配送基本概念

配送是在经济合理区域范围内,根据客户的要求,对物品进行拣选、加工、包装、分割、组配等作业，并按时送达指定地点的物流活动。

销售物流的主要职能是将货物进行短暂储存并进行配送处理，主要涉及的任务有包装、装卸搬运、运输、仓储保管、流通加工、配送与配送中心的管理。因此，销售物流的配送流程分为一般配送流程和有加工功能的配送流程。

有些物资受性能、状态制约，不适宜与其他物资混运、混放。有些物资品种配送批量很大，不需要配装就可以达到满载。有些物资不设库存，实行"四就"配送，即就厂、就港(站)、就车(船)、就库直接配送方式，其工艺流程没有储存、理货、配货、配装环节。这种配送方式减少了倒装转次数和环节，提高了物资周转速度和效率，减少了物资损耗。对大批到站、到港物资，凡用户明确，一般采用就址就港直接装车发送；对本地生产的大批量物资、危险品物资一般采用优先装车配送。

企业的配送流程的结构应结合供销关系、物资性态特征、仓储和配送条件灵活进行设计，以满足用户的多方面需要，便于操作和管理，提高配送效率。

2. 降低配送成本的策略

对配送的管理，就是在满足一定的顾客服务水平与配送成本之间寻求平衡，即在一定的配送成本下尽量提高顾客服务水平，或在一定的顾客服务水平下使配送成本最小，具体策略有：

(1)混合策略

指配送业务由企业自营和外包相结合。全部企业自营或完全外包虽然易形成一定的规模经济，并使管理简化，但由于产品品种多变、规格不一、销量不等等情况，不仅不能取得规模效益，反而还会造成规模不经济。而采用混合策略，合理安排企业自身完成的配送和外包给第三方物流完成的配送，能使配送成本最低。

(2)差异化策略

产品特征不同，顾客服务水平也不同。当企业拥有多种产品线时，应按产品的特点、销售水平来设置不同的库存、运输方式及储存地点。

(3)合并策略

合并策略包含两个层次：一是配送方法上的合并，即企业在安排车辆完成配送任务时，充分利用车辆的容积和载重量，做到满载，是降低成本的重要途径；二是共同配送，即几个企业联合共同利用同一配送设施的配送方式，它是一种产权层次上的共享，也称集中协作配送。

(4)延迟策略

延迟策略的基本思想就是对产品的外观、形状及其生产、组装、配送应尽可能推迟到接到顾客订单后再确定。它要求信息传递要非常快，并且在实施时，企业应具备以下三个基本条件：即产品特征、生产技术特征和市场特征。它的实施方式通常有两种，即生产延迟（或称形成延迟）和物流延迟（或称时间延迟），而配送中往往存在着加工活动，所以，实施延迟策略既可采用生产延迟方式，也可采用物流延迟方式。

（5）标准化策略

所谓标准化策略就是要求企业从产品设计开始就要考虑怎样节省配送成本，而不要等到产品生产出来之后才考虑采用什么技巧降低配送成本。尤其在当期需求多样的市场环境下，应尽量减少因品种多变而导致的附加配送成本，可尽可能多地采用标准零部件、模块化产品。

（二）流通加工

流通加工是指物品在从生产地到使用地的过程中，根据需要施加包装、分割、计量、分拣、刷标志、检标签、组装等简单作业的总称。流通加工不仅是物流的基本功能之一，也是物流增值服务的一部分。

流通加工是生产加工在流通领域的延伸，不改变商品的基本形态和功能，只是完善商品的使用功能，提高商品的附加价值，提高物流系统效率。

1．流通加工的地位

流通加工在当今社会具有三个方面的突出地位：①流通加工能有效完善流通；②流通加工是物流中的重要增值服务；③流通加工在国民经济中也是重要产业形态。

2．流通加工的作用

1）改变功能，促进销售，提高效益。

2）提高原材料和加工设备的利用率。

3）提高物流效率，降低物流成本，具体包括：①方便运输；②减少附加重量；③协调运输包装与商业包装。

4）促进物流合理化。

3．流通加工的类型

流通加工的类型主要体现在以下八个方面：

①为弥补生产领域加工不足而进行的流通加工。

②为适应多样化需求的流通加工。

③为保护产品所进行的流通加工。

④为提高物流效率，方便物流的流通加工。

⑤为促进销售的流通加工。

⑥为提高原材料利用率和加工效率的流通加工。

⑦为便于运输使物流合理化的流通加工。

⑧生产—流通一体化的流通加工。

4. 几种流通加工作业方式

(1)钢材的流通加工

为降低销售起点,方便配送,便于用户使用,在钢材的流通加工中,常常伴有薄板的切断、型钢的熔断、厚钢板的切割、线材切断、线材冷拉加工等工作。其中,剪板加工是钢材流通加工的主要工作。

(2)木材的流通加工

为提高木材的运输,常常将木材磨制成木屑,采取压缩输送;或者采取集中开工下料,按用户要求供应规格。这样的流通加二形式能使原木利用率提高到95%,出材率提高到72%左右。

(3)煤炭的流通加工

煤炭流通加工的形式有以提高煤炭纯度为目的的除矸加工;将煤炭磨成细粉,再用水调和成浆状,像其他液体一样进行管道输送的煤浆加工;在使用地将各种煤及一些其他发热物质按不同配方进行掺配加工,生产出各种不同发热量的燃料的配煤加工。

(4)水泥的流通加工

水泥的流通加工形式主要有两种,一种是为更好地衔接产需、方便用户,以较低的成本实现大批量、高效率的输送,大大降低水泥的输送损失,需要按照需方的实际掺加混合材料,实现水泥熟料的流通加工;二是为降低设备、设施、电力、人力等费用,提高混凝土的质量和生产效率,节约水泥,减少加工据点,实现大批量运输,简化工地的材料管理,节约施工用地等所采取的集中搅拌混凝土方式。

(5)食品的流通加工

①冷冻加工(肉、鲜鱼为在流通中的保鲜及易于装卸搬运,采取低温冻结方式)。

②分选加工(农副产品规格、质量离散情况较大,为获得一定规格的产品,采取人工或机械分选的方式称为分选加工)。

③精制加工(农、牧、渔等产品在产地或销售地设置加工点,除去无用部分进行细化销售)。

④分装加工(大包装改成小包装,或将适合运输的包装改成适合销售的包装)。

(6)其他形式的流通加工

①组装加工(如自行车、摩托车、汽车的组装)。

②定制加工(快速消费品的定制捆绑促销装)。

5. 流通加工的合理化

流通加工的合理化判断主要衡量的指标是能否实现社会和企业本身效益的最优化，其中，最为重要的一点是流通加工企业应更加注重社会效益，切忌利益第一，甚至只追求企业的微观效益，不适当地进行加工，甚至与生产企业争利，因而脱离了流通加工的范畴。流通加工的合理化主要体现在以下几个方面：

（1）加工和配送结合

将流通加工地点设置在配送点，一方面按配送的需要进行加工，另一方面加工又是配送业务流程中分货、拣货、配货的一个环节，加工后的产品直接投入配货作业。此外，由于配送之前有加工，可使配送服务水平大大提高。

（2）加工和配套结合

在对配套要求较高的流通中，完全配套有时无法全部依靠现有的生产单位，进行适当的流通加工，可有效促成配套，提高流通的桥梁与纽带的能力，如礼品、促销品等。

（3）加工和合理运输结合

利用流通加工，在支线运输转干线运输或干线运输转支线运输停顿的环节进行适当加工，可有效提高运输及运输转载水平。

（4）加工和合理商流相结合

通过简单改变包装加工、组装加工解除用户使用前进行组装、调试的难处，形成方便的购买量，可有效促进销售，使商流合理化，提高销售、配送水平。

（5）加工和节约相结合

流通加工的目的不仅仅是促进销售、提高效率，在当前资源日渐匮乏的情况下，节约能源、节约设备、节约人力、节约耗费也是流通加工是否具备合理化的重要考虑因素。

6. 流通加工的管理

（1）流通加工生产资源

流通加工属于生产管理，与运输、储存等流通环节的管理有较大区别。流通加工的生产管理是指对流通加工生产全过程的计划、组织、指挥、协调与控制。在生产管理中，需要特别加强生产的计划管理，提高生产的均衡性和连续性，充分发挥生产能力，提高生产效率。

生产管理目标除劳动生产率、成本利润等考核指标外，还有反映流通加工特殊性的技术经济指标。同时，还要制定科学的生产工艺流程和加工操作规程，实现加工过程的程序化和规范化，如反映流通加工后单位产品的增值程度的增值指标、品种规格增加率、资源增加量指标等。

（2）流通加工产品质量管理

由于用户需求、质量宽严程度不同，要求流通加工要具有灵活的柔性，以满足不同用户对质量的不同要求。除此以外，还要考虑用户对品种、规格、数量、包装、交货期、运输等方面的服务要求。流通加工的服务质量只能通过用户的满意程度来衡量。

（三）销售物流的运输与配送管理

1. 配送的类型

对企业而言，配送的方式一般并非单一的一种，而是多种形式的组合。销售物流的运输与配送分类方法主要有两种。

①按配送物品的种类和数量分类，可分为大批量配送和小批量、多批次配送。

②按配送时间和数量分类，可分为定时配送、定量配送、定时定量配送、定时定线路配送和加急订单配送。

2. 运输网络设计

为便于做出关于运输路线和运输日程的安排运营决策，需要将运输网络建成一个框架结构，这就是运输网络设计。设计良好的运营网络有助于供应链以较低的成本达到理想的反应水平。

（1）直接运输网络

直接运输网络是指所有货物直接从供应商处运达零售店，每次运输的线路都是指定的，管理者只需要决定运输的数量并选择运输方式。同时，管理者必须在运输费用和库存费用之间进行权衡。直接运输网络的优点有：①没有中间仓库；②操作和协调简单易行；③一次运输决策不影响别的货物运输；④每次运输都是直接的，运输时间较短。

（2）多落点的直接运送

多落点运送又叫送奶路线的运送，即一个提货点配送到多个送货点或者多个提货点到一个送货点所经过的路线。管理者需要对每条路线进行规划。

（3）通过配送中心的运输

通过配送中心的运输要求供应商将货物首先运送到配送中心，然后再配送到销售网点。这种方式对配送中心的库存要求是区域内大批量进货，配送中心保留库存，并为销售网点进行小批量送货。如果商店的补货规模足以获取进货规模的经济效益，配送中心就没有必要为其保有库存。在这种情形下，配送中心通过交叉理货的方式直接将不同供应商的商品通过组合运送到不同的地点。

交叉理货加快了供应链中产品的流通速度，适用于大规模可预测商品，要求建立配送中心，确保进出货物两个方面的运输都能够获得规模经济。

（4）通过配送中心的多地点送货

使用多地点送货路线送货要求每家进货规模都很小。

以上运输体系减少了运输费用，增强了供应链的反应能力。企业在实际的运输配送操作中需要视具体情况，在较高的信息系统支持下，综合利用上述运输配送方案。但所有运输决策都必须考虑到库存成本、设施和处理成本、运营中的协调成本以及对客户需求的反应敏捷度的影响。

3. 运输配送路线选择

（1）起讫点不同的单一路径规划（最短路线问题）

起讫点是线路优化模型理论中最为基础的问题之一。求解此类最短路径问题主要的算法有 Dijkstra 算法、逐次逼近法和 Floyd 算法。

（2）多个起讫点的路径规划

这是起始点或目的点不唯一的运输调配问题。多点间运输问题最为常见的是产销平衡的运输问题，主要有单纯形法和表上作业法两大类求解方法。

（3）起点和终点相同的路径规划

一般被称为流动推销员（简称 TSP）。关于 TSP 问题已经有不少方法来解决，一般情况下，如果某个问题中包含很多个点，要找到最优路径是不切实际的。感知式和启发式求解法是求解这类问题的好办法。通常采用的方法：①扫描法。具体步骤是在地图或方格图中确定所有站点（含仓库）的位置→自仓库开始沿任一方向向外划一条直线→排定各路线上每个站点的顺序使行车距离最短。②节约法。先假设每一个站点都有一辆虚拟的卡车提供服务，随后返回仓库；将两个站点合并到同一条行车路线上，减少一辆运输车，相应地缩短路线里程，选择节约距离最多的一对站点合并在一起；复核过程直到所有站点的路线设计完成。

4. 配送装载设备的流通

供应链一体化的不断推进和发展，越来越需要供应链上各单位、各部门的紧密合作，特别是物流装载设备的流通使用，能够极大提高流通效率。如：从生产企业的配送中心开始使用托盘配送；在零售企业内部配送中，特别是果菜的配送，从采购地到上架展示销售使用的周转箱；对于品种多、小排量的产品配送，在配送中心使用笼车作为分拣装载工具，直接装车配送到目的地等。

（四）逆向物流

逆向物流是关于对来源于客户手中的物资的管理，这些"物资"包含来自于客户手中的包装品和产品。

1. 逆向物流的分类

按照回收物品的渠道分类，可分为退货逆向物流和回收逆向物流。退货逆向物流是指下游客户将不符合订单要求的产品退回给上游供应商。回收逆向物流是指将最终顾客所持有的废旧物品回收到供应链上的各节点企业。

2. 逆向物流的特点

1)分散性。无论任何领域、任何部门,在产品上都不可避免存在质量和数量异常。这些异常产品就会产生逆向物流,这种多元性使其具有分散性。

2)缓慢性。主要体现在三个方面:一是回收的缓慢性,即从最少数量、品种到形成较大规模是一个缓慢的过程;二是再利用的缓慢性,即要实现逆向物流产品的再开发利用,必须等到积聚加大的规模;三是过程的缓慢性,即这些物资的收集和整理也是一个复杂的过程。

3)混杂性。在逆向物流中,往往不同种类、不同状态的产品混杂在一起,必须经过检查、分类后才能区分。

4)多变性。主要表现是:①不确定性;②处理系统与方式复杂多样;③物流技术具有一定的特殊性;④相对高昂的成本。

3. 逆向物流管理的基本原则

①事前防范原则。

②绿色原则。

③效益原则。

④信息化原则。

⑤法制化原则。

⑥社会化原则。

4. 退货物流管理

退货物流分为当场拒收和事后退货。

1)当场拒收。当产品在质量、数量、型号等与客户订单不符时,客户当场拒绝收货,并在收货单据中注明拒收原因和数量,送货人员将商品和单据带回,并与配送中心进行交接处理。

2)事后退货。主要发生在与供应商签订有高库存退货、残次退货或换货协议的客户上,当客户有需求时,供应商需要安排在送货的同时将所退货物拉回。

5. 回收物流管理

回收物流指不合格物品的返修、退货以及周转使用的包装容器从需方返回到供方所形成的物品实体流动。产品回收系统是回收物流运作的基础,主要由回收收集点、存储地、材料终端处理地和拆卸、再循环车间组成。

(五)销售物流的成本

1. 销售物流成本的概念

物流成本是指产品的空间移动或时间占有中所耗费的各种资源的货币表

现,是产品在实物运动过程中所支出的人力、物力和财力的总和。销售物流成本是指从商品离开生产线到将商品送达消费者手中所发生的全部物流费用,具体由以下几部分构成:

①人力成本。

②运输成本。

③仓储成本。

④流通加工成本。

⑤包装成本。

⑥装卸与搬运成本。

⑦物流信息和管理费用。

2. 物流成本的计算范围

物流成本的计算主要包括三个方面的范围。而这三方面的范围选择,决定着物流成本的大小。企业在制定计算条件时,应立足于本企业的实际情况,决定自己合理的物流成本计算范围。这三个方面是:

①物流范围。指物流的起点和终点的长短。

②物流功能范围。指在运输、保管、配送、包装、装卸、信息管理等众多的物流功能中,把哪种物流功能作为计算对象。

③物流成本计算科目范围。指在会计科目中,把其中的哪些科目列入计算对象。

3. 物流成本的管理和控制

(1)物流成本的管理原则

①从流通全过程角度管理物流成本(控制物流成本需要考虑从产品制成到最终用户整个供应链过程的物流成本效率化)。

②从营销策略角度管理物流成本(企业需要在考虑用户的产业特点和运送商品的特性的基础上,与客户充分沟通协调,共同降低物流成本)。

③从信息系统角度管理成本(借助现代信息系统提高物流作业的准确度和信息的迅速分享,从整体上控制物流成本的发生)。

④从效率化配送角度管理物流成本(通过高效的信息系统,有效地提高车辆的装载率和周转率)。

⑤从物流外包角度管理物流成本(一定程度可以减少管理成本和管理风险,降低投资成本)。

(2)物流成本控制方法

物流成本控制是指对物流各环节发生的成本进行有计划、有步骤地管理,以达到预期设定的目标,包括绝对成本控制和相对成本控制两部分。

①绝对成本控制。即把成本支出控制在一个绝对金额以内的控制方法,其中,标准成本和预算控制是主要方法。标准成本的发生需要一定的假设条件,这些条件是理想标准、正常标准和过去业绩标准。

②相对成本控制。是指通过对成本与产值、利润和服务等指标进行对比分析,寻求在一定制约因素下取得最有经济效益的一种控制技术。

（3）物流成本控制策略

物流成本的控制主要是如何做好物流服务水平与成本之间的平衡,既不能盲目追求物流服务水平,也不能依靠降低物流服务水平的方法来降低物流成本。一般常用的压缩物流成本的途径有:

①降低运输成本（通过商流和物流的分离使物流途径简短,扩大工厂直送,减少运输次数,提高车辆满载率,选择最佳运输手段等）。

②降低储存成本（减少库存点,维持合理的库存量,提高仓库利用率等）。

③降低包装成本（降低包装材料的价格,包装简易化,包装作业机械化等）。

④降低装卸成本（减少装卸次数,引进集装箱和托盘,实行机械化等）。

四、全真考试试题分析

(一)判断题

1. 流通加工是流通中的一种特殊形式,是在流通领域中对生产的辅助性加工,从某种意义来讲它不仅是生产过程的延续,实际是生产本身或生产工艺在流通领域的延续。（ ）

试题分析:本题考核对流通加工概念的理解,答案为错误。错误之处在于试题文字"实际是生产本身或生产工艺在流通领域的延续"。流通加工处于不易区分生产还是流通的中间领域,不改变商品的基本形态和功能,只是完善商品的使用功能,提高商品的附加价值,同时提高物流系统的效率。流通加工是生产加工在流通领域的延伸,也可以看成流通领域为了提供更好的服务,在职能方面的扩大。但流通加工不是生产工艺或生产本身的延续,它们之间有显著区别,详见教材"6.2 流通加工"。

2. 由于配送中心是综合性、地域性、大批量的物资物流位移集中地,所以一般配送中心的投资规模、建设规模比较大,社会效益巨大,投资回报率高、见效快。（ ）

试题分析:本题考核对配送中心概念的理解,答案为错误。配送中心一般只进行小批量、高频率的物资配送,试题文字描述为物流中心的概念。

3. 在降低销售物流配送成本的策略中,混合策略是指多品种货物在配送过程中可以混装而降低成本。（ ）

试题分析:本题考核对降低运输成本五大策略中混合策略念的理解,答案为错误。混合策略是指配送业务由企业自营和外包相结合的策略,来降低配送成本,详见教材"6.1.2 降低运输成本的策略"。

4. 延迟策略就是通过与客户协商,推迟订单的时间从而形成订单批量,降低配送成本。(　)

试题分析:本题考核对降低运输成本五大策略中延迟策略概念的理解,答案为错误。延迟策略的基本思想就是对产品的外观、形状及其生产、组装、配送应尽可能推迟到接到顾客订单后再确定,一旦接到订单就要快速反应,详见教材"6.1.2 降低运输成本的策略"。

(二)单项选择题

1. 如果商店的补货规模足以获取进货规模的经济效益,配送中心应通过(　)的方式直接将不同供应商的产品通过组合运送到不同的地点。

　　A. 送奶路线运送　　　　　　B. 直接运输

　　C. 商店自提　　　　　　　　D. 交叉理货

试题分析:本题考核对"通过配送中心运输"相关内容的理解,答案为 D。如果商店的补货规模足以获取进货规模的经济效益,配送中心就没有必要为其保有库存。在这种情形下,配送中心通过交叉理货的方式直接将不同供应商的商品通过组合运送到不同的地点。交叉理货加快了供应链中产品的流通速度,也减少了处理的成本,但需要高度的协调性,详见教材"6.3.2 运输网络设计"。

2. 对流通加工的正确理解是(　)。

　　A. 流通加工由生产企业在产品出厂前完成

　　B. 流通加工可以在不作较大改变的情况下提高产品价值

　　C. 流通加工的对象多为原材料、零配件、半成品

　　D. 流通加工大多可以被生产加工代替

试题分析:本题考核对流通加工概念的理解,答案为 B。流通加工是指物品在从生产地到使用地的过程中,根据需要施加包装、分割、计量、分拣、刷标志、检标签、组装等简单作业的总称。选项 A 不符合定义。流通加工对象主要为进入流通过程的商品,故选项 C 也不对;流通加工与生产加工既有区别也有联系,但具有自身独立性,一般情况下不能被生产加工代替,详见教材"6.2 流通加工"。

3. 符合"按照确定的周期、确定的商品品种和数量、确定的客户进行配送"这一特点的配送方式是(　)。

　　A. 定时定量配送　　　　　　B. 定时定量定点配送

　　C. 定时定线配送　　　　　　D. 及时配送

试题分析:本题考核对配送类型的理解,答案为 B。"确定的周期、确定的

商品品种和数量、确定的客户",即为"定时定量定点",详见教材"6.3.1 配送的类型"。

(三)多项选择题

实施延迟策略的企业应具备的生产技术特征有( )。

A. 生产技术非常成熟   B. 模块化产品设计

C. 产品价值密度大   D. 设备智能化程度高

E. 产品生命周期短

试题分析:本题考核对延迟策略概念的理解,答案为 BD。实施延迟策略的企业应具备以下几个基本条件:1)产品特征:生产技术非常成熟,模块化程度高,产品价值密度大,有特定的外形,产品特征易于表述,定制后可改变产品的容积或重量;2)生产技术特征:模块化产品设计、设备智能化程度高、定制工艺与基本工艺差别不大;3)市场特征:产品生命周期短、销售波动性大、价格竞争激烈、市场变化大、产品的提前期短。选项 A 和 B 为产品特征,而选项 E 为市场特征,均不是生产技术特征。详见教材"6.1.2 降低运输成本的策略"。

五、单元测试题及参考答案

单元测试题

(一)判断题

1. 配送是根据客户的要求对物品进行拣选、加工、包装、分割、组配等作业,并按时送达指定地点的物流活动。( )

2. 销售物流的主要职能是将货物进行储存并配送,主要涉及的任务有包装、装卸搬运、运输、仓储保管、流通加工、配送与配送中心的管理。( )

3. 对配送的管理就是在满足一定的顾客服务水平与配送成本之间寻求平衡。( )

4. 配送中的混合策略是指配送方法上的合并,即合理安排企业自身完成的配送和外包给第三方物流完成的配送,能使配送成本最低。( )

5. 共同配送是一种产权层次上的共享,也称集中协作配送,即几个企业联合共同利用同一配送设施的配送方式。( )

6. 延迟策略的基本思想就是对产品的生产、组装、配送应尽可能推迟到接到顾客订单后再确定,一旦接到订单就要快速反应,因此,采用延迟策略的一个基本前提是产品生产速度要非常快。( )

7. 延迟策略常采用两种实施方式,即生产延迟(或称时间延迟,如贴标签)和物流延迟(或称形成延迟如发送)。( )

8. 采用标准化策略要求厂家从产品设计开始就要站在消费者的立场去考

虑怎样节省配送成本,而不要等到产品定型生产后才考虑采用什么技巧降低配送成本。（　）

9. 流通加工是指物品在从生产地到使用地的过程中,根据需要进行的包装、分割、计量、分拣、刷标志、检标签、组装等简单作业的总称。（　）

10. 流通加工处于不易区分生产还是流通的中间领域,不改变商品的基本形态,只是完善商品的功能,提高商品的附加价值,同时提高物流系统的效率。（　）

11. 利用集中进行的流通加工代替分散在各使用部门的分别加工,可大大减少原材料的消耗和功能设备的利用率,如玩具洋娃娃、时装等在内地进行简单的装潢加工,改变了产品外观功能,使产品售价提高 20% 以上。（　）

12. 流通加工具有多种类型,如为适应多样化需求的流通加工,包括对钢材卷板的舒展、剪切加工,水产品、肉类、蛋类的保鲜、保质的冷冻加工、防腐加工等。（　）

13. 加工和配套结合是指将流通加工地设置在配送点,一方面按配送的需要进行加工,另一方面加工又是配送业务流程中分货、拣货、配货的环节之一,加工后的产品直接投入配货作业。（　）

14. 流通加工属于销售管理,与运输、储存等流通环节的管理区别较大。（　）

15. 对流通加工企业而言,与一般生产企业一个重要不同之处是流通加工企业更应树立社会效益为第一观念,只有在补充完善为己任前提下才有生存的价值。（　）

16. 品种较少,配送频次较高,可使用整车配送的产品易采用大批量配送方式。（　）

17. 设计良好的运营网络有助于供应链以较低的服务达到理想的反应能力水平。（　）

18. 直接运输网络是指所有货物直接从供应商处运达零售店,每次运输的数量、运输方式和线路都是指定的。（　）

19. 直接运输网络具有没有中间仓库、操作和协调简单易行、一次运输决策不影响别的货物运输、每次运输都是直接的、运输时间较短等优点。（　）

20. 交叉理货加快了供应链中产品的流通速度,减少了处理的成本,适用于大规模可预测商品,但要求建立配送中心,且具有高度的协调性。（　）

21. 利用送奶路线的直接运送具有较低的库存水平、降低了进货运输成本、协作简单、无需中间仓库等优点。（　）

22. 管理者进行运输决策时,必须进行运输成本和库存成本的权衡、运输

成本和对客户反应灵敏度的权衡。( )

23. 起讫点不同的单一路径规划问题是线路优化模型理论中最为基础的问题之一，也是起始点或目的点不唯一的运输调配问题。( )

24. 多个起讫点的路径规划的主要求解方法有单纯形法、表上作业法和逐次逼近法。( )

25. 节约法的目标是使所有车辆的行驶总里程最短，并且为所有站点提供服务的卡车数量最少。( )

26. 使用管理笼车会大大节约装卸时间、减少商品的损耗，适用于多品种、大批量的配送。( )

27. 按照回收物品的渠道分类，逆向物流可分为退货逆向物流和换货逆向物流。( )

28. 由于逆向物流产生的大部分原因与产品的质量和数量的异常有关，任何领域、任何部门、任何个人在任何时间都有可能发生，这是逆向物流多变性和分散性的突出表现。( )

29. 事前防范重于事后处理、绿色原则、效益原则、信息化原则、法制化原则和社会化原则是逆向物流管理的 6 项基本原则。( )

30. 物流成本是指产品的空间移动或时间占有中所耗费的各种资源的货币表现。具体地说，它是产品在实物运动过程中所支出的人力、物力和财力的总和。( )

(二)单项选择题

1. 实行"四就"配送的物资其工艺流程没有( )环节。

　　A. 储存　　　　　B. 装货　　　　　C. 卸货　　　　　D. 分拣

2. 在一定服务水平下，当企业拥有多种产品线时，应按产品的特点、销售水平来设置不同的库存、不同的运输方式以及不同的储存地点。这种描述所分析的配送策略属于( )。

　　A. 混合策略　　　B. 差异化策略　　C. 合并策略　　　D. 延迟策略

3. 采用延迟策略的一个基本前提是( )要非常快。

　　A. 信息传递　　　B. 订单处理　　　C. 分销能力　　　D. 生产速度

4. 延迟策略常采用两种实施方式，即生产延迟(或称形成延迟)和物流延迟(或称时间延迟)，具体操作时，属于物流延迟领域的活动的是( )。

　　A. 包装　　　　　B. 装配　　　　　C. 发送　　　　　D. 贴标签

5. 下列属于生产加工和流通加工共同目的是( )。

　　A. 交换　　　　　B. 消费　　　　　C. 流通　　　　　D. 方便客户

6. 下列不属于流通加工加工程度的是( )。

　　A. 简单的　　　　B. 辅助性　　　　C. 补充加工　　　D. 复杂加工

7. 下列关于流通加工地位的描述不正确的是（　　）。

　　A. 流通加工能有效地完善流通

　　B. 流通加工是物流中的重要增值服务

　　C. 提高了原材料和加工设备的利用率

　　D. 流通加工在国民经济中也是重要产业形态

8. 下列关于流通加工类型的描述不正确的是（　　）。

　　A. 对钢材卷板的剪切加工是为适应多样化需求的流通加工

　　B. 对水产品、肉类、蛋类的保鲜加工是为保护产品所进行的流通加工

　　C. 对水泥的加工是为提高原材料利用率和加工效率的流通加工

　　D. 对自行车的组装是生产—流通一体化的流通加工

9. 在固定地点设置剪板机进行下料加工或设置种种切割设备将大规格钢板裁小，或切裁成毛坯，降低销售起点，便利用户。这种加工方式适合于（　　）流通加工。

　　A. 钢材　　　　　B. 木材　　　　　C. 煤炭　　　　　D. 水泥

10. 下列不属于食品的流通加工形式的是（　　）。

　　A. 冷冻加工　　B. 精制加工　　C. 定制加工　　D. 分装加工

11. 农副产品规格、质量离散情况较大，为获得一定规格的产品，常采取的加工形式是（　　）。

　　A. 组装加工　　B. 分选加工　　C. 冷冻加工　　D. 分装加工

12. 在流通加工的合理化的表现形式中，加工和节约相结合的形式要求流通加工行业必须考虑各环节节约的重要性，下列不属于企业基于"加工和节约相结合"要考虑的节约内容的是（　　）。

　　A. 节约能源　　B. 节约设备　　C. 节约成本　　D. 节约人力

13. 利用流通加工，在支线运输转干线运输或干线运输转支线运输停顿的环节进行适当加工，从而提高运输及运输转载水平的流通加工形式属于（　　）。

　　A. 加工和配送结合　　　　　　B. 加工和合理运输结合

　　C. 加工和合理商流相结合　　　D. 加工和配套结合

14. 流通加工属于（　　），与运输、储存等流通环节的管理区别较大。

　　A. 生产管理　　B. 销售管理　　C. 售后管理　　D. 售前管理

15. 由于用户的要求不一，质量宽严程度不同，要求流通加工必须能进行灵活的（　　）生产，以满足不同用户对质量的不同要求。

　　A. 准时　　　　　　　　　　　B. 按计划

　　C. 柔性　　　　　　　　　　　D. 按产品质量要求

16. 流通加工企业与一般生产企业的一个重要不同之处是（　　）。

    A. 社会效益为第一观念　　　　　B. 企业效益为第一观念

    C. 客户利益为第一观念

    D. 客户利益和企业成本最优的观念

17. 配送的分类方式有两种，其中不属于按配送时间和数量分类的是（　　）。

    A. 定量配送　　　　　　　　　　B. 大批量配送

    C. 定时定量配送　　　　　　　　D. 定时定线路配送

18. 运输网络的设计就是建立一个（　　），以便在其中做出关于运输路线和运输日程的安排运营决策，从而影响整个供应链的运营。

    A. 框架结构　　　B. 信息中心　　　C. 反馈中心　　　D. 调配中心

19. 关于直接运输网络优点的描述不正确的是（　　）。

    A. 操作和协调简单易行

    B. 一次运输决策不影响别的货物运输

    C. 拥有很少的中间仓库

    D. 每次运输都是直接的，运输时间较短

20. 下列关于交叉理货的描述不正确的是（　　）。

    A. 减少了处理的成本

    B. 加快了供应链中产品的流通速度

    C. 需要高度的协调性

    D. 适用于小批量可预测商品，要求建立配送中心

21. 采用合适的运输方案需要综合利用交叉理货、多地点送货（送奶线路）、满载和非满载运输，而这些综合方案的利用需要较高的（　　）支持。

    A. 成本　　　　　B. 服务　　　　　C. 人才队伍　　　D. 信息系统

22. 所有运输决策都必须考虑到四个方面的影响，下列不属于这四个方面内容的是（　　）。

    A. 库存成本　　　　　　　　　　B. 设施和处理成本

    C. 产品固有成本　　　　　　　　D. 对客户需求的反应敏捷度

23. （　　）的目标是使所有车辆的行驶总里程最短，并且为所有站点提供服务的卡车数量最少。

    A. 节约法　　　　B. 扫描法　　　　C. 单纯形法　　　D. 逐次逼近法

24. 下列不属于流通加工配送装载设备的是（　　）。

    A. 托盘　　　　　B. 周转筐　　　　C. 管理笼车　　　D. 叉车

25. 下列关于逆向物流特点的描述不正确的是（　　）。

　　A. 分散性　　　B. 缓慢性　　　C. 节约性　　　D. 混杂性

26. 逆向物流管理具有 6 大基本原则,其中"5R"原则指的是(　　)。

　　A. 效益原则　　B. 销售管理　　C. 售后管理　　D. 售前管理

27. 在产品回收物流系统中,下列不属于拆卸、再循环车间工作内容的是
(　　)。

　　A. 拆卸　　　　B. 分解　　　　C. 粉碎　　　　D. 加工

28. 物流活动中的人力成本不包括(　　)。

　　A. 职工工资　　B. 差旅费　　　C. 奖金　　　　D. 福利

29. 下列成本中,不属于销售物流成本的是(　　)。

　　A. 运输成本　　B. 仓储成本　　C. 包装成本　　D. 订购成本

30. 下列不属于压缩物流成本途径的是(　　)。

　　A. 降低运输成本　　　　　　　　B. 降低储存成本

　　C. 降低服务成本　　　　　　　　D. 降低包装成本

(三)多项选择题

1. 销售物流的主要职能是将货物进行短暂储存并进行处理配送,期间主
要涉及的工作有(　　)。

　　A. 装卸搬运　　　　　　　　　　B. 仓储保管

　　C. 流通加工　　　　　　　　　　D. 产品包装

　　E. 运输

2. 下列不属于"四就"配送工艺流程环节的是(　　)。

　　A. 储存　　　　B. 理货　　　　C. 配货　　　　D. 运输

　　E. 配装

3. 属于在一定服务水平下成本最小配送策略的是(　　)。

　　A. 混合策略　　B. 合并策略　　C. 延迟策略　　D. 差异化策略

　　E. 标准化策略

4. 延迟策略的基本思想就是对产品的(　　)应尽可能推迟到接到顾客订单
后再确定。

　　A. 生产计划　　B. 外观　　　　C. 形状　　　　D. 生产

　　E. 组装

5. 实施延迟策略的企业应具备的基本条件是(　　)。

　　A. 产品特征　　　　　　　　　　B. 资金特征

　　C. 生产技术特征　　　　　　　　D. 员工特征

　　E. 市场特征

6. 下面关于流通加工的描述正确的是(　　)。

    A. 流通加工是物流的基本功能之一

    B. 流通加工是物流增值服务的一部分

    C. 流通加工不改变商品的基本形态

    D. 流通加工可以完善商品的使用功能

    E. 流通加工处于不易区分生产还是流通的中间领域

7. 下面关于流通加工地位的描述正确的是（　　）。

    A. 流通加工能有效地完善流通

    B. 流通加工是物流中的重要增值服务

    C. 协调运输包装与商业包装　　　D. 改变功能，促进销售，提高效益

    E. 流通加工在国民经济中也是重要产业形态

8. 下面关于流通加工作用的描述正确的是（　　）。

    A. 提高原材料和加工设备的利用率

    B. 提高物流效率，降低物流成本

    C. 协调运输包装与商业包装　　　D. 改变功能，促进销售，提高效益

    E. 促进物流合理化

9. 下面关于流通加工类型的描述正确的是（　　）。

    A. 对钢材卷板的剪切加工是为适应多样化需求的流通加工

    B. 水产品的保鲜加工是为保护产品所进行的流通加工

    C. 组装自行车是为提高物流效率、方便物流的流通加工

    D. 将蔬菜、肉类洗净切块满足消费者要求为促进销售的流通加工

    E. 运输途中的水泥加工是为提高原材料利用率和加工效率的流通加工

10. 食品的流通加工可分为（　　）。

    A. 冷冻加工　　　　　　　　　　B. 分选加工

    C. 精制加工　　　　　　　　　　D. 分装加工

    E. 组装加工

11. 下面属于流通加工合理化要素的是（　　）。

    A. 加工和配送结合　　　　　　　B. 加工和配套结合

    C. 加工和合理运输结合　　　　　D. 加工和合理商流相结合

    E. 加工和节约相结合

12. 按配送时间和数量进行分类，销售物流的配送类型可分为（　　）。

    A. 定时配送　　　　　　　　　　B. 定量配送

    C. 定时定量配送　　　　　　　　D. 定时定线路配送

    E. 加急订单配送

13. 下列关于直接运输网络优点的描述正确的是（　　）。

A. 没有中间仓库　　　　　　B. 操作和协调简单易行

C. 运输时间长,但能满足客户

D. 每次运输都是直接的

E. 一次运输决策不影响别的货物运输

14. 企业在做运输决策时,必须考虑的影响因素有( )。

A. 设施和处理成本　　　　　　B. 运营中的协调成本

C. 员工成本　　　　　　　　　　D. 库存成本

E. 对客户需求的反应敏捷度

15. 求解起讫点不同的单一路径规划问题主要使用的算法是( )。

A. Dijkstra 算法　　　　　　B. 单纯形法

C. 逐次逼近法　　　　　　　　D. 表上作业法

E. Floyd 算法

16. 按照回收物品的渠道,逆向物流可分为( )。

A. 退货逆向物流　　　　　　B. 分选逆向物流

C. 再加工逆向物流　　　　　　D. 回收逆向物流

E. 反逆向物流

17. 逆向物流具有( )特点。

A. 分散性　　　B. 缓慢性　　　C. 混杂性　　　D. 多变性

E. 精确性

18. 逆向物流管理的基本原则包括( )。

A. 事前防范重于事后处理　　　B. 绿色原则

C. 效益原则　　　　　　　　　　D. 信息化原则

E. 法制化、社会化原则

19. 物流成本的管理原则包括( )。

A. 从流通全过程角度管理物流成本

B. 从营销策略角度管理物流成本

C. 从信息系统角度管理成本

D. 从效率化配送角度管理物流成本

E. 从物流外包角度管理物流成本

20. 在物流成本控制策略中,压缩物流成本的途径有( )。

A. 降低运输成本　　　　　　B. 降低储存成本

C. 降低包装成本　　　　　　D. 降低服务成本

E. 降低装卸成本

(四)问答题

1. 流通加工的方式有几种?都是什么?

2. 流通加工的合理化是什么？

3. 销售物流中的逆向物流特点是什么？

4. 销售物流中逆向物流管理的基本原则有哪些？

5. 销售物流的成本构成有哪些？

6. 销售物流的成本的控制方法有哪些？

(五)论述题

1. 简述销售物流的流通加工与生产企业的生产有什么不同？发展流通加工业对现代物流有何意义？

2. 销售物流运输网络有几种模式？分别描述它们。

【参考答案】

(一)判断题

1. ×,2. ×,3. √,4. ×,5. √,6. ×,7. ×,8. √,9. √,10. ×,11. ×,12. ×,13. ×,14. ×,15. √,16. ×,17. ×,18. ×,19. √,20. √,21. ×,22. √,23. ×,24. ×,25. √,26. ×,27. ×,28. ×,29. √,30. √。

(二)单项选择题

1. A,2. B,3. A,4. D,5. B,6. D,7. C,8. D,9. A,10. C,11. B,12. C,13. B,14. A,15. C,16. A,17. B,18. A,19. C,20. D,21. D,22. C,23. A,24. D,25. C,26. D,27. D,28. B,29. D,30. C。

(三)多项选择题

1. ABCDE,2. ABDCE,3. ABCDE,4. BCDE,5. ACE,6. ABCDE,7. ABE,8. ABCDE,　9. ABCDE,　10. ABCD,　11. ABCDE,　12. ABCDE,　13. ABDE,14. ABDE,15. ACE,16. AD,17. ABCD,18. ABCDE,19. ABCDE,20. ABCE。

(四)问答题

1. 见书本"6.2.4.几种流通加工作业方式"。

2. 见书本"6.2.5 流通加工的合理化"。

3. 见书本"6.4.2 逆向物流的特点"。

4. 见书本"6.4.3 逆向物流管理的基本原则"。

5. 见书本"6.5.1 销售物流成本的概念"。

6. 见书本"6.5.3 物流成本的管理和控制"中"2.物流成本控制方法"。

(五)论述题

1. 结合书本"6.2 流通加工"部分作答。

2. 结合书本"6.3.2 运输网络设计"部分作答。

单元七　销售物流外包管理

一、学习目标

1. 了解销售物流外包的原因和原则。
2. 掌握销售物流外包的一般策略。
3. 掌握物流外包选择的评价体系和流程。
4. 了解销售物流外包的管理和评价体系。

二、知识结构

知识结构如图 1-8 所示。

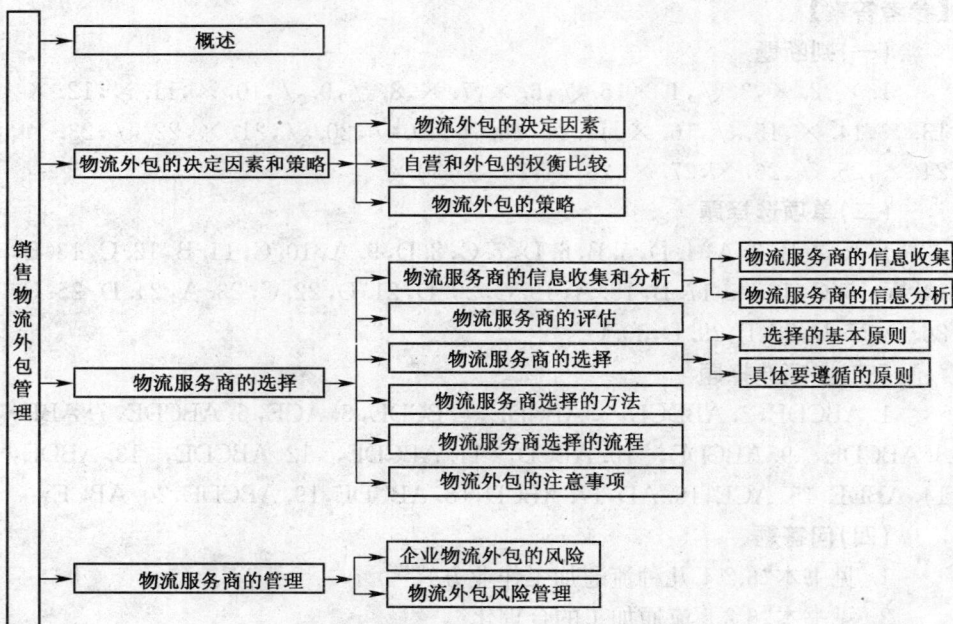

```
                        ┌─────────────────┐
                        │      概述        │
                        └─────────────────┘
                        ┌─────────────────┐    ┌──────────────────┐
                        │ 物流外包的决定因素  │
                        ├─────────────────┤    
销售  ──物流外包的决定因素和策略─┤ 自营和外包的权衡比较 │
物流                     ├─────────────────┤
外包                     │ 物流外包的策略    │
管理                     └─────────────────┘

                  ┌─────────────────────┐  ┌──────────────────┐
                  │ 物流服务商的信息收集和分析 ├─┤ 物流服务商的信息收集 │
                  ├─────────────────────┤  ├──────────────────┤
                  │ 物流服务商的评估      │  │ 物流服务商的信息分析 │
                  ├─────────────────────┤  
   物流服务商的选择 ┤ 物流服务商的选择      ├──┤ 选择的基本原则    │
                  ├─────────────────────┤  ├──────────────────┤
                  │ 物流服务商选择的方法   │  │ 具体要遵循的原则   │
                  ├─────────────────────┤  
                  │ 物流服务商选择的流程   │
                  ├─────────────────────┤
                  │ 物流外包的注意事项     │
                  └─────────────────────┘

                  ┌─────────────────┐   ┌──────────────────┐
   物流服务商的管理 ┤               ├───┤ 企业物流外包的风险  │
                  │               │   ├──────────────────┤
                  └─────────────────┘   │ 物流外包风险管理   │
                                        └──────────────────┘
```

图 1-8　销售物流外包管理知识结构

三、主要知识点解读

(一)概述

物流外包是指生产或销售企业为集中精力增强核心竞争力,而以合同的方式将其物流业务部分或完全委托给专业的物流公司运作。物流外包是一种长期的、战略的、相互渗透的、互惠互利的业务委托和合约执行的方式。

1. 企业实施物流外包的原因

①降低物流成本。

②强化核心业务。

③改善与提高物流服务水平与质量。

2. 企业在选择物流外包企业时重点参考的数据

①注重行业与运营经验即服务能力。

②注重品牌声誉。

③注重网络覆盖率。

④注重较低的价格。

3. 国内第三方物流企业发展现状

在国内,有超过 30% 的客户对第三方物流企业不满意,其中,主要的问题有:

①物流供应商的信息技术系统很差,信息反馈有限。

②互相之间沟通不顺畅,供方不了解需方的情况变化。

③缺乏标准化的运作程序,导致各地区的服务水平参差不齐。

④无法提供整体解决方案。

4. 第三方物流企业在生产和零售业的实际业务

在国内,大多数零售企业采取自建配送中心、运输外包的方式组织自己的物流。零售企业之所以选择自建并管理配送中心,最主要的原因是大型连锁零售企业商品品类繁多,不同的商品需要不同的配送需求,而国内的第三方物流大多局限于某一个行业,还不具有零售所需要的多方面的专业技术。对生产企业而言,所生产产品相对品类跨度不大,完全采取第三方外包业务的较多。

(二)物流外包的决定因素和策略

1. 物流外包的决定因素

①企业没有能力扩大人、财、物在物流方面的投入。

②企业内不能建立起可以提高物流效率的体制。

③企业自营物流与其他企业相比没有竞争力。

2. 自营和外包的权衡比较

(1)企业是否实施物流外包首先考虑的问题

①物流外包是否符合企业的发展战略。

②是否影响企业的核心竞争力。

③是否能够提高物流经济效益。

(2)企业实施物流外包的决定因素

在以上三个问题的基础上,企业物流是否外包主要取决于两个因素:一是关键物流活动对企业成功的影响。二是企业管理物流运作的能力,主要考虑:

①物流在企业总体战略经营中的地位及自营能力水平。

②企业规模。

③第三方物流能否达到企业要求的服务质量与反应速度。

④物流外包成本与自营成本的全面、科学的比较。

3. 物流外包的策略

在选择物流外包之前,企业必须定义外包的目标和目的,建立最终的选择标准,一些重要的标准包括价格、财务稳定性、质量标准、持续改进能力和能动性。在此基础上,企业根据自身情况,可选择渐进的物流开发策略:外包一些物流职能→外包某一物流职能→外包两项或三项物流职能→外包整个供应链。

(三)物流服务商的选择

1. 物流服务商的信息收集和分析

(1)物流服务商的信息收集

收集的信息主要包括物流服务商的注册地、注册资金、主要股东结构、生产场地、设备、人员、主要产品、主要客户及生产能力。

(2)物流服务商的信息分析

主要分析服务商的运作能力、供应的稳定性、资源的可靠性以及综合服务能力。在对这些信息进行初步筛选后,实施现场考察。

2. 物流服务商的评估

对物流服务商进行评估是一项复杂系统的工作,企业应根据自身外包业务实际,确定不同的评估内容,设计不同的评估重点,赋予不同的权重。如有的企业根据运营实际,将运输和仓库管理选择不同的服务商进行外包等。物流服务商的评估内容主要包括以下七个方面:

①规划能力。

②物流网络。

③运输能力。

④仓储能力。

⑤信息水平。

⑥管理水平。

⑦服务水平。

3. 物流服务商的选择

(1)选择的基本原则

"QCDS"原则,即质量、成本、交付与服务并重的原则。

①质量:质量是最重要的因素,首先要确认物流服务商是否建立了一套稳定有效的质量保证体系;

②成本:通过双赢的价格谈判实现成本节约。

③交付:确认物流服务商是否具有物流所需的特定设施设备和运作能力,人力资源是否充足,有没有扩大产能的潜力。

④服务:物流服务商的物流服务记录。

(2)选择物流服务商应遵循的原则

①适应本企业战略目标要求。

②具有业务集中控制能力。

③有与企业物流业务相关的经验。

④适应企业发展的物流技术水平。

⑤主要业务与企业物流业务的兼容性。

⑥具备企业需求的真实能力。

⑦建立信任关系。

⑧企业文化相似。

⑨企业经营不断改善的支持者。

⑩不过分强调成本最低。

4.物流服务商选择的方法

常见的物流服务商选择方法有直观判断法、评分法、物流成本比较法、招标法、协商选择方法。

5.物流服务商的选择流程(见图1-9)

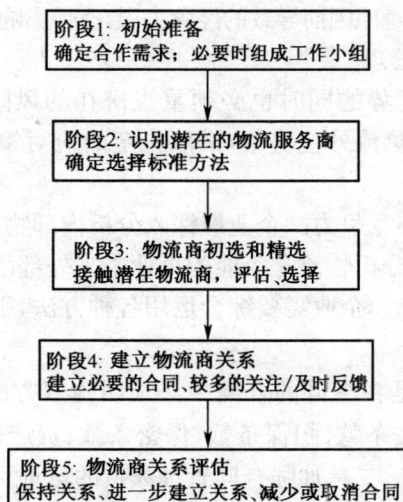

图1-9 物流服务商的选择流程示意图

6.物流外包注意事项

①要树立双赢观念。

②共同编制操作指引。

③注意对方的服务质量要求。

④消除沟通上的障碍。

⑤将信息技术融入外包计划。

⑥提前解决潜在的问题。

(四)物流服务商的管理

1. 企业物流外包的风险

物流外包虽然具有成本节约等方面的优势,但同时隐藏着潜在的风险。这也是有些企业放弃物流外包而选择物流自营的原因之一。企业物流外包的风险主要来自于以下三个方面:

(1)物流控制风险

物流外包常常使企业失去对一些产品或服务的控制,从而增加了这些产品物流运作的不确定性,并且有可能由于丧失对外包的控制而影响企业整个业务的发展。

(2)客户关系管理风险

客户关系管理风险主要体现在两个方面:一是客户满意度的影响;二是物流服务水平提升的影响。

(3)连带经营风险

物流承包商由于自身原因而导致的经营失误,连带影响企业的物流正常经营。

2. 物流外包风险管理

企业在看到外包优势的同时也必须重视潜在的风险,并在实践中以系统的、长期的观点来进行物流外包决策,采取一定的应对策略来防范潜在的各种风险。

①识别企业的核心竞争力。企业应深入分析内部物流状况,并探讨物流是否是企业的核心能力,分析物流是否能为企业带来外部战略经济利益。

②外包伙伴的选择。企业需要综合运用各种方法、手段对物流供应商进行评估。

③合同管理。一是在签订的合同中必须明确双方的责任和权利、法律关系、违约责任、赔偿损失条款、担保条款、保密条款、资产保存和维修条款、价格变动条款及索赔条款等;二是加强合同管理人员的培训,要建立健全规章制度。

④物流外包活动的控制。对外包活动进行监控和控制是外包顺利实施的重要保证。企业要建立物流外包的控制机制,对外包伙伴的业绩进行定期检查,制订标准对其业绩进行考核。

⑤企业内部组织结构的调整。企业内部组织结构的调整主要集中在以下

几个方面：①在无缝衔接的基础上调整业务流程，进行职能变革；②对外包的物流功能进行持续有效的监控；③鼓励创新与变革。

⑥以"双赢"为原则，巩固合作关系。外包意味着双方利益是捆绑在一起的，而非独立的，良好的合作伙伴关系将使双方受益。因此，供需双方相互信任和忠诚以及履行承诺是建立良好的外包合作关系的关键因素。

⑦建立物流服务提供商的竞争模式。选择第三方物流供应商时，应避免仅选择一家物流供应商承担外包物流业务。因为，当一家物流供应商因某种原因不能继续提供服务时，另一家物流供应商能迅速接管，避免物流业务的停止或短期快速寻找供应商所造成的成本增加。

四、全真考试试题分析

判断题

1. 由于生产企业所生产产品相对品类跨度不大，在仓库管理和运输配送上不如零售复杂，大多采用自营的方式组织销售物流。（　　）

试题分析：本题考核对我国第三方物流的客户的了解，答案为错误。在国内，大多数零售企业选择自建配送中心，而运输外包的方式组织自己的物流。零售企业之所以选择自建并管理配送中心，最主要的原因是大型连锁零售企业商品品类繁多，不同的商品需要不同的配送需求，既有鲜活农产品、冷冻冷藏，又有服装、家电等不同的储存要求和不同配送模式要求，而国内的第三方物流大多局限于某一个行业，还不具有零售所需要的多方面的专业技术。而生产企业所生产产品相对品类跨度不大，在仓库管理和运输配送上不如零售复杂，进行第三方外包业务的较多，详见教材"7.1 概述"。

2. 物流对企业的重要程度相对较低，同时企业处理的物流能力也低，此时宜选择自营物流方式来处理物流。（　　）

试题分析：本题考核对物流外包决定因素的了解，答案为错误。物流对企业的重要程度相对较低，企业就没有必要通入人力、财力等资源自营物流；同时企业处理的物流能力低，说明若采用自营物流无竞争力，效益不高。详见教材"7.2 物流外包的决定因素和策略"。

五、单元测试题及参考答案

单元测试题

（一）判断题

1. 物流外包是指生产或销售企业为集中精力增强产品竞争力而以合同的方式将其物流业务部分或完全委托给专业的物流公司运作的活动。（　　）

2. 物流外包是一种长期的、战略的、相互渗透的、互惠互利的业务委托方式。（　　）

3. 客户外包物流的原因首先是为降低物流成本,其次是为强化核心业务,第三是为改善与提高物流服务水平与质量。（　　）

4. 国内零售企业之所以选择管理配送中心外包,最主要的原因是国内的第三方物流大多局限于某一个行业,还不具有零售所需要的多方面的专业技术。（　　）

5. 物流外包首先考虑的三个问题是:是否符合企业的发展战略,是否影响企业的核心竞争力,是否能够提高客户服务质量。（　　）

6. 企业物流是否外包主要取决于关键物流活动对企业成功的影响和企业管理物流运作的能力。（　　）

7. 企业选择物流外包主要是为了节约成本和提高客户服务质量,如果自营物流客户服务质量好于外包,就不应外包。（　　）

8. 物流服务商选择的基本原则是"QCDS"原则,其中"Q"代表成本,"C"代表质量,"D"代表服务,"S"代表交付。（　　）

9. 物流服务商选择的常见方法有直观判断法、评分法、ABC分析法、招标法、协商选择方法。（　　）

10. 物流外包虽然具有成本节约等方面的优势,但同时隐藏着潜在的风险。这些风险包括物流控制风险、客户关系管理风险和连带经营风险。（　　）

(二)单项选择题

1. 物流外包是指生产或销售企业为集中精力增强（　　）,而以合同的方式将其物流业务部分或完全委托与专业的物流公司运作。

　　A. 客户服务质量　　　　　　　B. 核心竞争力

　　C. 销售效率　　　　　　　　　D. 企业销售成本

2. 在使用第三方物流的客户中,有超过（　　）的客户对第三方物流企业不满意。

　　A. 10%　　　　　B. 20%　　　　　C. 30%　　　　　D. 40%

3. 在国内,由于第三方物流大多局限于某一个行业,还不具有零售所需要的多方面的专业技术,大多数零售企业选择自建（　　）。

　　A. 配送中心　　B. 运输网络　　C. 信息管理中心　　　D. 客户服务中心

4. 在国内,进行第三方外包业务较多的行业是（　　）。

　　A. 生产企业　　B. 零售企业　　C. 分销企业　　D. 配送企业

5. 下列不属于物流外包首先考虑的问题是（　　）。

A. 物流外包是否符合企业的发展战略

B. 物流外包是否影响企业的核心竞争力

C. 物流外包是否能够提高物流经济效益

D. 物流外包是否能够提高客户服务水平

6. 选择外包主要是为了（　　）。

A. 提高服务　　　　　　　　B. 节约成本

C. 增强核心竞争力　　　　　D. 提高销售

7. 在选择物流外包之前，企业必须定义外包的（　　），建立最终的选择标准。

A. 目标和服务　　　　　　　B. 质量和效益

C. 成本和风险　　　　　　　D. 目标和目的

8. 下列不属于物流服务商需要收集的信息是（　　）。

A. 注册资金　　　　　　　　B. 主要股东结构

C. 生产场地　　　　　　　　D. 区域政策

9. 下列不属于物流服务商信息分析的内容是（　　）。

A. 运作能力　　　　　　　　B. 产品的市场性

C. 供应的稳定性　　　　　　D. 资源的可靠性

10. 在物流服务商选择的"QCDS"原则中，"QCDS"分别代表（　　）。

A. 质量、成本、交付、服务　　B. 成本、质量、交付、服务

C. 交付、质量、成本、服务　　D. 服务、交付、成本、质量

11. 关于物流服务商选择中具体要遵循原则的描述不正确的是（　　）。

A. 要适应本企业战略目标要求

B. 主要业务与企业物流业务要具有兼容性

C. 要有与企业物流业务相关的经验

D. 要有相异性的企业文化

12. 下列不属于物流服务商选择常见方法的是（　　）。

A. 直观判断法　　　　　　　B. 协商选择

C. 加权平均法　　　　　　　D. 物流成本比较法

13. 下列不属于物流外包注意事项的是（　　）。

A. 要注意对方的服务质量要求

B. 要编制以企业利益为根本的操作指引

C. 要将信息技术融入外包计划

D. 提前解决潜在的问题

14. 企业物流外包活动常常存在物流控制的风险，即外包常常使企业失去

一些( )的控制,从而增加了企业物流运作的不确定性。

  A. 产品或服务　B. 产品或信息　C. 信息或服务　D. 成本或信息

15. 在物流外包活动的控制中,( )能够使双方相关人员在作业过程中相互步调一致,也可以为企业检验对方物流作业是否符合要求提供了标准和依据。

  A. 操作指引　　B. 业务信息　　C. 协议合同　　D. 远程控制平台

(三)多项选择题

1. 客户外包物流的原因有( )。

  A. 降低物流成本　　　　　　B. 强化核心业务

  C. 提高产品质量　　　　　　D. 满足 JIT 生产需要

  E. 改善与提高物流服务水平与质量

2. 客户在选择第三方物流企业时,主要注重的是( )。

  A. 注重行业与运营经验　　　B. 注重品牌声誉

  C. 注重网络覆盖率　　　　　D. 注重服务的多样性

  E. 注重较低的价格

3. 下列属于物流外包的决定因素的是( )。

  A. 企业自营物流与其他企业相比没有竞争力

  B. 企业独自销售产品的历史业绩

  C. 不能建立起可以提高物流效率的体制

  D. 配送中心的覆盖率

  E. 没有能力扩大人、财、物在物流方面的投入

4. 物流外包首先考虑的问题有( )。

  A. 是否符合企业的发展战略　　B. 是否满足市场需求

  C. 是否达成企业最大利益　　　D. 是否影响企业的核心竞争力

  E. 否能够提高物流经济效益

5. 企业物流是否外包,主要考虑的因素有( )。

  A. 物流在企业总体战略经营中的地位及自营能力水平

  B. 企业规模

  C. 物流外包成本与自营成本的全面、科学的比较

  D. 产品核心竞争力

  E. 第三方物流能否达到企业要求的服务质量与反应速度

6. 下列属于物流服务商收集的信息是( )。

  A. 物流服务商的注册地　　　B. 主要股东结构

  C. 主要产品　　　　　　　　D. 主要客户及生产能力

　　　E. 生产场地

7. 下列属于物流服务商评估内容的是（　　）。

　　A. 规划能力　　　　　　　　B. 物流网络

　　C. 运输能力　　　　　　　　D. 信息水平

　　E. 服务水平

8. 下列属于选择物流服务商时具体要遵循的原则是（　　）。

　　A. 适应本企业战略目标要求

　　B. 主要业务与企业物流业务的兼容性

　　C. 有与企业物流业务相关的经验

　　D. 适应企业发展的物流技术水平

　　E. 企业经营不断改善的支持者

9. 物流服务商选择常见的方法有（　　）。

　　A. 评分法　　　　B. 直观判断法　　C. 协商选择方法

　　D. 招标法　　　　E. 物流成本比较法

10. 物流外包注意事项包括（　　）。

　　　A. 共同编制操作指引　　　　B. 消除沟通上的障碍

　　　C. 提前解决潜在的问题　　　　D. 将信息技术融入外包计划

　　　E. 注意对方的服务质量要求

(四)问答题

1. 销售物流外包的原因是什么？

2. 销售物流外包的策略有哪些？

3. 如何选择一个合适的物流服务商？

(五)论述题

简述物流外包的风险有哪些？如何规避？

【参考答案】

(一)判断题

1. ×，2. ×，3. √，4. ×，5. ×，6. √，7. ×，8. ×，9. ×，10. √。

(二)单项选择题

1. B，2. C，3. A，4. A，5. D，6. B，7. D，8. D，9. B，10. A，11. D，12. C，13. B，14. A，15. A。

(三)多项选择题

1. ABE，2. ABCE，3. ACE，4. ADE，5. ABCE，6. ABCDE，7. ABCDE，8. ABCDE，9. ABCDE，10. ABCDE。

(四)问答题

1. 见书本"7.1 概述"。

2. 见书本"7.2.3 物流外包的策略"。

3. 见书本"7.3 物流服务商的选择"。

(五)论述题

结合书本"7.4 物流服务商的管理"部分作答。

第二篇　生产物流管理

单元一　概　　述

一、学习目标

1. 了解物流管理的定义。
2. 了解生产物流涵盖的范围。
3. 了解企业生产物流管理的目标。
4. 了解供需关系变化对企业职能重要性的影响。
5. 熟悉生产物流与销售物流的关系。
6. 熟悉生产物流的基本职能。

二、知识结构

知识结构如图 2-1 所示。

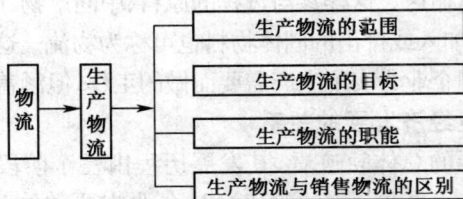

图 2-1　生产物流管理知识结构

三、主要知识点解读

(一)物流的定义

有关物流的定义不同书本上有不同的解释,基于此,教材中对物流的定义共列举了四种,分别从不同层面进行阐述。

阐述一

物流是指为了满足客户的需求,以最低的成本,通过运输、保管、配送等方式,实现原材料、半成品、成品或相关信息由商品的产地到商品的消费地的计划、实施和管理的全过程。这个定义包含并明确了物流构成和物流活动的主要内容。

阐述二

国家标准《物流术语》(GB/T18354－2006)的定义是：物流是物品从供应地到接收地的实体流动过程，根据实际需要，将运输、储存、装卸、搬运、包装、流通加工、配送、信息处理等基本功能实施有机的结合。这是一个相对广义的定义，也是目前物流行业及学术界普遍认可和使用的定义。

阐述三

物流中的"物"是物质资料世界中同时具备物质实体特点和可以进行物理性位移的那一部分物质资料，"流"是物理性运动。这种运动有其限定的含义，就是以地球为参照系，相对于地球而发生的物理性运动，称为"位移"。流的范围可以是地理性的大范围，也可以是在同一地域、同一环境中的微观运动，小范围位移。"物"和"流"的组合，是一种建立在自然运动基础上的高级运动形式，其互相联系是在经济目的和实物之间，在军事目的和实物之间，甚至在某种社会目的和实物之间，寻找运动的规律。这种定义更多的是偏重于物质形态的运动。因此，物流不仅是上述限定条件下的"物"和"流"的组合，而更重要的是限定于军事、经济、社会条件下的组合，是从军事、经济、社会角度来观察物的运输，达到某种军事、经济、社会的要求。

阐述四

在化工生产过程中，需要进行化学或物理变化的物料常常以气态或液态参与生产过程，并通过管道输送。这样参与过程的原料、中间产物、产品等称为物流。在连续操作过程中不断加入或排出的固体物料也可称为物流。这种定义从狭义上看，更接近于生产物流，即企业为实现生产需要而做的工作，但涵盖范围有限。

(二)物流与企业经济发展的关系

从企业经济发展的总体轨迹看，其发展历程由三个阶段组成，即供不应求、供需平衡和供大于求。在供不应求的时代，企业主要关注生产效率的提升，只要生产效率提升，经济效益就会相应提高；在供需平衡的时代，生产虽然重要，但企业之间的生产管理的相对优势变得越来越不明显，必须通过良好有效的市场营销手段来扩大企业的优势。在这个时代的后期即 20 世纪 80 年代，随着市场逐步被细分，市场竞争日趋激烈，很多产品的寿命周期变得越来越短。基于此，企业必须关注和解决好产品与市场之间的衔接问题，也就是产品从产地输送到市场中的管理问题，也就是众多物流定义中的一个共性的话题。

因此，对企业来讲，物流就是研究产品从原产地到消费地的管理问题，涉及原材料的加工、制造、分销等全部过程。它的最终目的是为企业带来更广的市场和最高的利润。

(三)生产物流涵盖的范围

关于生产的定义在不同的领域有不同的解释，为便于研究，需要对"生产物流"中的"生产"一词进行界定。因此,本篇的"生产"主要指关注与制造领域之内的生产,简单讲就是研究那些从事有形产品生产的企业物流管理,是对一个制造型企业的原材料和在制品的物流管理。形象化的理解就是研究企业围墙内为保障生产稳定运行的后勤保障工作。因此,生产物流管理职能范围是生产物流管理仅仅限定于对产品制造型企业的工厂内部的物流管理,也就是为保障生产而对原材料、零部件的管理,包括对数量的管理以及向生产线进行配送的管理。

(四)产业链上的供应物流、销售物流和生产物流

在产业链上,物流管理可以被分为下列三个阶段:

①供应物流阶段。一般是对所采购的原材料和零部件,从供应商处到企业仓库的物流管理,也可以叫做原材料物流。

②销售物流阶段。对产成品,从企业到客户手中的管理,也可以叫做产成品物流(或分销物流、销售物流等)。

③生产物流阶段。在企业内部为保障生产而进行的物流管理,也可以称为在制品物流。

供应物流、销售物流、生产物流是产业链上的一个基本环节的构成,如果沿着产业链的上下游扩展开来看,产业链就是由这样一个个基本环节构成的。供应链上的任何企业都是根据其所处的位置来区分其供应物流和销售物流,任何来自于上游的产品不论是何种形态,都称之为是原材料的供应物流。同理,不论其销售的产品是何种形态,都称之为是产成品的销售物流,在企业内部的就称之为是生产物流。

(五)生产物流的主要内容

1. 生产物流的目标

生产物流管理的目标与其他物流管理的目标基本相同,即将正确的产品在正确的时间、以正确的方式、按照正确的数量、以正确的成本、送到正确的地方、交给正确的人。

2. 生产物流的职能

从生产物流发生的顺序来讲,其职能包括以下几个方面:

①确定物料需求的时间和数量。

②确定所需物料的来源。

③物料的运输管理。

④物料的接收以及仓储管理。

⑤物料的库存计划和控制。

⑥生产线的物料配送的时间、数量和地点。

（六）生产物流和销售物流之间的关系

销售物流是指对产成品在流通领域的管理和计划，包括对物料流、信息流和资金流的管理，以满足消费者的需求为目的。生产物流是指对原材料、零部件与半成品在生产过程中的管理和计划，也涉及物料流和信息流，但基本上不涉及资金流的管理，以满足生产需求为目的。生产物流管理仅仅限定于对产品制造型企业的工厂内部的物流管理，也就是为保障生产而对原材料、零部件的管理，包括对数量的管理，以及向生产线进行配送的管理。

销售物流、生产物流的管理目标相似，即将正确的产品、在正确的时间、以正确的方式、按照正确的数量、以正确的成本、送到正确的地方、交给正确的人。同时，从系统角度来看，销售物流、生产物流各自构成产业链上的一个基本环节，相互关联，相互影响，与供应物流一起构成社会物流大系统。

销售物流、生产物流之间存在区别。销售物流管理是针对客户的独立需求，而生产物流管理是针对生产线的相关需求；销售物流是以满足最终消费者的购买需求而进行的一系列活动，而生产物流管理的重心则是保障生产顺利进行的一系列活动；销售物流管理活动受消费者消费特征的影响，而生产物流则更多的是受产品结构以及生产工艺特征的影响。由于生产物流与销售物流存在这些区别，因此生产物流管理有其独特的内容。

从供应链循环的角度来看问题，供应物流的管理内容与销售物流相同。从供应商角度看，生产企业的供应物流也就是供应商的销售物流。尽管生产物流与销售物流有所不同，但是在产业链上销售物流又对生产物流产生重要影响，继而生产物流向上游传导影响到供应物流，意味着生产物流与销售物流和供应物流存在着紧密联系，因此，研究生产物流离不开对销售物流和供应物流的理解。

四、全真考试试题分析

（一）判断题

1. 生产物流是指对原材料、零部件与半成品在生产过程中的管理和计划，也涉及物料流和信息流，但不涉及资金流的管理。（　　）

试题分析：本题是教材原话的修改版，教材原内容为"生产物流是指对原材料、零部件与半成品在生产过程中的管理和计划，也涉及物料流和信息流，但基本上不涉及资金流的管理"，生产物流在少数情况下也可能采取外包形式，就会涉及资金流管理，故答案为错误。主要考核对生产物流管理的深入理解，考生应能够区别生产物流管理与销售物流管理的区别与联系，详见教材"1.3.2 生产物流与销售物流"中内容。

2. 生产物流的主要目的是保障企业的生产活动顺利开展，它的关注点是生产本身,更多的服从于生产方式对它的制约与生产工艺和设备紧密联系。
( )

试题分析: 本题也是教材原话,答案为正确,主要考核生产物流职能范围的知识点,考生应能够从生产物流管理目的角度来理解生产物流管理的职能范围,详见教材"1.3.3 生产物流"中内容。

(二)单项选择题

1. 从供应商角度看,生产企业的( )也就是供应商的销售物流。

    A. 销售物流   B. 生产物流   C. 供应物流   D. 产品生产

试题分析: 本题也是教材原话,答案为 C,主要考核对供应物流、生产物流和销售物流三者之间关系的理解,详见教材 P7 的"1.3.2 生产物流与销售物流"中内容。

2. 生产物流的( )都很强,一旦进入这一物流过程,选择性及可变性便很小,对物流的改进只能通过对工艺流程的优化加以实现。

    A. 可控性和实现性   B. 可控性和操作性

    C. 可控性和计划性   D. 计划性和创新性

试题分析: 本题也是教材原话,答案为 C,主要考核对生产物流特征的理解,详见教材的"1.3.3 生产物流"中内容。

3. 在产业链上,物流管理可以被分成三个阶段:供应物流、生产物流以及销售物流,其中销售物流包括( )。

    A. 在制品库存管理   B. 产成品库存管理

    C. 原材料库存管理   D. 零部件的库存管理

试题分析: 本题也是教材原话,答案为 B,主要考核对供应物流、生产物流、销售物流的管理职能范围的理解,详见教材的"1.2 生产物流范围"中内容。

(三)多项选择题

1. 下列属于生产物流职能的有( )。

    A. 确定物料需求的时间和数量   B. 确定所需物料的来源

    C. 物料的运输管理   D. 物料的接收以及仓储管理

    E. 生产线的物料配送的时间、数量和地点

试题分析: 本题也是教材原话,答案为 ABCDE,主要考核生产物流的职能范围,详见教材的"1.3.3 生产物流"中内容。

2. 一旦企业( )确定,企业物流也因而成为一种稳定性的物流,物流便成为工艺流程的重要组成部分。

    A. 生产工艺   B. 生产装备   C. 生产流程   D. 生产技术

    E. 生产人员

试题分析:本题也是教材原话,答案为 ABC,主要对生产物流特征的理解,详见教材的"1.3.3 生产物流"中内容。

五、单元测试题及参考答案

单元测试题

(一)判断题

1. 我国国家标准《物流术语》中给物流的定义:物流是物品从供应地到接收地的实体流动过程,根据实际需要,将运输、储存、装卸、搬运、包装、流通加工、配送基本功能实施有机的结合。( )

2. 从产业和经济发展的时间顺序看,经济的发展历程经过了供不应求、供大于求和供需平衡三个阶段。( )

3. 从产业和经济发展看,物流管理的内容涵盖了企业所有发展阶段的知识与实践,既是一个综合知识体系,也是一个企业战略层面的内容。( )

4. 物流的基本核心建立在企业实际发展的思维基础上,充分运用管理学知识和信息技术来解决企业实际问题的一门实践性很强的知识体系。( )

5. 生产物流主要研究企业如何有效实现安全生产的问题,是制造业、组装企业等原材料和在制品的物流管理,主要目的就是保障生产稳定运行。( )

6. 虽然所有物流的目标都相同,但是实现目标的过程有本质差别。销售物流面对的是独立需求的满足,而生产物流面对的是相关需求的满足。( )

7. 销售物流属于独立需求的范畴,可以进行需求判定;而生产物流属于相关需求的范畴,需求判定复杂且难以计划。( )

8. 销售物流也叫做产成品物流,是指对产成品从企业到客户手中的管理。( )

9. 供应物流也叫做原材料物流,一般是对所采购的原材料和零部件从供应商处到企业仓库的物流管理。( )

10. 从供应链循环的角度来看,供应物流的管理内容与销售物流相同。从供应商角度看,生产企业的供应物流也就是供应商的销售物流。( )

(二)单项选择题

1. 在供需平衡的时代,生产虽然重要,但是企业之间的生产管理的相对优势变得越来越不明显,必须通过良好有效的( )手段来扩大企业的优势。

　　A. 企业改革　　　B. 市场营销　　　C. 企业生产　　　D. 员工培训

2. 物流管理既是一个综合知识体系,也是一个( )层面的内容。

　　A. 企业发展　　　B. 利润提升　　　C. 企业战略　　　D. 企业规划

3. 生产物流主要关注的是对一个制造型企业的( )的物流管理。

  A. 原材料和在制品 B. 原材料 C. 在制品 D. 半成品

4. 销售物流面对的是(　)的满足,需求判定复杂且难以计划。

  A. 相关需求   B. 独立需求 C. 产品客户 D. 一级供应商

5. 生产的特殊环境以及需求的特点决定了生产物流与销售物流的(　)有很大区别。

  A. 管理手段   B. 管理方法

  C. 管理工具   D. 管理手段和工具

6. 从供应链循环的角度分析,供应物流的管理内容与(　)相同。

  A. 销售物流   B. 生产物流

  C. 企业利润   D. 企业管理手段

7. 生产物流部门在不同的企业以及企业中不同的组织结构和职责决定了其(　)的不同。

  A. 职能   B. 权限   C. 管理范围 D. 日常运作

8. 生产物流一般是在企业的范围内完成,空间距离的变化不大,其主要目的是保障企业的生产活动顺利开展,它的关注点是(　),更多的服从于生产方式对它的制约与生产工艺和设备紧密联系。

  A. 企业利润 B. 产品质量 C. 企业创新 D. 生产本身

(三)多项选择题

1. 对产业和经济发展进行最简单的归类,那就是经济的发展历程经过了(　)三个阶段。

  A. 供不应求 B. 供需平衡 C. 供大于求 D. 平稳发展

  E. 大幅跃升

2. 物流是研究产品从原产地到消费地的管理话题,涉及原材料(　)的全部过程。

  A. 加工   B. 搬运   C. 储存   D. 制造

  E. 分销

3. 虽然物流所主要关注的都是为满足需求对物理实体的有效流动的管理,但是(　)的需求特征以及管理手段又有着巨大的区别。

  A. 原材料   B. 半成品 C. 产成品 D. 残次品

  E. 滞销品

4. 生产要素主要由(　)组成。

  A. 劳动   B. 土地   C. 资本   D. 技术

  E. 工具

5. (　)是产业链上的一个基本环节的构成,如果沿着产业链的上下游扩展开来看,产业链就是由这样一个个基本环节构成的。

    A. 供应物流　　　　　B. 销售物流　　C. 生产物流　　D. 资金流

    E. 信息流

  6. 物流管理的基本目标有( )。

    A. 将正确的产品　　　　　　　　B. 在正确的时间

    C. 按照正确的数量　　　　　　　D. 以正确的成本

    E. 送到正确的地方

  7. 销售物流是对产成品在流通领域的管理和计划,包括对( )的管理,以满足消费者的需求为目的。

    A. 生产员工　　　B. 生产工具　　　C. 物料流　　　D. 资金流

    E. 信息流

  8. 生产物流是对( )在生产过程中的管理和计划,也涉及物料流和信息流,但是基本上不涉及资金流的管理,以满足生产需求为目的。

    A. 原材料　　　　　B. 零部件　　　C. 产成品　　　D. 半成品

    E. 残次品

(四)问答题

  1. 生产物流与销售物流的异同之处各是什么?

  2. 为什么物流师系列培训教材中只有关于生产物流、销售物流和第三方物流方面的教材,而没有关于供应物流方面的教材?

【参考答案】

(一)判断题

1. ×,2. ×,3. √,4. ×,5. ×,6. √,7. ×,8. √,9. √,10. √。

(二)单项选择题

1. B,2. C,3. A,4. B,5. D,6. A,7. C,8. D。

(三)多项选择题

1. ABC,2. ADE,3. ABC,4. ABCD,5. ABC,6. ABCDE,7. BCD,8. ABD。

(四)问答题

1. 见书本"1.3.2 生产物流与销售物流"。

2. 在供应物流、生产物流与销售物流三个物流的分类中,供应物流与销售物流以及生产物流都有很多相似之处。从购买方的角度来看,供应物流与生产物流关系紧密,但是从供应商的角度来看,它与销售物流关系紧密。所以,供应物流可以参照销售物流和生产物流管理的思想、手段与方法,所以,在物流师系列培训教材中不再作为独立的内容加以讨论。

单元二   生产管理演变

一、学习目标

1. 了解生产管理的演变过程。
2. 了解生产方式及生产工艺的类型。
3. 了解企业生产方式以及生产工艺对管理的影响。
4. 了解有关生产方式的其他说法。

二、知识结构

知识结构如图 2-2 所示。

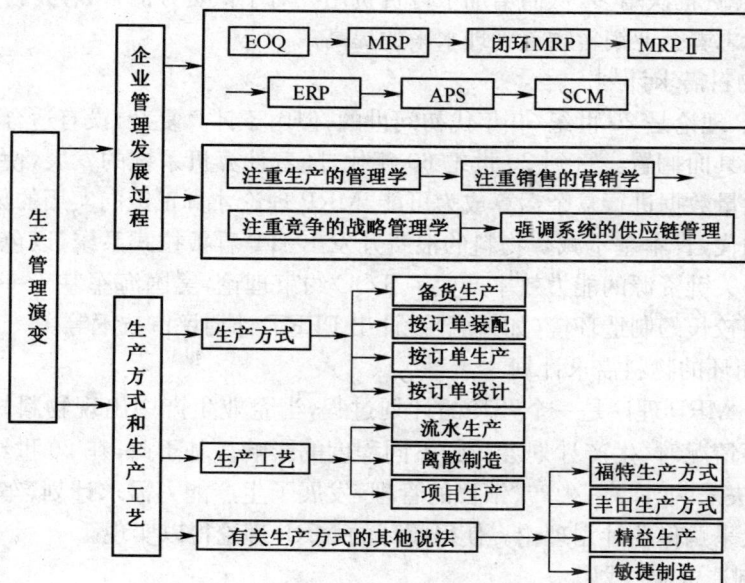

图 2-2 生产管理演变知识结构

三、主要知识点解读

(一)企业管理发展过程

1. 经济订购批量

20 世纪 40 年代,计算机还未出现,人们为了解决库存控制问题,提出了经济订购批量法(EOQ)。经济订购批量法主要关注的是订货点问题,具体包括两种,即定量订货法采购和定期订货法采购。

定量订货法采购:预先确定一个订货点和一个订货批量,然后随时检查库存,当库存下降到订货点时,就发出订货,订货批量的大小每次都相同。

定期订货法采购:预先确定一个订货周期和一个最高库存水准,然后以规定的订货周期为周期,周期性地检查库存,发出库存,订货批量的大小每次都不一定相同,订货批量的大小都等于当时的实际库存量与规定的最高库存水准的差额。

订货提前期与订货周期是 EOQ 库存管理的两个基本指标,决定企业库存管理水平。

订货提前期:指一个客户从发出订单到收到货物的时间,称为订货提前期。

订货周期(订货间隔期):指两次订货的时间间隔或订货合同中规定的两次进货之间的时间间隔。订货间隔期的长短直接决定了最高库存量和库存水平的高低,因而也就决定了库存费用。订货周期偏长,库存水平过高;订货周期过短,会使订货批次增多,从而增加了订货费用。对于供货方而言,客户订货周期的缩短标志着企业销售物流管理水平的提高。

2. 物料需求计划

MRP 理论是 20 世纪 30 年代初问世的,但由于计算复杂,没有适合其发展的计算工具而搁置。直到 20 世纪 60 年代,随着计算机系统的发展,使得短时间内对大量数据进行复杂运算成为可能,MRP 理论才真正走向实用的舞台。

同时代,日本基于减少物料的浪费开发出 JIT 看板拉式系统,以色列基于主要关心关键资源的能力效率产生了 TOC 约束理论,美国海军基于一些项目管理时间较长的制造环境(如造船)设计出 PERT 计划评审技术等。

3. 闭环的物料需求计划

由于 MRP 理论是一个开环的计划过程,当企业生产中出现物料短缺、质量缺陷等情况时,生产计划会受到不同程度的影响。基于此,在 20 世纪 70 年代,为解决采购、库存、生产、销售的管理,发展了生产能力需求计划、车间作业计划以及采购作业计划理论。使得闭环的 MRP 理论得以实现。

4. 制造资源计划

在许多企业中,生产计划和经营计划是分别制定的,它们的制定者相互之间并不是十分了解彼此的计划,这就给企业带来了许多重复性工作。为此,企业要建立一体化的管理系统,去掉不必要的重复性工作,减少数据间的不一致性现象和提高工作效率;实现资金流与物流的统一管理,要求把财务子系统与生产子系统结合到一起,形成一个系统整体,当一项业务发生时,相关联的财务信息就能反映出来。基于此,20 世纪 80 年代初发展起来的 MRP Ⅱ 实现了这种集成,它把生产、财务、销售、工程技术、采购等各个子系统集成为一个一体化的系统,共用一个统一的数据库。1977 年,美国著名的生产管理专家奥利夫首先把它定义为制造资源计划。

5. 企业资源计划

到了 20 世纪 90 年代,市场竞争进一步加剧,企业竞争的空间和范围进一步扩大,80 年代主要面向企业内部资源全面管理的思想随之逐步发展成为怎样有效利用和管理整体资源的管理思想。1991 年,美国加特纳公司首先提出了企业资源计划(ERP)的概念报告,同期还有另外相似的概念产生,即有限能力计划(FCS)。

6. 后企业资源管理

ERP 系统是一个无限扩大化且过于细化的系统。但是,企业管理的各方面总还是有着优先级别的,信息系统可以帮助我们管控到每一个细节,但过分关注细节会影响企业对重要方面的关注,因此,为更好解决企业效率问题,产生了 APS。APS 的出现与其说是进步,倒不如说是在纠正 ERP 过分细化的错误。

7. 供应链管理时代

供应链管理(SCM)是指在满足一定的客户服务水平的条件下,为使整个供应链系统成本达到最小而把供应商、制造商、仓库、配送中心和渠道商等有效组织在一起来进行的产品制造、转运、分销及销售的管理方法。供应链管理包括计划、采购、制造、配送、退货五大基本内容。

供应链管理的概念实际上不属于制造业的管理理念。供应链的名称来自分销行业,是销售物流管理的最高级阶段的概念,它的本质等同于 ERP,即每个企业都要与它的上下游企业联合起来才能发挥系统优势与其他企业所在的供应链进行竞争,最终达到发展的目的。

8. 企业发展过程的另外一种叙述方法

(1)注重生产的管理学

1)经典管理理论。

19 世纪末 20 世纪初产生了以泰勒为代表的科学管理学派和以法约尔、韦伯为代表的管理组织学派,从而标志着管理学以一门科学形式出现。对于这一时期的管理学,我们将其称作经典管理理论。

泰勒被人们称作"科学管理之父"。他的科学管理理论的核心是提高效率。

法约尔关于管理过程和管理理论的开创性研究,特别是关于管理职能的划分以及管理原则的描述,对后来的管理理论研究有着非常深远的影响。他的管理理论除适用于工商企业管理之外,也适用于政府、教会、社会团体、军事组织以及其他各种事业的管理。

著名的德国社会学家马克斯·韦伯是管理组织理论的另一代表人物。韦伯的研究对象主要是正式组织,在某种意义上,他的组织理论也就是关于行政组织体系的理论。

巴纳德在组织理论的研究方面也作出了很大贡献。巴纳德把研究的着眼点放在组织中的个人身上，主要贡献在于发现了非正式组织。

2）现代管理学说。

现代管理学的诞生是以泰勒的名著《科学管理原理》以及法约尔的名著《工业管理和一般管理》为标志。

自 20 世纪 30 年代以来，新的管理学说层出不穷，犹如一片茂密的丛林。因此，人们常用"管理理论丛林"来形容现代管理学说群雄争霸的状况。

（2）注重销售的营销学

有关营销的概念古已有之，但是在企业的广泛应用是发生在 1966～1980年。这一时期，市场营销学逐渐从经济学中独立出来，主要的标志如下：

乔治·道宁于 1971 年出版的《基础市场营销：系统研究法》一书，提出了系统研究法，认为公司就是一个市场营销系统，这个系统同时又存在于一个由市场、资源和各种社会组织等组成的大系统之中，它将受到大系统的影响，同时又反作用于大系统。

1967 年，美国著名市场营销学教授菲利普·科特勒出版了《市场营销管理：分析、计划与控制》一书，更全面、系统地发展了现代市场营销理论。他精粹地将营销管理定义为：营销管理就是通过创造、建立和保持与目标市场之间的有益交换和联系，以达到组织的各种目标而进行的分析、计划、执行和控制过程，并提出，市场营销管理过程包括分析市场营销机会，进行营销调研，选择目标市场，制定营销战略和战术，制订、执行及调控市场营销计划。

菲利普·科特勒突破了传统市场营销学认为营销管理的任务只是刺激消费者需求的观点，进一步提出了营销管理任务还影响需求的水平、时机和构成，因而提出营销管理的实质是需求管理，提出了市场营销是与市场有关的人类活动，既适用于营利组织，也适用于非营利组织，扩大了市场营销学的范围。

1984 年，菲利普·科特勒根据国际市场及国内市场贸易保护主义抬头、出现封闭市场的状况，提出了大市场营销理论，即 6P 战略，将原来的 4P（产品、价格、分销及促销）加上两个 P——政治权力及公共关系，提出了企业不应只被动地适应外部环境、而且也应影响企业的外部环境的战略思想。

（3）注重竞争的战略管理学

战略管理作为一种学说于 20 世纪 80 年代被企业广泛接受并用于实践。

1）行业结构学派。

　　行业结构学派的创立者和代表人物是迈克尔·波特教授。波特的杰出贡献在于实现了产业组织理论和企业竞争战略理论的创新性兼容，并把战略制定过程和战略实施过程有机地统一起来。同时，波特基于竞争状态和赢利能力，提出了赢得竞争优势的三种最一般的基本竞争战略：总成本领先战略、差异化战略、专一化战略。

　　2)核心能力学派。

　　1990年，普拉哈拉德和哈默尔在《哈佛商业评论》上发表了《企业核心能力》一文，打开了核心能力研究的大门。一般来说，核心能力具有如下特征：

　　①核心能力可以使企业进入各种相关市场参与竞争。

　　②核心能力能够使企业具有一定程度的竞争优势。

　　③核心能力应当不会轻易地被竞争对手所模仿。

　　核心能力学派认为，现代市场竞争与其说是基于产品的竞争，不如说是基于核心能力的竞争。企业的经营能否成功，已经不再取决于企业的产品、市场的结构，而取决于其行为反应能力，即对市场趋势的预测和对变化中的顾客需求的快速反应。因此，企业战略的目标在于识别和开发竞争对手难以模仿的核心能力。另外，企业要获得和保持持续的竞争优势，就必须在核心能力、核心产品和最终产品三个层面上参与竞争。

　　3)战略资源学派。

　　战略资源学派认为，企业战略的主要内容是如何培育企业独特的战略资源，以及最大限度地优化配置这种战略资源的能力。在企业竞争实践中，每个企业的资源和能力是各不相同的，同一行业中的企业也不一定拥有相同的资源和能力。这样，企业战略资源和运用这种战略资源的能力方面的差异，就成为企业竞争优势的源泉。因此，企业竞争战略的选择必须最大限度地有利于培植和发展企业的战略资源，而战略管理的主要工作就是培植和发展企业对自身拥有的战略资源的独特的运用能力，即核心能力。而核心能力的形成需要企业不断积累制定战略所需的各种资源，需要企业不断学习、不断创新和不断赶超。只有在核心能力达到一定水平后，企业才能通过一系列组合和整合，形成自己独特的，不易被人模仿、替代和占有的战略资源，才能获得和保持持续的竞争优势。

　　(4)强调系统的供应链管理

　　供应链最早来源于彼得·德鲁克提出的"经济链"，而后经由迈克尔·波特发展成为"价值链"，最终演变为"供应链"。它的定义为"围绕核心企业，通过对信息流、物流、资金流的控制，从采购原材料开始，制成中间产品及最终产品，最后由销售网络把产品送到消费者手中。它是将供应商、制造商、分销商、零售商，直到最终用户连成一个整体的功能网链模式"。所以，一条完整的供应链应包括供应商、制造商、分销商、零售商以及消费者。

(二)生产方式和生产工艺

1. 生产方式

广义的生产方式是指社会生活所必需的物质资料的谋取方式,在生产过程中形成的人与自然界之间和人与人之间的相互关系的体系。对生产企业来说,生产方式就是将原材料变成产成品的方式。

基于需求的不确定性和交货提前期的因素,企业选择何种生产方式与客户需求的提前期紧密相关。生产方式的类型主要包括:

(1)备货型生产

备货型生产也称存货型生产或按库存生产,是在对市场需求量进行预测的基础上,有计划地进行生产,生产的目的是为了补充库存,如家用电器、标准件、汽车等的生产。

(2)按订单装配

按订单装配是指在生产的最后阶段,用库存的通用零部件装配满足客户订单需求的产品。这些通用的零部件是在客户订货之前就计划、生产并储存入库的。收到客户订单后,就把它们装配成最终产品。当产品有许多可选特征,而客户又不愿等备料及生产所需的时间时,就可以采用这种生产计划方法。

面向订单装配的生产方式的优点有:交货期短、库存水平低、基本没有成本库存,用较少的零部件库存来满足产品生产的需要;企业的资金占用少,制造成本低;可以提供给客户多样性和定制化的产品,在一定程度上满足了客户的个性化需求。面向订单装配以一种简便的方法在一定程度上实现了大规模定制的思想,以大批量制造的成本来完成定制化的生产。

(3)按订单生产

按订单生产是指按用户订单进行的生产。用户可能对产品提出各种各样的要求,经过协商和谈判,以协议或合同的形式确认对产品性能、质量、数量和交货期的要求,然后组织设计和制造。

(4)按订单设计

按订单设计是指最终产品在收到客户订单后才开始进行设计,并组织采购和生产,也被称为专项生产。这种方式支持客户化设计、批量小的需求,其设计工作复杂。

按订单设计的生产方式对企业的生产能力要求较高,如必须有高度复杂的产品配置功能,能够支持有效的并行生产,支持分包制造,有车间控制与成本管理功能,高级的工艺管理与跟踪功能,多工厂的排程功能,有计算机辅助设计与制造功能(CAD/CAM)、集成功能与有限排程功能。

2. 生产工艺

生产工艺是指生产者利用生产工具对各种原材料、半成品进行增值加工或处理、最终使之成为产成品的方法与过程。

不同的生产工艺的管理具有不同的关注点以及管理方法和技术，因此，采用不同生产工艺的生产物流管理的难度和复杂性有很大的不同。

（1）流水生产

流水生产是指生产对象按照一定的工艺路线顺序地通过各个工作地，并按照统一的生产速度完成工业作业的生产过程。流水生产线是为特定的产品和预定的生产大纲所设计的；生产作业计划的主要决策问题在流水生产线的设计阶段中就已经做出规定。流水作业的效率最高，可以说是最成熟的生产方式，是由项目生产或者离散制造演化而来的。

（2）离散制造

相对于连续制造，离散制造的产品往往由多个零件经过一系列并不连续的工序的加工最终装配而成。加工和销售此类产品的企业可以称为离散制造型企业。在这类企业中，有些企业偏重于零部件制造，称之为离散加工型企业；有些偏重于装配，称之为装配型企业；有些则加工和装配都主要由自身完成，这类企业无论大小，相对前面两类企业来说要复杂一些。

离散制造产品的生产过程通常被分解成很多加工任务来完成。每项任务仅要求企业的一小部分能力和资源。企业一般将功能类似的设备按照空间和行政管理建成一些生产组织。在每个部门，工件从一个工作中心到另外一个工作中心进行不同类型的工序加工。企业常常按照主要的工艺流程安排生产设备的位置，以使物料的传输距离最小。

（3）项目生产

项目是指在一定的约束条件下（主要是限定时间、限定资源），具有明确目标的一次性任务。项目具有以下几个典型特征：

①项目的一次性。项目有明确的开始时间和结束时间，项目在此之前从来没有发生过，而且将来也不会在同样的条件下再发生，而日常运作是无休止或重复的活动。

②项目的独特性。项目所产生的产品、服务或完成的任务与已有的相似产品、服务或任务在某些方面有明显的差别。项目自身有具体的时间期限、费用和性能质量等方面的要求。因此，项目的过程具有自身的独特性。

③目标的明确性。为在一定的约束条件下达到目标，项目经理在项目实施以前必须进行周密的计划，事实上，项目实施过程中的各项工作都是为项目的预定目标而进行的。

④组织的临时性。项目组织中的成员及其职能在项目的执行过程中将不断变化,项目结束时项目组织将会解散,因此,项目组织具有临时性。

⑤较大的风险性。项目具有较大的不确定性,它的过程是渐进的,潜伏着各种风险,不像有些事情可以试做,或失败了可以重来,即项目具有不可逆转性。

3. 有关生产方式的其他说法

(1)福特生产方式

创造者:泰勒。

时间、特点:20 世纪 50 年代,泰勒为福特汽车公司创造大量流水生产方式。

内容简介:生产组织为大量大批流水生产线按统一节拍进行组织生产,衡量指标包括生产批量、节拍、工序在制品储备量等。

(2)丰田生产方式

创造者:大野耐一。

时间、特点:1971 年,日本丰田公司副总裁创造了丰田生产方式适时化。

内容简介:在必要的时间按必要的数量提供必要的东西,多品种、小批量快速变换,在制品储备向零开战(无库存)的看板管理方式,采用系统运作的拉动式生产方式,一旦出现异常,工人即可拉闸中止流水线,适时化和自动化是两大支柱。

(3)精益生产

精益生产又称精良生产,其中"精"表示精良、精确、精美;"益"表示利益、效益等。精益生产就是及时制造,消灭故障,消除一切浪费,向零缺陷、零库存进军。它是美国麻省理工学院在一项名为"国际汽车计划"的研究项目中提出来的。

(4)敏捷制造

创造者:美国国防部与美国公司

时间、特点:敏捷制造是美国国防部为了指定 21 世纪制造业发展而支持的一项研究计划。该计划始于 1991 年,有 100 多家公司参加,历时三年研究,于 1994 年年底提出了《21 世纪制造企业战略》。这份报告提出了既能体现国防部与工业界各自的特殊利益,又能获取他们共同利益的一种新的生产方式,即敏捷制造。

内容简介:敏捷制造是在具有创新精神的组织和管理结构、先进制造技术(以信息技术和柔性智能技术为主导)、有技术有知识的管理人员三大类资源支柱支撑下得以实施的,也就是将柔性生产技术、有技术有知识的劳动力与能够促进企业内部和企业之间合作的灵活管理集中在一起,通过所建立的共同基础结构,对迅速改变的市场需求和市场进度作出快速响应。敏捷制造比起其他制造方式具有更灵敏、更快捷的反应能力。

4. 生产方式和生产工艺的联系

生产物流与生产方式和生产工艺设备紧密联系,因此,如何更好地组织生产物流将会受到生产方式和生产工艺的影响。

一般企业会根据客户需求的提前期采取不同的生产方式,或者说是采取不同的生产策略,这是需求的不确定性和交货提前期决定的,也是供应链中效率与效果兼顾的恰当选择,如按订单设计、按订单生产、按订单组装以及备货生产。

除上述各种以交货期作为分类方法的生产方式之外,还可以按照生产工艺进行分类,如流程式的流水线的生产,离散制造以及项目式的生产。不同的生产工艺管理具有不同的关注点以及管理方法和技术。采用不同生产工艺的生产物流管理的难度和复杂性有很大的不同。

不同的生产方式决定了物料管理中库存管理的方式的不同,不同的生产工艺决定了不同的管理控制技术的应用。不同的生产方式则其生产管理方式不同,不同生产工艺则管理控制技术不同。

（三）相关名称的英文缩写（见表 2-1）

表 2-1　相关名称的英文缩写

缩写符	含义	缩写符	含义	缩写符	含义
EOQ	经济订货批量	MRP	物料需求计划	MRP Ⅱ	制造资源计划
ERP	企业资源计划	JIT	准时制的看板系统	TOC	约束理论
SCM	供应链管理	APS	高级计划排程系统	CPM	关键线路法

四、全真考试试题分析

（一）判断题

1. 供应链管理就是指在满足一定客户服务水平的条件下,为使整个供应链系统成本达到最小而把供应商、制造商、仓库、配送中心和渠道商等有效组织在一起来进行的产品制造、转运、分销及销售的管理方法。（　　）

试题分析:本题是教材原话,答案为正确,主要考核供应链管理的概念,考生应能在理解供应链管理内涵的基础上,来了解供应链管理的时代背景,详见教材"2.2.7 应链管理的时代"中内容。

2. 按订单装配的生产方式要求必须有高度复杂的产品配置功能,能够支持有效的并行生产,支持分包制造,有车间控制与成本管理功能,高级的工艺管理与跟踪功能,多工厂的排程功能,有计算机辅助设计与制造功能（CAD/CAM）、集成功能与有限排程功能。（　　）

　　试题分析：本题是教材原话的修改版,答案为错误。教材原话为"按订单设计的生产方式要求,必须有高度复杂的产品配置功能,能够支持有效的并行生产,支持分包制造,有车间控制与成本管理功能,高级的工艺管理与跟踪功能,多工厂的排程功能,有计算机辅助设计与制造功能（CAD/CAM）、集成功能与有限排程功能"。论述错误之处是把"订单设计"改为"订单装配",混淆了"按订单装配"与"按订单设计"两种生产方式的概念。本题主要考核生产方式的分类概念,考生应能理解和区分备货型生产、按订单装配、按订单生产、按订单设计的相关概念,详见教材"2.3.1生产方式"中内容。

　　3. 离散生产具有较大的不确定性,其过程是渐进的,潜伏着各种风险。它不像有些事物可以试做,或失败了可以重来,它具有不可逆转性。（　）

　　试题分析：本题是教材原话的修改版,答案为错误。教材原话为"项目生产具有较大的不确定性,它的过程是渐进的,潜伏着各种风险。它不像有些事情可以试做,或失败了可以重来,即项目具有不可逆转性"。论述错误之处是把"项目生产"改为"离散生产",混淆了"项目生产"与"离散制造"两种生产方式的概念。本题主要考核生产工艺的分类概念,考生应能理解和区分流水生产、离散制造、项目生产的相关概念,详见教材"2.3.2生产工艺"中内容。

　　（二）单项选择题

　　生产方式和生产工艺是生产物流研究过程中的基本分类,不同的类别决定了不同管理方式,其中,属于生产方式分类中的是（　）。

　　A. 流水线生产　　　B. 离散生产　　　C. 备货生产　　　D. 项目生产

　　试题分析：本题是教材原话,答案为C,主要考核生产方式和生产工艺的分类概念,考生应能够在了解生产物流过程的基础上,理解生产方式和生产工艺的分类,详见教材"2.1概述"中内容。

　　（三）多项选择题

　　备货生产是四类生产方式中的一种,其正确的描述是（　）。

　　A. 是建立在预测的基础上的　　　B. 有事前计划的

　　C. 保有产成品库存　　　　　　　D. 没有产成品库存

　　试题分析：本题是教材原话,答案为ABC,主要考核对备货型生产方式的概念。备货型生产又称存货型生产,生产目的是补充库存,所以,应保有产成品库存,详见教材"2.3.1生产方式"中内容。

　　（四）情景问答题

　　1. 在一次物流管理的公开课上,演讲者向听众介绍了生产管理的发展历程,其中谈到在1980年以前生产管理的主要方法是EOQ,1980年至2000年生产管理进入了MRP、MRPII、ERP以及JIT、TOC阶段,2000年之后进入了

SCM 管理阶段。据此,有人认为,"在新世纪,管理已进入 SCM 阶段,EOQ 的管理手段已经过时,不再适用。"你怎样看待这样的观点,理由是什么?

试题分析:企业所处不同发展时期,其管理方式和手段应有所不同。管理方式和手段的选取应是动态、灵活的,而不应好高骛远,华而不实,一味追求形式上的"先进性"。现存的每种管理方式和手段都有其存在的价值,可参照"2.2 企业管理发展过程"中内容进行归纳整理。

参考答案:EOQ 的管理手段并未过时,因为该模型适用于整批间隔进货,不允许缺货的存储问题。而实际业务当中并不是所有的供应链管理手段都能解决整批间隔进货和不允许缺货的问题。对于某些小微企业来说,由于没有财力、人力进行信息化建设,库存管理相对简单,采用 EOQ 的管理手段就是一个较好的选择。同时,SCM 也需要 EOQ 的管理手段与方法支持。所以 EOQ 的管理手段在特定的环境下有它的适用性。

2. 国内某民营汽车生产厂生产大型客车,包括长途旅行客车和城市公共汽车等。由于客户根据其城市规模的要求,对客车和公共汽车的设计要求不尽相同,生产过程中很少有大批量完全相同的客车的生产任务,这家企业为提高企业的生产效率,曾参观了外资企业的汽车生产线,例如丰田汽车,希望能从中借鉴有价值的管理方法,但在参观结束后的讨论会上,各部门经理有一个共识,那就是丰田公司的经验只能是在理论上借鉴,而不能有实质性的参考。请问为什么这些部门经理有这样的看法,你的观点是什么?

试题分析:本题考核生产方式对生产物流的影响,不同的生产方式决定了物料管理中库存管理的方式的不同,可参照"2.3 生产工艺与生产方式"中相关内容进行归纳整理。

参考答案:丰田公司采取的是准时制的生产方式。这种生产方式主要是解决企业生产过程中的各种浪费问题,目的是消灭一切无效的劳动和浪费。而汽车生产厂采取按订单设计生产方式,面临的问题是如何解决不同客户的不同需要问题,是如何提高生产效率的问题。因此,丰田公司的经验只能作为理念上的借鉴,而不能有实质性的参考。

(五)论述题

请谈一谈对"不同生产方式以及生产工艺中,生产物流管理所采用的方法和手段是不同的"这句话的理解。

试题分析:本题考核生产方式与生产工艺对生产物流管理的影响。不同的生产方式决定了物料管理中库存管理的方式的不同,不同的生产工艺决定了不同的管理控制技术的应用。由于是论述题,答题应全面、细致和准确,可参照"2.3 生产工艺与生产方式"中相关作答。

参考答案：

1）一般企业会根据客户需求的提前期采取不同的生产方式，或者说是不同的生产策略。目前企业主要的生产方式有按订单设计、按订单生产、按订单组装以及备货生产，对生产管理方式的影响各不相同。①备货型生产。备货型生产（Make to Stock，简称 MTS）也称存货型生产或按库存生产，是在对市场需求量进行预测的基础上，有计划地进行生产，产品有库存。备货型生产是按已有的标准产品或产品系列进行的生产，生产的目的是为了补充库存，通过成品库存随时满足用户需求，例如家用电器、标准件、汽车等的生产。②按订单装配。按订单装配（Assemble to Order，简称 ATO）是指在生产的最后阶段，用库存的通用零部件装配满足客户订单需求的产品。这些通用的零部件是在客户订货之前就计划、生产并储存入库的。收到客户订单后，就把它们装配成最终产品。当产品有许多可选特征、而客户又不愿等备料及生产所需的时间时，就可以采用这种生产计划方法。③按订单生产。按订单生产（Make to Order，简称 MTO）是指按用户订单进行的生产。用户可能对产品提出各种各样的要求，经过协商和谈判，以协议或合同的形式确认对产品性能、质量、数量和交货期的要求，然后组织设计和制造。例如锅炉、船舶等产品的生产，属于订货型生产。④按订单设计。按订单设计（Engineering to Order，简称 ETO）是指最终产品在收到客户订单后才能确定，接到订单后，才开始进行设计，并组织采购和生产，也被称为专项生产。这种方式支持客户化设计、批量小的需求，其设计工作复杂。这种方式必须有高度复杂的产品配置功能、能够支持有效的并行生产，支持分包制造，有车间控制与成本管理功能，高级的工艺管理与跟踪功能、多工厂的排程功能，有计算机辅助设计与制造功能（CAD/CAM）、集成功能与有限排程功能。

2）除上述各种以交货期作为分类方法的生产方式之外，还可以按照生产工艺进行分类。不同的生产工艺的管理具有不同的关注点以及管理方法和技术。采用不同生产工艺的生产物流管理的难度和复杂性有很大的不同。①流水生产。是指生产对象按照一定的工艺路线顺序地通过各个工作地，并按照统一的生产速度完成工业作业的生产过程。其基础是由设备、工作地和传送装置构成的设施系统，即流水线，最典型的流水线是汽车装配生产线。②离散制造。相对连续制造，离散制造的产品往往由多个零件经过一系列并不连续的工序的加工最终装配而成。加工和销售此类产品的企业可以称为离散制造企业，例如属于生产资料生产的机械、电子设备制造业，属于生活资料生产的机电整合产品制造业。③项目生产。是指在一定的约束条件下（主要是限定时间、限定资源）具有明确目标的一次性任务。项目是一件事情、一项独一无二的任务，也可以理解是在一定的时间和一定的预算内所要达到的预期目的。

综上所述,在了解了不同生产方式和生产工艺的特点之后,应可清楚得出如下结论,生产方式和工艺不同,其管理方式和手段不同。

五、单元测试题及参考答案

单元测试题

(一)判断题

1. 不同的生产方式决定了物料管理中库存管理的方式的不同,不同的生产工艺决定了不同的管理控制技术的应用。(　)

2. 不同的生产工艺则生产管理方式不同,不同生产方式则管理控制技术不同。(　)

3. 生产方式包括备货生产、按订单装配、按订单生产和项目生产四种类型。(　)

4. 从时间上来看,西方企业管理发展过程中,先后出现了 EOQ、MRP、MRPⅡ、ERP、APS、SCM 等管理理论。(　)

5. 20 世纪 60 年代,随着计算机系统的发展,使得短时间内对大量数据进行复杂运算成为可能,于是美国海军设计出基于拉式系统的看板理论,为企业减少浪费提供了强大的管理工具。(　)

6. 物料需求计划的根据是产品的结构以及其工艺过程,是一个确定的计划过程,由生产部门来制定。(　)

7. 供应链管理是指在满足一定的客户服务水平的条件下,为使整个供应链系统成本达到最小而把供应商、制造商、仓库、配送中心和渠道商等有效组织在一起来进行的产品制造、转运、分销及销售的管理方法。(　)

8. 供应链管理的概念实际上不属于制造业的管理理念。供应链的名称来自供应行业,是销售物流管理的最高级阶段的概念,本质等同于 ERP,即每个企业都要与它的上下游企业联合起来才能发挥系统优势与其他企业所在的供应链进行竞争,最终达到发展的目的。(　)

9. 泰勒被人们称作"科学管理之父",他的科学管理理论的核心是提高产品质量。(　)

10. 法约尔被看做是第一个概括和阐述了一般管理理论的管理学家。(　)

11. 马克斯·韦伯是著名的德国社会学家,管理组织理论的另一代表人物。韦伯的研究对象主要是正式组织,同时他还发现了非正式组织。(　)

12. 现代管理学的诞生是以法约尔的名著《科学管理原理》以及泰勒的名著《工业管理和一般管理》为标志。(　)

13. 1967年，美国著名市场营销学教授乔治·道宁出版了《市场营销管理：分析、计划与控制》一书，更全面、系统地发展了现代市场营销理论。（　）

14. 行业结构学派的创立者和代表人物是迈克尔·波特教授。波特的杰出贡献在于实现了产业组织理论和企业竞争战略理论的创新性兼容，并把战略制定过程和战略实施过程有机地统一起来。（　）

15. 核心能力学派认为，企业的经营能否成功，主要取决于其行为反应能力，即对市场趋势的预测和对变化中的顾客需求的快速反应，因此，企业战略的目标在于识别和开发竞争对手难以模仿的核心能力。（　）

16. 战略资源学派认为，企业战略的主要内容是如何培育企业独特的战略资源，以及最大限度地优化配置这种战略资源的能力。（　）

17. 供应链最早来源于彼得·德鲁克提出的"经济链"，而后经由迈克尔·波特发展成为"价值链"，最终演变为"供应链"。因此，供应链的概念产生于德鲁克。（　）

18. 交货提前期是指客户从发出订单到收到货物的时间；对于供货方而言，这段时间称为订货周期。（　）

19. 备货型生产是按已有的标准产品或产品系列进行的生产，生产的主要目的是为了满足客户多样化的需求。（　）

20. 按订单装配是指在生产的最后阶段，用库存的通用零部件装配满足客户订单需求的产品。这些通用的零部件是在客户订货的同时生产并储存入库的。（　）

21. 按订单生产是指按用户订单进行的生产，例如汽车、锅炉、船舶等产品的生产，属于订货型生产。（　）

22. 按订单设计是指接到订单后才开始进行设计，并组织采购和生产，也被称为专项生产。这种方式支持客户化设计、批量小的需求，设计工作简单。（　）

23. 流水生产线是为特定的产品和预定的生产大纲所设计的，生产作业计划的主要决策问题在流水生产线的设计阶段中就已经做出规定。（　）

24. 流水生产是指生产对象按照一定的工艺路线顺序地通过各个工作地，并按照统一的生产速度完成工业作业的生产过程。其作业效率最高，生产方式最成熟，是由备货生产或者离散制造演进而来的。（　）

25. 离散制造型企业一般都包含零部件加工、零部件装配成产品等过程。在这类企业中，偏重于零部件制造的称之为离散加工型企业，重于装配的称之为装配型企业，加工和装配均主要由自身完成的企业，无论大小，相对前面两类企业来说要复杂一些。（　）

26. 离散制造中产品的生产过程通常被分解成很多加工任务来完成,每项任务都需要企业的大部分能力和资源,企业一般将功能类似的设备按照空间和行政管理建成一些生产组。(　)

27. 项目有明确的开始时间和结束时间,项目在此之前从来没有发生过,而且将来也不会再发生。(　)

28. 项目开始时需要建立项目组织,项目组织中的成员及其职能在项目的执行过程相对不变,以方便项目的顺利达成。(　)

29. 项目具有较大的不确定性,过程是渐进的,潜伏着各种风险。但也有些项目可以试做,当发现问题时,可以重来。(　)

30. 福特生产方式在某种意义上就是典型的流水线生产工艺的具体体现。(　)

31. 丰田生产方式是流水生产和离散制造的组合体。(　)

32. 精益生产又称精良生产,其中"精"表示精良、精确、精美,"益"表示利益、效益等。其本质是及时制造,消灭故障,消除一切浪费,向零缺陷、零库存进军。(　)

33. 敏捷制造是美国国防部为指定 21 世纪制造业发展而支持的一项研究计划。(　)

34. 敏捷制造是在具有创新精神的组织和管理结构、先进制造技术、有技术有知识的管理人员三大类资源支撑下得以实施的,也就是将柔性生产技术、有技术有知识的劳动力与能够促进企业内部和企业之间合作的灵活管理集中在一起,通过所建立的共同基础结构,对迅速改变的市场需求和市场进度作出快速响应。(　)

(二)单项选择题

1. 不同的生产方式决定了物料管理中库存管理方式的不同,不同的生产工艺决定了不同的(　　)的应用。
　　A. 管理方法　　　　　　　B. 控制技术
　　C. 管理控制技术　　　　　D. 管理目标

2. 在计算机系统还没有出现前,人们为了解决(　　)控制问题,提出了经济订购批量法。
　　A. 管理　　　　B. 库存　　　　C. 技术　　　　D. 资金

3. 20 世纪 60 年代,随着计算机系统的发展,使得短时间内对大量数据进行复杂运算成为可能,日本开发出的 JIT 看板拉式系统,主要集中在减少物料的(　　)。
　　A. 浪费　　　　B. 管理　　　　C. 采购　　　　D. 供给

4. 物料需求计划的根据是产品的结构以及其工艺过程，是一个（　　　）的计划过程，由生产部门来制定。

　　A. 完整　　　　B. 确定　　　　C. 成熟　　　　D. 初步

5. 对于一个企业，仅有一个完整的（　　　）还远远不够，因为，如果没有其他部门的工作配合，这个计划的实施就会遇到很多问题，例如物料短缺、质量缺陷都会影响计划的完成。

　　A. 工作计划　　B. 生产计划　　C. 工艺计划　　D. 财务计划

6. 20 世纪 80 年代，随着计算机网络技术发展，企业内部信息得到充分共享，MRP 的各子系统也得到了统一，形成了一个集采购、库存、生产、销售、财务、工程技术等为一体的子系统，于是发展了 MRP II 理论，即（　　　）。

　　A. 物料需求计划　　　　　　　　B. 闭环物料需求计划

　　C. 制造资源计划　　　　　　　　D. 企业资源计划

7. 1991，（　　　）加特纳公司（Gartner Group Inc）首先提出了企业资源计划。

　　A. 美国　　　　B. 日本　　　　C. 德国　　　　D. 以色列

8. 为纠正 ERP 系统的无限扩大化的不足，诞生了 APS 系统。该系统是为了更好解决企业（　　　）问题的新概念和方法。

　　A. 管理　　　　B. 技术　　　　C. 生产　　　　D. 效率

9. 泰勒被人们称作（　　　）。

　　A. 科学家　　　B. 管理大师　　C. 哲学大师　　D. 科学管理之父

10. 1967 年，美国著名市场营销学教授菲利普·科特勒出版了（　　　）一书，更全面、系统地发展了现代市场营销理论。

　　A.《市场营销管理：分析、计划与控制》　B.《工业管理和一般管理》

　　C.《基础市场营销：系统研究法》　　　　D.《科学管理原理》

11. 行业结构学派的创立者和代表人物是（　　　）。

　　A. 乔治·道宁　　　　　　　　　B. 迈克尔·波特

　　C. 菲利普·科特勒　　　　　　　D. 韦伯

12. 核心能力学派认为，现代市场竞争与其说是基于产品的竞争，不如说是基于核心能力的竞争。企业的经营能否成功，已经不再取决于企业的产品、市场的结构，而取决于其（　　　）。

　　A. 行为反应能力　　　　　　　　B. 管理经营策略

　　C. 营销策略　　　　　　　　　　D. 核心产品的核心价值

13. 企业竞争战略的选择必须最大限度地有利于培植和发展企业的战略资源，而战略管理的主要工作就是培植和发展企业对自身拥有的战略资源的独特的运用能力,即(　　　)。

    A. 管理能力 　　　　　　　　B. 核心能力

    C. 营销能力 　　　　　　　　D. 新产品研发能力

  14. 供应链的概念产生于(　　　)之后,而且也是把企业外部的上下游伙伴纳入到企业管理和控制的范围内的系统化理论,可以说是供应链管理,是集管理学、营销学、竞争战略理论之大成的后战略时代的有关企业管理的学问。

    A. 道宁 　　　　B. 波特 　　　　C. 科特勒 　　　　D. 韦伯

  15. 对于供货方而言,客户从发出订单到收到货物的时间称为(　　　)。

    A. 发货准备期 　B. 交货提前期 　C. 订货间隔期 　D. 生产准备期

  16. 备货型生产也称存货型生产或按库存生产,是在对市场需求量进行预测的基础上,有计划地进行生产,生产的目的是为了(　　　)。

    A. 产品销售需要 　　　　　　B. 适应市场变化

    C. 满足客户需求 　　　　　　D. 补充车存

  17. 按订单装配是指在生产的最后阶段,用库存的通用零部件装配满足客户订单需求的产品。按订单装配的生产方式以一种简便的方法在一定程度上实现了(　　　)的思想。

    A. 高效率生产 　　　　　　　B. 高质量生产

    C. 低能耗生产 　　　　　　　D. 大规模定制

  18. 按订单设计是指最终产品在收到客户订单后才能确定,接到订单后,才开始进行设计,并组织采购和生产,也被称为(　　　)。

    A. 专项生产 　　B. 按计划生产 　C. 履约生产 　　D. 合同生产

  19. 生产方式共分为备货生产、按订单装配、按订单生产和按订单设计四种类型,其分类的方法是依据(　　　)。

    A. 生产种类 　　B. 管理方式 　　C. 生产特点 　　D. 交货期

  20. 流水作业的效率是最高的,也可以说是最成熟的生产方式,它是由项目生产或者(　　　)演进而来的。

    A. 备货生产 　　B. 按订单设计 　C. 离散制造 　　D. 离散加工

  21. 离散制造中企业一般将功能类似的设备按照空间和行政管理建成一些生产组织,在每个部门,工件从一个工作中心到另外一个工作中心进行不同类型的工序加工,企业常按照(　　　)的工艺流程安排生产设备的位置,以使物料的传输距离最短。

    A. 生产需要 　　B. 商品急需程度C. 最短 　　　　D. 主要

  22. 在项目生产中,项目是指在一定的约束条件下(主要是限定时间、限定资源),具有明确目标的(　　　)任务。

　　A. 重复性　　　B. 一次性　　　C. 重要性　　　D. 管理

23. 项目的过程具有自身的独特性。项目所产生的产品、服务或完成的任务与已有的相似产品、服务或任务在某些方面有（　　）的差别。

　　A. 细微　　　　B. 明显　　　　C. 感官　　　　D. 一定

24. 每个项目都有自己明确的目标，为在一定的约束条件下达到目标，项目经理在项目实施以前必须进行（　　）。

　　A. 周密的计划　　　　　　　B. 详细的调查

　　C. 查阅以往的资料　　　　　D. 专家咨询

25. 项目开始时需要建立项目组织，项目组织中的成员及其职能在项目的执行过程中将（　　），项目结束时项目组织将会解散，因此，项目组织具有临时性。

　　A. 不断变化　　B. 相对稳定　　C. 保持稳定　　D. 保持不变

26. 项目具有较大的不确定性，它的过程是（　　）的，潜伏着各种风险。它不像有些事情可以试做，或失败了可以重来，即项目具有不可逆转性。

　　A. 复杂　　　　B. 渐进　　　　C. 变化　　　　D. 稳定

27. 20 世纪 50 年代，泰勒为福特汽车公司创造了（　　）生产方式。

　　A. 备货　　　　B. 按订单装配　　C. 准时制　　　D. 大量流水

28. 1971 年，日本丰田公司副总裁大野耐一创造了丰田生产方式，其中，（　　）是其两大支柱。

　　A. 准时生产和离散制造　　　B. 流水生产和离散制造

　　C. 适时化和自动化　　　　　D. 集中化和自动化

29. 精益生产又称精良生产，是美国（　　）在一项名为"国际汽车计划"的研究项目中提出来的。

　　A. 麻省理工学院　　　　　　B. 墨西哥大学

　　C. 加州商学院　　　　　　　D. 伦敦商学院

30. 1991 年，有 100 多家公司参加，由 15 家著名大公司和国防部代表共 20 人组成了核心研究队伍，通过历时三年的研究，于 1994 年年底提出了《21 世纪制造企业战略》。这份报告提出了既能体现国防部与工业界各自的特殊利益，又能获取他们共同利益的一种新的生产方式，即（　　）。

　　A. 敏捷制造　　B. 约束理论　　C. 准时制生产　　D. 关键资源计划

（三）多项选择题

1. 以交货期作为分类方法，生产方式共分为（　　）。

　　A. 备货生产　　　　　　　B. 按订单装配

　　C. 按订单生产　　　　　　D. 按订单设计　　　　　E. 精益生产

2. 生产工艺共分为(　　)。

A. 流水生产　　　　　　　　B. 离散制造

C. 项目生产　　　　　　　　D. 按订单生产　　　　E. 敏捷生产

3. 下列属于 20 世纪 60 年代诞生的生产管理理论的是(　　)。

A. 物料需求计划　　　　　　B. 准时制生产　　　　C. 约束理论

D. 计划评审技术　　　　　　E. 关路径法

4. 物料需求计划的根据是产品的(　　),是一个确定的计划过程,由生产部门来制定。

A. 性能　　　B. 质量　　　C. 结构　　　D. 生产过程

E. 工艺过程

5. 20 世纪 70 年代,随着人们认识的加深及计算机系统的进一步普及,为解决采购、库存、生产、销售的管理,发展了(　　)。

A. 生产能力需求计划　　　　B. 车间作业计划

C. 员工车间工作效能评估系统　　　　D. 采购作业计划理论

E. 供应商评价理论

6. 20 世纪 80 年代计算机网络技术发展,企业内部信息得到充分共享,MRP 的各子系统也得到了统一,形成了一个集采购(　　)等为一体的子系统。

A. 库存　　　B. 生产　　　C. 销售　　　D. 财务　　　E. 工程技术

7. 供应链管理是指在满足一定的客户服务水平的条件下,为使整个供应链系统成本达到最小而把(　　)等有效组织在一起来进行的产品制造、转运、分销及销售的管理方法。

A. 供应商　　B. 制造商　　C. 仓库　　D. 配送中心E. 渠道商

8. 供应链管理的基本内容包括(　　)。

A. 计划　　　B. 采购　　　C. 制造　　　D. 配送　　　E. 退货

9. 法约尔关于管理过程和管理理论的开创性研究,特别是关于(　　)的描述,对后来的管理理论研究有着非常深远的影响。

A. 管理职能的划分　　　　　B. 管理范围的划分

C. 管理目标的划分　　　　　D. 管理原则　　　　E. 管理能力

10. 现代管理学的诞生是以泰勒以及法约尔的名著(　　)为标志。

A.《科学管理原理》　　　　　B.《工业管理和一般管理》

C.《企业管理原理》　　　　　D.《科学管理原则》

E.《现代企业管理方法论》

11. 下列属于企业竞争战略理论涌现出的主要战略学派的是(　　)。

A. 行业结构学派　　　　　　B. 核心能力学派

　　C. 战略资源学派　　　　　　　D. 科学管理学派

　　E. 现代企业营销学派

12. 行业结构学派的创立者和代表人物迈克尔·波特教授的杰出贡献在于实现了（　　）的创新性兼容，并把战略制定过程和战略实施过程有机地统一起来。

　　A. 产业组织理论　　　　　　　B. 生产管理理论

　　C. 战略资源管理理论　　　　　D. 企业竞争战略理论

　　E. 企业改革创新理论

13. 基于五种竞争力量分析模型，波特提出了赢得竞争优势基本竞争战略是（　　）。

　　A. 总成本领先战略　　　　　　B. 差异化战略

　　C. 专一化战略　　　　　　　　D. 产品多样化战略

　　E. 人才优化战略

14. 下列属于核心能力特征的是（　　）。

　　A. 可以使企业进入各种相关市场参与竞争

　　B. 能够使企业具有一定程度的竞争优势

　　C. 拥有不易被人替代和占有的战略资源

　　D. 应当不会轻易地被竞争对手所模仿

　　E. 通过一系列组合和整合可以不断提升产品质量

15. 供应链的定义是围绕核心企业，通过对（　　）的控制，从采购原材料开始，制成中间产品及最终产品，最后由销售网络把产品送到消费者手中。它是将供应商、制造商、分销商、零售商，直到最终用户连成一个整体的功能网链模式。

　　A. 信息流　B. 物流　　　C. 资金流　D. 产品生产E. 原材料

16. 一条完整的供应链应包括（　　）。

　　A. 供应商　B. 制造商　C. 分销商　D. 零售商　E. 消费者

17. 面向订单装配生产方式的优点有（　　）。

　　A. 交货期短　　　　　　　　B. 库存水平低

　　C. 企业的资金占用少　　　　D. 制造成本低

　　E. 可以提供给客户多样性和定制化的产品

18. 按订单生产是指按用户订单进行的生产。下列属于按订单生产的产品的是（　　）。

　　A. 家用电器　B. 汽车　C. 锅炉　　D. 船舶　　E. 标准件

19. 按订单设计是指最终产品在收到客户订单后才能确定，能够满足按订单设计的企业必须具有（　　）。

A. 必须有高度复杂的产品配置功能

B. 能够支持有效的并行生产

C. 有车间控制与成本管理功能

D. 支持分包制造

E. 支持多工厂的排程功能

20. 流水生产的基础是由（　　）置构成的设施系统。

A. 设备　　B. 工作地　　C. 传送装置 D. 仓库　　E. 货架

21. 下列属于流水生产方式特点的是（　　）。

A. 作业的效率是最高　　　　B. 最成熟的生产方式

C. 加工设备的使用非常灵活　　D. 生产过程通常被分解成很多加工任务来完成

E. 由项目生产或者离散制造演进而来

22. 项目生产中，项目的主要约束条件是（　　）。

A. 限定时间　　　　B. 限定地点

C. 限定资源　　　　D. 限定产品　　E. 限定生产人员

23. 项目生产具有一次性的特点，当这样的一次性项目不断重复就慢慢转化为运营管理，根据产品的结构和生产过程的特点，经过一系列改进，项目管理有可能变成（　　）。

A. 按订单生产　　　　B. 按订单装配

C. 按订单设计　　　　D. 离散制造　　E. 流水生产

24. 下列属于项目生产特征的是（　　）。

A. 项目的独特性　　　　B. 项目的一次性

C. 目标的明确性　　　　D. 组织的临时性　　E. 较大的风险性

25. 敏捷制造得以实施的资源支撑条件是（　　）。

A. 具有创新精神的组织和管理结构　　B. 具有先进制造技术

C. 具有懂技术有知识的管理人员　　D. 具有强大的资金支持

E. 具有较广的产品市场

(四)问答题

1. 生产方式与生产工艺的种类有哪些？

2. 请结合产业发展历史的相关知识，简述物流管理只能是在 20 世纪 90 年代才被重视的原因。

【参考答案】

(一)判断题

1. √，2. ×，3. ×，4. ×，5. ×，6. √，7. √，8. ×，9. ×，10. √，11. √，12. ×，

13.×,14.√,15.√,16.√,17.×,18.√,19.×,20.×,21.×,22.×,23.√,
24.×,25.√,26.×,27.×,28.×,29.×,30.√,31.√,32.√,33.√,34.√。

(二)单项选择题

1.C,2.B,3.A,4.B,5.C,6.C,7.A,8.D,9.D,10.A,11.B,12.A,13.B,
14.B,15.C,16.D,17.D,18.A,19.D,20.C,21.D,22.B,23.B,24.A,25.A,
26.B,27.D,28.C,29.A,30.A。

(三)多项选择题

1.ABCD, 2.ABC, 3.ABCDE, 4.CE, 5.ABD, 6.ABCDE, 7.ABCDE,
8.ABCDE, 9.AD, 10.AB, 11.ABC, 12.AD, 13.ABC, 14.ABD, 15.ABC,
16.ABCDE, 17.ABCDE, 18.CD, 19.ABCD, 20.ABC, 21.ABE, 22.AC,
23.DE,24.ABCDE,25.ABC。

(四)问答题

1. 见书本"2.1概述"。

2. 结合企业管理发展理论、供需关系和经济发展趋势回答。

单元三　主生产计划

一、学习目标

1. 了解生产数量的预测方法。
2. 了解生产物流系统与主生产计划的关系。
3. 了解生产计划对生产物流以及其他业务流程的影响。
4. 了解生产计划制定过程和相关知识。

二、知识结构

知识结构如图 2-3 所示。

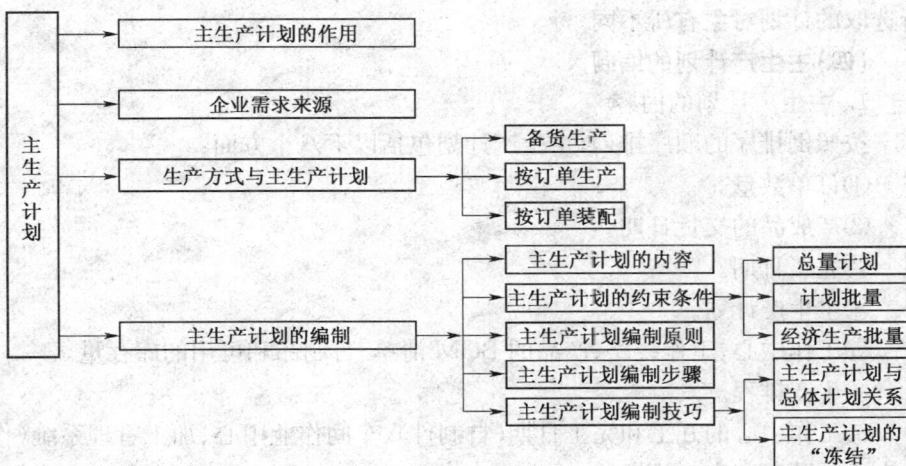

图 2-3　主生产计划知识结构

三、主要知识点解读

(一)概述

主生产计划就是预先建立的一份计划,由主生产计划员负责维护,以确定在每一具体时间段内生产多少数量最终产品的计划。它是生产物流计划的核心内容,是生产物流计划和管理的依据。

主生产计划详细规定生产什么、什么时段应该产出,是独立需求计划。主生产计划根据客户合同和市场预测,把经营计划或生产大纲中的产品系列具体化,使之成为展开物料需求计划的主要依据,起到从综合计划向具体计划过渡的承上启下作用。主生产计划必须考虑客户订单和预测、未完成订单、可用物料的数量、现有能力、管理方针和目标等等。因此,它是生产计划工作的一项重要内容。

(二)企业需求来源

企业需求的来源是多方面的,如国内外的客户、本公司的其他工厂、在其他地方的分支仓库、在客户处的寄销存货。这些需求就是工厂的产品的需求,直接影响到后续的生产活动,包括下列活动:对这种需求的预测、处理订单登记、作出交货承诺、同主计划接口。

(三)生产方式与主生产计划

由于主生产计划主要是把生产规划中的产品系列具体化以后的最终项目,这些"最终项目"通常是独立需求件,对它的需求不依赖于对其他物料的需求而独立存在。但是由于计划范围和销售环境不同,作为计划对象的最终项目其含义也不完全相同。因此,从满足最少项目数的原则出发,不同的制造环境 MPS 所选取的计划对象有所不同。

(四)主生产计划的编制

1. 主生产计划的内容

按照倒排序的顺序排列,主生产计划包括以下八个方面:

①订单数量。

②产成品的交货日期。

③完工日期。

④主生产计划。

⑤工作中心、工作线路、产品的 BOM 清单、自制品和可用的库存量。

⑥生产排程。

⑦工作中心的开工和完工日期(自制件)、车间作业中心、加工管理系统(作业中心的开工和完工日期)。

⑧供货日期(外购件)。

2. 主生产计划的约束条件

(1)总量计划

总量计划的约束主要有两个方面:一是每个月某种产品各个型号的产量之和等于总体计划确定的该种产品的月生产总量;二是总体计划所确定的某种产品在某时间段内的生产总量(也就是需求总量)应以一种有效的方式分配在该段时间段内的不同时间生产。

之所以要把产品生产分配在不同的时间进行,主要是考虑到生产过程中的作业交换成本和库存成本的因素。

作业交换成本也可以称之为备机成本,是指在不同工序的转换过程中准备工序所花费的成本。该成本与生产批量大小无关,具有固定成本的属性。小批量生产时,产品分摊的备机成本较大,因此,生产批量应有较大规模才好。

(2)批量计划

批量计划也叫批量生产计划。批量生产计划主要是指生产企业生产几种产品,但不是同时生产这几种产品,而是根据设备能力、人员能力、库存能力(仓储空间的大小)、流动资金总量等与生产量有关资源的约束,确定一次生产多少品种数量产品的企业生产组织方式。

(3)经济生产批量

由于生产系统存在,调整准备时间在补充成品库存的生产中有一个一次生产多少最经济的问题,这就是经济生产批量。在经济订货批量模型中,相关成本最终确定为两项,即变动订货成本和变动储存成本。在确定经济生产批量时,以生产准备成本替代订货成本,而储存成本内容不变。

经济生产批量模型的假设条件:库存系统的需求率为常量;一次订货量无最大最小限制;采购、运输均无价格折扣;订货提前期已知,且为常量;用生产准备费用替代采购中的订货费用;维持库存费是库存量的线性函数;不允许缺货;需要连续补充库存。经济生产批量的计算公式如下:

$$EPQ = \sqrt{2DS/H(1-d/P)}$$

式中,EPQ 为经济生产批量,D 为年总需求,S 为备机成本,d 为需求率,p 为生产率,H 为持有成本。

注意:不管是经济订货批量(EOQ)公式还是经济生产批量模型(EPQ)公式,都是在满足完美的假设前提条件下推导出来的,才能应用,但在企业的实践中这些假设条件很难达到,因此,不能机械教条地在实践中应用这些模型,应把这些模型当作指导企业实践的工具。

3. 主生产计划的编制原则

主生产计划是根据企业的生产能力来制定的,通过均衡地安排生产实现生产规划的目标,并及时更新,保持计划的切实可行和有效性。主生产计划中不能有超越可用物料和生产能力的项目。在编制主生产计划时,应遵循的原则:

①用最少的项目数进行主生产计划的安排。

②要列出实际的、具体的可构造项目,而不是一些项目组或计划清单项目。

③列出对生产能力、财务指标或关键材料有重大影响的项目。

④计划的项目应尽可能全面代表企业的生产产品。

⑤留有适当余地,并考虑预防性维修设备的时间。

⑥在有效的期限内应保持适当稳定。

4. 主生产计划的编制步骤

①根据生产规划和计划清单确定对每个最终项目的生产预测。

②根据生产预测、已收到的客户订单、配件预测,以及该最终项目作为非独立需求项的需求数量,计算总需求。

③根据总需求量和事先确定好的订货策略和批量,以及安全库存量和期初库存量,计算各时区的主生产计划接收量和预计可用量。

④用粗能力计划评价主生产计划备选方案的可行性,模拟选优,给出主生产计划报告。

5. 主生产计划的编制技巧

(1)主生产计划与总体计划的关系

主生产计划应是总体计划的一种具体化。主生产计划不考虑利用生产速率的改变、人员水平的变动或调节库存来进行权衡、折中等因素,而总体计划是要考虑生产速率、人员水平等折中因素。因此,在实际的主生产计划制定中,是以综合计划所确定的生产量而不是市场需求预测来计算主生产计划量。总体计划中的产量是按照产品系列来规定的,只有把这些系列产品分解成每一计划期内对每一具体型号产品的需求,才能真正体现主生产计划中的市场需求量。在做分解时,必须考虑到不同型号、规格的适当组合,每种型号的现有库存量和已有的顾客订单量相等,然后,将这样的分解结果作为主生产计划中的需求预测量。

(2)主生产计划的"冻结"

主生产计划的改变,尤其是对已开始执行、但尚未完成的主生产计划进行修改时,将会引起一系列计划的改变以及成本的增加。为此,许多企业采取的做法是设定一个时间段,即一个"冻结"期,使主生产计划在该期间内不变或轻易不得变动。

"冻结"的方法可有多种,代表不同的"冻结"程度。一种是规定"需求冻结期",可以包括从本周开始的若干个单位计划期,在该期间内,没有管理决策层的特殊授权,不得随意修改主生产计划。例如,将主生产计划设定为8周,在该期间内,没有特殊授权,计划人员和计算机(预先装好的程序)均不能随意改变主生产计划。

另一种是规定"计划冻结期"。计划冻结期通常比需求冻结期要长,在该期间内,计算机没有自主改变主生产计划的程序和授权,但计划人员可以在两个冻结期的差额时间段内根据情况对主生产计划作必要的修改。在这两个期间之外,可以进行更自由的修改。这几种方法实质上只是对主生产计划的修改程度不同。

主生产计划冻结期的长度应周期性地审视,不应该总是固定不变。此外,主生产计划的相对冻结虽然使生产成本减少,但也同时减少了响应市场变化的柔性,而这同样是要发生成本的。因此,还需要考虑二者间的平衡。

6. 主生产计划的相对稳定性

主生产计划制订后在有效期限内应保持适当稳定,那种只按照主观愿望随意改动的做法,将会引起系统原有合理的正常的优先级计划的破坏,削弱系统的计划能力。这些原则体现了一个管理中普遍适用的思想:任何管理都不能过细,都应有轻重缓急。生产计划从理论上看,完全可以把每一个生产活动的细节都计划进来,但现实的情况是由于计划的执行过程中总会发生突发事件,因而计划不能按时实施。不论突发事件大小都会影响计划的实施,所以,只有关注那些重要的活动生产目标的实现才有了保障。这些重要的活动可能是技术或者工艺复杂、处于关键路径、经常发生问题的、后续活动较多或者资金占用量比较大的活动。如何判断这些活动的重要程度,可从风险和成本两个方面来考虑。此分类可参考本书采购与供应管理章节中的供应定位模型的分类原则。

虽然经营规划、预测和生产规划可为主生产计划的编制提供合理的基础,但随着情况的变化,主生产计划期的改变仍是不可避免的。为寻求一个比较稳定的主生产计划,提出了时界的概念,向生产计划人员提供一个控制计划的手段。在计划展望期内最近的计划期,其跨度等于或略大于最终产品的总装配提前期;稍后的计划期其跨度加上第一个计划期的跨度等于或略大于最终产品的累计提前期。这两个计划期的分界线称为需求时界,它提醒计划人员早于这个时界的计划已在进行最后阶段,不宜再作变动;第二个计划期和以后的计划期的分界线称为计划时界,它提醒计划人员,在这个时界和需求时界之间的计划已经确认,不允许系统自动更改,必须由主生产计划员来控制;在计划时界以后的计划系统可以改动。通过两种时界向计划人员提供一种控制手段。

7. 主生产计划改变对成本的影响

主生产计划是所有部件、零件等物料需求计划的基础。主生产计划的改变,尤其是对已开始执行、但尚未完成的主生产计划进行修改时,将会引起一系列计划的改变以及成本的增加。当主生产计划量要增加时,可能会由于物料短缺而引起交货期延迟或作业分配变得复杂;当主生产计划量要减少时,可能会导致多余物料或零部件的产生(直至下一期主生产计划需要它们),还会导致将宝贵的生产能力用于现在并不需要的产品。当需求改变、从而要求主生产量改变时,类似的成本也同样会发生。

四、全真考试试题分析

(一)判断题

1. 主生产计划(MPS)是生产物流计划的核心内容,是生产物流计划和管

理的依据。（　）

试题分析：本题考核主生产计划的作用地位，是教材原话，答案为正确，详见教材"3.1概述"中内容。

2. 虽然经营计划、预测和生产规划可以为主生产计划的编制提供合理的基础，但随着情况的变化，主生产计划期的改变仍是不可避免的。（　）

试题分析：本题考核主生产计划的时限和控制的相关概念，是教材原话，答案为正确，详见教材"3.4.3主生产计划编制原则"中内容。

（二）单项选择题

1. 编制主生产计划（MPS）时要确定每一具体的最终产品在其一具体时间段内的生产数量，其中包括总量计划和批量计划，下面哪个描述是有关总量计划约束的内容（　）。

A. 每个月某种产品各个型号的产量之和等于总体计划确定的该种产品的月生产总量

B. 经济生产批量限制　　　C. 生产准备成本　　　D. 存储变动成本

试题分析：本题考核主生产计划的总量计划约束条件，答案为A，其他选项都不是总量计划的约束条件，详见教材"3.4.2主生产计划的约束条件"中内容。

2. 主生产计划中有一个重要的概念"冻结"，下面对冻结期的描述正确的是（　）。

A. 一种方法是规定"需求冻结期"，它可以包括从本周开始的若干个单位计划期，在该期间内，没有管理决策层得特殊授权，不得随意修改主生产计划

B. 另一种方法是规定"计划冻结期"，计划冻结期通常比需求冻结期要短

C. 主生产计划冻结期的长度应周期性地审视，应该总是保持固定不变

D. 主生产计划的相对冻结在使生产成本得以减少的同时，也同时增加了产品响应市场变化的柔性

试题分析：本题考核主生产计划"冻结"的相关概念，答案为A。选项B的错误是"计划冻结期通常比需求冻结期要短"，意思表达正好相反，原文为"计划冻结期通常比需求冻结期要长"；选项C的错误是"应该总是保持固定不变"，原文为"不应该总是固定不变"；答案D的错误是"也同时增加了产品响应市场变化的柔性"，意思也表达相反了，原文为"也同时减少了产品响应市场变化的柔性"，详见教材"3.4.5编制技巧"中内容。

（三）论述题

1. 应如何理解教材中"此外，主生产计划的相对冻结虽然使生产成本得以减少，但也同时减少了响应市场变化的柔性，而这同样是要发生成本的。因此，

还需要考虑二者间的平衡。"这句话的含义？

试题分析：本题考核对主生产计划编制与控制的理解，教材中没有明确答案，答题思路应从主生产计划内涵、编制目的和依据等出发，从成本角度对其相对冻结产生的正面和负面效应作出分析论证。

参考答案：主生产计划就是预先确定在每一具体时间段内生产多少数量最终产品的计划，详细规定生产什么、什么时段应该产出。其编制目的是合理使用企业各种资源，降低生产成本。因此，主生产计划应具有相对稳定性，保证企业生产有序进行。从另一个角度看，虽然经营规划、市场预测等可为主生产计划的编制提供合理的基础，但随着市场情况的变化，主生产计划期的改变仍是不可避免的，以适应市场变化需求。主生产计划是所有部件、零件等物料需求计划的基础，主生产计划的改变，尤其是对已开始执行、但尚未完成的主生产计划进行修改时，将会引起一系列计划的改变以及成本的增加。当主生产计划量要增加时，可能会由于物料短缺而引起交货期延迟或作业分配变得复杂；当主生产计划量要减少时，可能会导致多余物料或零部件的产生（直至下一期主生产计划需要它们），还会导致将宝贵的生产能力用于现在并不需要的产品。当产品需求改变、从而要求主生产量改变时，类似的成本也同样会发生。为寻求一个比较稳定的主生产计划，提出了"冻结"时界的概念，向生产计划人员提供一个控制计划的手段。为此，许多企业采取的做法是，设定一个时间段，使主生产计划在该期间内不变或轻易不得变动，也就是说，使主生产计划相对稳定化，有一个"相对冻结"期。"冻结期"过短，会增加生产成本，"冻结期"过长，会减少响应市场变化的柔性，同样增加成本。因此，主生产计划的相对冻结虽然使生产成本得以减少，但也同时减少了响应市场变化的柔性，而这同样是要发生成本的。因此，还需要考虑二者间的平衡。

2. 请阐述主生产计划与生产物流的相互关系。

试题分析：本题考核对主生产计划和生产物流的深入理解，应从主生产计划和生产物流的内涵和功能定位出发，分析主生产计划在生产物流中的作用地位，阐述两者之间的相互关系。

参考答案：主生产计划与生产物流的相互关系如下：

1）主生产计划是预先建立的一份计划，由主生产计划员负责维护，以确定在每一具体时间段内生产多少数量产品的计划。主生产计划详细规定生产什么，什么时段应该产出，是独立需求计划。主生产计划根据客户合同和市场预测，把经营计划或生产大纲中的产品系列具体化，使之成为展开物料需求计划的主要依据，起到从综合计划向具体计划过渡的承上启下作用。主生产计划须考虑客户订单和预测、未完成订单、可用物料的数量、现有能力、管理方针和目标等。

2)生产物流管理包括市场需求判定、内部产能协调、外部供应管理、生产排程、能力计划与工作重心布局等工作。主生产计划是生产物流计划的核心内容,是生产物流计划和管理的依据。

3)生产排程系统是生产计划的贯彻和落实中一个非常重要的计划内容,是对企业产能进行合理指派的过程,从本质上讲,生产排程系统完全可以被称为企业的生产物流管理系统的核心。

五、单元测试题及参考答案

单元测试题

(一)判断题

1. 主生产计划是生产物流计划的核心内容,是生产物流计划和管理的依据。( )

2. 主生产计划就是预先建立的一份计划,由主生产计划员负责维护,以确定在每一具体时间段内生产多少数量产品的计划。( )

3. 主生产计划详细规定生产什么、什么时段应该产出,由于它是根据总体计划分解而来,因此它属于相关需求计划。( )

4. 对市场需求的判断经常采用的手段就是预测,预测分为定性和定量预测两种。( )

5. 主生产计划关注的最终产品在不同的生产方式下是不同的,如备货型生产方式下,用很多种原材料和部件制造出少量品种的标准产品,则产品、备品备件等独立需求项目成为主生产计划对象的最终项目。( )

6. 主生产计划关注的最终产品在按订单生产方式下最终项目一般就是标准定型产品或按订货要求设计的产品,主生产计划的计划对象可以放在相当于 T 形或 V 形产品结构的高层。( )

7. 一般来说,对于一些由标准模块组合而成的、型号多样的、有多种选择性的产品,将主生产计划设立在基本零部件这一级,不必预测确切的、最终项目的配置,辅助以成品装配计划(FAS)来简化 MPS 的处理过程。( )

8. 编制主生产计划时要确定每一具体的最终产品在每一具体时间段内的生产数量。它所需要满足的约束条件首先是总量计划和批量计划。( )

9. 总体计划所确定的某种产品在某时间段内的生产总量(也就是需求总量)应该以一种有效的方式分配在该段时间段内进行集中生产。( )

10. 作业交换成本也可以称之为备机成本,是指在不同工序的转换过程中准备工序所花费的成本。该成本与生产批量大小无关,具有固定成本

的属性。（　）

11. 小批量生产时,产品分摊的备机成本就小,大批量生产时,产品分摊的备机成本就多。（　）

12. 在经济订货批量模型中,相关成本最终确定为两项,即变动订货成本和变动储存成本,在确定经济生产批量时,以生产准备成本替代订货成本,而储存成本内容不变。（　）

13. 经济生产批量是生产中大量使用的模型,但包装企业不适用。（　）

14. 主生产计划是根据企业的总体计划确定要做的事情,通过均衡地安排生产实现生产规划的目标,使企业在客户服务水平、库存周转率和生产率方面都能得到提高,并及时更新、保持计划的切实可行和有效性。（　）

15. 由于市场竞争的存在,为了企业的生存发展,需要及时有效地满足客户的各种需求,因此,主生产计划中可以存在有超越可用物料和可能能力的项目。（　）

16. 在编制主生产计划时,为确保计划的可行性,不仅要列出实际的、具体的可构造项目,同时还要列出一些项目组或计划清单项目。（　）

17. 在计划展望期内最近的计划期,其跨度等于或略大于最终产品的总装配提前期;稍后的计划期其跨度加上第一个计划期的跨度等于或略大于最终产品的累计提前期。这两个计划期的分界线称为计划时界,它提醒计划人员,早于这个时界的计划已在进行最后阶段,不宜再作变动。（　）

18. 在编制主生产计划时,根据生产预测、已收到的客户订单、配件预测以及该最终项目作为独立需求项的需求数量,计算总需求。（　）

19. 主生产计划是对总体计划的一种具体化,不仅体现总体计划的意图,还充分考虑到利用生产速率的改变、人员水平的变动或调节库存来进行权衡、折中。（　）

20. 主生产计划冻结期的长度应周期性地审视,不应该总是固定不变。（　）

(二)单项选择题

1. 主生产计划是生产物流计划的(　　)内容.是生产物流计划和管理的依据。

　　A. 重要　　　　B. 核心　　　　C. 根本　　　　D. 主要

2. 主生产计划就是预先建立的一份计划,由(　　)负责维护,以确定在每一具体时间段内生产多少数量最终产品的计划。

　　A. 生产主管　　B. 生产经理　　C. 生产员工　　D. 主生产计划员

3. 对于市场需求的判断经常采用的手段是(　　)。

　　A. 预测　　　　　　B. 调查　　　　　　C. 查阅客户订单D. 历年生产数据

　　4. 主生产计划主要是把生产规划中的产品系列具体化以后的最终项目，这些"最终项目"通常是(　　　)。

　　　　A. 相关需求件　B. 产品结构图　C. 独立需求件　D. 物料清单

　　5. 一般来讲，对于一些由标准模块组合而成的、型号多样的、有多种选择性的产品，将 MPS 设立在(　　　)这一级。

　　　　A. 生产原材料　B. 备品　　　　C. 基本零部件　D. 通用件

　　6. 编制主生产计划时所需要满足的第一个方面的约束条件是每个月某种产品各个型号的产量之和(　　　)总体计划确定的该种产品的月生产总量。

　　　　A. 大于　　　　　B. 等于　　　　　C. 小于

　　　　D. 两者之间没有关系

　　7. 作业交换成本也可以称之为备机成本，是指在不同工序的转换过程中准备工序所花费的成本，该成本与生产批量大小的关系是(　　　)。

　　　　A. 大于　　　　　B. 等于　　　　　C. 小于

　　　　D. 两者之间没有关系

　　8. 当小批量生产时，产品分摊的备机成本(　　　)。

　　　　A. 大　　　　　　B. 相等　　　　　C. 小

　　　　D. 两者之间没有关系

　　9. 在生产周期中，库存的形成速度是生产率和使用率的(　　　)。

　　　　A. 和值　　　　　B. 差值　　　　　C. 乘积　　　　　D. 比值

　　10. 主生产计划期的改变是不可避免的，为了寻求一个比较稳定的主生产计划，提出了(　　　)的概念，向生产计划人员提供一个控制计划的手段。

　　　　A. 冻结　　　　　B. 时界　　　　　C. 预测　　　　　D. 物料清单

　　11. 主生产计划应是对总体计划的一种(　　　)。

　　　　A. 具体化　　　　B. 概括　　　　　C. 表现形式　　　D. 分解

　　12. 总体计划中的产量是按照(　　　)来规定的，为了使之转换成主生产计划中的市场需求量，首先需要对其进行分解，分解成每一计划期内对每一具体型号产品的需求。

　　　　A. 产品结构　　　B. 产品系列　　　C. 交货时限　　　D. 客户订单

(三)多项选择题

　　1. 下列属于生产物流管理内容的是(　　　)。

　　　　A. 市场需求判定　　　　B. 内部产能协调　　　　C. 外部供应管理

　　　　D. 生产排程　　　　　　E. 工作重心布局

　　2. 主生产计划确定的最终产品是指对于企业来说最终完成、要出厂的完成品,它要具体到产品的(　　)。

    A. 品种　　　　B. 颜色　　　　C. 型号　　　　D. 大小

    E. 销售地

　3. 在制定主生产计划时,下列属于主生产计划考虑的是(　　)。

    A. 客户订单和预测　　　　B. 未完成订单

    C. 可用物料的数量　　　　D. 现有能力

    E. 管理方针和目标

　4. 企业在做生产计划时,需要考虑各种客户的需求。这些需求的内容包括(　　)。

    A. 需求的预测　　　　　　B. 处理订单登录

    C. 作出交货承诺　　　　　D. 同主计划接口

    E. 产成品入库存放

　5. 主生产计划包括(　　)。

    A. 订单数量　　　　　　　B. 产成品交货日期

    C. 完工日期　　　　　　　D. 生产排程

    E. 供货日期

　6. 下列属于经济生产批量模型假设条件的是(　　)。

    A. 对库存系统的需求率为常量　　B. 一次订货量无最大最小限制

    C. 不允许缺货　　　　　　　　　D. 订货提前期已知,且为常量

    E. 维持库存费是库存量的线性函数

　7. 编制主生产计划应遵循的一些基本原则包括(　　)。

    A. 用最少的项目数进行主生产计划的安排

    B. 列出对生产能力、财务指标或关键材料有重大影响的项目

    C. 计划的项目应尽可能全面代表企业的生产产品

    D. 留有适当余地,并考虑预防性维修设备的时间

    E. 在有效的期限内应保持适当稳定

　8. 造成生产计划在执行的过程中发生突发事件的因素是多方面的,判断这些因素的重要程度的主要依据是(　　)。

    A. 管理　　　　B. 风险　　　　C. 成本　　　　D. 技术

    E. 工艺

　9. 为寻求一个比较稳定的主生产计划,向生产计划人员提供一个控制计划的手段,提出了时界的概念,时界可分为(　　)。

    A. 计划时界　　B. 管理时界　　C. 分配时界　　D. 需求时界

    E. 调整时界

10. 企业的生产计划系统中有四个重要的方面,具体包括(　　)。

A. 市场需求种类　　　　　　　　B. 采购与供应支持

C. 生产管理技术　　　　　　　　D. 内部加工中心能力

E. 产品结构和物料清单的结构

(四)问答题

1. 什么是独立需求? 为什么主生产计划是独立需求的计划?

2. 生产计划中的约束条件有哪几类,具体内容是什么?

3. 根据对经济生产批量概念的理解回答下面的问题:哪个因素对生产批量的大小产生重要影响? 举例说明如果我们要减少批量并维持总成本不变应该采取哪些手段?

4. 在生产计划中有几种计划"冻结",它们的具体含义是什么?

【参考答案】

(一)判断题

1. √ ,2. × ,3. × ,4. × ,5. √ ,6. × ,7. √ ,8. √ ,9. × ,10. √ ,11. × ,12. √ ,13. × ,14. × ,15. × ,16. × ,17. × ,18. × ,19. × ,20. √ 。

(二)单项选择题

1. B,2. D,3. A,4. C,5. C,6. B,7. D,8. A,9. A,10. B,11. A,12. B。

(三)多项选择题

1. ABCDE, 2. AC, 3. ABCDE, 4. ABCD, 5. ABCDE, 6. ABCDE,7. ABCDE,8. BC,9. AD,10. ABDE。

(四)问答题

1. 见书本"3.1 概述"。

2. 见书本"3.4.2 主生产计划的约束条件"中"总量计划"部分。

3. 结合书本"3.4.2 主生产计划的约束条件"中"经济生产批量的含义"部分回答。

4. 见书本"3.4.5 编制技巧"中"主生产计划的'冻结'"部分回答。

单元四 采购与供应链管理

一、学习目标

1. 了解采购与供应管理的含义。
2. 了解战略采购的基本工作内容。
3. 了解供应管理的基本工作内容。
4. 了解生产物流管理自营或外包的内容。

二、知识结构

知识结构如图 2-4 所示。

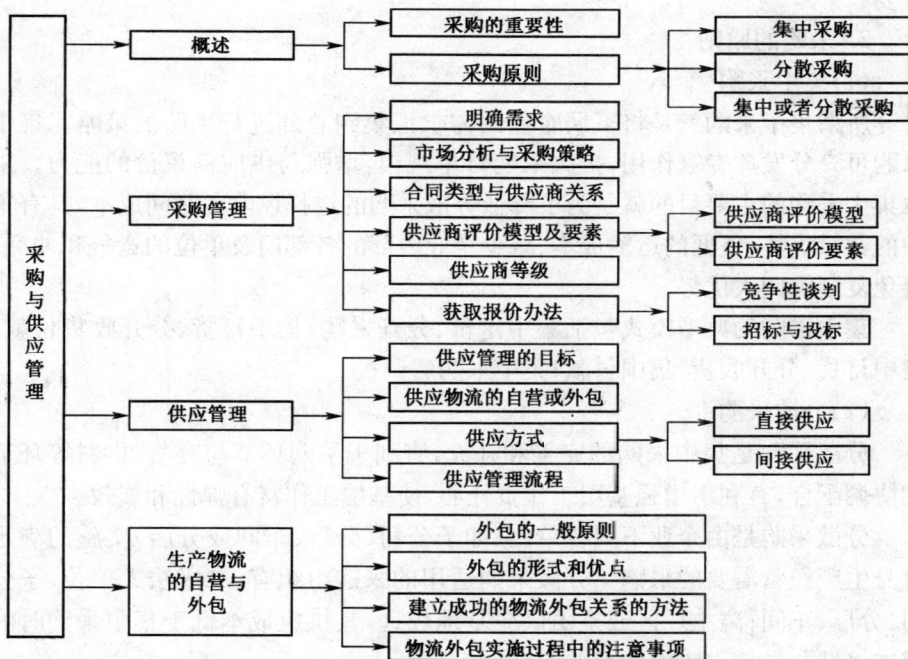

图 2-4　采购与供应管理知识结构

三、主要知识点解读

(一)概述

生产物流的管理离不开采购管理的支持,因此,采购管理是生产物流中必不可少的一部分。

在现代的企业管理实践中,采购被分为两大部分,一部分是战略性采购,另外一部分是战术性采购。

　　由于采购与供应工作的重要性的增强,在企业实践中采购被细分为战略性采购、战术性采购以及日常简单采购等。从生产物流的角度分析,企业的采购与供应管理更多地体现为战术性的工作,就是采购部门按照生产计划以及生产排程系统的指令对供应商的供应进行管理,在某种意义上采购工作就是企业订单管理工作的一部分,具体包括计划下达、采购单生成、采购单执行过程监控、到货接收、检验入库、采购发票的收集、采购的结算七项内容。

　　1. 采购的重要性

　　采购对一个企业的重要程度因不同产业、不同行业以及不同企业会有所不同,区分其重要程度的一个最基本的原则是该企业的直接采购总成本占其销售额比重的大小,如果这个比例达到 50% 或以上,采购部门的地位就显得极其重要。

　　2. 采购的原则

　　(1)集中采购

　　所谓集中采购就是将下属企业的需求汇集到总部进行采购的策略。集中采购可充分发挥专家作用,扩大采购订单规模,增强与供应商议价的能力。采取集中采购的主要目的就是为了降低分散采购的选择风险和时间成本,具有集中的数量优势、更低的运输成本、减少企业内部的各部门及单位的竞争和冲突、避免复制等四大优势。

　　集中采购的典型模式包括集中定价、分开采购;集中订货、分开收货付款;集中订货、分开收货、集中付款;集中采购后调拨。

　　(2)分散采购

　　分散采购是集中采购的完善和补充,有利于采购环节与存货、供料等环节的协调配合,有利于增强基层工作责任心,使基层工作富有弹性和成效。

　　分散采购是由企业下属各单位(如子公司、分厂、车间或分店)实施的满足自身生产经营需要的采购。分散采购适用的采购组织有:二级法人单位、子公司、分厂、车间;离主厂区或集团供应基地较远,其供应成本低于集中采购时的成本;异国、异地供应的情况。

　　分散采购具有四个方面的优势:一是能适应不同地区市场环境变化,商品采购具有相当的弹性;二是对市场反应灵敏,补货及时,购销迅速;三是由于分部拥有采购权,可以提高一线部门的积极性,提高其士气;四是由于采购权和销售权合一,分部拥有较大权力,因而便于分部考核,要求其对整个经营业绩负责。它的不足有三个方面:一是部门各自为政,易出现交叉采购、人员费用较大;二是由于采购权力下放,使采购控制较难,采购过程中易出现舞弊现象;三是由于各部门或分店的采购数量有限,难以获得大量采购的价格优惠。

分散采购适用的采购物料包括小批量、单件、价值低、总支出在产品经营费用中所占比重小的物品；分散采购优于集中采购的物品；市场资源有保证，易于送达，较少的物流费用；分散后，各基层有这方面的采购与检测能力；产品开发研制、试验所需要的物品。

(3)集中与分散采购的选择

对企业来说，是选择集中采购还是分散采购，主要取决于以下七个方面的因素，即采购需求的通用性、地理位置、供应市场结构、潜在的节约、所需的专门技术、价格波动和客户需求。

集中采购和分散采购并不完全对立。企业在实施决策前，除以上需要考虑的因素外，还应充分考虑有利于企业资源的合理配置，减少层次，加速周转，简化手续，满足要求，节约物品，提高综合利用率，保证和促进生产的发展，有利于调动各方的积极性，促进企业整体目标的实现等。

(二)采购管理

在采购的所有活动中，每个环节都有战略采购的内容，但明确需求、供应市场分析、制定采购策略、进行供应商评价指导与供应商签署供应合同属于战略采购的主要工作，其后的工作主要是对供应商履行合同的管理，主要属于战术性采购的内容。

1. 明确需求

明确需求是企业组织采购的基础和核心，也是企业采购成本节约的重要阶段。

在明确需求过程中，企业要把自己的需求有效传达至供应商处，避免产生不必要的误解和加大管理成本，同时，要重视发挥供应商的能力，如条件允许，应尽可能地让供应商加入到明确需求的过程中来。总的思想是所有采购的需求要围绕着企业总体目标而进行。

企业根据企业战略的目标，本着提升企业竞争力，充分发挥供应商能力的基本原则，可以选择以下几种方式向供应商传达自己的需求：品牌与商标的描述、供应商以及行业编码、样品描述、产品详细的技术以及成本标准、功能与性能的描述、采用外部标准描述、价值分析与价值工程。

2. 市场分析与采购策略

根据采购产品的重要性和供应市场的机会与风险程度，可简单地把采购分为以下几个类别，根据不同的采购类别制定恰当的采购策略，确定与供应商的关系。我们把这个分类模型称之为供应定位模型(见图2-5)。

瓶颈类	关键类
一个或者两个供应商	一个供应商
当一个"好客户"进行反向营销	深层合作,长期合同
签署长期合同	建立伙伴关系
高库存	低库存
常规类	杠杆类
一个供应商	多个供应商
节省管理成本	压低价格或成本
长期合同	现货采购合同
高库存	低库存

IOR 高
IOR 低

支出低(20％支融,80％品项)　　　　支出高(80％支出,20％品项)

图 2-5　供应定位模型

3. 合同种类与供应商关系

在与供应商签订商业合同时,一般会根据采购产品的重要程度以及其支出额度的大小来选择与供应商的合同方式,合同方式也是企业与供应商管理远近的具体体现。一般情况下,合同方式共分为以下三大类六种:第一类为市场化合同,包括现货合同和重复性的现货合同;第二类为长期合同,包括无定额合同和定额合同;第三类为伙伴合同,包括伙伴关系和合资企业。

如果把各类合同按照其与供应商关系的远近程度排列,可更加清楚地显示出他们之间的关系。我们把这个排列图称之为与供应商关系的联系图谱,如图2-6 所示。

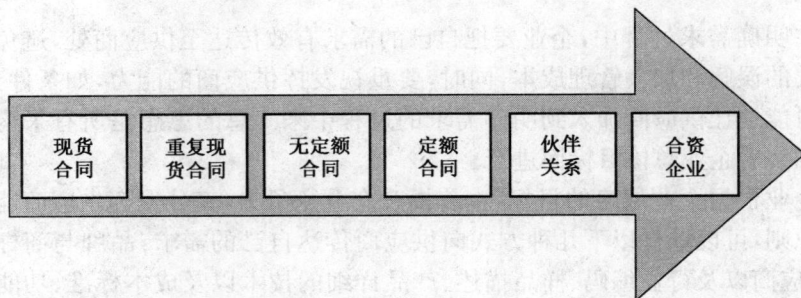

| 现货合同 | 重复现货合同 | 无定额合同 | 定额合同 | 伙伴关系 | 合资企业 |

图 2-6　与供应商关系连续图谱

4. 供应商评价

评价供应商工作的基本目标就是要找到一个与企业目标以及与自己的采购策略相匹配的合作伙伴。评价供应商的基本流程如下:确定评价要素以及标准→为评价要素设定权重和打分标准→收集供应商的一手和二手信息→信息分析→给供应商打分→对供应商进行分级→供应商的支持和培养。

（1）供应商评价模型

供应商评价的主要内容就是对供应商的能力和积极性进行评价。前一个指标是客观评价，第二个指标是对供应商的态度的评价。设立这个评价模型的基本思想是把供应商作为未来合作伙伴来看待，如图 2-7 所示。

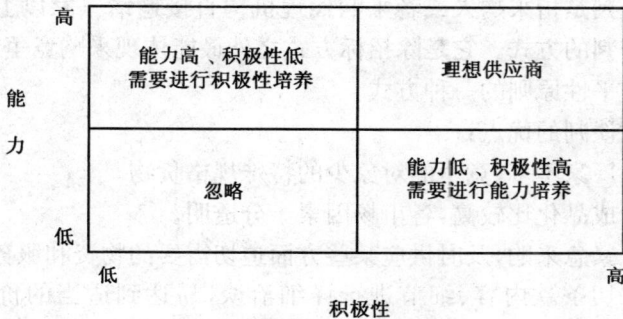

图 2-7　供应商评价模型

（2）供应商评价要素

评价供应商能力的要素可分为质量、可获得性、服务与响应以及成本四个方面，供应商积极性的评价可从采购价值和吸引力两个方来衡量。

供应商业务能力评价指标如图 2-8 所示。

图 2-8　供应商业务指标评价要素

供应商积极性评价指标包括六个方面，即战略一致性、交往的便利性、财务的稳定性、交往的其他益处获得、未来潜力和采购价值。

5．供应商等级

根据供应商的实际能力和积极性的评价的打分结果，对各供应商进行等级划分，主要包括六类：认证供应商、优秀供应商、合格供应商、首选供应商、不合格供应商和黑名单供应商。

6. 获取报价办法

在采购实务中，获取与选择报价的方法主要包括竞争性谈判和招标与投标两种。

（1）竞争性谈判

竞争性谈判是指采购人或者采购代理机构直接邀请三家以上供应商就采购事宜进行谈判的方式。它是除招标方式之外最能体现采购竞争性原则、经济效益原则和公平性原则的一种方式。

1）竞争性谈判的优点：

①经营的厂家不多、竞争的对象少的特殊规格货物。

②货物的成品化比较高，各市场因素十分透明。

③有利于紧急采购，及时供应某些方面迫切需要的物资和服务。

④能对一切条款内容、细节进行详细洽谈，易达到适当的价格和一致的协议；

⑤可选择适当的对象，并兼顾供应商以往的业绩，确保采购安全，防范采购风险；

⑥有利于政策性目标的实现或互惠条件的运用。

2）竞争性谈判的缺点：

①容易造成厂家抬高价格。

②违反自由竞争精神。

③容易给参与者或操作人员造成串通舞弊的机会。

竞争性谈判的基本程序是成立谈判小组→制定谈判文件→确定邀请参加谈判的供应商名单→谈判小组所有成员集中与单一供应商分别进行谈判→确定成交供应商。

（2）招标与投标

招标和投标是一种贸易方式的两个方面。招标是指买方事先发出通知或公布交易条件，公开邀请卖方发盘的行为。投标是指由卖方根据招标条件应邀发盘的行为。

1）招标的特点。与一般的交易方式相比，投标主要有以下三个特点：一是由参加投标的企业按照招标人所提出的条件一次性递价成交的贸易方式，双方无须进行反复磋商；二是一种竞卖的贸易方式；三是在指定的时间和指定的地点进行的，并事先规定了一些具体的条件。

2）招标方式。目前，国际上常用的招标方式主要有下列几种：

①公开招标。公开招标是指招标活动在公开监督之下进行，通常要公开发表招标通告，凡愿意参加投标的公司都可按通告中的地址领取（或购买）较详细

的介绍资料和资格预审表格,而参加了预审资格并经审查采纳的公司便可购买招标文件和参加投标。

②选择性招标。选择性招标又称邀请招标,招标人根据自己具体的业务关系和情报资料对客商进行邀请,通过资格预审后,再由他们进行投标。

③谈判招标。谈判招标又叫议标,由招标人物色几家客商直接进行合同谈判,谈判成功,交易即达成,不属于严格意义上的拆标方式。

④两段招标。两段招标是指无限竞争招标和有限竞争招标的综合方式,先用公开招标,再用选择性招标。

3)招标与投标的基本做法。招标与投标是一件事情的两个方面。招标的业务做法一般分为三个阶段:招标阶段、投标阶段、开标签约阶段,具体内容如下:

①招标阶段。国际招标分为公开招标、选择性招标、秘密招标和两段招标等几种形式,但大部分货物采购和兴建工程项目都采用公开招标方式。秘密招标或谈判招标仅限修建保密工程或技术要求高、专业性很强的项目,向个别投标人进行招标。招标阶段的主要程序是公布招标通告→集中所有投标人的投标申请书→对投标进行资格审查→招标人向取得投标资格者寄送标单→接受标单的投标人向招标人交纳投标保证金或通过银行向招标人出具保函。

②投标阶段。投标阶段的主要程序是投标人提出自己争取中标的各项条件→在规定期限内将填写好的投标单寄交给招标人。

③开标签约阶段。开标分为公开开标和秘密开标。公开开标是指招标人和公证人按照规定的时间和地点,当众拆开所有密封投标单,宣布其内容。凡是参加投标者都可派代表监视开标。秘密开标是由招标人自行选定中标人。

开标签约阶段程序是开标→决定中标者→(在评定过程中,招标人如果认为所有投标者都不合格而未选定中标者时,可以宣布招标失败,拒绝全部投标,并且可以重新发布招标通告)→签订供货合同→全额退还未中标者所缴纳投标保证金。

4)招标与投标应注意的问题。

①招标通告中规定须通过代理人进行投标时,必须事先在招标人所在国家选定代理人,并签好代理协议,说明我方投标的具体条件,代理人的报酬和不中标时应付的手续费等。

②认真审阅招标文件,避免遗漏,对标单的填写要慎重。因其具有实盘性质,不能随意撤销。

③投标前要了解招标国关于招标的规定和习惯,同时要落实好货源。

(三)供应管理

对于生产型企业来说,供应管理是指企业根据生产计划的要求做到及时准确地进行物资供应的全过程。

相比之前的战略采购管理而言,待供应商进入了稳定的合作阶段之后,企业一般会将运行性的采购管理工作移交给物流部门,由供应部门或者物流部门对供应商履行合同的情况进行具体的管理。

1. 供应管理的目标

供应管理的目标是在密切共同监督的前提下,确保准时保量无差错的物料供应,以避免造成生产中断或停产而带来的风险,归纳起来就是供应的可靠性、快速响应、柔性化、成本节约与总资产回报率五个方面。

2. 供应物流的自营或外包

企业的供应物流是选择自营还是外包是由本企业的诸多因素确定的,但一个明显的趋势是企业外包的比例越来越大。供应商管理库存(VMI)是一种在供应链环境下的库存运作模式。相对于按照用户发出订单进行补货的传统做法,它将多级供应链问题变成单级库存管理问题。VMI 是以实际或预测的消费需求和库存量作为市场需求预测和库存补货的解决方法,即由销售资料得到消费需求信息,供货商可更有效地计划、更快速地反应市场变化和消费需求。除 VMI 之外,对于流水线作业,供应管理是按照物料需求计划的要求采用平衡线(LOB)的工具进行供应的监督与管理。企业根据项目计划进度网络图,用计划评审技术对项目生产进行供应监督与管理。在项目生产方式下,目前比较流行的是 EPC 管理。EPC 是技术、采购和施工的缩写,也称工程总承包。

3. 供应方式

(1)直接供应

直接供应是指企业从供应商购买的原材料或者零部件由供应商直接送达装配生产线或加工中心。企业采取直接供应方式,一方面优先要考虑的是物料的重量和体积较大的部件,而且最好供应商产品质量是免检的,同时供应提前期很短,采用"拉式"的按照订单进行供货的方式;另一方面是库存资金。

(2)间接供应

间接供应指的是企业从供应商购买的原材料或者零部件先接收到仓库,然后由企业的物流部门按照生产的进度将其配送到生产线的供应方式。

在间接供应方式下,仓库成为物资缓冲的地方,因此,企业需要考虑在仓库里存储多少和怎样存放的问题。简而言之,间接供应的本质是库存管理的问题。

在短供货提前期的情况下,我们按照生产计划指令下达订单。在这种状态下,供应商的供应可以被看作是相关需求情况下的管理。但如果供应提前期很长,我们无法根据生产计划指令下订单。在这种情况下,需要提前备货,供应商的供货所面临的就很像是独立需求的管理了。

订购成本以及库存持有成本也是决定订购多少物料的很重要的因素,也是库存管理当中的主要活动。

4. 供应管理流程

供应管理就是供应部门按照生产计划向供应商购买所需要的原材料或者零部件的过程,涉及采购计划、发出订单或者签署采购合同、接收和检验货物以及运输和仓储的管理等流程。

随着经济的发展,企业与供应商之间的关系越来越紧密,单一供应源的供应策略越来越流行,供应商管理库存的供应方法被广泛采用。

除 VMI 之外,还有其他供应管理的控制手段,根据不同的生产方式,如流水生产、离散生产或者项目生产的不同,其供应管理的重点和使用的控制手段也不同。

(1)工程总承包的定义

工程总承包是指从事工程总承包的企业受业主委托,按照合同约定对工程项目的勘察、设计、采购、施工、试运行(竣工验收)等实行全过程或若干阶段的承包。工程总承包企业对承包工程的质量、安全、工期、造价全面负责。

(2)工程总承包的方式

①设计采购施工(EPC)/交钥匙总承包。设计采购施工总承包是指工程总承包企业按照合同约定,承担工程项目的设计、采购、施工、试运行服务等工作,并对承包工程的质量、安全、工期、造价全面负责。

交钥匙总承包是设计采购施工总承包业务和责任的延伸,最终是向业主提交一个满足使用功能、具备使用条件的工程项目。

②设计-施工总承包(D-B)。设计-施工总承包是指工程总承包企业按照合同约定,承担工程项目的设计和施工,并对承包工程的质量、安全、工期、造价全面负责。

对于生产企业来说,要确保生产持续进行,供应物流还要考虑供应市场的变化、供应商的关系维系以及管理、运输方式选择、运输单证与保险、采购资金的管理等内容。

(四)生产物流的自营与外包

生产物流是自营还是外包,主要考虑两方面的问题:一是外包风险的控制,二是外包的经济性。

1. 外包的一般原则

一般来说,生产物流外包与否的决策可归纳为以下五个方面:

①风险层面。

②能力层面。

③规模层面。

④不确定性。

⑤变异系数。

2. 外包的形式和优点

1) 物流外包的主要形式有如下四种：

①部分业务外包。

②全部业务外包。

③物流系统接管。

④战略联盟关系。

以上各类外包形式从企业与物流企业之间的关系来看，是越来越紧密的。在企业物流外包实践中，可选择公共物流服务提供商的标准物流服务，如各类运输公司或者仓储管理公司；也可选择某些专业物流服务提供商，就某项特定物流服务签署定制化的物流服务合同；还可选择一家只为本企业服务的专属物流服务供应商。

2) 物流外包的优点有如下五种：

①将有限的资源集中用于发展主业。

②节省物流费用，增加赢利。

③加速物料和产品周转，减少库存，降低经营风险。

④提升企业形象，增强服务价值。

⑤提升物流管理效率。

3. 建立成功的物流外包关系的方法

物流外包已成为许多企业创造客户价值的竞争战略手段。为取得预期成效，需要企业认真计划、执行和管理，以确保外包项目能够得到适当的跟踪与控制。为此，需要企业按照项目管理的方法和手段来管控物流外包全过程。鉴于物流运营具有很强的服务产品属性，可将物流外包理解为一项服务产品的采购过程。因此，采购管理的一般原则和步骤适用于物流外包。其一般性建议如下：

拟定物流外包战略→制定严格的物流服务提供商选择程序→明确定义企业物流外包的期望值→签订有效的物流外包合同→商定物流服务绩效标准和评价指标→明确物流服务规范与流程→发现并避免潜在的冲突点→与物流服务提供商保持有效沟通→建立绩效指标评价和协商沟通机制→激励与奖励物流服务提供商→建立和发展战略合作伙伴关系。

4. 实施物流外包过程应注意的事项

企业物流外包具有很强的项目类合同特点,因此企业物流外包管理人员需要注意以下几个方面:

①协助第三方物流服务提供商认识企业生产运营要求,推进双方多层面的交流互动。

②制订有物流服务提供商参与的、具体的、详细的、具有可操作性的物流外包工作计划和实施方案。

③建立合同执行过程中可能出现的冲突处置预案,规避各种外包风险。

④根据实际情况进行物流外包合同的调整与变更。

⑤保持物流业务和外包管理的可扩展性。

四、全真考试试题分析

(一)判断题

1. 如仅仅从生产物流的角度来看,企业的采购与供应管理更多体现为战术性的工作,就是采购部门按照生产计划以及生产排程系统的指令对供应商的供应进行管理,从某种意义上说采购工作就是企业订单管理工作的一部分。(　)

试题分析:本题为教材原文,考核对企业采购与供应管理概念的理解,答案为正确,详见教材"4.1概述"中的内容。

2. 企业的采购有时会对集中或者分散进行原则上的界定。分散采购是集中采购的完善和补充,有利于采购环节与存货、供料等环节的协调配合,有利于增强基层工作责任心,使基层工作富有弹性和成效。(　)

试题分析:本题为教材原文,考核对采购原则(或采购方式)的理解,答案为正确,详见教材"4.1.2采购原则"中的内容。

3. 在采购流程明确需求的过程中要重视发挥供应商的能力,如条件允许,应尽可能早地让供应商加入到明确需求的过程中来,这对企业是有益处的。(　)

试题分析:本题为教材原文,考核对采购管理的理解,答案为正确,详见教材"4.2.1明确需求"中的内容。明确需求过程的重要思想是所有采购的需求是要围绕着企业总体目标而进行,并在明确需求过程中很重要的原则是要把自己的需求有效传达至供应商处,避免产生不必要的误解和加大管理成本。

4. 项目生产供应管理是按照物料需求计划的内容采用生产平衡线的工具进行供应的监督和管理,对于流水线作业,则根据项目计划进度网络图用计划评审技术进行管理。(　)

试题分析:本题主要考核对供应管理流程的理解程度,试题文字为教材原文的修改版,混淆了项目生产与流水线作业两个概念,答案为错误。教材原文为"对于流水线作业,供应管理是按照物料需求计划的要求采用平衡线(LOB)的工具进行供应的监督与管理。企业根据项目计划进度网络图用计划评审技术对项目生产进行供应监督与管理。在项目生产方式下,目前比较流行的是EPC 管理。EPC 是技术(Engineering)、采购(Procurment)和施工(Construction)的缩写,也称工程总承包",详见教材"4.3.4 供应管理流程"中的内容。

5. 战略采购属于事前工作,供应管理属于事中工作,供应商绩效考核以及更换供应商属于事后工作,也是新供应商关系建立的事前工作。战略性工作和战术性工作是不断转化的,这样就不断提高了企业的管理水平。( )

试题分析:本题主要考核对采购与供应管理的综合理解,试题文字为教材原文,答案为正确,详见教材"4.5 总结"中的内容。

(二)单项选择题

1. 在采购的供应定位模型中,瓶颈类采购项目的采购策略应是( )。

  A. 高库存策略   B. 以降低管理费用为目标

  C. 尽量压低价格或成本   D. 选用多个供应商

试题分析:本题主要考核对采购策略的理解,答案为 A,详见教材"4.2.2市场分析与采购策略"中图 4-4 的内容。瓶颈类采购项目的市场供应风险大,采购支出低,应采用高库存策略。

2. 在企业采购的组织阶段,采购可采用集中和分散采购两类。其中分散采购的缺点是( )。

  A. 形成供应基地   B. 集中的数量优势

  C. 对市场反应灵敏,补货及时,购销迅速

  D. 部门各自为政,容易出现交叉采购、人员费用较大

试题分析:本题主要考核对分散采购的理解,答案为 D,详见教材"4.1.2采购原则"中的内容。A 选项显然不正确,B 选项为集中采购优点,C 选项为分散采购的优点,都不合适。

3. 在采购实务中,获取与选择报价有以下几种办法被广泛应用,包括竞争性谈判和招标采购,其中竞争性谈判的优点是( )。

  A. 违反自由竞争精神,助长企业托拉斯垄断价格,阻碍工商业的发展

  B. 可选择适当的对象,并兼顾供应商以往的业绩,确保采购安全,防范采购风险

  C. 无限制的独家谈判,容易造成厂家抬高价格

  D. 秘密谈判容易给参与者或操作人员造成串通舞弊的机会

试题分析:本题主要考核对竞争性谈判的理解,答案为 B,详见教材"4.2.6

获取报价办法"中的内容。A、C、D 选项均为竞争性谈判的缺点。

(三)多项选择题

1. 企业采购有集中采购和分散采购两种,其中集中采购的优点是( )。

    A. 更低的运输成本

    B. 减少企业内部的各部门及单位的竞争和冲突

    C. 就适应不同地区市场环境变化,商品采购具有相当的弹性

    D. 对市场反应灵敏,补货及时,购销迅速

    E. 可以提高一线部门的积极性,提高其士气

试题分析:本题主要考核对集中采购的理解,答案为 AB,详见教材"4.1.2 采购原则"中的内容。C、D、E 选项均为分散采购的优点。

2. 在对供应商评价过程中,我们关注两个方面的问题,即能力和积极性,其中积极性因素包括( )。

    A. 战略的一致性   B. 交往的方便性

    C. 财务的确定性   D. 未来的潜力

    E. 采购价值

试题分析:本题主要考核对供应商评价要素的理解,答案为 ABCDE,详见教材"4.2.4 供应商评价模型及要素"中的内容。

(四)情景问答题

1. 某集团企业根据所采购产品金额的大小,对产品进行了 ABC 分类。A 类是指那些品类较少但是采购金额较大的物品,C 类是指那些品类很多但采购金额很少的物品,B 类居中。根据分类,他们分别对 A 类产品采用了集中采购,C 类产品采用了分散采购,B 类产品采用了混合采购的方法(下属企业可以从集团的物资超市中采购,也可以自行采购)。这样的做法是否合理? 为什么?

试题分析:本题考核对采购原则和采购策略的理解,教材中没有明确答案,需要根据对相关知识的深入理解和体会进行分析作答。选择集中或分散采购时,还应有利于资源的合理配置,减少层次,加速周转,简化手续,满足要求,节约物品,提高综合利用率,保证和促进生产的发展,有利于调动各方的积极性,促进企业整体目标的实现等。集中采购和分散采购并不完全对立。客观情况是复杂的,仅一种采购方式不能满足生产需要,大多数公司在两个极端之间进行平衡,在某个时候他们会采用集中的采购组织,而在几年以后也许他们选择更加分散的采购组织。

参考答案:这样做法是合理的。理由如下:(1)A 类产品品类较少,但金额较大,采取集中采购的方式可以与供应商保持良好的客户关系,同时可以获得价格优势和运输成本的降低。(2)对 C 类产品,因为品类多,金额小,采用分散

采购的方式可适应不同地区市场环境的变化，采购价格具有相当的弹性，对市场反应灵敏，补货及时。(3)B 类产品采用混合采购的方式，既可以从集团的物资超市采购，也可以自行采购，这样有利于企业根据市场的变化采取灵活机动的采购方式。

2. 王经理是一家工程机械厂的物流经理。该厂在生产过程中严格控制库存并尽量降低库存，原材料和零配件库存量一直很低。然而自 2007 年底到 2008 年上半年，国际和国内钢材等原材料价格大涨，导致该厂原材料和零配件采购成本大幅上升，遭受很大损失；另一方面又造成供应紧张，生产大受影响。因此，王经理认为，专家和教科书上有关要降低库存量、甚至零库存的观点是一种误导，是错误的。对王经理的这种观点你是什么看法，请阐述你的理由。

试题分析：本题考核对市场分析和采购策略的理解，教材中没有明确答案，需要根据对相关知识的深入理解和体会进行分析作答。王经理低库存量控制策略对企业生产造成不利影响，主要是制定采购策略时没有认真进行市场分析，没有考虑到采购风险。采购强调供应市场分析和制定恰当的采购策略。进行供应市场分析可以帮助企业规避供应风险。根据采购产品的重要性和供应市场的机会与风险程度，可以把采购分为不同类别，根据不同的采购类别制定恰当的采购策略，确定与供应商的关系，合理控制库存，规避供应风险。

参考答案：我认为王经理的这种观点是不妥的。理由如下：

①降低库存量，甚至零库存要根据采购项目或品项的实际情况来确定，对于供应风险较小、市场供应有保障的品项，宜采用严格的库存控制策略，尽量降低库存，从而提高资金利用率，提高效率。但是，对于某些采购品项或物品，若市场供应风险较大、对企业生产影响较大的物品，如本题中该工程机械厂的钢材和零配件，受钢材价格波动影响较大，从而带来较大的供应风险。

②采取的措施应包括两个方面：一方面，可以与供应商建立长期稳定的合作关系，规避风险，保证供应，这种情况下，可以考虑采用低库存控制策略；另一方面，若零配件采购比较分散，不易与一两个供应商建立长期合作关系，则必须将整个生产企业的库存缓冲点放在原材料或零配件库，保持较高的库存，而不能教条地采用教科书上的观点，更不能认为是一种误导。

(五)论述题

物流业务是否外包一直是一个有争议的话题。请就物流业务的外包问题阐述你的观点。

试题分析：本题考核对生产企业物流业务外包的决策因素的理解，即决定是否外包时应考虑哪些因素。由于是论述题，答题内容应详细、准确，可参考"4.4 生产物流的自营与外包"内容进行答题。

参考答案：物流业务是否外包，需要从多方面考虑，综合权衡其利弊。

1)首先要明确物流业务外包的原因何在。比如：①企业没有能力扩大人、财、物在物流方面的投入；②企业内不能建立起可以提高物流效率的体制；③企业自营物流与其他企业相比没有竞争力。

2)需要对物流业务外包还是自营作出权衡比较，主要从三个方面权衡：①物流外包是否符合企业的发展战略；②是否影响企业的核心业务；③是否能够提高物流经济效益。

3)企业物流是否外包主要取决于两个因素：一是关键物流活动对企业成功的影响；二是企业管理运作的能力。

4)还需考虑其他一些方面的因素，比如：①物流在企业总体战略经营中的地位及自营能力水平；②企业规模；③第三方物流能否达到企业要求的服务质量与反应速度；④物流外包成本与自营成本的全面、科学的比较。选择物流外包主要为节约成本，如自营物流成本低于外包，就不应外包。

五、单元测试题及参考答案

单元测试题

（一）判断题

1. 生产物流的管理离不开采购管理的支持，如何管理好供应商，使他们能够及时准确地为企业生产提供保障，是生产物流中必不可少的一部分。（　）

2. 采购与供应管理在企业中被分为战略性采购、战术性采购和日常简单采购等。从生产企业的物流角度看，物流部门或者生产部门更多从事的是战略性采购工作。（　）

3. 采购工作与生产企业联系紧密，涉及生产的方方面面，可以说，生产物流涵盖了所有的采购与供应管理的工作。（　）

4. 按照采购活动的先后顺序，企业采购工作主要包括 12 个方面的内容，即组建采购部门和制定采购政策→明确需求→制定供应策略→进行供应市场分析→签署合同→采购过程中的谈判技巧→获取与选择报价→进行供应商选择和评价→对合同和供应商关系进行管理→进行国际物流管理→管理库存→进行绩效评价。（　）

5. 区分采购在企业中的重要程度，主要看直接采购总成本占其销售额比重的大小，如果这个比例达到了 50% 或以上，那么采购部门的地位就显得极其重要。（　）

6. 集中采购不仅可充分发挥专家作用、扩大采购订单规模、增强与供应商议价的能力，而且还能降低分散采购的选择风险和时间成本，鼓舞下属企业的

士气。（　）

7. 分散采购是集中采购的完善和补充,不仅有利于采购环节与存货、供料等环节的协调配合,而且还有利于增强基层工作责任心,使基层工作富有弹性和成效。（　）

8. 与集中采购相对应,分散采购具有对市场反应灵敏,补货及时,购销迅速等优点,如小批量、单件、价值低、总支出在产品经营费用中所占比重小的物品,就适于采用分散采购的方法。（　）

9. 整个采购与供应的流程中的每个环节都有战术采购的内容。（　）

10. 如果与供应商签署了较为长期的合同之后,并且当供应商的供应工作已进入良性轨道之后,对供应商持续供应与管理的工作就转交给战略采购部进行管理。（　）

11. 在采购活动中,明确需求是一项最为重要的活动,因为所有采购的需求要围绕企业生产计划而进行。（　）

12. 明确需求的过程要重视发挥供应商的能力,及早让供应商加入到明确需求过程中来,这对企业有益处。（　）

13. 在供应定位模型中,按照采购的影响、供应市场的机会与风险程度的高低,以及相对支出的大小,把采购分为四类,即常规品、杠杆品、瓶颈品和关键品。关键类商品需要采取高库存的策略。（　）

14. 把各类合同按照其与供应商关系的远近程度排列开来,可以形成供应商关系的联系图谱。供应商关系的联系图谱是现货合同→重复性的现货合同→定额合同→无定额合同→伙伴关系→合资企业。（　）

15. 供应商评价模型设立的基本思想是把供应商作为未来合资企业来看待。（　）

16. 供应商业务能力评价指标包括从质量、可获得性、服务与响应、成本以及战略一致性五个方面。（　）

17. 根据对供应商的实际能力和积极性的评价的打分结果,可对供应商等级进行等级划分,按照分值的高低,划分顺序是认证供应商→优秀供应商→首选供应商→合格供应商→不合格供应商→黑名单。（　）

18. 竞争性谈判是指采购人或者采购代理机构直接邀请三家以上供应商就采购事宜进行谈判的方式。它作为一种独立的采购方式,最能体现采购竞争性原则、经济效益原则和公平性原则。（　）

19. 在竞争性谈判的采购模式中,谈判小组的人数可以自由确定,但其中专家的人数不得少于成员总数的三分之二。（　）

20. 凡属于特殊规格货物采购,经营的厂家不多,有时只有一家或很少的

几家,竞争对象少,采用竞争性谈判确定成交比较合理。（　）

21. 招标和投标是一种贸易方式的两个方面,是除竞争性谈判以外是最能体现采购竞争性原则、经济效益原则和公平性原则的一种方式。（　）

22. 招标是由参加投标的企业按照招标人所提出的条件,一次性递价成交的贸易方式,双方无须进行反复磋商。（　）

23. 公开招标方式要求招标人首先必须要在指定的报纸、刊物或采取其他形式公布招标通告,邀请投标人参加投标。（　）

24. 两段招标是指无限竞争招标和有限竞争招标的综合方式,先用公开招标,再用选择性招标。（　）

25. 为确保投标人中标后严格履行表单,凡是接受标单准备投标的投标人必须向招标人交纳投标保证金或通过银行向招标人出具保函,保证一旦中标一定签约。（　）

26. 招标通告规定须通过代理人进行投标时,必须事先在招标人所在国家选定代理人,并签好代理协议,说明我方投标的具体条件,代理人的报酬只有在中标时才给予支付,不中标不予支付。（　）

27. 供应管理的目标是在密切共同监督的前提下,确保准时保量无差错的物料供应,保障生产计划的有效实施,以避免造成生产中断或停产而带来的风险。（　）

28. 选择自营或者外包,每个企业的答案是不同的,因为,不论是自营或外包,都有其优缺点和适用的环境,不能一概而论哪个更好。但是有一个明显的趋势,那就是企业自营的比例越来越大。（　）

29. 直接供应指的是企业从供应商购买的原材料或者零部件由供应商直接送达装配生产线或加工中心。（　）

30. 生产企业在选择供应方式时,对于重量和体积较大的部件,为减少多次采购的成本,尽量采用间接供应的方式。（　）

31. 直接供应方式不仅对供应商产品质量有较高要求,而且还要求其应有很短的提前期。（　）

32. 对于采取间接供应的生产企业,不仅要考虑仓库里存储多少和怎么存放的问题,还要结合供应商供货提前期和订购成本问题。（　）

33. 在短供货提前期的情况下,我们按照生产计划指令下达订单,这种情况下,供应商的供应可以被看作是独立需求情况下的管理。（　）

34. 供应商管理库存是一种在供应链环境下的库存运作模式。相对于按照传统用户发出订单进行补货的做法,它将多级供应链问题变成单级库存管理问题。（　）

35. 对于项目生产作业,供应管理是按照物料需求计划的要求使用平衡线(LOB)的工具进行供应的监督与管理。企业根据项目计划进度网络图用计划评审技术对项目生产进行供应监督与管理。（　）

36. 设计采购施工总承包是指工程总承包企业按照合同约定,承担工程项目的设计、采购、施工等工作,不负责项目的试运行服务,但可以对承包工程的质量、安全、工期、造价全面负责。（　）

37. 设计－施工总承包是指工程总承包企业按照合同约定,承担工程项目设计和施工,并对承包工程的质量和安全全面负责,对项目工期和造价不负责。（　）

38. 生产物流是自营还是外包,主要考虑的问题是外包管理的风险和成本权衡。（　）

39. 物流外包已经成为许多企业创造客户价值的竞争战略手段。为取得预期成效,需要企业按照项目管理的方法和手段来管控物流外包全过程。（　）

(二)单项选择题

1. 仅仅从生产物流的角度来看,企业的采购与供应管理更多地体现为（　　）的工作。

　　A. 战略性　　　　B. 战术性　　　　C. 日常性　　　　D. 断续性

2. 区分采购部门的重要程度的一个最基本的原则是该企业的直接采购总成本占其销售额比重的大小,若这个比例达到（　　）以上,说明采购部门的地位极其重要。

　　A. 20%　　　　B. 30%　　　　C. 40%　　　　D. 50%

3. 集中采购不仅可降低分散采购的选择风险和时间成本,还可充分发挥（　　）作用,扩大采购订单规模,增强与供应商议价的能力。

　　A. 专家　　　　B. 经理　　　　C. 采购师　　　　D. 生产主管

4. 下列适合于采取分散采购模式的是（　　）。

　　A. 肯德基采购土豆　　　　　　　　B. 某造船厂采购钢材

　　C. 某集团公司采购员工服装

　　D. 某同区域汽车生产子公司采购轮胎

5. 在与供应商签署了较为长期的合同之后,并且当供应商的供应工作已迈上良性轨道之后,对供应商持续供应与管理的工作就转交给（　　）进行管理。

　　A. 战略采购部　　B. 战术采购部　　C. 生产经营部　　D. 销售管理部

6. 整个采购与供应流程的每个环节都有（　　）采购的内容,但是较为集中于采购的前期工作。

　　A. 日常　　　　　　B. 战术　　　　C. 战略　　　　D. 综合

　　7. 根据采购产品的重要性和供应市场的机会与风险程度,可简单地把采购分为瓶颈类、关键类、常规类和杠杆类四类,根据不同的采购类别制定恰当的采购策略,确定与供应商的关系。人们把这个分类模型称之为(　　　)。

　　A. 供应模型　　B. 定位模型　　C. 供应定位模型D. 帕累托模型

　　8. 下列属于瓶颈类供应商品供应策略的是(　　　)。

　　A. 当一个"好客户"进行反向营销　　　　B. 深层合作,长期合同

　　C. 节省管理成本,长期合同　　　　　　D. 压低价格或成本

　　9. 根据供应商评价基本模型,我们将能力和积极性都高的供应商定义为(　　　)。

　　A. 合格供应商　B. 理想供应商　C. 短期供应商　D. 长期供应商

　　10. 供应商评价要素中对供应商积极性的评价可以从采购价值和(　　　)两个方来衡量。

　　A. 吸引力　　　B. 可获得性　　C. 服务与响应　D. 成本

　　11. 下列属于供应商业务能力评价指标中质量指标的是(　　　)。

　　A. 客户信息　B. 购买价格　C. 功能性　　　D. 供货的持续性

　　12. 下列属于供应商业务能力评价指标中可获得性指标的是(　　　)。

　　A. 客户信息　B. 购买价格　C. 功能性　　　D. 订货数量

　　13. 下列属于供应商业务能力评价指标中服务与相应指标的是(　　　)。

　　A. 性能的可靠性　　　　　B. 交货的可靠性

　　C. 客户信息　　　　　　　D. 购买价格

　　14. 下列属于供应商业务能力评价指标中成本指标的是(　　　)。

　　A. 使用的方便性　　　　　B. 交货提前期

　　C. 客户信息　　　　　　　D. 购买价格

　　15. 下列属于供应商积极性评价指标的是(　　　)。

　　A. 交往的便利性　　　　　B. 性能的可靠性

　　C. 供货的持续性　　　　　D. 交货的可靠性

　　16. 在对供应商的实际能力和积极性评价打分的基础上对供应商进行分级,下列供应商类型中属于产品质量免检的是(　　　)。

　　A. 优秀供应商　B. 认证供应商　C. 合格供应商　D. 首选供应商

　　17. 竞争性谈判是指采购人或者采购代理机构直接邀请(　　　)家以上供应商就采购事宜进行谈判的方式。

　　A. 二　　　　　B. 三　　　　　C. 四　　　　　D. 五

　　18. 在竞争性谈判中,谈判小组由采购人的代表和有关专家共(　　　)人以

上的单数组成,其中专家的人数不得少于成员总数的三分之二。

　　　　　　A. 三　　　　　B. 五　　　　　C. 七　　　　　D. 九

　　19. "招标人根据自己具体的业务关系和情报资料对客商进行邀请,通过资格预审后,再由他们进行投标"的招标方式属于(　　　)。

　　　　A. 公开招标　　B. 选择性招标　　C. 谈判招标　　D. 两段招标

　　20. 在招标业务中,投标人必须向招标人交纳投标保证金要在招标的哪个阶段完成(　　　)。

　　　　A. 招标阶段　　B. 投标阶段　　C. 开标签约阶段D. 任何时候

　　21. 供应管理的目标是在密切共同监督的前提下,确保准时保量无差错的物料供应,以避免造成生产中断或停产而带来的风险,也就是要保障(　　　)的有效实施,将最终产品交付给客户。

　　　　A. 生产管理　　B. 生产计划　　C. 产品质量　　D. 客户服务

　　22. 直接供应指的是企业从供应商购买的原材料或者零部件由供应商直接送达(　　　)的供货方式。

　　　　A. 中心仓库　　B. 分支仓库　　C. 加工中心　　D. 待加工产品仓库

　　23. 直接供应的方式可减少多次搬导而产生的成本,但会要求在生产现场进行产品质量检验。因此,避免了现场检验的难度,要求供应商属于(　　　)。

　　　　A. 优秀供应商　B. 认证供应商　C. 合格供应商　D. 首选供应商

　　24. 间接供应指的是企业从供应商购买的原材料或者零部件先接收到仓库,然后由企业的(　　　)部门按照生产的进度将其配送到生产线旁的做法。

　　　　A. 物流　　　　B. 生产　　　　C. 管理　　　　D. 信息

　　25. 在间接供应模式下,需要考虑的是在仓库里存储多少和怎么存放的问题,仓库成为物资缓冲的地方。简而言之,间接供应的本质是(　　　)的问题。

　　　　A. 资金管理　　　　　　　　B. 供应管理

　　　　C. 供应商管理　　　　　　　D. 库存管理

　　26. 供应管理中的物料供应的需求理论应来自于生产计划的(　　　)的指令。

　　　　A. 独立需求　　　　　　　　B. 相关需求

　　　　C. 最初计算毛需求　　　　　D. 最初计算净需求

　　27. 供应商管理库存是一种在供应链环境下的(　　　)运作模式。

　　　　A. 生产　　　　B. 资金　　　　C. 库存　　　　D. 信息共享

　　28. 对于流水线作业,供应管理是按照物料需求计划的要求采用(　　　)的工具进行供应的监督与管理。

　　　　A. 生产线　　　B. 资金链　　　C. 平衡线　　　D. 生产约束

29. 在项目生产方式下，目前比较流行的是 EPC 管理，EPC 是技术、采购和施工的缩写，也称（　　）。

  A. 计划评审技术   B. 生产约束理论

  C. 鼓—缓冲—绳   D. 工程总承包

30. 物流外包的主要形式有四种，从企业与物流企业之间的关系来看，分别是部分业务外包、全部业务外包、（　　）和战略联盟关系。

  A. 物流系统接管   B. 物流信息共享

  C. 物流资金联盟   D. 生产信息共享

（三）多项选择题

1. 由于采购与供应工作的重要性的增强，在企业实践中，采购被细分为（　　）。

  A. 战略性采购 B. 战术性采购 C. 分级采购

  D. 日常简单采购 E. 无限额采购

2. 从生产物流的角度看，企业的采购与供应管理就是采购部门按照生产计划以及生产排程系统的指令对供应商的供应进行管理，具体包括的内容有（　　）。

  A. 计划下达 B. 采购单执行过程监控 C. 采购单生成

  D. 到货接收 E. 采购发票的收集

3. 集中采购的典型模式有（　　）。

  A. 集中定价、分开采购 B. 集中订货、分开收货付款

  C. 集中采购后调拨 D. 集中订货、分开收货、集中付款

  E. 集中定价、分开收货

4. 集中采购模式的优点有（　　）。

  A. 集中的数量优势   B. 更低的运输成本

  C. 避免复制   D. 集中的灵活优势

  E. 减少企业内部的各部门及单位的竞争和冲突

5. 相对于集中采购模式，分散采购模式的优点有（　　）。

  A. 能适应不同地区市场环境变化，商品采购具有相当的弹性

  B. 对市场反应灵敏，补货及时，购销迅速

  C. 由于分部拥有采购权，可以提高一线部门的积极性，提高其士气

  D. 由于采购权和销售权合一，分部拥有较大权力，因而便于分部考核

  E. 分散的价格优势比较突出

6. 分散采购适用的采购组织包括（　　）。

  A. 二级法人单位 B. 子公司   C. 分厂

　　D. 异国、异地供应的情况

　　E. 离主厂区或集团供应基地较远,其供应成本低于集中采购时的成本

7. 分散采购适用的采购物料包括(　　　)。

　　A. 小批量、单件、价值低、总支出在产品经营费用中所占比重小的物品

　　B. 分散采购优于集中采购的物品,包括费用、时间、效率、质量等因素均有利,而不影响正常的生产与经营的情况

　　C. 市场资源有保证,易于送达,较少的物流费用

　　D. 分散后,各基层有这方面的采购与检测能力

　　E. 产品开发研制、试验所需要的物品

8. 下列属于决定选择集中或分散采购时应考虑下面的因素或标准的有(　　　)。

　　A. 采购需求的通用性　　　　　　　B. 地理位置和客户需求

　　C. 供应市场结构　　　　　　　　　D. 所需的专门技术

　　E. 潜在的节约和价格波动

9. 为满足企业的战略目标,提升企业竞争力,充分发挥供应商能力,下列属于企业向供应商提出自己的需求方式的是(　　　)。

　　A. 品牌与商标的描述　　　　　　　B. 供应商以及行业编码

　　C. 功能与性能的描述　　　　　　　D. 价值分析与价值工程

　　E. 产品详细的技术以及成本标准

10. 在供应定位模型中,人们通常将采购分为(　　　)类。

　　A. 瓶颈类　　　B. 关键类　　　　C. 常规类　　　　　D. 标准类

　　E. 杠杆类

11. 下列属于供应定位模型中杠杆类产品采购策略的是(　　　)。

　　A. 深层合作,长期合同　　　　　　B. 压低价格或成本

　　C. 现货采购合同　　　　　　　　　D. 多个供应商

　　E. 低库存

12. 下列属于对供应商评价内容的是(　　　)。

　　A. 评价要素以及标准确定

　　B. 为评价要素设定权重和打分标准

　　C. 收集供应商的一手和二手信息

　　D. 信息分析

　　E. 进行供应商打分

13. 在供应商评价模型中,下列哪些是对供应商能力要素进行的评价(　　　)。

A. 质量　　　　B. 可获得性　　C. 服务与响应　D. 成本

E. 吸引力

14. 下列属于供应商业务能力评价指标中质量评价指标的是（　　）。

A. 功能性　　　　　　　　　B. 使用的方便性

C. 环境的友好型　　　　　　D. 性能的可靠性

E. 适应性与变通性

15. 下列属于供应商业务能力评价指标中成本评价指标的是（　　）。

A. 耐用性　　B. 购买价格　　C. 独特性　　　　D. 获得成本

E. 形象

16. 下列属于供应商业务能力评价指标中可获得性评价指标的是（　　）。

A. 订货数量　　　　　　　　B. 交货提前期

C. 所有权总成本　　　　　　D. 供货的持续性

E. 适应性与变通性

17. 下列属于供应商业务能力评价指标中服务与影响评价指标的是（　　）。

A. 客户信息　　　　　　　　B. 对客户咨询的响应

C. 产品服务范围　　　　　　D. 对客户的技术支持

E. 修理与维护服务

18. 下列属于供应商积极性评价指标的是（　　）。

A. 战略一致性　　　　　　　B. 交往的便利性

C. 财务的稳定性　　　　　　D. 交往的其他益处获得

E. 未来潜力和采购价值

19. 根据对供应商的实际能力和积极性的评价的打分结果，最终要根据供应商的总体情况对他们进行分级，下列哪些属于对供应商进行分级的内容（　　）。

A. 认证供应商　　　　　　　B. 优秀供应商

C. 合格供应商　　　　　　　D. 首选供应商

E. 免检供应商

20. 竞争性谈判作为一种独立的采购方式，是除招标方式之外最能体现采购竞争性原则、经济效益原则和公平性原则的一种方式。下列哪些是竞争性谈判优点（　　）。

A. 凡属于特殊规格货物采购，经营的厂家不多，有时只有一家或很少的几家，竞争的对象少，采用谈判确定成交，比较合理

B. 有利于紧急采购，及时供应某些方面迫切需要的物资和服务

    C. 能对一切条款内容、细节进行详细洽谈,更容易达到适当的价格和一致的协议

    D. 可选择适当的对象,并兼顾供应商以往的业绩,确保采购安全,防范采购风险

    E. 有利于政策性目标的实现或互惠条件的运用

21. 国际竞争性招标是指招标人邀请几个乃至几十个投标人参加投标,通过多数投标人竞争,选择其中对招标人最有利的投标达成交易,通常的做法有(　　)。

    A. 公开招标　　B. 选择性招标　C. 谈判招标　　D. 秘密招标

    E. 两段招标

22. 招标的基本做法一般分为(　　)阶段。

    A. 招标阶段　　B. 开标签约阶段C. 投标阶段　　D. 议标阶段

    E. 评标阶段

23. 下列属于投标阶段内容的是(　　)。

    A. 经审查合格后,招标人向取得投标资格者寄送标单

    B. 凡是接受标单准备投标的投标人必须向招标人交纳投标保证金或通过银行向招标人出具保函,保证一旦中标一定签约

    C. 投标人详细阅读和研究标单的全部内容和各项要求

    D. 按照招标单的要求填写投标单,在规定期限内寄交给招标人,逾期无效

    E. 如果选定中标者,由招标人与中标者签订供货合同,中标人尚须向招标人交纳履约保证金或出具银行履约保证函。

24. 下列属于供应管理的目标的是(　　)。

    A. 可靠性　　　B. 快速响应　　C. 柔性化　　　D. 成本节约

    E. 总资产回报率

25. 按照供应商供货的地点可将供应方式分为(　　)。

    A. 直接供应　　　　　　　　B. 连续供应

    C. 断续供应　　　　　　　　D. 间接供应

    E. 往复供应

26. 企业物流外包的与否的决策原则是(　　)。

    A. 风险层面　　　　　　　　B. 能力层面

    C. 规模层面　　　　　　　　D. 不确定性

    E. 变异系数

27. 企业物流外包的主要形式有(　　)。

  A. 部分业务外包   B. 全部业务外包

  C. 物流系统接管   D. 战略联盟关系

  E. 战略伙伴关系

28. 企业选择物流外包的益处有（ ）。

  A. 将有限的资源集中用于发展主业

  B. 节省物流费用，增加赢利

  C. 提升企业形象，增强服务价值

  D. 提升物流管理效率

  E. 加速物料和产品周转，减少库存，降低经营风险

29. 物流外包实施过程中需要着重注意的事项有（ ）。

  A. 协助第三方物流服务提供商认识企业生产运营要求，推进双方多层面的交流互动

  B. 制订有物流服务提供商参与的、具体的、详细的、具有可操作性的物流外包工作计划和实施方案

  C. 建立合同执行过程中可能出现的冲突处置预案，规避各种外包风险

  D. 根据实际情况进行物流外包合同的调整与变更

  E. 保持物流业务和外包管理的可扩展性

30. 在项目生产方式下，目前比较流行的是 EPC 管理。EPC（ ）是缩写，也称工程总承包。

  A. 技术   B. 采购   C. 施工   D. 生产

  E. 管理

（四）问答题

1. 按照先后顺序列出采购管理所包含的 12 个方面的内容。

2. 集中采购与分散采购有哪些优缺点，它们分别适用于哪些情况？

3. 企业一般会选择哪几种方式向供应商表达需求信息？

4. 供应定位模型的分类标准、产品分类名称及各类产品的基本采购策略分别是什么？

5. 招标的方式有几种，基本内容是什么？

6. 绘制出企业自制和外包的判定流程，并分步解释企业是否采取外包的理由。

（五）论述题

1. 为什么采购成本的节约给企业利润会带来重大贡献？

2. 列举出与供应商签署的六类合同的名称，并做简单的解释。

3. 列举出供应商评价的两个标准并给出改进措施，同时列举出供应商所

有评价措施以及供应商等级划分的类别,并解释一下影响供应商积极性有几个方面的问题。

4. 供应商管理库存(VMI)的含义是什么? 它如何为企业的库存管理作出贡献?

【参考答案】

(一)判断题

1. √,2. ×,3. ×,4. ×,5. √,6. ×,7. √,8. √,9. ×,10. ×,11. ×,12. ×,13. ×,14. ×,15. ×,16. ×,17. ×,18. ×,19. ×,20. √,21. ×,22. √,23. ×,24. √,25. √,26. ×,27. √,28. ×,29. √,30. ×,31. √,32. √,33. ×,34. √,35. ×,36. ×,37. ×,38. √,39. √。

(二)单项选择题

1. B,2. D,3. A,4. A,5. B,6. C,7. C,8. A,9. B,10. A,11. C,12. D,13. C,14. D,15. A,16. B,17. B,18. A,19. C,20. A,21. B,22. C,23. B,24. A,25. D,26. B,27. C,28. C,29. D,30. A。

(三)多项选择题

1. ABD,2. ABCDE,3. ABCD,4. ABCE,5. ABCD,6. ABCDE,7. ABCDE,8. ABCDE, 9. ABCDE, 10. ABCE, 11. BCDE, 12. ABCDE, 13. ABCD,14. ABCDE,15. BD,16. ABD,17. ABDE,18. ABCDE,19. ABCD,20. ABCDE,21. ABCE, 22. ABC, 23. CD, 24. ABCDE, 25. AD, 26. ABCDE, 27. ABCD,28. ABCDE,29. ABCDE,30. ABC。

(四)问答题

1. 见书本"4.1 概述"部分。

2. 见书本"4.1.2 采购原则"部分。

3. 见书本"4.2.1 明确需求"部分。

4. 见书本"4.2.2 市场分析与采购策略"部分。

5. 见书本"4.2.6 获取报价的方法"中"2. 招标与投标"部分。

6. 见书本"图 4-11 生产物流外包流程"部分。

(五)论述题

1. 结合书本"4.1.1 采购的重要性"作答。

2. 结合书本"4.2.3 合同种类与供应商关系"作答。

3. 结合书本"4.2.4 供应商评价模型及要素"、"4.2.5 供应商等级"作答。

4. 结合书本"4.3.4 供应管理流程"作答。

单元五　生产物流计划

一、学习目标

1. 了解厂内物流与物料需求计划的关系。
2. 熟悉物料需求计划的过程。
3. 能够使用倒序排产技术进行简单的计算。
4. 了解物料编码技术。

二、知识结构

知识结构如图 2-9 所示。

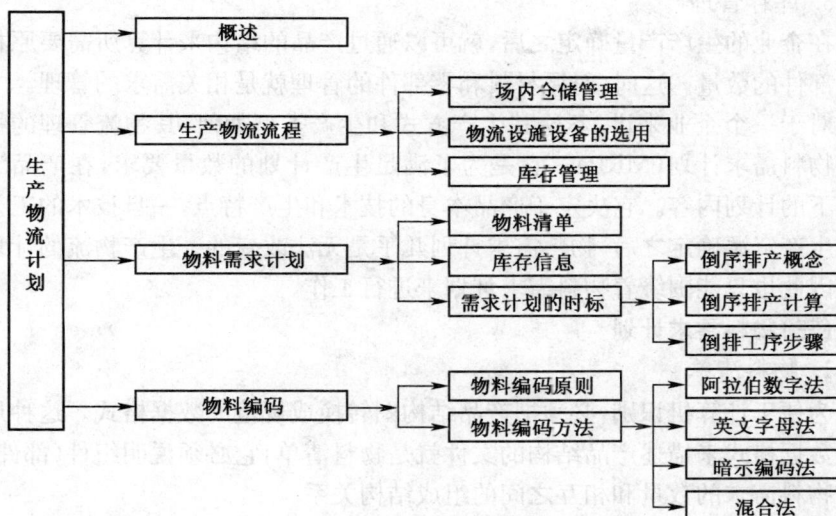

图 2-9　生产物流计划知识结构

三、主要知识点解读

(一)概述

厂内物流是根据生产计划、物料需求计划以及生产排程的有效实施所进行的一系列管理工作,主要内容包括原材料与在制品的库存管理、仓储管理、生产线配送计划、搬运装卸设备的选型、产成品的存储以及包装、物料回收六大方面。

(二)生产物流流程

与销售物流的社会化程度较高的特点相比较,生产物流局限在企业内部,其目标是为了保障持续稳定的生产。因此,生产物流的基本工作是按照物资需求计划的指令,准时保量无差错地将生产所需要的物资配送到现场和每一个工作中心。由此可以看出,生产物流的内容主要包括场内仓库管理、物流设施设备的选用和库存管理三大块。

1. 场内仓库管理

场内仓库管理的流程:货物的接收→检验→存放→分拣→加工→备货→发货。

场内仓库管理的内容:空间布局、储位管理、存储设备和搬运设备选用、信息技术应用以及盘点等。

2. 物流设施设备的选用

物流设施与设备的选用对提高生产物流的效率具有至关重要的作用。

3. 库存管理

在企业的生产产量确定之后,就可以通过产品的结构来计算所需要原材料和零部件的数量。这时,对原材料和零部件的管理就是相关需求的管理。

对于一个企业来讲,不论其生产方式和生产类型如何,其物流管理的核心都是物料需求计划(MRP)。它是为了满足生产计划的数量要求,在产品工艺约束下的计划内容。它决定于产品本身的技术和生产特点,一旦技术的工艺手段和生产资源确定之后,物料需求计划几乎是无法改变的。生产物流的计划与管理因此也只能围绕着物料需求计划来进行工作。

(三)物料需求计划

1. 物料清单

为便于计算机识别,必须把产品结构图转换成规范的数据格式。这种用规范的数据格式来描述产品结构的文件就是物料清单,它必须说明组件(部件)中各种物料需求的数量和相互之间的组成结构关系。

2. 库存信息

库存信息是保存企业所有产品、零部件、在制品、原材料等存在状态的数据库,包括现有库存量、计划收到量(在途)、已分配量、提前期、订购(生产)批量、安全库存量六个方面。

①现有库存量:指在企业仓库中实际存放的物料的可用库存数量。

②计划收到量(在途量):指根据正在执行中的采购订单或生产订单,在未来某个时段物料将要入库或将要完成的数量。

③已分配量:指尚保存在仓库中但已被分配的物料数量。

④提前期:指执行某项任务由开始到完成所消耗的时间。

⑤订购(生产)批量:指在某个时段内向供应商订购或要求生产部门生产某种物料的数量。

⑥安全库存量：指为了预防需求或供应方面的不可预测的波动，仓库经常应保持最低库存数量作为安全库存量。

3. 需求计划的时标

由于产品构成的层次性，产品在生产时的生产和组装就存在一定的顺序。

产品结构是多层次和树状结构的，其最长的一条加工路线就决定了产品的加工周期。在对产品及层次安排生产时，应按照产品需求的日期和时间向低层次安排，得出各层次物料的实际需求量。其中最终原材料就是采购的需求量，中间件就形成了生产的加工计划。

（1）倒序排产概念

指将 MRP 确定的订单完成时间作为起点，然后安排各道工序，找出各工序的开工日期，进而得到 MRP 订单的最晚开工日期，是计算开工日期及完工日期的一种方法。

（2）倒序排产计算

以倒序排产的方法编制工序计划，即从订单交货期开始，减去传送、加工、准备和排队时间来确定工艺路线上各工序的开工日期。如果得到一个已过期的开工日期，那么为了按预定的交货期完工，则应重新计划订单并压缩提前期。如果这不可能，那就只好将交货期推迟。

工序间隔时间就是估计工件从一个工作中心转移到下一个工作中心运输的等待时间（在每个工序之后）和在工作中心前排队的等待时间（在每道工序之前）。每道工作中心有一个与某工序的完成相关的运输时间（运输时间可以是一个常数或是随该工件要移动到那个工作中心而定的变数），以及在每个工作中心的排队时间。

（3）倒排工序步骤

①信息汇总。就是从已下达的车间订单文件和计划下达订单文件中得到订货量与交货期；从加工工艺文件中获得有关加工信息；从工作中心文件得到有关的排队时间信息。

②计算对工作中心能力的需求，即计算每个工作中心的每道工序的作业时间，它等于整批的加工时间加上准备时间。

③计算工序的交货日期和开工日期。采用倒排法从项目的交货日期往前逐个推算出每道工序的交货期和开工期。推算的依据是提前期。提前期由作业时间、排队时间、移动时间等构成。将作业时间换算到以天为单位时，需要用到工作中心的两个参数：利用率和效率。

（四）物料编码

在 MRP 系统中，将产品、零部件、在制品、原材料甚至工装工具等统称为

"物料"或"项目"。为便于计算机识别,必须对物料进行编码。物料编码是MRP系统识别物料的唯一标识。它用一组代码来代表一种物料。物料编码必须是唯一的,也就是一种物料不能有多个物料编码,一个物料编码不能有多种物料。物料的编码大致可以划分为储位码、技术图号、分类加流水号、物料属性号、国标加规格号。

物料编码的基本类别有两种:

一是顺序编码:也称流水号编码,是一种简单的编码,计算机也可提供流水编码的功能。对企业来讲,在没有现存的编码可利用的前提下,可以考虑顺序编码。

二是赋义编码:是赋予编码一定含义。这种编码常用的是层次码和属性码。层次码可表达物料统计上的卷叠要求,属性码可以表达物料的配置要求。

1. 物料编码的原则

①通用性:指同一编码原则应能涵盖所有物料,新增加的品种也能够适应。

②可扩展性:编码原则的制定应能考虑公司 5～10 年内物料的变化趋势,并且要对不同的情况留有一定的余地。

③效率性:指编码应当满足提高日常操作效率的要求。

④兼容性:即本公司的物料编码应当考虑与主要客户、重要供应商的编码的兼容,要求要建立一个物料编码对照表,把客户、主要供应商的编码、本公司编码放在一张表内可以自由查询。

⑤综合性:编码原则也应考虑与产品(物料清单)、生产、采购、货仓运作、物料控制、财务、使用软件系统等相关方面的配合使用问题。

2. 物料编码方法

(1)阿拉伯数字法

阿拉伯数字法是以阿拉伯数字作为物料编码的工具,采用以一个或数个阿拉伯数字代表一项物料。这种方法容易了解,只是需另外准备物料项目与数字的对照表,又要记忆对照项目,因此有关人员必须经过一段时间的训练与适应才能运用自如。

以阿拉伯数字做物料编码的,较常见的有下列几种:连续数字编码法、分级式数字编码法、区段数字编码法、国际十进制分类法。

①连续数字编码法。连续数字编码法是先将所有物料依某种方式大致排列,然后自1号起依顺序编排流水号。由于这种物料编码一料一号,只显示编码时间的先后,与物料的属性等没有关联,造成新购物料无法插入原有排列顺序的料号内,物料管理、仓储管理很不方便。

②分级式数字编码法。分级式数字编码法是先将物料主要属性分为大类

并编定其号码,然后再将各大类根据次要属性细分为较次级的类别并编定其号码,如此继续进行下去。在分级式数字编码法中,任一物料项目只有一个物料编码。

③区段数字编码法。区段数字编码法介于连续数字编码法与分级式数字编码法之间。使用位数较分级式数字编码法更少,而仍能达到物料编码的目的。

④国际十进分类。这种方法于 1876 年由美国杜威首创,其方法新颖而独到,可以无限制展开,颇受欧洲大陆各国的重视。1895 年的国际图书馆学会决定以杜威的十进法为基础,作更进一步发展,其后经众多数学专家的研究与发展,最后完成所谓国际十进位分类法,目前已有许多国家采用为国家规格。

所谓国际十进位分类法是将所有物料分类为十大类,分别以 0 至 9 之数字代表,然后每大类物料再划分为十个中类,再以 0 至 9 数字为代表,如此进行下去。

采用国际十进分类的物料编码,如编码编至三位数字之后仍须继续延长时,即应加以“.”符号以表示划分。国际十进分类法可无限展开,任何新物料均可插入原有物料编码之系统而不混淆原有物料编码系统。国际十进分类法所能运用的符号只有十个(0~9),故使编码趋长而又无暗示作用,故美中不足。

(2)英文字母法

是以英文字母作为物料编码工具的物料编码法。英文字母中 I、O、Q、Z 与阿拉伯数字中 1、0、9、2 容易混淆,故多废弃不用,除此之外,尚有 22 个字母可使用。如以 A 代表金属材料,B 代表非木材,以 AA 代表铁金属等。目前我国使用已经非常普遍。

(3)暗示法

暗示编码法是指物料编码代表物料的意义,可自编码本身联想出来。暗示编码法又可分为字母暗示法和数字暗示法。

①英文字母暗示法。从物料的英文字母当中,择取重要且有代表性的一个或数个英文字母(通常取主要文字的第一个字母)作为编码的号码,使阅读物料编码者可以从中想象到英文的字义,进而联想到该物料。

②数字暗示法。直接以物料的数字为物料编码的号码,或将物料的数字依一固定规则而转换成物料编码的号码,物料编码的阅读者可从物料编码数字的暗示中得悉该物料为何物。

(4)混合法

混合法物料编码系联合使用英文字母与阿拉伯数字来编码,而多以英文字母代表物料的类别或名称,其后再用十进位或其他方式编阿拉伯数字号码。这种物料编码方法较十进位采用符号较多,故有不少公司乐于采用此种方法。

3. 制定物料需求计划的基本步骤

一般来说,物料需求计划的制订是遵照先通过主生产计划导出有关物料的需求量与需求时间,然后,再根据物料的提前期确定投产或订货时间的计算思路。其基本计算步骤如下:

①计算物料的毛需求量:即根据主生产计划、物料清单得到第一层级物料品目的毛需求量,再通过第一层级物料品目计算出下一层级物料品目的毛需求量,依次往下展开计算,直到最低层级原材料毛坯或采购件为止。

②净需求量计算:即根据毛需求量、可用库存量、已分配量等计算出每种物料的净需求量。

③批量计算:即由相关计划人员对物料生产作出批量策略决定,不管采用何种批量规则或不采用批量规则,净需求量计算后都应表明有否批量要求。

④安全库存量、废品率和损耗率等的计算:即由相关计划人员来规划是否要对每个物料的净需求量作这三项计算。

⑤下达计划订单:即指通过以上计算后,根据提前期生成计划订单。物料需求计划所生成的计划订单要通过能力资源平衡确认后,才能开始正式下达计划订单。

⑥再一次计算:物料需求计划的再次生成大致有两种方式:第一种方式会对库存信息重新计算,同时覆盖原来计算的数据,生成的是全新的物料需求计划;第二种方式则只是在制定、生成物料需求计划的条件发生变化时,才相应地更新物料需求计划有关部分的记录。这两种生成方式都有实际应用的案例,至于选择哪一种要看企业实际的条件和状况。

MRP 系统要正确计算出物料需求的时间和数量,特别是相关需求物料的数量和时间,首先要使系统能够知道企业所制造的产品结构和所有要使用到的物料。产品结构列出构成成品或装配件的所有部件、组件、零件等的组成、装配关系和数量要求。

(五)相关术语的英文缩写(见表 2-2)

表 2-2　相关术语英文缩写

缩写符	含义	缩写符	含义
BOM	物料清单	Material Code	物料编码

四、全真考试试题分析

(一)判断题

1. 物料清单为多层次和树状结构,其最长的一条加工路线就决定了产品

的加工周期。（　　）

试题分析：本题是教材原文，答案为正确，主要考核对物料清单和需求计划时标的理解，详见"5.3.3 需求计划的时标"。

2. 物料编码分为顺序码和结构码，其中顺序编码常用的是层次码和属性码。层次码可以表达物料统计上的卷叠要求，属性码可以表达物料上的配置要求。（　　）

试题分析：本题主要考核对物料编码类别的理解，答案为错误。物料编码中分为顺序码和赋义码，顺序编码是简单的一种编码，计算机也可以提供流水编码的功能。在没有现存的编码可利用的前提下，可以考虑顺序编码，或者称流水号编码。赋义编码是赋予编码一定含义。这种编码常用的是层次码和属性码。层次码可以表达物料统计上的卷叠要求，属性码可以表达物料的配置要求，详见教材"5.4 物料编码"。

（二）单项选择题

物料编码通常有以下几种方法，如阿拉伯数字法、英文字母法、暗示法和混合法。其中叙述正确的是（　　）。

A. 暗示法是指物料编码代表物料的意义，可自编码本身联想出来

B. 阿拉伯数字法很容易将编码与实际物料联系起来

C. 字母暗示法不太容易将编码与实际物料对应起来

D. 连续数字编码法方便后续的物料管理和仓储管理

试题分析：本题主要考核四种物料编码方法的理解，答案为 A。选项 B、C、D 与教材相关内容表达的意思正好相反，故为错误，详见教材"5.4.2 物料编码方法"。

（三）多项选择题

物料编码原则应该是（　　）。

A. 通用性

B. 可扩展性

C. 效率性

D. 兼容性

E. 综合性

试题分析：本题主要考核对物料编码原则的理解，答案为 ABCDE，详见教材"5.4.1 物料编码原则"。

（四）情景问答题

某跨国电子产品的供应商每月都从其客户那里得到计划产量的预测数据，但实际生产订单下达时却经常与预测数据不同，平均误差在 20% 左右，供应商

的生产计划员觉得不可思议。因为,计划产量的预测数据应根据产品物料清单计算出来,怎么会总有误差呢? 另外,生产计划一旦确定下来就会被"冻结",而客户却总是修改订单数量。因此,供应商的生产计划员认为这家电子产品企业的生产管理存在问题。你同意他的看法吗? 理由是什么?

试题分析:本题考核内容涉及主生产计划、需求预测和物流清单等知识,内容覆盖生产物流多章的内容,教材也没有现成的答案,需要综合分析归纳,给出答案。供应商生产计划员的认识存在明显错误之处是"计划产量的预测数据应该是根据产品物料清单计算出来的,怎么会总有误差呢?"。计划产量一般是根据客户订单和市场预测等来确定,而不是由产品物料清单计算出来的,预测存在误差是正常的。由此,可推断不应赞同他的看法。

参考答案:我不同意上述观点,理由如下:1)由于各种原因,实际生产订单下达时与预测数不同,平均误差在 20% 左右是正常的,可能是预测的时长的原因,也可能是预测的方法选择不恰当,还可能是预测的资料数据不全面等造成的。2)生产计划是根据客户订单和市场预测来确定的,而不是简单由物料清单计划计算出来的。3)生产计划确定下来就会被"冻结",是因为主生产计划的改变,尤其是对已开始执行但尚未完成的主生产计划进行修改,将会引起一系列的改变以及成本的增加,从而要设定一个时间段,使主生产计划在设定期间内不变或轻易不得变动,也就是使主生产计划有一个相对稳定化。4)但"冻结"也不是绝对的,当遇到有些特殊情况发生变化时,也可以改变,修改订单数量。

五、单元测试题及参考答案

单元测试题

(一)判断题

1. 厂内物流是根据生产规划、物料需求计划以及生产排程的有效实施所进行的一系列管理工作。( )

2. 与销售物流的社会化程度较高的特点相比较,生产物流局限在企业内部,其目标是为了保障持续稳定的生产。( )

3. 生产物流的基本工作是按照生产计划员的指令,准时保量无差错地将生产所需要的物资配送到现场和每一个工作中心。( )

4. 场内仓储管理的流程是接收→检验→存放→加工→备货→分拣→发货。( )

5. 物流设施与设备的选用对提高生产物流的效率起到决定性的作用。( )

6. 当企业的生产产量确定之后,对原材料需求和零部件数量的管理需求

属于相关需求的管理,其物流管理的核心就是生产计划。(　)

7. 一般来说,物料需求计划的制订是遵照先通过主生产计划导出有关物料的需求量与需求时间,然后再根据物料的提前期确定投产或订货时间的计算思路。(　)

8. 在物料需求计划的计算净需求量时,主要是根据毛需求量和可用库存量计算出每种物料的净需求量,对于已分配量不易列入计算之列。(　)

9. 在根据物料需求计划生成计划订单时,不仅要考虑提前期,还要考虑企业自身的生产能力等。(　)

10. 物料清单列出构成成品或装配件的部分部件、组件、零件等的组成、装配关系和数量要求。(　)

11. 企业使用物料清单的目的是多方面的,其中也包括便于计算机识别。(　)

12. MRP 系统将产品、零部件、在制品、原材料甚至工装工具等统称为"物料"或"项目"。(　)

13. 库存信息中的已分配量是指已被分配掉的物料数量,不包括仓库内的物品。(　)

14. 企业生产的产品结构是多层次和树状结构的,其最复杂的一条加工路线就决定了产品的加工周期。(　)

15. 倒序排产是将 MRP 确定的订单完成时间作为起点,然后安排各道工序,找出各工序的开工日期,进而得到 MRP 订单的最早开工日期。(　)

16. 以倒序排产的方法编制工序计划要从订单交货期开始,加上传送、加工、准备和排队时间来确定工艺路线上各工序的开工日期。(　)

17. 工作中心能力的需求时间等于整批的加工时间加上准备时间。(　)

18. 为满足企业与顾客、供应商的联系方便,企业的物料编码不一定要唯一,可以多种多样。(　)

19. 赋义编码也称流水号编码,通常使用最多的是层次码和属性码。层次码可以表达物料的统计上的卷叠要求;属性码可以表达物料的配置要求。(　)

20. 连续数字编码法是先将所有物料依某种方式大致排列,然后自1号起依顺序编排流水号。这种物料编码方法在物料管理、仓储管理上很不方便。(　)

(二)单项选择题

1. 当企业的生产产量确定之后,对所需要的原材料和零部件的数量的管理是相关需求的管理,它的物流管理的核心是(　　)。

　　A. 采购计划　　　B. 生产规划　　　C. 物料需求计划　　　D. 物料清单

2. 在物料需求计划的批量计算时,不管采用何种批量规则或不采用批量规则,净需求量计算后都应该表明是否有(　　)。

    A. 批量要求　　　B. 生产计划　　　C. 生产订单　　　　D. 采购计划

3. 一般来说,物料需求计划的制订是遵照先通过(　　)导出有关物料的需求量与需求时间,然后再根据物料的提前期确定投产或订货时间的计算思路。

    A. 主生产计划　　B. 物料需求计划　　C. 客户生产订单数量　　D. 生产规划

4. MRP 系统要正确计算出物料需求的时间和数量,特别是相关需求物料的数量和时间,首先要使系统能够知道企业所制造的(　　)和所有要使用到的物料。

    A. 产品数量　　　B. 产品结构　　　C. 产品名称　　　　D. 产品规格

5. 为便于计算机识别,必须把产品结构图转换成规范的数据格式,这种用规范的数据格式就是(　　)。

    A. 产品性质　　　B. 产品结构　　　C. 产品名称　　　　D. 物料清单

6. 安全库存量是指为了预防需求或供应方面的不可预测的波动在仓库中经常应保持的(　　)库存数量。

    A. 最高　　　　　B. 最低　　　　　C. 一定　　　　D. 能够足够满足生产

7. 企业生产的产品结构是多层次和树状结构的,其(　　)的一条加工路线就决定了产品的加工周期。

    A. 最短　　　　　B. 最长　　　　　C. 复杂　　　　　　D. 工序最多

8. 在对产品及层次安排生产时,应按照产品需求的日期和时间往(　　)层次安排,得出各层次物料的实际需求量。

    A. 低　　　　　B. 高　　　　　C. 中间　　　　　D. 最后

9. 倒序排产是计算(　　)日期及完工日期的一种方法。

    A. 完工　　　　B. 产品入库　　　C. 产品交付　　　D. 生产开工

10. 计算工序的交货日期和开工日期时,通常采用倒排法从项目的交货日期往前逐个推算出每道工序的交货期和开工期,推算的依据是(　　)。

    A. 生产周期　　　B. 产品结构　　　　C. 提前期　　　D. 物料清单

(三)多项选择题

1. 厂内物流是主要内容包括(　　)。

    A. 仓储管理　　　B. 生产线配送计划　　　C. 搬运装卸设备的选型

    D. 产成品的存储以及包装　　　E. 物料回收

2. 仓储管理的内容包括(　　)。

    A. 空间布局　　　B. 储位管理　　　C. 存储设备选用

D. 搬运设备选用　　　　　　　E. 信息技术应用

3. 下列属于物料需求计划的基本步骤的是(　　)。

A. 物料的毛需求量的计算　　　　B. 净需求量的计算

C. 生产批量的计算　　　　　　　D. 计划订单的下达

E. 安全库存量、废品率和损耗率等的计算

4. 在物料需求计划的基本步骤中,净需求量计算的依据是(　　)。

A. 毛需求量　　　　B. 计划订单量　　　C. 客户需求量

D. 可用库存量　　　E. 已分配量

5. 库存信息是保存企业所有(　　)等存在状态的数据库。

A. 产品　　　　　　B. 零部件　　　　　C. 装配件

D. 原材料　　　　　E. 在制品

6. 在 MRP 系统中,将(　　)等统称为"物料"或"项目"。

A. 产品　　　　　　B. 零部件　　　　　C. 工装工具

D. 原材料　　　　　E. 在制品

7. 下列属于库存信息的是(　　)。

A. 现有库存量　　　B. 已分配量　　　　C. 提前期

D. 安全库存量　　　E. 计划收到量(在途)

8. 以倒序排产的方法编制工序计划,即从订单交货期开始,减去(　　)时间来确定工艺路线上各工序的开工日期。

A. 传送　　　　　　B. 计划　　　　　　C. 加工

D. 准备　　　　　　E. 排队

9. 采用倒排法从项目的交货日期往前逐个推算出每道工序的交货期和开工期。推算的依据是提前期,提前期由(　　)构成。

A. 采购时间　　　　B. 计划时间　　　　C. 作业时间

D. 排队时间　　　　E. 移动时间

10. 物料编码的基本类别有(　　)。

A. 顺序编码　　　　B. 自创编码　　　　C. 通用编码

D. 联合编码　　　　E. 赋义编码

11. 下列属于物料编码的原则的是(　　)。

A. 通用性　　　　　B. 可扩展性　　　　C. 效率性

D. 兼容性　　　　　E. 综合性

12. 目前工商企业所采用的物料编码方法主要有(　　)。

A. 阿拉伯数字法　　B. 英文字母法　　　C. 暗示法

D. 混合法　　　　　E. 赋义法

13. 阿拉伯数字法是以阿拉伯数字作为物料编码的工具,采用以一个或数个阿拉伯数字代表一项物料。以阿拉伯数字做物料编码的,较常见的有(　　)。

    A. 连续数字编码法　　B. 断续数字编码法　　C. 分级式数字编码法

    D. 区段数字编码法　　E. 国际十进制分类法

14. 在使用英文字母法进行物料编码时,一般不宜使用的字母有(　　)。

    A. I　　　　　B. O　　　　　C. Q　　　　　D. Z　　　　　E. L

15. 暗示编码法是指物料编码代表物料的意义,可自编码本身联想出来。暗示编码法又可分为(　　)。

    A. 字母暗示法　　　　B. 混合暗示法　　　　C. 分级暗示法

    D. 数字暗示法　　　　E. 汉字暗示法

(四)问答题

1. 绘制企业生产物流的简要流程。

2. 列举几个仓库管理中用到的设施和设备的名称,并说明它们的基本用途。

3. 物料编码的作用是什么?

4. 物料的原则是什么?

5. 有哪些常见的编码方式,它们的特点是什么?

(五)论述题

1. 简述物料需求计划的基本内容,并解释物料清单和计划时标的基本含义。

2. 什么是倒序排产?举例说明。

【参考答案】

(一)判断题

1. ×,2. √,3. ×,4. ×,5. ×,6. ×,7. √,8. ×,9. √,10. ×,11. √,12. √,13. ×,14. ×,15. ×,16. ×,17. √,18. ×,19. ×,20. √。

(二)单项选择题

1. C,2. A,3. A,4. B,5. D,6. B,7. B,8. A,9. D,10. C。

(三)多项选择题

1. ABCDE, 2. ABCDE, 3. ABCDE, 4. ADE, 5. ABCDE, 6. ABCDE, 7. ABCDE, 8. ACDE, 9. CDE, 10. AE, 11. ABCDE, 12. ABCD, 13. ACDE, 14. ABCD,15. AD。

(四)问答题

1. 见书本"5.2 生产物流流程"部分。

2. 见书本"5.2.2 物流设施设备的选用"部分及仓储与配送实务和第三方物流模块。

3. 见书本"5.3.2 库存信息"和"5.4 物料编码"部分。

4. 见书本"5.4.1 物料编码原则"部分。

5. 见书本"5.4.2 物料编码方法"部分。

(五)论述题

1. 结合书本"5.3 物料需求计划"作答。

2. 结合书本"5.3.3 需求计划的时标"作答。

单元六　能力计划与系统布置

一、学习目标

1. 了解能力计划的基本内容。
2. 了解粗能力计划和细能力计划的方法。
3. 知道粗能力计划与细能力计划之间的区别。
4. 熟悉系统布置相关知识。
5. 了解物料流向图法。

二、知识结构

知识结构如图 2-10 所示。

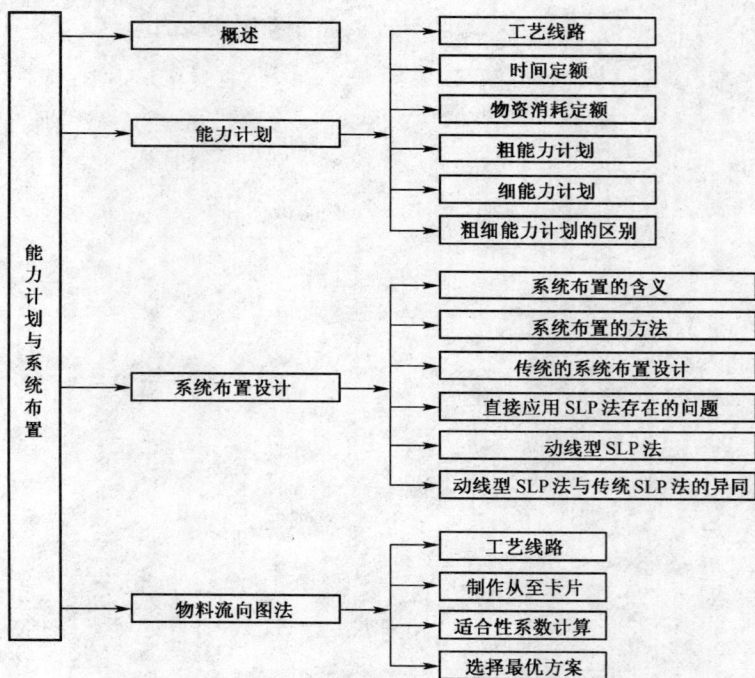

图 2-10　能力计划与系统布置知识结构

三、主要知识点解读

(一)概述

1. 能力计划

能力计划是生产企业对产能资源进行计划的过程。一般情况下,能力需求计划分为粗能力计划和细能力计划两种。粗能力计划关注流程中的关键路径,细能力计划则进一步关注各关键路径活动的方面。这两个计划是在确保完成生产任务的前提下,对资源进行合理配置,提升生产效率并节约成本。

2. 系统布置

合理的布局将会对企业未来生产过程中快速高效的物流活动产生重要影响。

(二)能力计划

在能力计划中,工艺线路、时间定额和物资消耗定额是关键的三个要素。

1. 工艺线路

工艺路线(Routing)也称加工路线,是描述物料加工、零部件装配的操作顺序的技术文件,是多个工序的序列。工序是生产作业人员或机器设备为完成指定的任务而做的一个动作或一连串动作,是加工物料、装配产品的最基本的加工作业方式,是与工作中心、外协供应商等位置信息直接关联的数据,是组成工艺路线的基本单位。

工艺路线数据主要包括工艺路线编码、工艺路线名称、工艺路线类型、制造单位、物料编码、物料名称、工序编码、工序名称、加工中心编码、是否外协、时间单位、准备时间、加工时间、移动时间、等待时间、固定机时、变动机时、固定人时、变动人时、替换工作中编码、生效日期、失效日期和检验标志等。

工艺路线的编写过程相对复杂,涵盖生产的方方面面。但工艺路线和工序不是一成不变的,而是随生产类型、技术进步、产品发展和员工素质的不断提高而变化的。

2. 时间定额

时间定额是完成一个工序所需的时间,是劳动生产率指标。根据时间定额可以安排生产作业计划,进行成本核算,确定设备数量和人员编制,规划生产面积。因此,时间定额是工艺规程中的重要组成部分。

确定时间定额应根据本企业的生产技术条件,使大多数工人经过努力都能达到,部分先进工人可以超出,少数工人经过努力可以达到或接近平均先进水平。合理的时间定额能调动工人的积极性,促进工人技术水平的提高,从而不断提高劳动生产率。随着企业生产技术条件的不断改善,时间定额应定期进行修订,以保持定额的平均先进水平。

(1)时间定额的组成

时间定额由基本时间、辅助时间、服务时间(布置工作地时间)、休息和生理需要时间、准备与终结时间组成。

①基本时间指直接改变生产对象的尺寸、形状、相对位置以及表面状态等工艺过程所消耗的时间。

②辅助时间指各种辅助动作所消耗的时间。

③操作时间指基本时间与辅助时间之和。

④服务时间指为正常操作服务所消耗的时间(计算方法是一般按操作时间的2%～7%进行计算)。

⑤休息时间指为恢复体力和满足生理卫生需要所消耗的时间(计算方法是一般按操作时间的2%进行计算)。

⑥准备与终结时间指为生产一批零件进行准备和结束工作所消耗的时间。

(2)时间定额的确定

时间定额的确定可以通过计算的方法得出,即将上面所列的各项时间组合起来,就可以得到各种时间定额;也可以通过定额员、工艺人员和工人相结合,通过总结过去的经验并参考有关的技术资料直接估计确定。或者以同类产品的工件或工序的时间定额为依据进行对比分析后推算出来,也可通过对实际操作时间的测定和分析后确定。

在计算中,准备与终结时间随批量大小而不同,批量越大,每一零件的准备与终结时间越少。在大量生产中,产品终年不变,可不计准备与终结时间。

3. 物资消耗定额

物资消耗定额是正确确定物资需要量、编制物资供应计划的重要依据,是产品成本核算和经济核算的基础。实行限额供料是有计划地合理利用和节约原材料的有效手段。物资消耗定额应在保证产品质量的前提下,根据本厂生产的具体条件,结合产品结构和工艺要求,以理论计算和技术测定为主,以经验估计和统计分析为辅来制定最经济最合理的消耗定额。

(1)物资消耗定额分类

物资消耗定额分工艺消耗定额和非工艺消耗定额两部分:

①工艺消耗定额。工艺消耗定额包括主要原材料消耗定额和工艺性辅助材料消耗定额。

②非工艺消耗定额。是指废品消耗、材料代用损耗,设备调整中的损耗等,但不包括途耗、磅差、库耗等(此部分作仓库盘盈盘亏处理)。

(2)制定物资消耗定额的基本方法

①技术计算法。是根据产品的设计结构、技术要求、工艺流程、合理的下料方案来制定消耗定额的方法。技术计算法制定定额比较准确,但计算工作量大,主要适用于图样、工艺资料完整且批量较大的产品。

②统计分析法。是根据以往生产中物资消耗的统计资料,经过分析研究,并考虑计划期内生产技术组织条件的变化等因素来确定物资消耗定额的方法。

③经验估计法。是根据技术人员和生产工人的实际经验,结合有关技术文

件和产品实物,考虑计划期内的生产技术组织条件变化等因素制定物资消耗定额的方法。

4. 粗能力计划

所谓粗能力计划是指在闭环 MRP 设定完毕主生产计划后,通过对关键工作中心生产能力和计划生产量的对比,判断主生产计划是否可行。

所谓关键中心是指处于生产工艺网络图关键路径上的中心活动。关键路径是这个网络图中时间消耗最长的路径,该路径没有浮动时间,该路径中每一个具体活动的延迟都会导致总网络的延迟。

目前常用的粗能力计划的编制方法是资源清单法,具体步骤包括建立关键中心资源清单→判定各时段能力负荷→生成粗能力计划(粗能力计划＝工作中心资源清单＋时段负荷情况)→分析各时段负荷原因→调整生产能力和需求计划。

粗能力计划过程的尾部环节将会对生产能力和物料需求进行初步的平衡性调整。原则上的调整方法有减轻负荷和增加能力两种,具体做法有延长交货期,取消部分订单,再如加班加点,增加设备等等。

粗能力计划制定的注意事项:一是粗能力计划应灵活机动;二是粗能力计划应粗中有细;三是粗能力计划的制定应容易理解且较为直观。

最后,如果粗能力计划表明主生产计划所产生的能力需求存在短缺,则必须在生产实施或资源投入过程开始之前解决这一问题。

5. 细能力计划

细能力计划又称详细能力计划,是指在闭环 MRP 通过 MRP 运算得出对各种物料的需求量后,计算各时段分配给工作中心的工作量,判断是否超出该工作中心的最大工作能力,并做出调整。

细能力计划实际上是对关键路径之外的其他活动进行计划的过程。除关键路径外,其他活动都有可能具有浮动时间。浮动时间是指在此时间段内,活动的开始时间可以调整,给计划者留有余地来充分指派产能。

粗能力计划是保障完成任务和关注效果,细能力计划就是在保障效果的情况下而进一步关注产能的节约。细能力计划是计算所有生产任务在各相关工作中心加工所需的能力,并将所需能力与实际可供能力进行对比,以供生产计划员决定当前能力供应能否满足生产需求。细能力计划从产能的角度保证了市场需求的可执行性,为生产计划的调整安排提供参考信息。

细能力计划的主要特点有实时维护资源清单、支持时间偏置的细能力清单、支持多工厂日历、支持能力和负荷的在线调整、提供能力查询的图形显示、提供设备级的能力调整功能、支持分任务和分资源的能力需求查询七个方面。

细能力计划的应用价值包括：一是能够准确计算每个任务每天每道工序的能力需求和负荷；二是能够预知未来的加班与停工；三是能够有效协调资源负荷；四是能够提高制造资源利用效率。

6. 粗能力计划与细能力计划的区别

①参与闭环 MRP 计算的时间点不一致。粗能力计划在主生产计划确定后即参与运算，而细能力计划是在物料需求计划运算完毕后才参与运算。

②粗能力计划只计算关键工作中心的负荷，而细能力计划需要计算所有工作中心的负荷情况。

③粗能力计划计算时间较短，而细能力计划计算时间长，不宜频繁计算、更改。

（三）系统布置设计

1. 系统布置的意义

系统布置主要是指企业厂房和车间建设的前期工作。如果一个企业不能对生产的相关设施予以良好的布局，未来的生产过程将会面对无止境的浪费，如无效冗长的物资移动过程，超过需要的产能以及无休止的等待。因此，良好的布局是企业规避物流成本的战略性活动，可以起到防患于未然的作用。

2. 系统布置的方法

系统布置方法首先要建立一个相关图，表示各部门的密切程度。相关图类似于车间之间的物流图。相关图要用试算法进行调整，直到找到满意方案为止。然后根据建筑的容积来合理安排各个部门。为便于对布置方案进行评价，系统布置设计也要对方案进行量化。根据密切程度的不同赋予权重，然后试验不同的布置方案，最后选择得分最高的布置方案。

3. 传统的系统布置设计

传统的系统布置设计方法称为 SLP 法。在 SLP 方法中，将研究工程布置问题的依据和切入点归纳为 P —产品、Q —产量、R —工艺过程、S —辅助部门、T —时间 5 个基本要素。采用 SLP 法进行企业总平面布置的首要工作是对各作业单位之间的相互关系做出分析，包括物流和非物流的相互关系，经过综合得到作业单位相互关系表，然后，根据相互关系表中作业单位之间相互关系的密切程度，决定各作业单位之间距离的远近，绘制作业单位位置相关图，将各作业单位实际占地面积与作业单位位置相关图结合起来，形成作业单位面积相关图；通过作业单位面积相关图的修正和调整，得到数个可行的布置方案，然后采用加权因素对各方案进行评价择优，并对每个因素进行量化，以得分最多的布置方案作为最佳布置方案。

4. 传统的系统布置设计存在的不足

在现代企业设施布置中,直接应用 SLP 法进行设施布置设计存在以下几方面的问题:

(1)不适应现代企业的生产特点

传统的 SLP 方法是基于计划推动式生产的方法,而现代企业的生产是基于市场订单需求的拉动式生产。

(2)缺少物流战略规划

战略规划对现代企业设施布置设计的影响较大,布置设计各项问题的分析都要基于企业经营战略,以实现战略规划为目标。传统的设施布置方法缺少战略规划,影响现代企业的未来可持续发展。

(3)缺少动态柔性

传统 SLP 方法基本上是静态的,缺乏动态柔性。而现代企业的生产经营随机性、时效性等特点很明显,要求其布置设计和生产系统具有适当的弹性、柔性,能紧随市场变化及时、适度地进行调整。

(4)传统 SLP 方法缺少动线分析过程

所谓动线就是货物和人员的移动路线。在整个企业范围内,货物和人员的流动不能发生阻断、迂回、绕行和相互干扰等现象,要求动线具有完整性、合理性和流畅性。在总体规划方案初步确定后,就要及时进行动线分析,以便做出相应的调整。

(5)主观因素影响较大

由于 SLP 方法没有充分考虑利用计算机技术,主要是手工布置,受主观经验、自身知识及能力等多种因素的影响,虽然在布置过程中考虑了系统优化,但往往得不到较优解,有时得到的可能仅仅是非劣解,想要获得优秀的、令人满意的方案是比较困难的。而且,手工布置程序繁琐,导致设计者最终提供给决策者的方案较少,可供决策者选择的余地太小,不利于科学决策。

5. 动线型 SLP 法

考虑到传统 SLP 法存在的不足,而提出一种适合现代企业的设施布置设计的改进 SLP 法。由于这个方法加入了动线分析,故我们称之为动线型 SLP 法。该方法共分为 8 个阶段。

①资料搜集与分析阶段。此阶段搜集并分析影响布置设计的基础数据和背景资料,主要包括产品加工、服务的对象或接收的订单。

②确定设施布置类型。由于企业生产的产品品种的多少以及每种产品产量的高低不同,决定了企业的总体布局及生产设施的布置形式也有所不同。

③作业单位及作业活动分析。根据对企业主要的业务活动、作业的关联性

及其大体作业流程的分析,划分作业区域和作业单位。此过程需注意作业区域之间可能存在的信息交换关系、组织协调关系、考虑操作安全和环境需要而保持的距离关系。

④初步方案形成阶段。

⑤方案评估和选择阶段。对形成的数个方案采用系统工程学、技术经济学或者计算机仿真的方法,从社会、经济、技术等方面,对各方案进行的综合评价和方案评估,从中选择一到两个可选方案进行详细设计。

⑥详细布置设计阶段。对各作业区内部所使用的各种设施、设备器具、作业场所、车间通道等进行详细布置和安排。

⑦动线分析。在对一到两个可选方案进行详细布置设计后,有必要对企业的物流动线和人行动线进行分析,并对最优方案进行调整、反馈修正,使其物流动线和人行动线具有最大的合理性和流畅性,提高企业的运转效率。(物流动线的主要型式有直线式、U 型、S 型、O 型、L 型等,实际流动模式常常由这 5 种基本流动模式组合而成。)

⑧确定最佳布置方案。根据以上的动线分析,确定最佳布置方案进行实施,在实施过程中再对布置方案进行调整和进一步完善。

6. 动线型 SLP 法与传统 SLP 法的异同

1)设计所基于的基础数据和背景资料不同。传统 SLP 法的设计基于 P —产品、Q —产量,R —工艺过程、S —辅助部门、T —时间 5 个基本要素。动线型 SLP 法主要依赖于 E —接收的订单、I —种类、Q —数量、R —流程、S —辅助部门和物流服务水平、T —时间安排、C —建造预算等要素。

2)程序有所改变。针对现代企业的特点,在传统 SLP 法的程序模式上,加入了设施布置类型的确定、详细布置设计及动线分析阶段。

3)更加强调了设施布置设计的柔性。柔性是指系统适应环境变化或输入条件变化的能力。对于现代企业的设施布置设计来说,其柔性体现在能够根据业务的繁忙程度,及时对现代企业的设施布置进行调整。

一般来说,现代企业布置设计的柔性、弹性可从布置设计、建筑技术、机械制造等多方面考虑,采取多种措施来实现,例如:

①适当留有余地,对暂时没用的地方予以绿化。

②把未来有较大扩充可能性的作业区,布置在现代企业可以扩展的纵深方向。

③多利用大跨度车间厂房。

④利用组合式厂房,可拆卸墙体。

⑤机器设备布置时多采用成组技术、可重构技术。

⑥注意各种机械设备、建筑设施等的标准化、模块化。

⑦机器设备的安装固定多采用弹性固定,可移动性支撑构件等等。

(四)物料流向图法

所谓物料流向图法是用各单位之间物流量(物流强度)大小来确定物流之间移动的最合理顺序并依此进行厂内布置的一种方法,其目标是减少各生产环节间的交叉往返运输时间。

1. 工艺线路

根据各产品的加工过程编制工艺路线图来辅助进行工艺路线分析,然后绘制从至分析表。所谓物流从至分析表就是加工的产品从一个工序(设备)运至另一个工序(设备)搬运量的汇总表。

2. 制作从至卡片

制作从至卡片是能够快速反应每个设备或工序间物流量的有效方法。卡片中的数据表示某设备或工序与其他设备或工序之间在加工工艺和物流量上的关系,按照各卡片之间的物流关系进行布置,物流量大的尽可能靠近,流量小的或无关的则适当远离,从而排出若干个布置方案。

3. 适合性系数计算

适合性系数是依据规定的相关接近原则,用物流量判定抽象布置方案优劣的标准。规定原则与计算方法是:

(1)判断是否属于相关接近原则

相关接近原则是为判定卡片间位置关系满足接近要求的程度而决定的,并以此作为标准,对模拟布置图进行判定。原则规定如下:凡是卡片之间可直接连线的就认为物流畅通,满足接近要求;反之,则不满足。

(2)计算适合性系数

适合性系数是指满足接近原则的物流量占总物流量的比率,比率越高,方案越优。

4. 选择最优方案

比较各方案的适合性系数,适合性系数大的方案较优。

四、全真考试试题分析

(一)判断题

1. 在能力计划中,工艺线路设计、时间定额以及物资消耗定额是关键的三个要素。其中时间定额是指正确确定物资需要量,编制物资供应计划的重要依据。(　)

试题分析:本题考核对能力计划三个要素内涵的理解,试题混淆了时间定额和物资消耗定额的含义,答案为错误。时间定额是完成一个工序所需的时间,是劳动生产率指标;物资消耗定额是正确确定物资需要量,是编制物资供应计划的重要依据,详见教材"6.2.2 时间定额"和"6.2.3 物资消耗定额"中的内容。

2. 物资消耗定额分工艺消耗定额和非工艺消耗定额两部分。非工艺消耗定额是指废品消耗、材料待用损耗、设备调整中的损耗等。(　　)

试题分析:本题考核物资消耗定额的分类知识,是教材原话,答案为正确,详见教材"6.2.3 物资消耗定额"中的内容。

3. 生产的能力计划分为粗能力计划和细能力计划,两种计划的特点是粗能力计划计算时间较短,而细能力计划计算时间长,不宜频繁计算、更改。

试题分析:本题考核粗能力计划和细能力计划之间的区别,是教材原话,答案为正确,详见教材"6.2.6 粗细能力计划的区别"中的内容。

(二)单项选择题

能力计划是生产企业对产能资源进行计划的过程,又可分为两种能力计划,粗能力计划和细能力计划。下面正确的描述是(　　)。

　　A. 粗能力计划关注流程中非关键路径

　　B. 细能力计划关注关键路径活动的方面

　　C. 粗能力计划关注流程中的关键路径

　　D. 细能力计划又被称为产能负荷分析

试题分析:本题考核对粗能力计划和细能力计划内涵和区别的理解,答案为 C。能力需求计划分为粗能力计划(又被称为产能负荷分析)和细能力计划(又被称为能力计划)。粗能力计划关注流程中的关键路径,细能力计划则进一步关注各关键路径活动的方面。这两个计划是在确保完成生产任务的前提下,对资源进行合理配置,提升生产效率并节约成本。详见教材"6.1 概述"中的内容。

(三)多项选择题

1. 下面哪些是生产能力计划的要素(　　)。

　　A. 工艺线路　　　　　　B. 时间定额

　　C. 物资消耗定额　　　　D. 需求冻结

　　E. 计划冻结

试题分析:本题考核能力计划三要素的内容,答案为 ABC。在能力计划中,工艺线路设计、时间定额以及物资消耗定额是关键的三个要素,详见教材"6.2 能力计划"中的内容。

(四)情景问答题

在企业的生产计划协调会上,各车间与厂计划科之间总会讨价还价,争论最激烈的往往是细能力计划的内容,而对粗能力计划一般没有太大的歧义。我们知道,粗能力计划是非常重要的,是决定企业生产目标能够实现的关键计划阶段。但为什么双方在这个阶段没有太多的争议呢？请你给出解释和理由。

试题分析：本题考核对能力生产计划两种分类的认识。答题应从粗能力计划和细能力计划的内涵出发，分析两种能力生产计划的关注点和具体用途，以及其与各个车间（工作中心）之间的关系进行答题，具体可参考教材"6.2.4 粗能力计划"和"6.2.5 细能力计划"中的内容。

参考答案：粗能力计划是在闭环 MRP 设定完毕主生产计划后，通过对关键线路中工作中心（车间）的生产能力和计划生产量的对比，判断主生产计划是否可行，是对生产能力和物料需求进行初步的平衡调整计划。细能力计划是在闭环 MRP 通过 MRP 运算得出对各种物料的需求量后，计算各时段分配给所有工作中心（车间）的负荷情况，判断是否超出该工作中心（车间）的最大工作能力。同时，细能力计划是计算所有生产任务在各相关工作中心（车间）加工所需的能力，并将所需能力与实际可供能力进行对比，以供生产计划员决定当前能力供应能否满足生产需求。如果能力无法满足需求，或者能力不够均衡，则需要调整生产任务数量或时间，或调整有效工作日，直至能力供应满足所有生产任务需要为止，从产能的角度保证了市场需求的可执行性。由于细能力计划具体涉及各个工作中心（车间）的负荷情况，执行性和操作性强，与各个生产车间关系紧密，所以易引起争议。而粗能力计划主要是判断主生产计划是否可行，属于初步计划，且只涉及较少的处于关键线路上的工作中心（车间），引起争议较少。

五、单元测试题及参考答案

单元测试题

(一)判断题

1. 能力计划是生产企业对自身生产能力和原材料购买能力进行计划的过程。（　）

2. 在能力计划中，粗能力计划关注流程中的关键路径，细节能力计划则进一步关注各关键路径活动的方面。（　）

3. 工艺路线也称加工路线，是描述物料加工、零部件装配的操作顺序的技术文件，是多个工序的序列。（　）

4. 工序是生产作业人员或机器设备为了完成指定的任务而做的一个动作或一连串动作，是组成工艺路线的主要单位。（　）

5. 为提高生产效率，企业不宜将工艺路线和工序随意变动，而应该保持一成不变。（　）

6. 时间定额是完成一个工件加工所需的时间，是劳动生产率的指标。

（　　）

7. 根据时间定额可以安排生产作业计划,进行成本核算,确定设备数量和人员编制,规划生产面积。因此,时间定额是工艺规程中的基本组成部分。（　　）

8. 为使时间定额的确定具有科学性,企业一般在确定时间定额时,主要依据以往的技术资料,在现代计算机协助下直接计算确定。（　　）

9. 确定时间定额应根据本企业的生产技术条件,使少数工人经过努力都能达到,部分先进工人可以超出,大多数工人经过努力可以达到或接近平均先进水平。（　　）

10. 合理的时间定额能调动工人的积极性,促进工人技术水平的提高,从而不断提高劳动生产率。因此,对于一个企业来说,时间定额应保持相对稳定,不宜经常改变。（　　）

11. 基本时间是指直接改变生产对象的尺寸、形状、相对位置以及表面状态等工艺过程所消耗的时间。对机加工而言,基本时间就是切去金属所消耗的时间。（　　）

12. 准备与终结时间随批量大小而不同,批量越大,每一零件的准备与终结时间就越小。在产品终年不变的大量生产中,准备与终结时间虽然很小,但无数个单个产品叠加起来的准备与终结时间会很大,因此不可忽略。（　　）

13. 物资消耗定额应在保证产品质量的前提下,根据本厂生产的具体条件,结合产品结构和工艺要求,以经验估计和统计分析为主,以理论计算和技术测定为辅来制定。（　　）

14. 非工艺消耗定额是指废品消耗、材料代用损耗、设备调整中的损耗等。包括途耗、磅差、库耗等的消耗。（　　）

15. 技术计算法制定定额比较准确,是目前企业经常使用的方法。（　　）

16. 粗能力计划是指在 MRP 设定完主生产计划后,通过对关键工作中心生产能力和计划生产量的对比,判断主生产计划是否可行。（　　）

17. 所谓关键中心是指处于生产工艺网络图关键路径上的中心活动。关键路径是这个网络图中时间消耗最长的路径,该路径没有浮动时间。该路径中每一个具体活动的延迟都会导致总网络的延迟。（　　）

18. 粗能力计划过程的尾部环节将会对生产能力和物料需求进行初步的平衡性调整,调整的方法有减轻负荷和增加能力两种。（　　）

19. 细能力计划是计算所有生产任务在各相关工作中心加工所需的能力,并将所需能力与实际可供能力进行对比,以供生产计划员决定当前能力供应能否满足生产需求,如果能力无法满足需求,或者能力不够均衡,则需要调整生产任务数

量或时间,或调整有效工作日,直至能力供应满足所有生产任务需要为止。(　　)

20. 粗能力计划是保障完成任务和关注效果,细能力计划是在保障效果的情况下而进一步关注产能的节约。因此,细能力计划从市场需求的角度保证了生产的可执行性。(　　)

21. 粗能力计划与细能力计划虽然关注的工作中心不同,但在参与闭环MRP 计算的时间点是一致的。(　　)

22. 如果一个企业不能对生产的相关设施予以良好的布局,未来的生产过程也很难改变,将会面对无止境的浪费,因此,在厂房和车间建设中,企业必须重点关注系统布置工作。(　　)

23. 相关图类似于车间之间的生产关系图,不仅能表示各部门之间的物流情况,而且还能表示各部门的密切程度。(　　)

24. 采用 SLP 法进行企业总平面布置的首要工作是对各作业单位之间的相互关系做出分析,包括物流和非物流的相互关系。(　　)

25. 由于传统的 SLP 方法是基于计划的推动式生产方法,而现代企业的生产是基于市场订单需求的拉动式生产,因此,不宜在现代企业中直接使用 SLP法。(　　)

26. 动线分析是指在对一到两个可选方案进行详细布置设计后,对物流动线和人行动线进行的分析,即物料搬运系统分析,使其物流动线和人行动线具有最大的合理性和流畅性,并使搬运方法和搬运手段合理化,以提高现代企业的运转效率。(　　)

27. 对于现代企业的设施布置设计来说,其柔性体现在能够根据业务的繁忙程度,及时对现代企业生产的产品型号进行调整。(　　)

28. 所谓物料流向图法是指用各单位之间物流量(物流强度)大小来确定物流之间移动的最合理顺序并依此进行厂内布置的一种方法,其目标是提高生产量。(　　)

29. 所谓物流从至分析表就是加工的产品从一个工序(设备)运至另一个工序(设备)搬运效率的汇总表。(　　)

30. 适合性系数是依据规定的相关接近原则,用物流量判定抽象布置方案优劣的标准。(　　)

(二)单项选择题

1. 时间定额是完成一个工序所需的时间,是(　　　)指标。
　　A. 产品生产率　　B. 产品合格率　　C. 劳动生产率　　D. 劳动效能

2. 时间定额是工艺规程中的(　　　)组成部分。
　　A. 主要　　　　　B. 重要　　　　　C. 基本　　　　　D. 简单

3. 确定时间定额应根据本企业的生产技术条件,使(　　)工人经过努力都能达到,(　　)先进工人可以超出,(　　)工人经过努力可以达到或接近平均先进水平。

    A. 大多数、部分、少数　　　　　　　B. 少数、大多数、部分

    C. 部分、大多数、少数　　　　　　　D. 大多数、少数、部分

4. 时间定额通常由定额员、工艺人员和(　　)相结合,通过总结过去的经验并参考有关的技术资料直接估计确定。

    A. 生产经理　　　　B. 生产主管　　　　C. 计划员　　　　D. 工人

5. 对机加工而言,切去金属所消耗的时间是(　　)。

    A. 基本时间　　　　　　　　　　　　B. 辅助时间

    C. 布置工作地时间　　　　　　　　　D. 准备与终结时间

6. 为恢复体力和满足生理卫生需要所消耗的时间为休息时间,计算方法一般按操作时间的(　　)进行计算。

    A. 2%　　　　　　B. 3%　　　　　　C. 4%　　　　　　D. 5%

7. 物资消耗定额应在保证(　　)的前提下,根据本厂生产的具体条件,结合产品结构和工艺要求,以理论计算和技术测定为主,以经验估计和统计分析为辅来制定最经济最合理的消耗定额。

    A. 产品生产　　　B. 产品质量　　　C. 产能平衡　　　D. 库存稳定

8. 物资消耗定额采取技术计算法制定定额比较准确,但计算工作量大,主要适用于(　　)、工艺资料完整且批量较大的产品。

    A. 成熟产品　　　B. 贵重产品　　　C. 高科技产品　　　D. 图样

9. 粗能力计划是在(　　)设定完毕主生产计划后,通过对关键工作中心生产能力和计划生产量的对比,判断主生产计划是否可行。

    A. 生产规划　　　B. MRP　　　C. 闭环 MRP　　　D. 常能平衡

10. 关键路径是这个网络图中时间消耗(　　)的路径,该路径没有浮动时间,该路径中每一个具体活动的延迟都会导致总网络的延迟。

    A. 最长　　　　　B. 最短　　　　　C. 最快　　　　　D. 最平稳

11. 粗能力计划实际上是为了完成整个(　　)而进行的关键活动计划。

    A. 生产计划　　　B. 年产目标　　　C. 产品订单　　　D. 物料需求

12. 目前常用的粗能力计划的编制方法是(　　)。

    A. 关键中心法　　　　　　　　　　　B. 负荷能力法

    C. 资源清单法　　　　　　　　　　　D. 物料清单法

13. 细能力计划实际上是对关键路径之外的其他活动进行计划的过程,除关键路径外,其他活动都有可能具有(　　)。

A. 拖延时间　　　　　　　　　B. 浮动时间

C. 拖延完成订单　　　　　　　D. 无法按期生产

14. 粗能力计划过程的尾部环节将会对生产能力和物料需求进行初步的（　　）调整。

A. 平衡性　　　B. 大范围　　　C. 小范围　　　D. 计划性

15. 采用系统布置方法首先要建立一个相关图,表示各部门的（　　）。

A. 生产关系　　　B. 加工顺序　　　C. 密切程度　　　D. 职能关系

16. 相关图要用（　　）进行调整,直到得到满意方案为止。

A. 精算法　　　B. 统筹法　　　C. 经验法　　　D. 试算法

17. 一般来说,选择车间内部流动模式的一个重要因素是车间（　　）的位置。

A. 工序和加工　　　B. 运输和车间　　　C. 工序和仓库　　　D. 入口和出口

18. 所谓物料流向图法是用各单位之间（　　）大小来确定物流之间移动的最合理顺序并依此进行厂内布置的一种方法。

A. 空间尺寸　　　B. 搬运量　　　C. 物流量　　　D. 耗时量

19. 物流从至分析表就是加工的产品从一个工序运至另一个工序（　　）的汇总表。

A. 搬运量　　　B. 物流量　　　C. 运输量　　　D. 耗时量

20. （　　）原则是为判定卡片间位置关系满足接近要求的程度而决定的,并以此作为标准,对模拟布置图进行判定。

A. 相关接近　　　B. 搬运效率　　　C. 物流效能　　　D. 生产约束

(三)多项选择题

1. 能力需求计划分为（　　）。

A. 粗能力计划　　　B. 细能力计划　　　C. 开放性能力计划

D. 产能负荷分析　　　E. 能力计划

2. 下列属于能力中关键要素的是（　　）。

A. 工艺线路设计　　　B. 时间定额　　　C. 物资消耗定额

D. 工序能力分析　　　E. 员工作业时间

3. 工序是生产作业人员或机器设备为了完成指定的任务而做的一个动作或一连串动作,是（　　）的最基本的加工作业方式。

A. 原材料运输　　　B. 加工物料　　　C. 原材料出库登记

D. 产成品入库　　　E. 装配产品

4. 工艺路线数据主要包括（　　）。

A. 工艺路线编码　　　B. 加工中心编码　　　C. 工艺路线类型

　　　D. 物料编码　　　　　E. 工序编码

5. 编写工艺路线的过程包括(　　)。

　　　A. 依据工艺要求确定原材料、毛坯的规格和型号

　　　B. 确定加工、装配顺序

　　　C. 基于产品设计资料,查阅企业库存材料标准目录

　　　D. 选定工作中心,根据企业现有的能力和将来可能有的条件

　　　E. 基于尺寸和精度的要求,确定各个作业的额定工时

6. 时间定额是指完成一个工序所需的时间,不仅是劳动生产率指标,还是工艺规程中的重要组成部分,主要有(　　)组成。

　　　A. 基本时间　　　　　　　B. 辅助时间　　　　C. 布置工作地时间

　　　D. 休息和生理需要时间　　E. 准备与终结时间

7. 下列属于辅助时间内完成的工序的是(　　)。

　　　A. 改变切削用量　　　　　B. 测量工件尺寸　　C. 装卸工件

　　　D. 改变生产对象表面状态　E. 安装夹具

8. 下列属于物资消耗定额中非工艺消耗定额的是(　　)。

　　　A. 废品消耗　　　　　　　B. 材料代用损耗　　C. 途耗

　　　D. 设备调整中的损耗　　　E. 库耗

9. 制定物资消耗定额的基本方法有(　　)。

　　　A. 技术计算法　　　　　　B. 经验分析法　　　C. 统计计算法

　　　D. 统计分析法　　　　　　E. 经验估计法

10. 下列属于采用资源清单法编制粗能力计划的是(　　)。

　　　A. 建立关键中心资源清单　B. 判定各时段能力负荷

　　　C. 生成粗能力计划　　　　D. 分析各时段负荷原因

　　　E. 调整生产能力和需求计划

11. 下列属于细能力计划主要特点的是(　　)。

　　　A. 实时维护资源清单　　　　　B. 支持多工厂日历

　　　C. 提供能力查询的图形显示　　D. 支持时间偏置的细能力清单

　　　E. 支持分任务和分资源的能力需求查询

12. 细能力计划的应用价值有(　　)。

　　　A. 预知未来的加班与停工　　　B. 有效协调资源负荷

　　　C. 提供企业生产加工图像　　　D. 提高制造资源利用效率

　　　E. 准确计算每个任务每天每道工序的能力需求和负荷

13. 下列属于传统系统布置设计 SLP 法基本要素的是(　　)。

　　　A. 产品　　　B. 产量　　　　C. 工艺过程　　　D. 辅助部门

E. 时间

14. 现代企业的生产是基于市场订单需求的拉动式生产,因此,直接应用 SLP 法存在诸多问题,下列属于直接应用传统 SLP 法存在的问题的是(　　)。

A. 不适合现代企业的生产特点　　　B. 缺少物流战略规划

C. 缺少动态柔性　　　D. 缺少动线分析过程

E. 提供给决策者的方案较少,不利于科学决策

15. 动线型 SLP 法的程序模式大致分为 8 个阶段,下列属于前 3 个阶段内容的是(　　)。

A. 确定设施布置类型　　　B. 资料搜集与分析

C. 作业单位及作业活动分析　　　D. 详细布置设计

E. 初步方案形成阶段

16. 动线型 SLP 法更加科学地体现了现代企业的理念,尤其在程序的变化上,以传统 SLP 法的程序模式为基础,加入了(　　)。

A. 详细布置设计　　　B. 动线分析

C. 作业内容分析　　　D. 精确作业时间计算

E. 设施布置类型的确定

17. 在用系统搬运分析方法进行动线分析时,一般选择车间内部流动模式需要考虑的因素有(　　)。

A. 车间入口和出口的位置　　　B. 生产工艺流程

C. 生产线长度　　　D. 建筑物外形

E. 物料搬运方式与设备

18. 比较传统的 SLP 法,动线型 SLP 法主要依赖于(　　)。

A. 产品　　　B. 种类　　　C. 数量　　　D. 流程

E. 建造预算

19. 一般来说,现代企业在布置设计时更加注重柔性、弹性,可以从布置设计、建筑技术、机械制造等多方面考虑,下列属于这方面考虑内容的是(　　)。

A. 布置设计要适当留有余地,暂时没用的地方予以绿化

B. 把未来有较大扩充可能性的作业区,布置在现代企业可以扩展的纵深方向

C. 利用组合式厂房,可拆卸墙体,以利于未来快速变动和调整

D. 机器设备布置时多采用成组技术、可重构技术

E. 注意各种机械设备、建筑设施等的标准化、模块化

20. 运用物料流向图法的过程具体包括(　　)。

A. 工艺线路的绘制　　　B. 制作从至卡片

　　C. 适合性系数计算　　　　　　D. 各工序间物流量计算

　　E. 选择最优方案。

(四)问答题

1. 工艺线路、时间定额和物资定额的含义是什么？

2. 什么是粗能力计划和细能力计划，它们的主要关注点是什么？

3. 粗能力计划与细能力计划的区别有哪些？

4. 动线型 SLP 法比传统 SLP 法的优越性表现在哪？

(五)论述题

1. 简述能力计划的基本内容。

2. 简述系统布置对生产物流管理的影响。

3. 系统布置有几种方法，它们的具体计划内容有哪些？

【参考答案】

(一)判断题

1. ×,2. √,3. √,4. ×,5. ×,6. ×,7. ×,8. ×,9. ×,10. ×,11. √,12. ×,
13. ×,14. ×,15. ×,16. ×,17. √,18. √,19. √,20. ×,21. ×,22. ×,23. √,
24. √,25. √,26. √,27. ×,28. ×,29. ×,30. √。

(二)单项选择题

1. C,2. B,3. A,4. D,5. A,6. A,7. B,8. D,9. C,10. A,11. B,12. C,13. B,
14. A,15. C,16. D,17. D,18. C,19. A,20. A。

(三)多项选择题

1. ABDE, 2. ABC, 3. BE, 4. ABCDE, 5. ABCDE, 6. ABCDE, 7. ABC,
8. ABD,9. ADE,10. ABCDE,11. ABCDE,12. ABDE,13. ABCDE,14. ABCDE,
15. ABC,16. ABE,17. ABCDE,18. BCDE,19. ABCDE,20. ABCE。

(四)问答题

1. 见书本"6.2 能力计划"部分。

2. 见书本"6.2.4 粗能力计划"和"6.2.5 细能力计划"部分。

3. 见书本"6.2.6 粗细能力计划的区别"部分。

4. 见书本"6.3.6 动线型 SLP 法与传统 SLP 法的异同"部分。

(五)论述题

1. 结合书本"6.1 概述"部分作答。

2. 结合书本"6.3.1 系统布置的含义"部分作答。

3. 结合书本"6.3 系统布置设计"和"6.4 物料流向图法"作答。

单元七　生产作业控制

一、学习目标

1. 了解生产进度控制的基本思想。
2. 熟悉进度控制的一般原则。
3. 熟悉生产作业控制的主要技术。
4. 了解持续改善的一般技术。

二、知识结构

知识结构如图 2-11 所示。

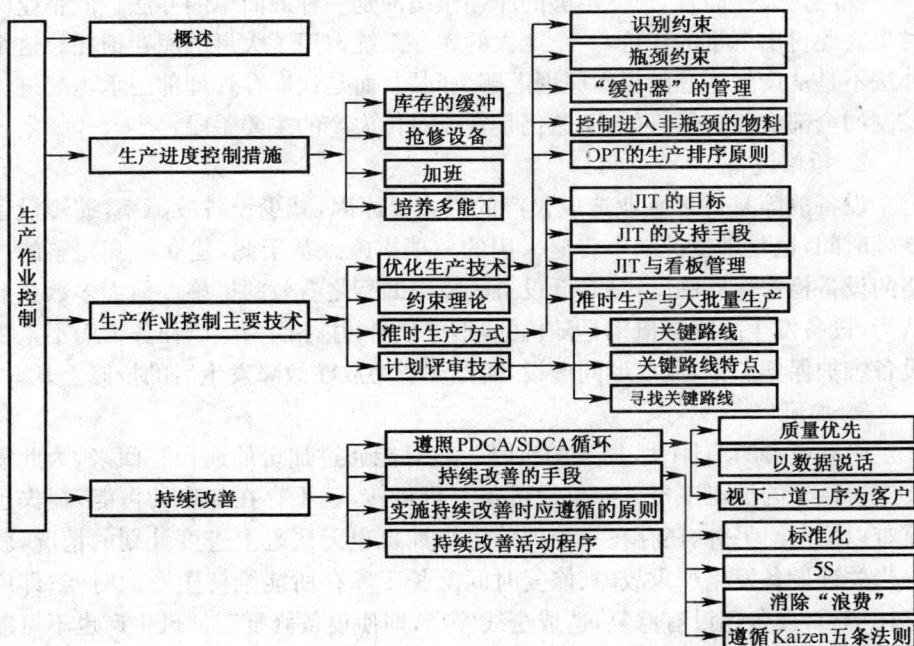

图 2-11　生产作业控制知识结构

三、主要知识点解读

(一)概述

生产作业控制是指生产企业在生产计划执行过程中对有关产品生产的数量和期限的控制,主要目的是保证完成生产作业计划所规定的产品产量和交货期限指标。生产进度控制贯穿整个生产过程,从生产技术准备开始到产成品入库为止的全部生产活动都与生产进度有关。

生产进度控制的基本内容主要包括投入进度控制、工序进度控制和出产进度控制。其基本过程主要包括分配作业、测定差距、处理差距、提出报告等。

(二)生产进度控制措施

生产进度控制的通用措施是库存缓冲、抢修设备、加班和培养多技能工。这些方法在企业未完成生产计划目标时经常用到,本质上可分为两类:一类是增加资源加快工期,另一类是在保障工期的前提下实现资源节约。

1. 库存的缓冲

影响生产进度计划的原因归结到最后都是因为设备的有效作业时间不足。如按计划设备应正常运转 7.5 小时/班,现在因种种原因停产过多,运转时间不足 7.5 小时/班,就会欠产。

就应付欠产而言,建立足够的库存作缓冲是一种最简单的办法。但企业同时也为此付出沉重的代价,一个庞大的库存系统占用了大量的库存损耗。这个办法不是从产生问题的根本原因上解决问题,而是让库存管理部门承担起进度控制的全部责任。尽管如此,这仍是企业对付欠产的主要手段。

2. 抢修设备

设备故障是许多企业造成欠产的最主要原因,减少设备故障率,缩短设备修理时间,也是进度控制中普遍采用的一项措施。基于此,建立一套完整的严格的设备检修保养制度,是降低设备故障率的行之有效的措施。但大多数企业认为,设备发生故障的概率是随机的,不可预料,往往因为生产任务忙而不重视设备维护保养工作,制度形同虚设,而把注意力放在故障发生后的抢修上。

3. 加班

时间资源具有刚性,损失的机时一般只能通过加班的途径补回来,为此需要支付额外的加班工资。如果设备是三班运转,就不存在加班的可能,损失也就难以挽回。另外,还存在一种即使可以加班也无法赶上进度计划的情况,就是当关键设备发生严重故障、修复时间又长于库存所能维持生产的时候;即库存耗尽后,设备还没有修复,造成全线停产,即使设备修复后加班生产也不可能补回全线停产的损失。

4. 培养多能工

培养多能工是许多企业应付因关键设备操作工缺勤时而导致欠产的有效做法。因为,只要企业认真考虑和培养,一个工人掌握多种技能是完全有可能的。

5. 质量、交货期和成本之间关系

企业在制定生产计划时,需要考虑的问题很多,其中质量、交货期和成本是企业需要重点兼顾的三个指标。但是,这三个指标之间又存在着相互制约的关系。所以,企业要在综合衡量的基础上选择其中某个指标为主进行管理与控制。质量、交货期和成本之间的关系表现为质量上升将导致成本上升或者交货期延长;交货期缩短将导致成本上升或者质量下降;成本下降将导致质量下降或者交货期延长。

(三)生产作业控制主要技术

1. 优化生产技术(OPT)

优化生产技术是一种改善生产管理的技术,主要用于安排企业生产人力和物料调度的计划,最初被称作最佳生产时间表,80年代才改称为最佳生产技术,后来进一步发展成为约束理论(TOC)。它是一套可提高产出、减少存货的分析性技术理论。OPT系统将重点放在控制整体产出的瓶颈资源上,优先处理所有瓶颈作业,并以平衡物料流动为原则,使整个系统达到产出最大的目的。

(1)优化生产技术的主要内容

①识别约束。识别企业的真正约束(瓶颈)所在是控制物流的关键。一般来说,当需求超过能力时,排队最长的机器就是"瓶颈"。

②瓶颈约束。产品出产计划的建立应使受瓶颈约束的物流达到最优。为充分利用瓶颈的能力,在瓶颈上可采用扩大批量的方法,以减少调整准备时间,提高瓶颈资源的有效工作时间。

③"缓冲器"的管理。"缓冲器"的目的是防止系统内外的随机波动造成瓶颈出现等待任务的情况。最佳的解决办法一般是设置一定的"库存缓冲"或"时间缓冲"。

④控制进入非瓶颈的物料。控制进入非瓶颈的物料的目标是使之与关键资源上的工序同步,也就是与瓶颈的产出率同步。

(2)OPT的生产排序原则

具体体现在生产排序上,OPT管理思想有九条原则是实施OPT的基石。这些原则独立于软件之外,直接用于指导实际的生产管理活动,具体如下:

①重要的是平衡物流,而不是平衡能力。

②制造系统的资源可分为瓶颈和非瓶颈两种。

③资源"利用"和"开动"不是同义的,盲目的使所有的机器或工人忙起来是错误的。

④重要的是抓好瓶颈的利用率,因为瓶颈资源损失一小时相当于整个系统损失一小时。

⑤非瓶颈资源不应满负荷工作,在非瓶颈资源上节约时间以提高生产率是不可能实现的。

⑥产销率和库存量是由瓶颈资源决定的。为保证瓶颈资源负荷饱满并保

证企业的产出,瓶颈工序前可用拉式作业,其后可用推式作业。

⑦转移批量可以不等于甚至多数情况是不应等于加工批量。

⑧加工批量是可变的,而不是固定不变的。

⑨提前期应该是可变的而不是固定的。

2. 约束理论(TOC)

约束理论提出了在制造业经营生产活动中定义和消除制约因素的一些规范化方法,以支持连续改进。

戈德拉特创立约束理论的目的是想找出各种条件下生产的内在规律,寻求一种分析经营生产问题的科学逻辑思维方式和解决问题的有效方法,即找出妨碍实现系统目标的约束条件,并对它进行消除的系统改善方法。

(1)约束理论(TOC)的基本要点

①企业是一个系统,其目标是在当前和今后为企业获得更多的利润。

②一切妨碍企业实现整体目标的因素都是约束。

③为了衡量实现目标的业绩和效果,TOC打破传统的会计成本概念,提出了三项主要衡量指标,即有效产出、库存和运行费用。

④鼓—缓冲—绳法(DBR法)和缓冲管理法(Buffer Management)。

⑤定义和处理约束的决策方法。TOC强调了三种方法,统称为思维过程,即因果关系法、驱散迷雾法、苏格拉底法。

(2)约束理论(TOC)三项衡量指标

①有效产出(throughput):指企业在某个规定时期通过销售获得的货利。

②库存(inventory):指企业为了销售有效产出,在所有外购物料上投资的货币。

③运行费用(operating expenses):指企业在某个规定时期为了将库存转换为有效产出所花费的货币。运行费用包括了除材料以外的成本,库存保管费也包括在运行费用中。

(3)鼓—缓冲—绳法(Drum—Buffer—Rope Approach,DBR法)和缓冲管理法(Buffer Management)

TOC把主生产计划(MPS)比喻成"鼓",根据瓶颈资源和能力约束资源(Capacity Constraint Resources,CCR)的可用能力来确定企业的最大物流量,作为约束全局的"鼓点",鼓点相当于指挥生产的节拍;在所有瓶颈和总装工序前,要保留物料储备缓冲,以保证充分利用瓶颈资源,实现最大的有效产出。必须按照瓶颈工序的物流量来控制瓶颈工序前道工序的物料投放量。换句话说,头道工序和其他需要控制的工作中心如同用一根传递信息的绳子牵住的队伍,按同一节拍,控制在制品流量,以保持在均衡的物料流动条件下进行生产。瓶颈工序前的非制约工序可以用倒排计划,瓶颈工序用顺排计划,后续工序按瓶颈工序的节拍组织生产。

3. 准时生产方式

准时生产(Just In Time)又译为实时生产系统,简称 JIT 系统,其实质是保持物料流和信息流在生产中的同步,实现以恰当数量的物料,在恰当的时候进入恰当的地方,生产出恰当质量的产品。这种方法可以减少库存,缩短工时,降低成本,提高生产效率。

JIT 的核心是消除一切无效的劳动与浪费。

(1)JIT 生产方式的目标

①质量目标。废品量最低。JIT 要求消除各种引起不合理的原因,在加工过程中,每一工序都要求达到最好水平。

②生产目标。库存量最低。JIT 认为,库存是生产系统设计不合理、生产过程不协调、生产操作不良的证明。

③时间目标。一是准备时间最短。准备时间长短与批量选择相联系,如果准备时间趋于零,准备成本也趋于零,就有可能采用极小批量。二是生产提前期最短。短的生产提前期与小批量相结合的系统,应变能力强,柔性好。

(2)JIT 的支持手段

①生产同步化。所谓生产同步化即工序间不设置仓库,前一工序加工结束后,半产品立即转到下一工序去,装配线与机械加工几乎平行进行。

②生产均衡化。生产均衡化是实现适时适量生产的前提条件。所谓生产的均衡化是指总装配线在向前工序领取零部件时应均衡地使用各种零部件,生产各种产品。

③弹性配置作业人数。根据生产量的变动,弹性地增减各生产线的作业人数,以及尽量用较少的人力完成较多的生产。

(3)JIT 与看板管理

看板是用来控制生产现场的生产排程工具。它是实现 JIT 生产中最重要的管理工具。看板上的信息通常包括零件号码、产品名称、制造编号、容器形式、容器容量、看板编号、移送地点和零件外观等。

1)看板的功能。

①生产以及运送的工作指令。看板中记载着生产量、时间、方法、顺序以及运送量、运送时间、运送目的地、放置场所、搬运工具等信息,从装配工序逐次向前工序追溯,在装配线将所使用的零部件上所带的看板取下,以此再去前工序领取。

②防止过量生产和过量运送。看板必须按照既定的运用规则来使用,"没有看板不能生产,也不能运送。"根据这一规则,看板数量减少,则生产量也相应

减少。

③进行"目视管理"的工具。看板的另一条运用规则是"看板必须在实物上存放","前一工序按照看板取下的顺序进行生产"。根据这一规则,作业现场的管理人员对生产的优先顺序能够一目了然,易于管理。

④改善的工具。在 JIT 生产方式中,通过不断减少看板数量来减少在制品的中间储存。在一般情况下,如果在制品库存较高、即使设备出现故障、不良品数目增加也不会影响到后道工序的生产,容易把这些问题掩盖起来,而且即使有人员过剩,也不易察觉。根据看板的运用规则之一——"不能把不良品送往后工序",后工序所需得不到满足,就会造成全线停工,由此可立即使问题暴露,从而必须立即采取改善措施来解决问题。

2)看板的分类。

①在制品看板。包括工序内看板和信号看板,是用来记载后续工序必须生产和定购的零件、组件的种类和数量。

②领取看板。包括工序间看板和对外订货看板,是用来记载后续工序应该向之前工序领取的零件、组件种类和数量。

③临时看板。临时看板是在进行设备保全、设备维修、临时任务或需要加班生产的时候所使用的看板,主要是为了完成非计划内的生产或设备维护等任务。

4. 准时生产与大批量生产的区别

①优化范围不同。大批量生产方式源于美国,是基于美国的企业间关系,强调市场导向,优化资源配置,每个企业以财务关系为界限,优化自身的内部管理。精益生产方式则以产品生产工序为线索,组织密切相关的供应链,一方面降低企业协作中的交易成本,另一方面保证稳定需求与及时供应,以整个大生产系统为优化目标。

②对待库存的态度不同。大批量生产方式的库存管理思想强调"库存是必要的恶物"。精益生产方式的库存管理思想强调"库存是万恶之源"。精益生产方式将生产中的一切库存视为"浪费",同时认为库存掩盖了生产系统中的缺陷与问题。

③业务控制观不同。传统的大批量生产方式的用人制度基于双方的"雇用"关系,业务管理中强调达到个人工作高效的分工原则,并以严格的业务稽核来促进与保证生产,同时稽核工作还防止个人工作对企业产生的负效应。而精益生产方式在专业分工时强调相互协作及业务流程的精简。

④质量观不同。传统的生产方式将一定量的次品看成生产中的必然结果。而精益生产基于组织的分权与人的协作观点,认为让生产者自身保证产品质量

的绝对可靠是可行的,且不牺牲生产的连续性。其基本的方法是通过消除产生质量问题的生产环节来"消除一切次品所带来的浪费",追求零不良。

⑤对人的态度不同。大批量生产方式强调管理中的严格层次关系。对员工的要求在于严格完成上级下达的任务,人被看作附属于岗位的"设备"。而精益生产则强调个人对生产过程的干预,尽力发挥人的能动性,把员工视为企业团体的成员,同时强调协调,对员工个人的评价也是基于长期的表现。

5. 计划评审法

PERT 即计划评审技术,是利用网络分析制定计划以及对计划予以评价的技术,能协调整个计划的各道工序,合理安排人力、物力、时间、资金,加速计划的完成。在现代计划的编制和分析手段上,PERT 被广泛使用,是现代化管理的重要手段和方法。

构造 PERT 图需要明确三个概念:事件、活动和关键路线。所谓事件即表示主要活动结束的那一点;活动,即从一个事件到另一个事件之间的过程;关键路线,即 PERT 网络中花费时间最长的事件和活动的序列。

(1)关键路线

①在项目管理中,关键路线是指网络终端元素的序列。该序列具有最长的总工期并决定了整个项目的最短完成时间。

②关键路线的工期决定了整个项目的工期。任何关键路线上的终端元素的延迟将直接影响项目的预期完成时间。

③一个项目可以有多个并行的关键路线。另一个总工期比关键路线的总工期略少的一条并行路线被称为次关键路线。

(2)关键路线特点

①关键路线上的活动的持续时间决定项目的工期,关键路线上所有活动的持续时间加起来就是项目的工期。

②关键路线上的任何一个活动都是关键活动,其中任何一个活动的延迟都会导致整个项目完成时间的延迟。

③关键路线是从始点到终点的项目路线中耗时最长的路线,因此要想缩短项目的工期,必须在关键路线上想办法。

④关键路线的耗时是可以完成项目的最短的时间量。

⑤关键路线上的活动是总时差最小的活动。

(3)探寻关键路线

用顶点表示事件,弧表示活动,弧上的权值表示活动持续的时间的有向图叫 AOE 网。AOE 网常用于估算工程完成时间。

(四)持续改善

Kaizen 方法最初是一个日本管理概念,指逐渐、连续地增加改善。Kaizen

的关键因素是质量、所有雇员的努力、介入、自愿改变和沟通。

1. 遵照 PDCA/SDCA 循环

·计划(Plan)。即为了达到改善的目标而制定目标或行动计划。

·做(Do)。即按计划执行工作。

·检查(Check)。即检验工作是否按计划被执行,并朝所预定的方向发展。

·调整(Adapt)。指通过对新的工作步骤的标准化来避免原问题的重复发生,并为下一步的改善制定目标。

任何一个工作过程开始的时候都是不稳定的,必须要先将这种变化的过程稳定下来。这时,可先采用 SDCA 循环(标准化→做→检查→调整)。SDCA 循环的作用就是将现有的过程标准化并稳定下来,而 PDCA 循环的作用是改善这些过程。由此可以看出,SDCA 重在保持,PDCA 重在完善,只有当已有标准存在并被遵守并且现有的过程也稳定的情况下,才可以进入 PDCA 循环。

(1)质量优先

质量、成本、交货期是企业目标中三个重要的指标。质量应永远享有优先权。即使向客户提供的价格和交货条件再诱人,但产品质量有缺陷,也不会在竞争激烈的市场上站稳脚跟。

(2)以数据说话

对有关问题现有状况数据的收集、检查和分析是找出解决问题办法和进一步完善的措施的基础。为此,首先要收集和分析相关数据。

(3)视下一道工序为客户

大部分的企业员工只与内部客户有关系,这种事实也要求员工有义务,绝不要将有缺陷的工件或信息传递给下道工序的员工。如果每个员工都遵守这个规则,那么市场上的最终客户就会得到高质量的产品或服务。

2. 持续改善的手段

(1)标准化

为达到企业的 QCD(质量、成本、交货期)目标,企业必须合理利用一切可用资源,对人员、信息、设备和原材料的使用,每天都需作出计划,使用这些资源的标准有助于提高计划的效率,如果在计划的执行中出现问题或偏差,企业领导就应及时找出问题的真正原因,并将现有标准修改或完善以避免问题的再次出现,标准是 Kaizen 的固定组成部分,它为进一步完善提供基础。

(2)5S 管理

①Seiri:整顿,即把不必要的东西清除出现场。

②Seiton：整理，即把留下的东西归类。

③Seiso：清洁，即对设备及周围环境进行彻底清洁。

④Seiketsu：检查，即运用上述三项原则并注重自身行为。

⑤Shitsuke：素养，即自觉性。

（3）消除"浪费（Muda）"

工作是由一系列的过程或步骤组成的，从原材料或信息开始，到产成品或服务结束，每个过程都应增值，然后进入下一过程。在每个过程中，作为资源的人和设备要么使产品增值，要么无。Muda 就是指每个没有使产品增值的活动或过程。一般将可能引起 Muda 的原因有过量生产引起的浪费、库存引起的浪费、次品/返工引起的浪费、动作（行动）的浪费、生产中的浪费、等待所产生的浪费、运输过程中的浪费等。

（4）遵循 Kaizen 五条法则

①如果发生问题，首先去现场。

②检查发生问题的对象。

③立刻采取暂时性的措施。

④查找问题产生的真正原因。

⑤使应对措施标准化，以避免类似问题再次发生。

3. 实施持续改善时应遵循的原则

①丢掉对工艺原有的僵化的看法。

②考虑怎样可以做事情，而不是找出不做的理白。

③不找借口，对现有方法质疑。

④不要追求完美，马上付诸实施，尽管只达到约定目标的 5%。

⑤立即纠正错误。

⑥不要对 Kaizen 活动花钱。

⑦排除障碍，寻找解决方法。

⑧问上五次"为什么？"，并寻找真正的原因。

⑨集合大家的意见而不仅仅是个别人的主意。

⑩Kaizen 的可能性是无穷无尽的。

4. 持续改善活动程序

①选择工作任务。任务通常是根据企业的发展目标确定的，但有时企业的现状也会影响这种选择。因此，首先要阐明选择这个项目或工作任务的理由。

②弄清当前的情况。

③对收集到的数据进行深入分析，以便能弄清事情的真正背景及原因。

④在分析的基础上研究对策。

⑤导入、执行对策。

⑥观察并记录采用对策后的影响。

⑦修改或重新制订标准，以避免类似问题的再次发生。

⑧检查从步骤 1 到 7 的整个过程，据以引入下一步的行动。

这种程序也和 PDCA 循环的原则相一致，从步骤 1 到 4 主要是计划（P），步骤 5 是做、执行（D），步骤 6 是检查（C），步骤 7 和 8 是调整（A）。

（五）相关术语的英文及缩写

部分术语见表 2-3。

表 2-3　相关术语英文缩写

缩写符	含义	缩写符	含义	缩写符	含义
OPT	优化生产技术	TOC	约束理论	DRB	OPT 的计划与控制系统
JIT	准时生产	Events	事件	Activities	活动
Critical Path	关键线路径	Pruduction Card	在制品看板	Withdrawal Card	领取看板
PERT	计划评审法				

PDAC 循环：计划（Plan）→执行（Do）→检查（Check）→调整（Adapt）；

SDAC 循环：标准化（Standardization）→执行（Do）→检查（Check）→调整（Adapt）；

5S：整顿（Seiri）→整理（Seiton）→清洁（Seiso）→检查（Seiketsu）→素养（Shitsuke）。

四、全真考试试题分析

（一）判断题

1. 企业生产进度控制的通用措施是库存缓冲、抢修设备、加班和培养多技能工。（　）

试题分析：本题是教材原话，答案为正确，主要考核对生产进度控制措施的理解，详见"7.2 生产进度控制措施"。

2. 约束理论认为识别企业的真正约束（瓶颈）所在是控制物流的关键。一般来说，当需求超过能力时，排队最长的机器就是"瓶颈"。（　）

试题分析：本题答案为错误，错误之处是混淆了优化生产技术（OPT）和约束理论的概念，把试题文字改为"优化生产技术（OPT）认为识别企业的真正约束（瓶颈）所在是控制物流的关键。一般来说，当需求超过能力时，排队最长的机器就是瓶颈"，就是正确答案了。详见"7.3.1 优化生产计划"。

3. 在 JIT 生产方式中，有一个生产同步化的概念，即工序间不设置仓库，

前一工序的加工结束后,是半成品立即转到下一工序去,装配线与机械加工几乎平行进行。（　）

试题分析:本题是教材原话,答案为正确,主要考核对 JIT 支持手段相关概念的理解,生产同步化是 JIT 支持的三种手段措施之一,其他两种手段为生产均衡化、弹性配置作业人数,详见"7.3.3 准时生产方式"。

4. 当关键设备操作工缺勤时,派其他工人顶上去。只要企业认真考虑这件事情,一个工人掌握多种技能是完全有可能的。（　）

试题分析:本题是教材原话,答案为正确,主要对考核生产进度控制措施的理解,培养多能工是生产进度控制的四大措施之一,其他三项措施为库存缓冲、抢修设备和加班,详见"7.2.4 培养多能工"。

(二)单项选择题

1. 下面有关准时制生产方式和大规模生产方式特点的描述正确的是(　　)。

　　A. 精益生产方式将一定量的次品看成生产中的必然结果

　　B. 传统的生产方式将一定量的次品看成生产中的必然结果

　　C. 大规模生产方式认为让生产者自身保证产品质量的绝对可靠是可行的,且不牺牲生产的连续性

　　D. 大规模生产强调个人对生产过程的干预,尽力发挥人的能动性

试题分析:本题主要考核准时制生产和大规模生产在产品质量观上存在的差异,答案为 B。这里精益生产就是指准时制生产,传统生产就是指大规模生产或大批量生产,教材上相关内容为传统的生产方式将一定量的次品看成生产中的必然结果。精益生产基于组织的分权与人的协作观点,认为让生产者自身保证产品质量的绝对可靠是可行的,且不牺牲生产的连续性。其核心思想是,导致这种概率性的质量问题产生的原因本身并非概率性的,通过消除产生质量问题的生产环节来"消除一切次品所带来的浪费,追求零不良",详见"7.2.4 培养多能工"。

2. 在计划评审技术理论中,对关键路径描述错误的是(　　)。

　　A. 关键路径(Critical Path)是指网络终端元素的序列,该序列具有最长的总工期并决定了整个项目的最短完成时间

　　B. 关键路径的工期决定了整个项目的工期

　　C. 任何关键路径上的终端元素的延迟将直接影响项目的预期完成时间

　　D. 一个项目只有一个关键路径

试题分析:本题主要考核对关键线路特点的理解,答案为 D。D 选项与教材内容矛盾。关键线路是 PERT 网格中花费时间最长的事件和活动序列,这

种最长的线路可能有两条或多条并行,详见"7.2.4 培养多能工"。

五、单元测试题及参考答案

单元测试题

(一)判断题

1. 生产作业控制是指在生产计划执行前,对有关产品生产的数量和期限的计划控制。( )

2. 生产控制也叫生产进度控制,主要目的是保证完成生产作业计划所规定的产品产量和交货期限指标。( )

3. 生产管理部门在进度控制的工作中将要负责原材料和外购件的采购工作,确保投入进度计划的准时执行。( )

4. 生产进度控制的通用措施可分为增加资源加快工期和保障工期前提下资源节约两类,主要在企业未完成生产计划目标时经常用到。( )

5. 影响生产进度计划的原因归结到最后都是因为设备的工作时间不足而影响生产进度的。( )

6. 建立足够的库存作缓冲不仅是一种最简单的办法,也是一种非常有效的方法。( )

7. 设备故障是许多企业造成欠产的最主要原因。为此,建立一套完整的严格的设备检修保养制度,是降低设备故障率的行之有效的措施。( )

8. 对企业来说,一旦出现欠产,无论其他条件如何变化,只要企业愿意支付加班工资,都可以通过加班的途径补回来。( )

9. 最佳生产技术是一种改善生产管理的技术,最初主要是用于安排企业生产人力和物料调度的计划方法。( )

10. OPT 的倡导者强调任何企业的真正目标是现在和未来都赚钱。要实现这个目标,必须在增加产销率的同时,减少库存费用。( )

11. OPT 系统将重点放在控制整体产出的瓶颈资源上,优先处理所有瓶颈作业,并以平衡能力为原则,使整个系统达到产出最大的目的。( )

12. 正确识别企业的瓶颈所在是控制物流的关键。一般来说,当需求超过能力时,排队最短的机器就是"瓶颈"。( )

13. 企业采用"缓冲器"的管理的目的是防止系统内外的随机波动造成瓶颈出现等待任务的情况。( )

14. 在对进入非瓶颈工序的物料进行控制的时候,一般是按无限能力,用倒排方法对非关键资源排序。倒排时,采用的提前期可以随批量变化,批量也可按情况分解。( )

15. OPT 管理思想在生产排序原则的观点之一是重要的不仅是平衡物流，还要平衡生产能力。（　）

16. 为保证瓶颈资源负荷饱满并保证企业的产出，在瓶颈工序和总装配线前应有供缓冲用的物料储备。瓶颈工序前可用推式作业，其后可用拉式作业。（　）

17. 约束理论是以色列物理学家、企业管理顾问戈德拉特博士在其开创的优化生产技术基础上发展起来的管理理论。该理论提出了在制造业经营生产活动中定义和消除制约因素的一些规范化方法，以支持 MRPII 和 JIT 理论。（　）

18. 按照意大利经济学家柏拉图的原理，对系统有重大影响的往往是少数几个约束，为数不多，但至少有一个。（　）

19. 约束有各种类型，不仅有物质型的，如能力和规章制度等，而且还有非物质型的，如员工行为规范和工作态度等等。（　）

20. 依据缓冲管理法的原则，必须按照瓶颈工序的物流量来控制瓶颈工序后道工序的物料投放量。这样才不会出现过量生产。（　）

21. 准时生产又叫实时生产系统，其实质是保持物料流和信息流在生产中的同步，实现以恰当数量的物料，在恰当的时候进入恰当的地方，生产出恰当质量的产品。（　）

22. JIT 的目标是彻底消除无效劳动和浪费，因此，它的质量目标要求在加工过程中每一工序都要求达到最好水平。（　）

23. JIT 的库存目标认为，库存是生产系统设计不合理、生产过程不协调、生产操作不良的证明，只要方法、措施、技术得当，可以实现零库存。（　）

24. JIT 的时间目标认为，如果准备时间趋于零，准备成本也趋于零，就有可能采用极小批量。因此，准备时间长短与批量选择无关。（　）

25. 所谓生产同步化，即工序间不设置仓库，前一工序的加工结束后，使半产品立即转到下一工序去，装配线与机械加工几乎平行进行。（　）

26. 由"看板是用来控制生产现场的生产排程工具"可知，在 JIT 生产方式中，可以通过不断减少看板数量来减少在制品的中间储存。（　）

27. 临时看板是在进行设备保全、设备维修、临时任务或需要加班生产的时候所使用的看板，包括对外订货看板和信号看板。（　）

28. 大批量生产方式的库存管理思想强调"库存是万恶之源"，精益生产方式的库存管理思想强调"库存是必要的恶物"。（　）

29. 大批量生产方式强调管理中的严格层次关系。对员工的要求在于严格完成上级下达的任务，人被看作附属于岗位的"设备"。精益生产则强调个人

对生产过程的干预,尽力发挥人的能动性,同时强调协调,对员工个人的评价也是基于长期的表现。(　　)

30. 在项目管理中,一个项目可以有多个并行的关键路线,另一个总工期比关键路线的总工期略少的一条并行路径被称为并行关键路线。(　　)

(二)单项选择题

1. 影响生产进度计划的原因归结到最后都是因为设备的(　　)不足而影响生产进度。

　　A. 工作时间　　　B. 加工时间　　　C. 作业时间　　　D. 有效作业时间

2. 生产企业采取(　　)不是从产生问题的根本原因上解决问题,而是让库存管理部门承担起进度控制的全部责任。

　　A. 加班生产　　　B. 抢修设备　　　C. 库存的缓冲　　D. 缩短提前期

3. 设备故障是许多企业造成欠产的最(　　)原因,减少设备故障率,缩短设备修理时间,也是进度控制中普遍采用的一项措施。

　　A. 主要　　　　　B. 重要　　　　　C. 根本　　　　　D. 直接

4. 大多数企业认为设备发生故障的概率是随机的,往往把注意力放在故障发生后的抢修上,为此,企业就需要建立相当规模的(　　)。

　　A. 备品备件库　　B. 设备抢修团队　C. 加班生产团队　D. 产成品库存

5. OPT 是一种改善(　　)的技术。

　　A. 生产管理　　　B. 资源分配　　　C. 产品质量　　　D. 生产技术

6. OPT 的倡导者强调任何企业的真正目标是现在和未来都赚钱,要实现这个目标,必须在增加(　　)的同时,减少库存和营运费用。

　　A. 生产率　　　　B. 销售额　　　　C. 产销率　　　　D. 产品技术

7. OPT 系统将重点放在控制整体产出的瓶颈资源上,优先处理所有瓶颈作业,并以平衡(　　)为原则,使整个系统达到产出最大的目的。

　　A. 物料流动　　　B. 能力瓶颈　　　C. 生产节拍　　　D. 产品产出

8. 为充分利用瓶颈的能力,在瓶颈上可采用(　　)批量的方法,以减少调整准备时间,提高瓶颈资源的有效工作时间

　　A. 缩小　　　　　B. 扩大　　　　　C. 间歇　　　　　D. 连续

9. 控制进入非瓶颈的物料的目的是使进入系统非瓶颈的物料与瓶颈的产出率同步。一般是按(　　)能力,用倒排方法对非关键资源排序。

　　A. 有限　　　　　B. 无限　　　　　C. 增加　　　　　D. 减少

10. 根据 OPT 的生产排序原则,瓶颈工序前可用(　　)作业。

　　A. 拉式　　　　　B. 推式　　　　　C. 流水　　　　　D. 项目

11. 约束理论提出了在制造业经营生产活动中定义和消除制约因素的一

些规范化方法,以支持( )。

  A. 平衡物料 B. 减少瓶颈 C. 快速生产 D. 持续改进

  12. 为衡量实现目标的业绩和效果,TOC 打破传统的( )概念,提出了三项主要衡量指标,即有效产出、库存和运行费用。

  A. 均衡生产 B. 优化生产 C. 会计成本 D. 生产成本

  13. JIT 哲理的核心是( )。

  A. 消除一切无效的劳动   B. 消除一切无效的浪费

  C. 消除一切无效的生产和工序 D. 消除一切无效的劳动与浪费

  14. 为实现 JIT 的质量目标,JIT 要求消除各种引起不合理的原因,在加工过程中每一工序都要求达到( )水平。

  A. 较好 B. 合格 C. 最好 D. 一般

  15. 实现 JIT 生产最重要的管理工具是看板,看板是用来控制( )的生产排程工具。

  A. 产品生产 B. 瓶颈工序 C. 生产现场 D. 非瓶颈工序

  16. 在 JIT 生产方式中,通过不断减少看板数量来减少在制品的( )。

  A. 有效生产 B. 有效传递 C. 加工信息 D. 中间储存

  17.( )主要是为了完成非计划内的生产或设备维护等任务,因而灵活性比较大。

  A. 信号看板 B. 临时看板 C. 领取看板 D. 工序内看板

  18. 在项目管理中,( )是指网络终端元素的元素的序列,该序列具有最长的总工期并决定了整个项目的最短完成时间。

  A. 生产工序 B. 关键路线 C. 加工工位 D. 生产步骤

  19. 标准化、5S 以及消除"浪费"这三种活动是企业建立起高效、成功和扁平化的( )结构的基础。

  A. 工作现场 B. 生产管理 C. 均衡物流 D. 均衡瓶颈

  20. Muda 在生产企业中的释义是( )。

  A. 对生产资料的浪费   B. 对人工或设备的浪费

  C. 没有按订单完成生产任务的活动

  D. 没有使产品增值的活动或过程

(三)多项选择题

  1. 生产进度控制是生产控制的基本方面,其基本内容主要包括( )。

  A. 投入进度控制 B. 工序进度控制 C. 加工过程进度控制

  D. 物流进度控制 E. 出产进度控制

  2. 生产进度控制的基本过程主要包括( )。

    A. 分配作业 　　　　　B. 测定差距 　　　　　C. 处理差距

    D. 持续改善 　　　　　E. 提出报告

3. 生产进度控制的通用措施是(　　　)。

    A. 均衡瓶颈 　　　　　B. 库存缓冲 　　　　　C. 培养多技能工

    D. 抢修设备 　　　　　E. 加班

4. 关于质量、交期和成本三个重要指标之间关系的说法表述正确的是(　　　)。

    A. 质量上升将导致成本上升或者交期延长

    B. 交期缩短将导致成本上升或者质量下降

    C. 成本下降将导致质量下降或者交期延长

    D. 成本下降将导致质量下降或者交期缩短

    E. 成本上升将导致质量上升或者交期延长

5. OPT 的倡导者强调,任何企业的真正目标是现在和未来都赚钱。要实现这个目标,必须在增加产销率的同时,减少(　　　)费用。

    A. 库存 　　　B. 加工 　　　C. 营运 　　　D. 有效工时

    E. 设备维护

6. 下列属于 OPT 生产排序原则的表述正确的是(　　　)。

    A. 重要的是平衡物流,不是平衡能力

    B. 制造系统的资源可分为瓶颈和非瓶颈两种

    C. 瓶颈资源损失一小时相当于整个系统损失一小时,而且是无法补救的

    D. 转移批量可以不等于甚至多数情况是不应等于加工批量

    E. 加工批量是可变的,而不是固定不变的

7. 约束有各种类型,下列属于非物质型约束的是(　　　)。

    A. 质量保证体系 　　　　B. 企业文化 　　　　C. 管理体制

    D. 员工行为规范 　　　　E. 企业生产资金

8. TOC 打破传统的会计成本概念,提出的主要衡量指标有(　　　)。

    A. 产品库存 　　　　　　B. 产品质量 　　　　C. 营销策略

    D. 运行费用 　　　　　　E. 有效产出

9. TOC 将处理约束的决策方法统称为思维过程,下列属于这类思维过程的是(　　　)。

    A. 因果关系法 　　　　　B. 原因分析法 　　　　C. 决策对比法

    D. 驱散迷雾法 　　　　　E. 苏格拉底法

10. JIT 是保持物料流和信息流在生产中的同步,实现以恰当数量的物料、

在恰当的时候进入恰当的地方,生产出恰当质量的产品。下列属于这种方法的
优点的是(　　)。

    A. 减少库存　　　　B. 缩短工时　　　　C. 降低成本

    D. 减少采购环节　　E. 提高生产效率

11. JIT 的目标是彻底消除无效劳动和浪费,具体要达到以下的目标
有(　　)。

    A. 质量目标　　　　B. 生产目标　　　　C. 时间目标

    D. 营运目标　　　　E. 管理目标

12. JIT 的支持手段有(　　)。

    A. 生产同步化　　　B. 质量优等化　　　C. 管理科学化

    D. 生产均衡化　　　E. 弹性配置作业人数

13. 下列表述中,属于看板功能的是(　　)。

    A. 生产以及运送的工作指令

    B. 防止过量生产和过量运送

    C. 进行"目视管理"的工具

    D. 改善的工具

    E. 提升员工技术的手段

14. 下列属于看板记载内容的是(　　)。

    A. 生产时间　　　　B. 生产数量　　　　C. 运送时间

    D. 运送目的地　　　E. 质检员姓名

15. 根据需要和用途的不同,看板可分为(　　)。

    A. 在制品看板　　　B. 领取看板　　　　C. 临时看板

    D. 工序内看板　　　E. 工序间看板

16. 准时生产方式与大批量生产方式的区别主要表现在(　　)。

    A. 优化范围不同　　　　B. 对待库存的态度不同

    C. 业务控制观不同　　　D. 质量观不同

    E. 对人的态度不同

17. 构造 PERT 图需要明确的概念有(　　)。

    A. 事件　　　　B. 活动　　　　C. 管理　　　　D. 关键路线

    E. 工序

18. PDGA 分别指的是(　　)。

    A. 计划　　　　B. 做　　　　C. 检查　　　　D. 调整

    E. 标准化

19. 5S 管理中的 5S 是指(　　)。

　　A. 整顿　　　　B. 整理　　　　C. 清洁　　　　D. 检查

　　E. 素养

20. KAIZEN 的五个"金"原则指的是(　　)。

　　A. 如果发生问题,首先去现场　　B. 检查发生问题的对象

　　C. 立刻采取暂时性的措施　　　　D. 查找问题产生的真正原因

　　E. 使应对措施标准化,以避免类似问题再次发生

(四)问答题

1. 什么是生产作业控制,控制的基本内容有哪些?

2. 约束理论中的有效产出、库存和运营费用三个主要概念之间有何关系?

3. 准时生产与大批量生产之间的区别是什么?

4. 关键路线的特点有哪些?

(五)论述题

1. 比较成功的生产控制技术有几种,基本内容是什么,它们分别适用于哪些生产方式?

2. 根据你的理解谈一谈准时制(JIT)与零库存之间的关系。

3. 举例描述准时制生产(JIT)七大浪费在企业中的具体表现,以及可以采取怎样的措施予以消除。

【参考答案】

(一)判断题

1. ×,2. ×,3. ×,4. √,5. ×,6. ×,7. √,8. ×,9. √,10. ×,11. ×,12. ×,13. √,14. √,15. ×,16. ×,17. ×,18. √,19. ×,20. ×,21. √,22. √,23. ×,24. ×,25. √,26. √,27. ×,28. ×,29. √,30. ×。

(二)单项选择题

1. D,2. C,3. A,4. A,5. A,6. C,7. A,8. B,9. B,10. A,11. D,12. C,13. D,14. C,15. C,16. D,17. B,18. B,19. A,20. D。

(三)多项选择题

1. ABE,2. ABCE,3. BCDE,4. ABC,5. AE,6. ABCDE,7. ABCD,8. ADE,9. ADE,10. ABCE,11. ABC,12. ADE,13. ABCD,14. ABCD,15. ABC,16. ABCDE,17. ABD,18. ABCD,19. ABCDE,20. ABCDE。

(四)问答题

1. 见书本"7.1 概述"部分。

2. 见书本"7.3.2 约束理论"部分。

3. 见书本"7.3.2 准时生产方式"中"4. 准时生产与大批量生产"部分。

4. 见书本"7.3.4PERT 计划评审法"中"2. 关键路线特点"部分。

(五)论述题

1. 结合书本"7.3 生产作业控制主要技术"部分作答。

2. 结合书本"7.3.3 准时生产方式"部分作答。

3. 结合书本"7.4.2 持续改善的手段"中"3. 消除'浪费'"作答。

第三篇　物流企业运行管理

单元一　物流企业管理概述

一、学习目标

1. 掌握物流企业的定义、类型。
2. 掌握各类型物流企业的作业类型。
3. 掌握物流企业的经营模式。
4. 掌握物流业务管理的内容。
5. 掌握物流人力资源规划的内容。
6. 掌握物流信息化工具。
7. 掌握第三方物流的定义及特点。
8. 掌握第三方物流的优势及发展局限。

二、知识结构

知识结构如图 3-1 所示。

三、主要知识点解读

(一)物流企业概念

1. 物流企业定义

物流企业是指具有运输、存储、装卸、搬运、包装、流通加工、配送、信息处理等两个以上功能,能按照客户需求进行多功能及一体化运作的组织和管理,并具有与自身业务相适应的信息管理系统,实行独立核算、独立承担民事责任的经济组织。

物流企业具有的基本特征:

①物流企业是组成物流产业的细胞,主要为生产企业服务,也为人民生活服务。

②物流企业作为一个经济实体,具有自身的利益驱动机制。

③物流企业是市场经济的运行下平等参与竞争、享有合法权益的法人。

2. 物流企业分类

(1)运输型物流企业

运输型物流企业应同时满足的要求:

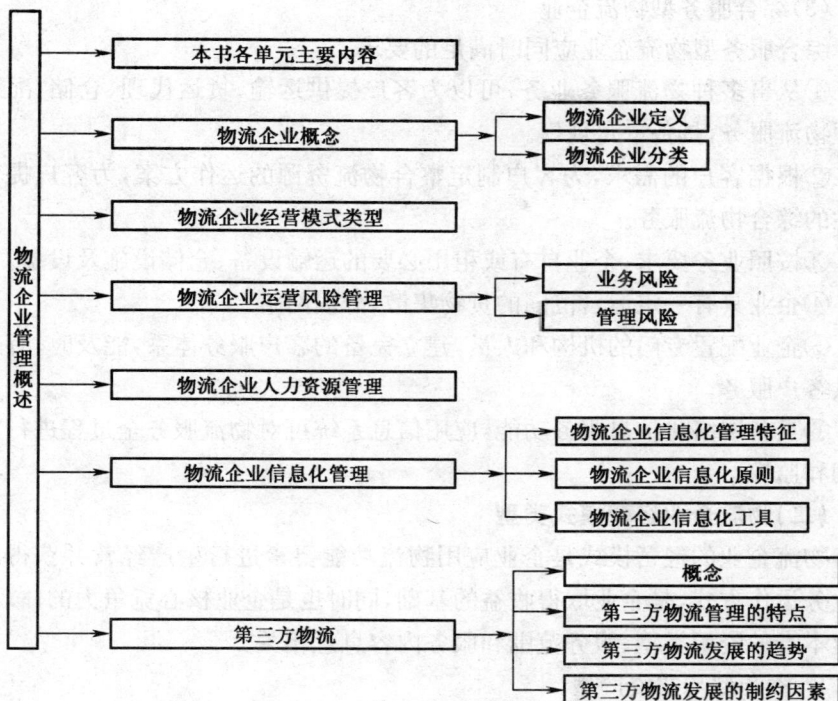

图 3-1　物流企业管理知识结构

①以从事货物运输业务为主,具备一定规模。

②可以提供门到门、门到站、站到门、站到站的运输服务和其他物流服务。

③企业自有一定数量的运输设备。

④具备网络化信息服务功能,应用信息系统可对运输货场进行状态查询、监控。

⑤按照客户要求,组织物流功能的延伸服务。

(2)仓储型物流企业

仓储型物流企业应同时满足的要求:

①以从事仓储业务为主,为客户提供货物储存、保管、中转等仓储服务,具备一定规模。

②企业能为客户提供配送服务以及商品经销、流通加工等其他服务。

③企业自有一定规模的仓储设施、设备,自有或租用必要的货运车辆。

④具备网络化信息服务功能,应用信息系统可对货物进行状态查询、监控。

（3）综合服务型物流企业

综合服务型物流企业应同时满足的要求：

①从事多种物流服务业务，可以为客户提供运输、货运代理、仓储、配送等多种物流服务，具备一定规模。

②根据客户的需求，为客户制定整合物流资源的运作方案，为客户提供契约性的综合物流服务。

③按照业务要求，企业自有或租用必要的运输设备、仓储设施及设备。

④企业具有一定运营范围的货物集散、分拨网络。

⑤企业配置专门的机构和人员，建立完备的客户服务体系，能及时、有效地提供客户服务。

⑥具备网络化信息服务功能，应用信息系统可对物流服务全过程进行状态查询和监控。

（二）物流企业经营模式类型

物流企业的经营模式是企业应用物流功能要素进行生产经营并获得收益的业务运作方式，是企业取得收益的基础，同时也是企业核心竞争力的体现，与企业本身的资源类型、服务范围和服务内容息息相关。

1. 资产型与非资产型

根据物流企业拥有资产多少，物流企业经营模式可分为资产型与非资产型。资产型物流企业拥有仓库、车辆等固定资产，其中，资源类型决定物流企业通过何种方式为客户提供物流服务。非资产型物流企业本身不拥有或少量拥有固定资产，主要依靠提供管理和服务业务。

2. 单一行业型与多行业型

根据物流企业服务范围大小，物流企业经营模式可分为单一行业型与多行业型。单一行业型的物流企业提供的物流服务范围较窄，多行业型物流企业提供的物流服务范围相对较宽。

3. 低集成型与高集成型

根据物流企业服务内容不同，物流企业经营模式可分为低集成型与高集成型。集成度较低的物流企业可提供的物流服务项目少。集成度较高的物流企业可以为客户提供物流资源整合、物流系统设计等物流服务。

（三）物流企业运营风险管理

1. 业务风险

在货品流通的过程中涉及的人、设备、货品等都会遇到一定的风险。对物流企业而言，这些风险是可以控制并消除的。

（1）仓储货品风险

仓储货品风险主要表现在两大方面：一是由于储存在仓库中而占用大量的流动资金，给企业造成机会损失，带来经济风险，为此，企业需要通过制定合理的库存控制模式来防范该风险。二是货物在储存过程中的货损风险，主要包括货品在静止存放在库内的自然灾害损失和货物在搬运过程中的碰撞、跌落等造成的损坏。

①静止存放的风险。对于化工原料、纺织面料等受光照影响加大的货品，在设计仓库和储存时应考虑光照强度对货品的影响。对于有机货品，如粮食、药材等易遭受虫害的货品，在入库流程中需要对货品进行虫害检验，建立定期杀虫杀毒的制度。对于容易受潮变质的货品，如皮革制品等，储存时需要对仓储进行通风，也可以通过使用干燥剂或者除湿机等进行湿度的控制。同时，在仓库的选址和设计中，还应根据货品性质，考虑到水灾、滑坡等自然灾害的影响。

②装卸搬运过程的风险。装卸过程是物流环节中产生货损最多的。对于装卸部分，需用人工装卸的，要对现场作业人员进行培训；使用叉车等装卸设备的企业，需要明确操作规程，以避免野蛮装卸。对于搬运过程，尤其需强调的是控制好叉车等搬运设备的速度，避免因速度过快而出现货物跌落、撞击等破损。

（2）人员风险

人员风险主要是指仓储货物和仓储设备对人身的健康造成危害的风险。

①货品对人身的危害。有些货品如化工类的原料常常是有毒有害的物品，对人体能造成直接的巨大的危害，在仓储的过程中需要有特别的防护措施，例如货品需要存放在专门的容器中，仓库需要保持良好的通风等。

②设备对人造成的危害。设备对人造成的伤害最常见的是叉车事故，而这类事故原因又常常因为叉车作业人员或者是现场作业人员的麻痹大意所致。所以，需制定详细的操作手册来规范叉车的运作，例如限制叉车车速，给现场人员佩戴安全帽等。

（3）车辆风险

运营车辆的风险是物流公司各类风险中最大、最不易控制的风险。车辆的风险可以分为安全事故风险和经营成本风险两类。

①安全事故风险。经营风险主要在于成本控制的风险，可以通过财务的方法进行控制。

②安全事故风险。安全事故风险可分为三类：一是交通事故，如撞车、追尾等；二是装卸车事故，如防护栏损坏、上下甲板掉落等；三是途中紧急故障、车辆

失火等。其中,交通事故造成的风险最大,造成事故的原因多而杂,是风险控制的重点和难点。

2. 管理风险

(1)资信能力风险

资信能力风险主要体现在非资产型物流企业。由于非资产型物流企业本身不拥有或少量拥有固定资产,因此,在资信和多对抗外部风险的能力上比资产型物流企业差。

(2)管理能力风险

对于非资产型物流企业来说,由于其主要业绩是通过自身良好的管理能力为客户提供优良的物流服务来获取竞争优势,资产型物流企业通过自身改造也可以获得这种优势,当资产型物流企业的管理能力提升后,非资产型物流企业的这种核心竞争力就会相对减弱。

3. 合同责任风险

合同责任风险是指物流企业同客户、分包商及信息服务提供商签订合同所带来的相关风险。

(1)与分包商合同责任风险

由于物流企业受到自身条件限制,常常需要将部分物流业务分包给其他物流企业。在物流运作过程中,如果客户出现损失,物流企业和分包商都要承担相应赔偿责任,但赔偿主体是物流企业而非分包商。只有在物流企业对客户赔偿结束之后,才能对分包商索要相关赔偿。但是,由于物流企业与客户之间和与分包商之间的合同是不同的,其诉讼时效、豁免条款等也是不同的,因此,经常导致物流企业无法获得全额赔偿。

(2)与客户合同责任风险

物流企业与客户签订合同的责任风险主要来自于大客户所提出的一些“霸王条款”。

(3)与信息服务提供商的合同风险

该类风险主要包括两种:一是信息系统故障风险,主要指由于信息系统故障导致物流企业无法正常运转造成的风险;二是商业机密风险,主要指由于物流企业与信息服务提供商关于商业机密的合同约定条款而造成的企业商业机密信息丢失的风险。

(四)物流企业人力资源管理

对于物流企业来说,人力资源管理包括以下几个方面的内容:

1. 人力资源规划

是指物流企业从战略规划和发展目标出发,根据其内外部环境的变化,预测未来发展对人力资源的需求，以及为满足这种需求提供人力资源的活动过程。总之，人力资源规划就是解决企业人力资源供需平衡的问题，包括人才规划、人力资源管理制度、职务编制、薪酬规划与奖惩制度、人员考核制度和员工培训。

人力资源规划主要包括三个步骤，即组织结构设计（用来确定整个组织有哪些角色）——工作设计（用来确定这些角色需要什么样的人来担当）——用人设计（通过何种途径获得担当这些角色的人才）。

2. 岗位设置与岗位职责规划

物流企业在确定组织结构之后，要对各个岗位进行规划，包括数量规划、职责规划等。对于物流企业来说，其基本的岗位包括仓储作业人员、运输作业人员、配送作业人员、业务支持人员、信息管理人员和组织管理人员。

3. 员工招聘和培训

物流企业做完人力资源规划之后，要对相关的岗位进行员工招聘和新员工的培训工作。

（1）员工招聘

员工招聘的途径包括企业内部招聘、就业机构招聘、劳动部门招聘、人力资源中心招聘、人才网站招聘、劳务市场招聘、教育或培训机构招聘、院校招聘和员工招聘流程。

（2）员工培训

为促进员工更快、更好地做好自己的本职工作，弥补自身在企业业务上的缺陷，有效满足企业文化发展需要，在完成新员工招聘后，要对新员工进行培训。新员工培训的内容包括企业文化培训、企业考勤制度培训、专业知识培训和其他相关知识培训。

4. 员工福利薪酬和晋升制度

（1）福利薪酬

员工福利薪酬的设计既要满足公平、合理和激励三种条件，也要考虑到自身的经营模式、盈利水平和市场人力成本的状况。一般情况下，薪酬的设计包括底薪制和佣金制两种方式。

薪酬制主要由底薪＋红利或业务竞争奖金组成，适合于常规固定作业为主的工作，具有员工收入和雇主支出费用可知、提高服务质量、忠诚度高等特点。佣金制主要由完成的业务量/价值＊提成率组成，适合于以销售、发展业务为主的工作，具有员工受奖励最大、收入差距大、收入波动大等特点。

（2）晋升制度

员工晋升制度一方面是为有能力、有技术的人才提供施展才华的平台，另一方面也是激励员工的一种有效途径。配送中心常见的员工晋升途径有两条：管理路径和技术路径。

(五)物流企业信息化管理

1. 物流企业信息化管理特征

物流企业信息化管理是指物流企业通过各种物流信息技术实现物流业务的信息化管理，具有物流操作信息化、物流管理信息化、物流决策信息化和物流协同作业信息化的特征。

2. 物流企业信息化原则

物流企业信息化建设的最终目的是为了帮助物流企业解决现有问题，提升物流企业的竞争力，其原则主要包括围绕信息化目标的原则、注重效益原则、注重成本原则和整体与局部原则。

3. 物流企业信息化工具

(1)条码技术

条码是由一组规则排列的条、空以及对应字符组成的标记。"条"是指对光线反射率较低的部分，"空"指对光线反射率较高的部分，这些"条"和"空"组成的数据表达一定的信息，并能够用特定的设备识读，转换成与计算机兼容的二进制和十进制信息。条码技术有助于进货、销售、仓储管理一体化，是实现物流行业自动化管理的有效工具，是实现物流电子数据交换、节约资源的基础，是及时沟通产、供、销的纽带和桥梁。

(2)射频识别技术

射频识别技术是一项利用射频信号通过空间耦合实现无接触信息传递并通过所传递的信息达到识别目的的技术，一般由信号发射机、信号接收机和发射接收天线组成。同条形码相比，射频识别技术更加先进，实现的功能也更加广泛。

(3)电子数据交换技术

电子数据交换技术在物流中的应用是指货主、承运业主以及其他相关的单位之间，通过系统进行物流数据交换，并以此为基础实施物流作业活动的方法。

电子数据交换技术的工作原理是发送方将需要的信息转换成平面文件→翻译成为标准 EDI 报文并组成 EDI 信件→接收方从 EDI 信箱中收取信件→将信件翻译成为平面文件并导入接收方信息系统中。

(4)地理信息系统技术

地理信息系统是多种学科交叉的产物，以地理空间数据为基础，采用地理模型分析方法，适时提供多种空间和动态的地理信息，是一种为地理研究和地理决策服务的计算机技术系统，由硬件、软件、数据、人员和方法五个部分组成。

（5）全球定位系统技术

全球定位系统是利用导航卫星进行测时和测距，使在地球上任何地方的用户都能计算出自己所处的方位。GPS在物流中的应用主要在于对船舶、车辆的实时定位。

（6）仓储管理系统

仓储管理系统是指用来管理仓库内商品信息的软件系统，功能是单据打印和商品信息数据管理，实现对货品的实时动态管理，为用户在制定生产和销售计划、及时调整市场策略等方面提供持续、综合的参考信息。仓储管理系统具有降低开销、准确率高、物流环节快、营运成本低等作用。

（7）运输管理系统

运输管理系统由系统管理、基本信息管理、货运业务管理、费用管理、查询统计等系统模块组成，具有运输管理系统网络化、具有功能强大的跟踪服务平台、集成GPS/GIS系统特点等。

（8）电子辅助标签拣货系统

电子辅助标签拣货系统分为DPS摘取式拣货系统和DAS播种式拣货系统两种系统。

①DPS是采用先进电子技术和通信技术开发而成的物流辅助作业系统，通常使用在现代物流中心货物分拣环节，是一种先进的作业手段，与仓储管理系统或其他物流管理系统配合使用效率更高。

②DAS是一种无纸化操作的辅助拣货系统，具有效率高、差错率低的作业特点。

（9）无线射频技术

无线射频技术是以无线信道作为传输媒介，建网迅速，通信灵活，可为用户提供快捷、方便、实时的网络连接，是实现移动通信的关键技术之一。

（六）第三方物流

1. 概念

第三方物流简称3PL，也简称TPI，是相对"第一方"发货人和"第二方"收货人而言的，国标的定义是"第三方物流是指独立于供需双方，为客户提供专项或全面的物流系统设计或系统运营的物流服务模式。"

第三方物流内部的构成一般可分为两类，即资产基础供应商和非资产基础供应商。资产基础供应商有独立的运输工具和仓库，通常进行的是实实在在物流操作；而非资产基础供应商则是管理公司，不拥有或租赁资产，只提供人力资源和先进的物流管理系统。

2. 第三方物流管理的特点

从物流业发展状况及服务流程看,第三方物流主要具有五个方面鲜明特点:

(1)关系契约化

第三方物流通过契约形式来规范物流经营者与物流消费者之间的关系。第三方物流发展的物流联盟也是通过契约的形式来明确各物流联盟参加者之间权、责、利的关系。

(2)服务个性化

一方面,随着消费差异化的不断升温,第三方物流企业可以根据不同物流消费者在企业形象、业务流程、产品特征等方面的不同要求,提供针对性强的个性化物流服务和增值服务。另一方面,对第三方物流企业自身而言,随着竞争的加剧,第三方物流企业必须形成核心业务,不断强化所提供物流服务的个性化和特色化,才能在竞争激烈的市场中站稳脚跟。

(3)功能专业化

第三方物流所提供的是专业化的物流服务,无论是物流设计、物流操作过程还是物流技术工具、物流设施甚至物流管理都必须体现其专门化和专业水平。这既是物流消费者的需要,也是第三方物流自身发展的基本要求。

(4)管理系统化

管理系统化、物流功能模块化是第三方物流生存的基本条件,也是其快速发展的基础。

(5)信息网络化

信息技术是第三方物流发展的必要条件。它能有效促使相关企业实现信息实时共享,提升物流管理的科学化水平,提高物流效率和物流效益。

3. 第三方物流发展的优势

①企业集中资源,发展核心业务。

②灵活运用新技术,实现物流信息化,降低成本。

③减少固定资产投资,加速资本周转。

④通过提供灵活多样的物流服务满足顾客需求。

4. 第三方物流发展的制约因素

(1)观念的影响

由于国内大多数生产企业实行的是单一的生产管理,习惯于传统的企业储运方式,重生产、轻储运,难以形成现代物流管理思想,对第三方物流存在认识、观念上的障碍。

(2)结构的影响

由于生产企业数量较多,总规模不小,组织和产业结构不合理,相当多行业产品供大于求、结构性过剩,普遍存在产业关联度较低,缺乏社会化、专业化分工协作。

（3）技术的因素

普遍存在设施设备老化,难以适应现代化专业物流发展的需要。

（4）管理的因素

工业企业在较大程度上缺乏较为科学的内部管理制度,缺乏管理组织能力,在生产管理上存在于混乱状态,在组织经营上处于无序状态。

（5）人才的因素

生产企业普遍存在员工素质低、知识构成不合理、人才匮乏、缺乏创新能力的情况。

四、全真考试试题分析

（一）判断题

1. 物流企业的经营模式是企业核心竞争力的体现,与企业本身的资源类型无关。（　）

试题分析:本题考核对物流企业的经营模式概念的理解,答案为错误。物流企业的经营模式是企业核心竞争力的体现,与企业本身的资源类型、服务范围和服务内容息息相关,详见教材"1.3 物流企业经营模式类型"中的内容。

2. 旋转交错式堆叠法可有效防止货物倾倒。（　）

试题分析:本题考核对物流企业运营风险中业务风险的相关内容,答案为正确。在装卸搬运过程中,要选择合适的栈板堆叠方法,例如旋转交错式堆叠法可有效防止货物倾倒或者挤压造成的货损,详见教材"1.4.1 业务风险"中的内容。

3. 物流企业在进行信息化建设时,要始终围绕事先制定的信息化进行,要始终追求物流信息的先进性。（　）

试题分析:本题考核对物流企业信息化原则相关内容的理解,答案为错误。物流企业在进行信息化建设时,要始终围绕事先制定的信息化的目标进行,不能脱离这个目标而盲目地追求物流信息的先进性,或者为了节省资金而降低信息化的功能,详见教材"1.6.2 物流企业信息化原则"中的内容。

4. 物流企业自身效益不仅包括短期效益,还要包括企业长期效益和社会效益。（　）

试题分析:本题考核对物流企业信息化原则相关内容的理解,答案为正确。物流企业信息化本身就是为了提高自身竞争力,获取更好的效益,因此,物流企业在进行信息化的同时,要注意自身效益的实现,不仅包括短期效益,还要包括企业长期效益和社会效益,详见教材"1.6.2 物流企业信息化原则"中的内容。

5. 射频识别技术是以无线信道作为运输传媒,建网迅速,通信灵活,是实现移动通信的关键技术之一。( )

试题分析:本题考核对无线射频(RF)和射频识别技术(RFID)区别的理解,答案为错误。试题以术语定义形式出现,定义是 RF,而不是 RFID,详见教材"1.6.3 物流企业信息化工具"中的相关内容。

6. 物流企业信息化建设的最终目的是提高物流企业的作业效率。( )

试题分析:本题考核物流信息化原则的相关内容,答案为错误。物流企业信息化建设的最终目的是为了帮助物流企业解决现有问题,提升物流企业的竞争力,因此,物流企业的信息化建设不能违背这个基本的意愿,并不仅仅是提高作业效率,详见教材"1.6.2 物流企业信息化原则"中的相关内容。

(二)单项选择题

1. 以下哪类公司以完善的仓储设施、提供最优的仓储服务为它的核心竞争力( )。

    A. 仓储型物流公司   B. 运输型物流公司

    C. 流通加工型物流公司   D. 综合型物流公司

试题分析:本题考核对物流企业分类的理解,答案为 A。只有仓储型物流公司提供最优的仓储服务为它的核心竞争力,详见教材"1.2.2 物流企业分类"中的相关内容。

2. 在物流运作中,如果将物流业务分包给其他物流企业,客户出现损失时,赔偿主体为( )。

    A. 物流业务主承包商   B. 分包商

    C. 客户   D. 批发商

试题分析:本题考核物流企业运营风险中合同责任风险的相关内容,答案为 A。客户出现损失时,赔偿主体为物流业务的主承包商,而非分包商。主承包商赔偿结束后,可向分承包商追索相关赔偿,详见教材"1.4.2 管理风险"中的相关内容。

3. 以下不属于物流企业信息化原则的是( )。

    A. 围绕信息化的目标进行 B. 注重效益原则

    C. 注重成本原则   D. 局部原则

试题分析:本题考核物流信息化原则的相关内容,答案为 D。若选项 D 改为"整体与局部原则"就是正确选项,详见教材"1.6.2 物流企业信息化原则"中的相关内容。

(三)多项选择题

以下内容属于物流企业信息化工具的是( )。

A. 条码   B. 电子数据交换技术

C. 全球定位系统   D. 仓储管理系统

E. POS 机

试题分析:本题考核物流信息化工具的相关内容,答案为 ABCD。POS 机为信用卡支付工具,常见于零售企业,不是物流企业信息化工具,详见教材"1.6.3 物流企业信息化工具"中的相关内容。

(四)论述题

近些年,随着我国物流业快速发展,信息技术在物流业应用越来越广泛,许多物流企业都比较重视信息化工作。请阐述物流企业信息化的原则。

试题分析:本题主要考核物流企业信息化原则,教材有现成答案。答题时要紧贴"围绕信息化目标、注重效益、注重成本、整体与局部协调"四大原则展开;详见教材"1.6.2 物流企业信息化原则"中的内容。

参考答案:物流企业信息化建设的最终目的是为了帮助物流企业解决现有问题,提升物流企业的竞争力,因此,物流企业的信息化建设不能违背这个基本的意愿。物流企业信息化的原则包括以下几个部分:1)围绕信息化的目标进行。物流企业在进行信息化建设时,要始终围绕事先制定的信息化的目标进行,不能脱离这个目标而盲目地追求物流信息的先进性,或者为了节省资金而降低信息化的功能。2)注重效益原则。物流企业信息化本身就是为了提高自身竞争力,获取更好的效益,因此物流企业在进行信息化的同时,要注意自身效益的实现,不仅包括短期效益,还要包括企业长期效益和社会效益。3)注重成本原则。物流企业进行信息化时,要注意合理控制物流信息化项目成本,避免因项目成本的不断增加导致项目的失败。4)整体与局部原则。物流企业在实施信息化时,要以整体效益为目标。物流管理中存在许多的效益背反问题,在遇到这些问题时,要优先考虑整体效益。同时,物流整体目标是各个局部目标的集合,因此,做好整体目标与局部目标的协调,是物流企业进行信息化建设的关键。

五、单元测试题及参考答案

单元测试题

(一)判断题

1. 物流企业是指具有运输、存储、装卸、搬运、包装、流通加工、配送、信息处理等功能,能按照客户需求进行多功能及一体化运作的组织和管理,并具有与自身业务相适应的信息管理系统,实行独立核算、独立承担民事责任的经济组织。(　　)

2. 物流企业是组成物流产业的细胞,主要为人民生活服务,也为生产企业服务。( )

3. 运输型物流企业以从事货物运输业务为主,包括货物快递服务或运输代理服务,有时为满足客户需求,也进行流通加工等其他服务。( )

4. 物流企业的经营模式是企业应用物流功能要素进行生产经营并获得收益的业务运作方式,是企业取得收益的基础,同时也是企业核心竞争力的体现。( )

5. 按照服务内容分类,物流企业可分为单一行业型和多行业型。( )

6. 物流企业在货品流通的过程中涉及的人、设备、货品等都会遇到一定的风险,这些风险是可以控制但不能完全消除的。( )

7. 货品在储存中存在静止存放的风险,受光照影响比较明显的是化工原料、纺织面料,例如粮食、麻制品、食品等。( )

8. 在所有物流环节中,装卸搬运过程产生的货损最多。( )

9. 物流公司在实际运作中,存在着各种各样的经营风险,其中,运营车辆的风险是最大,也是最不容易控制的一种。但其中的经营成本风险可以通过财务的方法进行控制。( )

10. 由于非资产型物流企业本身不拥有任何固定资产,因此,其在企业资信能力方面比资产型物流企业要差得多,对抗外部风险的能力也就差得多。( )

11. 人力资源管理是指为完成企业管理工作和总体目标,影响员工的行为、态度和绩效的各种企业管理政策、实践及制度安排,是对企业的人力资源规划、招聘、培养、使用及组织等各项管理工作的总称。( )

12. 对新员工进行培训的目的是为了促进员工更快、更好地做好自己的本职工作,同时也是对员工自身缺陷的弥补,有利于企业文化的形成。( )

13. 底薪制福利下,员工的底薪组成是底薪+红利/价值*提成率。( )

14. 底薪制度比较适合于销售、发展业务为主的工作,具有收入可知、提高服务质量、忠诚度高等特点。( )

15. 员工晋升制度一方面是为人才提供施展才华的平台,另一方面是对员工工作实施激励。就配送中心而言,常见的员工晋升途径有两条,即培训路径和技术路径。( )

16. 物流企业信息化管理是指物流企业通过各种物流信息技术实现物流业务、人员招聘和培训业务的信息化管理。( )

17. 物流企业信息化建设的最终目的是为了帮助物流企业提高服务质量,不断提升物流企业的核心竞争力。( )

18. 无线射频技术是在条码的基础上建立起来的,其读取的依然是条码,射频识别技术的核心部分是芯片,类似于条码的一种信息存储设备,但比条码更加强大。(　　)

19. 由于射频技术有完善的标准体系,已在全球传播,得到广泛应用,而条码只局限在有限的市场份额之内。(　　)

20. 电子数据交换技术在物流中的应用,是指货主与客户之间通过系统进行物流数据交换,并以此为基础实施物流作业活动的方法。(　　)

21. 地理信息系统是多种学科交叉的产物,是一种为地理研究和地理决策服务的计算机技术系统,由硬件、软件、数据、人员和管理五个部分组成。(　　)

22. 全球定位系统技术是利用导航卫星对目标进行测距,使在地球上任何地方的用户都能计算出自己所处的方位。(　　)

23. 仓储管理系统是指用来管理仓库内商品信息和管理员工作日志的软件系统。(　　)

24. 摘取式拣货系统是一种无纸化操作的辅助拣货系统,具有效率高、差错率低的作业特点。(　　)

25. 射频识别技术是以无线信道作为传输媒介,建网迅速,通信灵活,可以为用户提供快捷、方便、实时的网络连接,是实现移动通信的关键技术之一。(　　)

26. 第三方物流是相对"第一方"收货人和"第二方"发货人而言,也称"合同契约物流"。(　　)

27. 第三方物流内部的构成一般可分为两类资产基础供应商和非资产基础供应商。资产基础供应商提供实实在在的物流操作,非资产基础供应商提供人力资源和先进的物流管理系统。(　　)

28. 从物流业的发展状况及服务流程来看,第三方物流具有关系契约化、服务个性化、功能专业化、管理系统化、信息网络化和资源共享化等特点。(　　)

29. 随着市场竞争的加剧,企业核心利益地位的不断提升,第三方物流发展有着有利于企业集中资源发展核心业务、减少固定资产投资加速资本周转、为顾客提供灵活多样的物流服务等优势。(　　)

30. 在我国,生产企业普遍存在员工素质低、知识构成不合理、人才匮乏、缺乏创新能力等缺陷,是制约第三方物流发展的基础因素。(　　)

(二)单项选择题

1. 下列关于物流企业特征的描述错误的是(　　)。

A. 物流企业是组成物流产业的细胞,主要为生产企业服务

B. 物流企业是在市场经济的运行下平等参与竞争、享有合法权益的法人

　　C. 物流企业作为一个从事非经济实体的服务性行业,具有健全机能和
　　　　旺盛生命力

　　D. 物流企业是市场经济的运行下平等参与竞争、享有合法权益的法人

2. 物流企业的经营模式是企业应用物流功能要素进行生产经营并获得收益的业务运作方式,是企业取得收益的基础,同时也是企业(　　　)的体现。

　　A. 参与竞争　　　　B. 核心竞争力　　　　C. 取得声誉　　　　D. 赢利

3. (　　　)决定物流企业通过何种方式为客户提供物流服务。

　　A. 经营模式　　　　B. 资源类型　　　　C. 服务对象　　　　D. 货品性质

4. 在物流过程中,(　　　)是产生货损最多的物流环节。

　　A. 装卸　　　　　　B. 运输　　　　　　C. 流通加工　　　　D. 静止存储

5. 在实际运作中,物流公司面临各种各样的经营风险,其中(　　　)的风险是最大,也是最不容易控制的一种。

　　A. 货物运输　　　　B. 运营车辆　　　　C. 流通加工　　　　D. 静止存储

6. 下列关于物流企业管理风险的描述不正确的是(　　　)。

　　A. 物流企业管理风险包括资信能力风险、管理能力风险和合同责任
　　　　风险

　　B. 非资产型物流企业在企业资信能力方面比资产型物流企业要差
　　　　得多

　　C. 合同责任风险是指物流企业同消费者签订合同所带来的相关风险

　　D. 物流企业与信息服务提供商的合同风险主要包括信息系统故障风
　　　　险和商业机密风险

7. (　　　)主要是解决企业人力资源供需平衡的问题。

　　A. 人才规划　　　　B. 职务编制　　　　C. 员工培训

　　D. 人力资源规划

8. 下列不属于人力资源规划主要步骤的是(　　　)。

　　A. 组织结构设计　　B. 工作设计　　　　C. 用人设计　　　D. 培训设计

9. 下列不属于新员工培训内容的是(　　　)。

　　A. 企业文化培训　　　　　　　　　　B. 专业知识培训

　　C. 人事规划培训　　　　　　　　　　D. 企业考勤制度培训

10. 物流企业信息化建设的最终目的是为了帮助物流企业解决现有问题,提升物流企业的(　　　)。

　　　A. 竞争力　　　　　B. 服务质量　　　　C. 管理能力　　　D. 协作能力

11. 下列关于条码技术的描述不正确的是(　　　)。

　　　A. 条码中的"条"指对光线反射率较低的部分

B. 条码中的"空"指对光线反射率较低的部分

C. 条码技术有助于进货、销售、仓储管理一体化

D. 条码技术是实现物流电子数据交换、节约资源的基础

12.（　　）技术是一项利用射频信号通过空间耦合实现无接触信息传递并通过所传递的信息达到识别目的的技术。

A. 射频识别　　　　　　　　　　B. 电子数据交换

C. 无线射频　　　　　　　　　　D. 地理信息系统

13. 下列关于地理信息系统技术的描述不正确的是（　　）。

A. 地理信息系统是多种学科交叉的产物

B. 地理信息系统以地理空间数据为基础

C. 地理信息系统能提供多种空间和动态的地理信息

D. 地理信息系统是一种为物流企业提供决策服务的计算机技术系统

14. GPS在物流中的应用主要在于对（　　）的实时定位。

A. 人员、车辆　　　　　　　　　B. 船舶、车辆

C. 货物、车辆　　　　　　　　　D. 资金、人员

15. 无线射频技术与射频识别技术的区别之一是无线射频技术读取的是（　　）。

A. 条码　　　　　B. RQ码　　　　　C. 货物信息　　　　D. 运输信息

16. 第三方物流也称作（　　）。

A. 合同契约物流　　　　　　　　B. 合同物流

C. 契约物流　　　　　　　　　　D. 协作物流

17.（　　）是第三方物流发展的必要条件。

A. 人才队伍　　　　B. 服务能力　　　　C. 管理能力　　　　D. 信息技术

18. 下列关于第三方物流发展优势描述不正确的是（　　）。

A. 企业集中资源，发展核心业务

B. 减少固定资产投资，加速资本周转

C. 灵活运用新技术，实现物流信息化、企业间信息共享，降低成本

D. 提供灵活多样的物流服务，为企业创造更多的价值

19. 观念的影响是制约第三方物流发展的（　　）。

A. 根本因素　　　　B. 重要因素　　　　C. 核心因素　　　　D. 主要因素

20. 生产企业普遍存在员工素质低、知识构成不合理、人才匮乏、缺乏创新能力的情况，是制约第三方物流发展的（　　）。

A. 基本因素　　　　B. 基础因素　　　　C. 主要因素　　　　D. 核心因素

(三)多项选择题

1. 按照《物流企业分类与评估指标》国家标准（GB/T 19680—2005），物流

企业分为（　　）。

A. 运输型物流企业 　　　　　　　　　B. 生产型物流企业

C. 仓储型物流企业 　　　　　　　　　D. 加工型物流企业

E. 综合服务型物流企业

2. 物流企业的经营模式是企业应用物流功能要素进行生产经营并获得收益的业务运作方式,与企业本身的（　　）息息相关。

A. 资源类型 　　　B. 资金额度 　　　C. 运输方式 　　　D. 服务范围

E. 服务内容

3. 集成度较低的物流企业可提供（　　）物流功能的一项或者几项物流服务。

A. 物流系统设计 　　B. 资源整合 　　　C. 仓储 　　　　D. 配送

E. 运输

4. 物流企业运营中的业务风险包括（　　）。

A. 车辆风险 　　　B. 人员风险 　　　C. 仓储货品风险 　D. 资金风险

E. 合同风险

5. 物流企业管理风险包括（　　）。

A. 资信能力风险 　　　　　　　　　　B. 服务能力风险

C. 管理能力风险 　　　　　　　　　　D. 合同责任风险

E. 运输风险

6. 人力资源规划的主要目的是解决企业人力资源供需平衡的问题,包括（　　）。

A. 人才规划 　　　　　　　　　　　　B. 职务编制

C. 薪酬规划制度 　　　　　　　　　　D. 人员考核制度

E. 员工培训

7. 下列属于物流企业基本岗位的是（　　）。

A. 仓储作业人员 　　　　　　　　　　B. 运输作业人员

C. 业务支持人员 　　　　　　　　　　D. 信息管理人员

E. 组织管理人员

8. 物流企业信息化管理具有（　　）特征。

A. 物流操作信息化 　　　　　　　　　B. 物流管理信息化

C. 物流决策信息化 　　　　　　　　　D. 物流协同作业信息化

E. 物流管理高效化

9. 物流企业信息化的原则包括（　　）。

A. 注重效益原则 　　　　　　　　　　B. 围绕信息化目标原则

C. 注重成本原则　　　　　　　　D. 整体与局部原则

E. 注重服务原则

10. 物流企业信息化的工具包括(　　)。

A. 射频识别技术　　　　　　　　B. 电子数据交换技术

C. 地理信息系统技术　　　　　　D. 全球定位系统技术

E. 电子辅助标签拣货系统

11. 关于条码技术的描述正确的是(　　)。

A. 条码是由一组规则排列的条、空以及对应字符组成的标记

B. 条码中的"条"指对光线反射率较低的部分

C. 条码中的"空"指对光线反射率较高的部分

D. 条码技术是及时沟通产、供、销的纽带和桥梁

E. 条码技术是实现物流电子数据交换、节约资源的基础

12. 射频识别技术与条形技术的具体区别有(　　)。

A. 条码的内存不能更改

B. 有无写入信息或更新内存的能力

C. 有不能被复制的特有辨识器

D. 标签的作用不仅仅局限于视野之内

E. 射频技术只被局限在有限的市场份额之内

13. 地理信息系统技术是多种学科交叉的产物,由(　　)部分组成。

A. 硬件　　　　B. 软件　　　　C. 数据　　　　D. 人员

E. 方法

14. 仓储管理系统作用有(　　)。

A. 实现无纸化操作,减少了纸张开销

B. 条码识别的正确性高,减少了人为的错误输入

C. 实现了快速、高效的物流环节

D. 有效的库存空间利用,降低了营运成本

E. 数据交换接口相互连通,增强了企业现有应用系统的管理

15. 运输管理系统模块主要包括(　　)。

A. 系统管理　　　　　　　　　　B. 基本信息管理

C. 货运业务管理　　　　　　　　D. 费用管理

E. 查询统计

16. 下列关于无线射频技术的描述正确的是(　　)。

A. 是以无线信道作为传输媒介

B. 无线射频技术建网迅速

　　C. 无线射频技术通信灵活

　　D. 是实现移动通信的关键技术之一

　　E. 可以为用户提供快捷、方便、实时的网络连接

17. 射频识别技术的组成一般包括（　　）。

　　A. 信号发射机　　　　　　　　　B. 信号接收机

　　C. 发射接收天线　　　　　　　　D. 专用光缆

　　E. 条码

18. 从物流业的发展状况及服务流程来看,第三方物流的特点主要表现在（　　）。

　　A. 关系契约化　　　　　　　　　B. 服务个性化

　　C. 功能专业化　　　　　　　　　D. 管理系统化

　　E. 信息网络化

19. 下列属于第三方物流发展优势的是（　　）。

　　A. 企业集中资源发展核心业务

　　B. 实现了物流信息化、企业间信息共享

　　C. 灵活运用新技术,降低了成本

　　D. 减少了固定资产投资,加速了资本周转

　　E. 提供灵活多样的物流服务,为顾客创造了更多的价值

20. 我国发展第三方物流存在的制约因素有（　　）。

　　A. 观念的影响　　　　　　　　　B. 结构的影响

　　C. 技术的因素　　　　　　　　　D. 管理的因素

　　E. 人才的因素

(四)问答题

1. 物流企业的定义及分类是什么?

2. 按照《物流企业分类与评估指标》要求运输型物流企业应同时符合的条件有哪些?

3. 试列举物流企业的经营模式有哪些? 区别在哪里?

4. 物流人力资源规划的内容有哪些?

5. 物流信息化的工具有哪些?

6. RF 技术与 RFID 技术有什么区别?

(五)论述题

1. 物流企业的风险管理包括哪几个方面的内容? 简述如何有效做好车辆的风险管理。

2. 简述我国发展第三方物流的优势、不足及对策。

【参考答案】

(一)判断题

1. ×，2. ×，3. √，4. √，5. ×，6. ×，7. ×，8. √，9. √，10. ×，11. √，12. √，13. ×，14. ×，15. ×，16. ×，17. ×，18. √，19. ×，20. ×，21. ×，22. ×，23. ×，24. ×，25. √，26. ×，27. √，28. ×，29. √，30. ×。

(二)单项选择题

1. C，2. B，3. B，4. A，5. B，6. C，7. D，8. D，9. C，10. A，11. B，12. A，13. D，14. B，15. A，16. A，17. D，18. D，19. A，20. D。

(三)多项选择题

1. ACE，2. ADE，3. CDE，4. ABC，5. ACD，6. ABCDE，7. ABCDE，8. ABCD，9. ABCD，10. ABCDE，11. ABCDE，12. ABCDE，13. ABCDE，14. ABCDE，15. ABCDE，16. ABCDE，17. ABC，18. ABCDE，19. ABCDE，20. ABCDE。

(四)问答题

1. 见书本"1.2.1物流企业定义"和"1.2.2物流企业分类"。

2. 见书本"1.2.2物流企业分类"。

3. 见书本"1.3物流企业经营模式类型"。

4. 见书本"1.5物流企业人力资源管理中"中"(1)人力资源规划"。

5. 见书本"1.6.3物流企业信息化工具"。

6. 见书本"1.6.3物流企业信息化工具"中"(2)和(9)"部分。

(五)论述题

1. 结合书本"1.4物流企业运营风险管理"和其中的三个案例作答。

2. 结合书本"1.7第三方物流"和其中的三个案例作答。

单元二　物流服务类型

一、学习目标

1. 掌握仓储的功能及分类。
2. 掌握运输的功能及分类。
3. 掌握综合物流服务的概念、服务功能类型以及成为综合物流服务企业的条件。
4. 掌握国际货代的定义、业务范围。
5. 掌握仓单质押融资的概念、操作流程。
6. 掌握项目物流的概念、特点及运作模式。

二、知识结构

知识结构如图 3-2 所示。

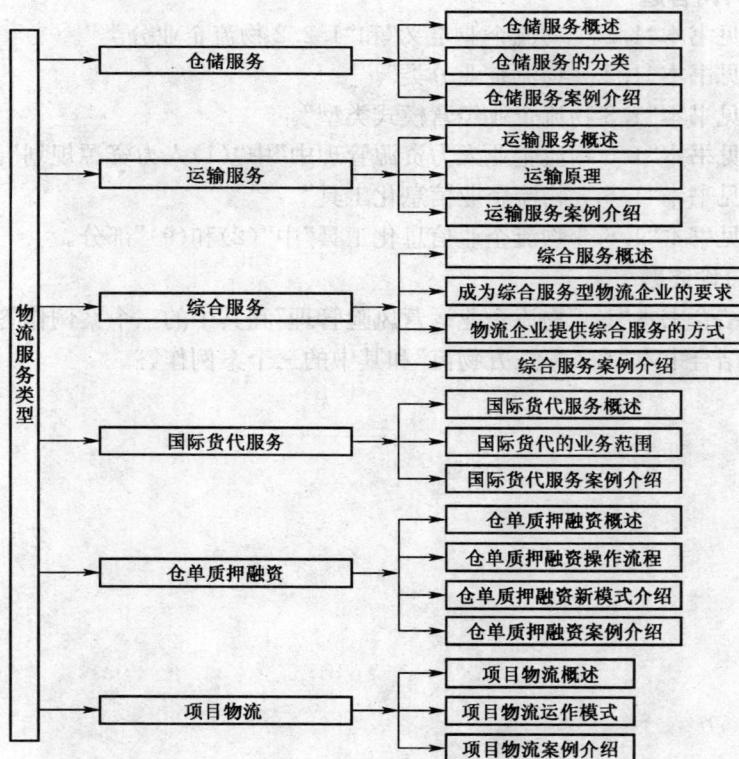

图 3-2　物流服务类型知识结构

三、主要知识点解读

(一)仓储服务

1. 仓储服务概述

仓储是指利用仓库对未及时使用的物品进行储存和保管的行为,也可以解释为仓储是对有形物品提供存放场所、物品存取过程和对存放物品的保管、控制的过程,是物流活动的重要支柱之一,主要作用包括:

(1)仓储是实现社会生产的基本条件

生产过程中所需要的原材料、零件、配件等的供给都需要仓储活动的支持。

(2)仓储是物流活动的重要环节之一

物流活动最主要的两个环节是仓储和运输。仓储是靠改变货物的时间属性来实现增值,运输是通过改变货物的空间属性来实现增值。

(3)仓储可以帮助企业节约成本,提高企业经济效益

仓储通过入库、储存、分拣等作业环节缩短商品流通距离,减少流通时间,周转加快,从而降低商品流通的综合成本,提高企业的经济效益。

(4)仓储可以根据市场需要对商品进行流通加工处理

商品生产结束后,一般要经过包装、分拣、质检、再加工等环节,然后才能进入市场,而这些活动都要在仓储过程中来完成。

(5)仓储为逆向物流提供场所

在人们环保意识普遍增强的情况下,商品使用后的回收工作需要仓储这种不可少的场所。

2. 仓储服务的分类

(1)保管型仓储

保管型仓储主要是对货品提供保管作用,可以分为普通物品仓储和特殊物品仓储两种。普通物品仓储是指具有常温保管、自然通风、无特殊功能的仓储,一般存放普通的物品,而且一般不提供流通加工服务。特殊物品仓储是指具有一定温度和湿度要求,专门用来存放一些需要特殊储存条件的物品,在库房结构和库内布局等方面都有一定的要求。

(2)流通加工型仓储

流通加工型仓储主要是对待加工、待销售、待运输的物品的仓储。采用该仓储形式的货品储存时间较短,主要追求周转效益,提供增值服务,将流通业务和仓储业务结合在一起,主要包括批发仓库、零售仓库等。

(二)运输服务

1. 运输服务概述

运输服务是物流服务的最重要业务,对于整个物流管理过程起着决定性的

作用。在整个物流过程中,运输主要提供产品转移和产品储存两个方面的功能。

(1)产品转移

运输服务的主要功能是实现产品空间和时间上的转移,使产品在转移的过程中实现增值。

(2)产品储存

运输的另一个功能就是对产品进行临时的储存。这种储存方式一方面是将运输车辆临时作为比较昂贵的储存设施,另一方面也可将这种储存看作是免费储存、自然储存。

2.运输原理

运输的基本原理包括规模经济原理和距离经济原理,主要是基于单位运输成本得来的。

(1)规模经济原理

规模经济原理是指随着装运规模的增大,单位重量的运输成本降低。由于转移一批货物有关的固定费用可以按整批货物的重量分摊,所以一批货物重量越大,分摊的份数就越多,单位成本就越低。

(2)距离经济原理

距离经济原理指每单位距离的运输成本随距离的增加而减少。因为装卸所发生的固定费用必须分摊到每单位距离的变动费用,所以距离越长平均每单位支付的费用就越低。

(三)综合服务

1.综合服务概述

提供综合服务的物流企业是将运输、仓储、包装、装卸搬运、流通加工、配送、物流信息等服务中的几种有效组合、联结在一起,以便合理、有效实现物流服务。综合服务所包含的要素除仓储服务和运输服务之外,还包含其他服务方式:

(1)包装服务

包装的主要目的是保护商品、实现单位化、满足便利化等几个方面。包装分为工业包装和商品包装两种。工业包装的作用是按单位分开产品,便于运输并保护在途货物,商品包装的目的是便于销售。

(2)装卸搬运服务

装卸搬运对运输、保管、包装、流通加工等物流活动起衔接作用。在物流活动的全过程中,装卸搬运活动发生的次数很频繁,是产品损坏的重要原因之一。将装卸搬运服务与其他服务相搭配,可以节约物流费用,获得较好的经济效益。

（3）流通加工服务

流通加工服务是货品从生产领域向消费领域流动的过程中，为促进产品销售、保证产品质量和实现物流效率化，对物品进行加工处理，使物品发生物理或化学性变化的服务。

（4）配送服务

配送是物流中一种特殊的、综合的服务形式，是商流与物流紧密结合的纽带，是现代物流服务的一个重要组成部分。一般的配送集装卸、包装、保管、运输于一身，通过这一系列活动的完成将货物送达目的地。

（5）信息服务

信息服务分为物流信息服务和商流信息服务两种，而现代物流需要依靠信息技术来保证物流体系正常运作。所以，信息服务是为适应现代物流的发展而诞生的一种新的服务方式。

（6）金融服务

金融服务是现代物流企业新兴的物流服务类型，其中最具有代表性的是仓单质押融资服务。

2. 综合服务型物流企业的要求

①可以为客户提供运输、货运代理、仓储、配送等多种物流服务，具备一定规模。

②根据客户的需求，为客户制定整合物流资源的运作方案，为客户提供契约性的综合物流服务。

③按照业务要求，企业自有或租用必要的运输设备、仓储设施及设备。

④企业具有一定运营范围的货物集散、分拨网络。

⑤企业配置专门的机构和人员，建立完备的客户服务体系，能及时、有效地提供客户服务。

⑥具备网络化信息服务功能，可对物流服务全过程进行状态查询和监控。

3. 物流企业提供综合服务的方式

（1）企业内横向一体化

企业内横向一体化就是要求企业内各个部门之间相互合作，共享资源，达到综合服务的目的。对于比较大的物流企业，企业内部划分为不同的部门，每个部门提供不同的服务，而企业内部的横向一体化就是要达到物流资源的共享，使企业内部协调一致、和谐发展的同时提供客户的最大需求。

（2）企业间纵向一体化

企业间纵向一体化是指具有投入、产出关系的不同企业合为一体，即在不改变要素产权关系的前提下建立战略联盟，将企业各自拥有的物流资源与其他企业分享,或者和其他企业合作。

(四)国际货代服务

1. 国际货代服务概述

国际货代是"国际货运代理"的简称。在我国,国际货代是指接受进出口货物收货人、发货人的委托,以委托人的名义或者自己的名义,为委托人办理国际货物运输及相关业务并收取报酬的企业。

2. 国际货代的业务范围

国际货代的业务范围主要是为接受客户的委托,就有关货物的运输、转运、仓储、保险,以及对货物零星加工等业务服务,并管理国际货物的运输、中转、装卸、仓储等事宜。

(1)为发货人服务

货代代替发货人承担在不同货物运输中的任何一项业务。

(2)为海关服务

当国际货运代理作为海关代理办理有关进出口商品的海关手续时,它不仅代表他的客户,而且代表海关当局,对海关负责。

(3)为承运人服务

货运代理向承运人及时定舱,议定对发货人、承运人都公平合理的费用,安排适当时间交货,以及以发货人的名义解决和承运人的运费账目等问题。

(4)为航空公司服务

货运代理在空运业上,充当航空公司的代理。在这种关系上,它利用航空公司的货运手段为货主服务,以此获得航空公司支付的佣金。另外,货运代理还可以通过差价服务获取利润。

(5)为班轮公司服务

近几年来,货代公司开始提供拼箱服务,这也促使货代公司与班轮公司及其他承运人(如铁路)之间的关系更为密切。

(6)提供拼箱服务

在国际贸易中,随着集装运输的发展,集运、拼箱服务成为国际货运公司新的服务类型。实行拼箱服务的前提是发货人或收货人没有特殊要求。

(7)提供多式联运服务

货代在多式联运中的职能是充当主要承运人并承担组织单一合同下通过多种运输方式的门到门的货物运输。货代公司可以以当事人的身份与其他承运人或其他服务提供者分别谈判并签约。但是,这些分拨合同不会影响多式联运合同的执行,即不会影响发货人的权益,并在此过程中承担货损或灭失的责任。货代作为多式联运经营人时,通常需要提供包括所有运输和分拨过程的

"一揽子"服务,并对它的客户承担全部责任。

(五)仓单质押融资

1. 仓单质押融资概述

仓单融资又称为"仓单质押融资",是指申请人将其拥有完全所有权的货物存放在商业银行指定的仓储公司,并将仓储方出具的仓单在银行进行质押,作为融资担保,银行依据质押仓单为申请人提供用于经营与仓单货物同类商品的专项贸易的短期融资业务。

(1)仓单质押对抵押物的要求

①所有权明确,不存在与他人在所有权上的纠纷。

②无形损耗小,不易变质,易于长期保管。

③市场价格稳定,波动小,不易过时,市场前景较好。

④用途广泛,易变现。

⑤规格明确,便于计量。

⑥产品合格并符合国家有关标准,不存在质量问题。

(2)仓单质押融资对企业的要求

①将可用于质押的货物存储于本行认可的仓储方,并持有仓储方出具的相应的仓单。

②对仓单上载明的货物拥有完全所有权,并且是仓单上载明的货主或提货人。

③以经销仓单质押项下货物为主要经营活动,从事该货品经销年限大于等于一年,熟知市场行情,拥有稳定的购销渠道。

④资信可靠,经营管理良好,具有偿付债务的能力,在本行及他行均无不良记录。

⑤融资用途应为针对仓单货物的贸易业务。

(3)仓单介绍

仓单是保管人收到仓储物后给存货人开具的提取仓储物的凭证,仓单除了作为已收取仓储物和提取仓储物的凭证外,还是一种有价证券,可以通过背书转让仓单项下货物的所有权,或者用于出质。

1)仓单的法律性质。

①仓单是一种要式证券。要式证券是指证券或票据的做成格式和记载事项必须按照相关法规规定的严格格式进行相关事项的记载,否则就会影响该证券或票据的效力甚至会导致票据的无效。仓单上必须有保管人的签字以及必要条款,以此来确定保管人和存货人各自的权利和义务。

②仓单是物权证券。物权证券是指证券持有者对公司的财产有直接支配处理权的证券。仓单持有人依仓单享有对有关仓储物品的所有权,行使仓单上载明的权利或对权利进行处分。实际占有仓单者可依仓单所有权请求保管人

交付仓单上所载的储存物品。

③仓单是文义证券。文义证券是指证券上的权利义务仅依证券上记载的文义而确定的证券。仓单上的权利义务的范围以仓单的文字记载为准，即使仓单上记载的内容与实际不符，保管人仍应按仓单上所载文义履行责任。

2）仓单内容。仓单依《合同法》的规定应载明的内容有存货人的名称或者姓名和住址、仓储物的品种数量质量包装、仓储物的损耗标准、储存场所、储存时间、仓储费用仓储物保险相关项目、填发人、填发日期、填发地、存货人在仓单上背书并经保管人签字或者盖章。

3）仓单效力。

①存货人凭仓单领取仓储物的效力。

②移转保管物的效力。

2. 仓单质押融资操作流程

①由仓储企业和货主企业之间签订仓储协议，并向货主提供仓单。

②货主根据仓储企业提供的仓单向银行申请贷款。

③银行向仓储企业核对仓单。

④银行、仓储企业和货主企业三方共同签订质押贷款协议。

⑤银行和货主企业签订银企合作协议。

⑥银行根据上述协议向货主企业发放贷款。

⑦仓储企业根据三方协议对货主企业的货物实施监管。

⑧货主企业在规定期限内向银行归还贷款。

⑨仓储企业接到货主企业申请和银行相关证明之后向货主企业发放货物。

3. 仓单质押融资新模式介绍

（1）异地仓单质押融资

异地仓库仓单质押贷款是在仓单质押贷款融资基本模式的基础上，对地理位置的一种拓展。异地仓库仓单质押贷款充分考虑客户的需要，可以把需要质押的存货等保管在方便企业生产或销售的仓库中，无需再将货物转移到银行指定的物流公司仓库中，极大地降低了企业的质押成本。

（2）保兑仓融资模式

保兑仓又称买方信贷，相对于仓单质押基本模式的特点是先票后货，即银行在没有货物质押的情况下先开出承兑汇票，银行在经销商交纳了一定的保证金后开出承兑汇票，收票人为生产企业，生产企业在收到银行承兑汇票后按银行指定的仓库发货，货到仓库后转为仓单质押。

（3）统一授信的担保模式

统一授信的担保模式是指银行根据仓储公司的规模、经营业绩、运营现状、资产负债比例以及信用程度等,把一定的贷款额度直接授权给仓储公司,再由仓储公司根据客户的条件、需求等进行质押贷款和最终清算。仓储公司向银行提供信用担保,并直接利用信贷额度向相关企业提供灵活的质押贷款业务。银行则基本上不参与质押贷款项目的具体运作。统一授信的担保模式有利于企业更加便捷地获得融资,减少原先向银行申请质押贷款时的多个申请环节,同时也有利于银行充分利用仓储公司监管货物的管理经验,通过仓储公司的担保,降低贷款风险。

(六)项目物流

1. 项目物流概述

项目物流是指以某项特定项目为服务对象而产生的一系列物流活动的总和,具有以下特点:

①项目物流以服务项目为目的,项目结束,项目物流也随之结束。

②项目物流活动多为一次性活动、重复性较少。

③项目物流具有特殊性,经常需要特种车辆及工具方能完成物流活动。

2. 项目物流运作模式

由于项目物流的特殊性,第三方物流企业依靠自身的资源一般很难按照客户要求完成项目物流的活动。一般情况下,物流企业在承接项目物流后,首先是对项目物流需要的物流设备、数量进行评估,然后通过租借的方式来完成项目物流。

在实施项目物流时,物流企业要做到到"三个控制":

(1)进度控制

由于项目物流是以服务项目为目的,所以在进度上要保持与项目进度的同步进行,一般在签订项目物流合同中都会注明项目物流的进度控制,并要求在实施时注意控制物流的进度。

(2)质量控制

由于项目本身具有连续性,下一阶段的任务都是在本阶段任务完成的基础上进行的,本阶段的项目质量将严重影响下一阶段项目的进行,所以,在实施项目物流时,要保证物流的标的物准时、准确、完好地送到客户手中。

(3)成本控制

对于物流企业来说,承接项目物流活动的本身也是为了从中获取利润,所以在实施项目物流时,要注意控制物流成本。

四、全真考试试题分析

(一)判断题

1. 仓库为逆向物流提供必不可少的场所。(　　　)

试题分析:本题考核对仓库作用的理解,答案为正确。为逆向物流提供必不可少的场所是仓库的五个作用之一,详见教材"2.1.1 仓库服务概述"中的相关内容。

2. 零售仓库属于流通加工型仓储。( )

试题分析:本题考核对仓储服务分类的理解,答案为正确。流通加工型仓储是对待加工、待销售、待运输的物品的仓储。采用该仓储形式的货品储存时间较短,主要追求周转效益,提供增值服务,将流通业务和仓储业务结合在一起,主要包括批发仓库、零售仓库等,详见教材"2.1.2 仓库服务的分类"中的相关内容。

3. 物流企业要成为综合服务型物流企业,必须自有一定量的必要的运输设备、仓储设施及设备。( )

试题分析:本题考核对综合服务型物流企业要求的理解,答案为错误。按照业务要求,综合服务型物流企业应自有或租用必要的运输设备、仓储设施及设备,详见教材"2.3.2 成为综合服务型物流企业的要求"中的相关内容。

4. 仓单质押融资多适用于钢材、有色金属、石油等大宗货物。( )

试题分析:本题考核对仓单质押抵押物要求的理解,答案为正确。仓单质押融资多适用于钢材、有色金属、黑色金属、建材、石油化工产品等大宗货物,详见教材"2.5.1 仓单质押融资概述"中的相关内容。

5. 仓单是一种有价证券,可以通过背书,转让仓单项下货物的所有权,或者用于出质。( )

试题分析:本题考核对仓单概念的理解,答案为正确。仓单除了是保管人收到仓储物后给存货人开付的提取仓储物的凭证外,还是一种有价证券,可以通过背书转让仓单下的所有权,或者用于出质,详见教材"2.5.1 仓单质押融资概述"中的相关内容。

6. 物流企业在承接项目物流后,物流设备多采用租借的方式完成项目物流。( )

试题分析:本题考核对项目物流特殊性的理解,答案为正确。对于第三方物流企业来说,由于项目的不同,需要的设备设施也不同,如果靠自身购买来解决项目物流的设备问题,很容易造成设备的利用率很低。一般情况下,物流企业在承接项目物流后,要充分评估项目物流需要的物流设备有哪些,数量是多少,然后通过租借的方式来完成项目物流,详见教材"2.6.2 项目物流运作模式"中的相关内容。

(二)单项选择题

1. 关于仓单质押对抵押物要求,以下描述错误的是( )。

A. 所有权明确,不存在与他人在所有权上的纠纷

B. 适应用途明确,要保值

C. 无形损耗小,不易变质,易于长期保管

D. 市场价格确定,波动小,不易过时,市场前景较好

试题分析:本题考核对仓单质押对抵押物六项要求的理解,答案为 B。选项 B 改为"用途广泛易变现"就正确了,详见教材"2.5.1 仓单质押融资概述"中的相关内容。

2. 以下不属于物流企业提供的物流服务的是(　　)。

A. 流通加工服务　　B. 资信服务　　C. 信息服务　　D. 金融服务

试题分析:本题教材上没有现成答案,应结合物流企业概念和服务类型综合理解答题,答案为 B。选项 B"资信服务"不属于物流企业服务的范畴。

3. 以下不属于项目物流特点的是(　　)。

A. 以服务项目为主,项目结束,项目物流也随之结束

B. 多为一次性活动,重复性较少

C. 多为数次性活动,重复性较高

D. 具有特殊性,经常需要特种车辆及工具方能完成物流活动

试题分析:本题考核对项目物流特点的理解,答案为 C。由于是单项选择题,选项 B 和 C 意思相反,必有一错,详见教材"2.6.1 项目物流概述"中的相关内容。

(三)多项选择题

1. 在仓单质押业务中,仓单的法律性质包括(　　)。

A. 仓单是一种要式证券　　　　B. 仓单是一种资金证券

C. 仓单是一种物权证券　　　　D. 仓单是一种文义证券

E. 仓单是提货凭证

试题分析:本题考核对仓单法律性质的理解,答案为 ACD。选项 B 为错误,仓单不是资金证券;选项 E 貌似正确,但从法律角度或证券角度来说,仓单是物权证券,提货凭证提法不规范,详见教材"2.5.1 仓单质押融资概述"中的相关内容。

2. 在实施项目物流时,物流企业要做到"三个控制",分别为(　　)。

A. 成本控制　　B. 质量控制　　C. 时间控制

D. 风险控制　　E. 进度控制

试题分析:本题考核对项目物流运作模式的理解,答案为 ABE。选项 B 和 C 与教材内容不一致,详见教材"2.6.2 项目物流运作模式"中的相关内容。

(四)情景回答题

1. 万达物流公司是一家拥有 20000 多平方米仓库的物流企业,主要从事仓储

和区域配送服务,其储存和配送的产品全部为快速消费品。公司市场部的王经理听说许多物流企业开展了一项"仓单质押融资"的业务很受客户欢迎,还能促使公司的业务量增加,所以,王经理也希望公司能开展这项业务,并准备和相关银行洽谈。你认为万达物流公司目前能开展"仓单质押融资"业务吗? 为什么?

试题分析: 本题主要考查仓单质押融资业务对抵押物的要求。仓单质押融资多适用于钢材、有色金属、黑色金属、建材、石油化工产品等大宗货物。抵押物要求较高、快速消费品不符合抵押物的要求。

参考答案: 仓单质押融资对抵押物的要求如下:1)所有权明确,不存在与他人在所有权上的纠纷;2)无形损耗小,不易变质,易于长期保管;3)市场价格稳定,波动小,不易过时,市场前景较好;4)适应用途广泛,易变现;5)规格明确,便于计量;6)产品合格并符合国家标准,不存在质量问题。万达物流公司从事快速消费品物流业务,快速消费品易变质,不易于长期保管,不符合仓单质押融资对抵押物的要求,因此,该公司不可以开展此业务。

2.A 运输公司承担了一项大型化工厂的大型设备的运输任务,化工厂设备里面有从日本进口的一个直径 4.5 米、长度 35 米、重量 256 吨的反应器,此化工厂位于湖南岳阳。如果你是 A 运输公司的业务经理,你会怎样实施此项目。

试题分析: 本题主要考查大件运输和项目物流的相关内容,教材没有现成答案,需要结合对相关知识的理解,进行答题,主要涉及选择运输线路、租用运输和装卸设备、办理大件运输手续等内容,答题时应体现项目物流特点和要求。

答案要点: 反应器几何尺寸大,重达 256 吨,属于大件运输和项目物流的范畴,应在做好相关调研和厂家充分沟通的基础上,按下述步骤实施:1)确定运输线路[公路运输、水路运输(上海港—长江—岳阳)],此方案以水路运输为佳;2)寻找合作伙伴船运公司和装卸载设备公司;3)考察水路和陆路运输线路(长江沿线、岳阳—工厂);4)制定大件运输和装卸载方案;5)到相应交管部门办理审批手续;6)组织实施,并注意进度、成本和风险控制。(可结合上述要点适当展开)

五、单元测试题及参考答案

单元测试题

(一)判断题

1. 仓储是对未及时使用的产品提供存放场所、物品存取过程和对存放物品的保管、控制的过程,是物流活动的重要支柱之一。(　　)

2. 物流活动最主要的两个环节是仓储和装卸。仓储是靠改变货物的时间属性来实现增值的需要,装卸是通过改变货物的空间属性来实现增值的需求。(　　)

3. 特殊物品仓储是指具有一定温度和湿度要求,专门用来存放一些具有易燃性、易爆性、腐蚀性、有毒性和放射性的物品.在库房结构和库内布局等方面都有一定要求的仓储,而且一般不提供流通加工服务。(　　)

4. 采用流通加工型仓储形式的货品,由于需要加工,储存时间相对较长,主要包括批发仓库、零售仓库等。(　　)

5. 运输服务是物流服务的最重要业务,在整个物流过程中,运输主要提供产品转移的功能。(　　)

6. 对产品进行临时储存是运输的另一个功能,这个功能将运输车辆临时看作比较昂贵的储存设施,同时,也可以理解为免费储存和自然储存。(　　)

7. 运输规模经济的存在是因为与转移一批货物有关的固定费用可以按整批货物的重量分摊,所以一批货物重量越大,那么分摊的份数就越多,单位成本也就越低。(　　)

8. 包装可分为工业包装和商品包装两种。工业包装的作用是按单位分开产品,便于最后的销售。商品包装的目的是便于运输,并保护在途货物。(　　)

9. 装卸搬运对运输、保管、包装、流通加工等物流活动起衔接作用,是物流活动的全过程中产品损坏重要的环节之一。(　　)

10. 流通加工服务是货品从生产领域向消费领域流动的过程中,为促进产品销售、保证产品质量和实现物流效率化,对物品实施物理性变化后进行的加工处理服务。(　　)

11. 配送是物流中一种特殊的、综合的服务形式,是商流与物流的紧密结合的纽带,也是整个物流活动在一个小范围内的体现。(　　)

12. 仓单质押融资服务是物流服务方通过与银行、货主之间达成三方协议,货主将货物储存在物流公司,物流公司向货主提供仓单,货主通过仓单向银行获取贷款的一种物流服务。(　　)

13. 物流企业提供企业内横向一体化的综合服务方式,就是要求企业内各个部门之间相互合作,共享资源,达到综合服务的目的。(　　)

14. 在我国,国际货运代理是指根据客户的指示,为客户的利益而揽取货物运输的人,其本人并不是承运人,国际货运代理也可以依这些条件,从事与运输合同有关的活动,如储存货物、报关、验货、收款。(　　)

15. 国际货运代理主要为发货人服务,代替发货人承担在不同货物运输中的任何一项业务。如在填写单证时,要保证申报货物的金额、数量和品名准确,使政府不受损失等。(　　)

16. 仓单融资是指申请人将其拥有的货物存放在商业银行指定的仓储公

司,并将仓储方出具的仓单在银行进行质押,作为融资担保,银行依据质押仓单为申请人提供用于经营与仓单货物同类商品的专项贸易的短期融资业务。(　　)

17. 仓单是保管人收到仓储物后给存货人开付的提取仓储物的凭证。仓单除作为已收取仓储物和提取仓储物的凭证外,还是一种有价证券,可以通过背书转让仓单项下货物的所有权,但是不能用于出质。(　　)

18. 要式证券是指证券或票据的做成格式和记载事项必须按照相关法规规定的严格格式进行相关事项的记载,否则就会影响该证券或票据的效力甚至会导致票据的无效。(　　)

19. 文义证券是指证券上的权利义务仅依证券上记载的文义而确定的证券,即使仓单上记载的内容与实际不符,保管人仍应按仓单上所载文义履行责任。(　　)

20. 异地仓库仓单质押贷款是在仓单质押贷款融资基本模式的基础上,对地理位置和服务业务的一种拓展。(　　)

21. 保兑仓又称买方信贷,相对于仓单质押基本模式的特点是先票后货,即银行在没有货物质押的情况下先开出承兑汇票。(　　)

22. 统一授信的担保模式有利于企业更加便捷地获得融资,有利于银行充分利用仓储公司监管货物的管理经验,更加灵活地开展质押贷款服务,降低贷款风险。(　　)

23. 项目物流是指以某项特定项目为服务对象而产生的一系列物流活动的总和,它与物流项目之间是一个事物的两个方面。(　　)

24. 在实施项目物流时,物流企业要做到"三个控制",即时间控制、数量控制和资金控制。(　　)

(二)单项选择题

1. 物流活动最主要的两个环节是(　　)。
　　A. 加工和运输　　B. 仓储和运输　　C. 仓储和加工　　D. 仓储和销售

2. 下列关于保管型仓储的描述不正确的是(　　)。
　　A. 保管型仓储是传统意义上的仓储形式
　　B. 保管型仓储中的普通物品仓储一般存放普通的物品
　　C. 保管型仓储只对货品提供保管作用
　　D. 保管型仓储可以分为普通物品仓储和特殊物品仓储两种

3. 在整个物流过程中,运输主要提供(　　)功能。
　　A. 产品生产和产品储存　　　　　　B. 产品加工和产品储存
　　C. 产品转移和产品加工　　　　　　D. 产品转移和产品储存

4. 运输的基本原理包括（　　）。

A. 规模经济原理和时间经济原理　B. 成本经济原理和距离经济原理

C. 时间经济原理和距离经济原理　D. 规模经济原理和距离经济原理

5. 下列关于包装服务的描述不正确的是（　　）。

A. 包装可分为工业包装和商品包装两种

B. 工业包装的作用是按性质分开产品

C. 商品包装的目的是便于最后的销售

D. 包装的主要功能是保护商品、单位化等方面

6. 下列关于流通加工服务的描述不正确的是（　　）。

A. 能够使物品发生的物理或化学性变化

B. 是物流活动中的一项重要增值服务

C. 是现代物流发展的一个重要趋势

D. 能够使物品发生物理变化但不发生化学性变化

7. 金融服务是现代物流企业新兴的物流服务类型，其中最具有代表性的是（　　）服务。

A. 仓单质押融资　B. 承包仓库管理　C. 项目物流　D. 销售物流

8. 企业横向一体化强调企业内部各部门之间通过相互协调达到服务目的，而纵向一体化倾向于从（　　）的角度出发，不同企业之间通过一体化达到服务的目的。

A. 企业发展　　　B. 产品销售　　　C. 服务范围　D. 产业链

9. 下列关于国际货运代理提供服务对象的描述不正确的是（　　）。

A. 国际货代的业务范围非常广泛

B. 不对货物进行零星加工的业务服务

C. 既为发货人服务也为海关服务

D. 货运代理在空运业上主要充当航空公司的代理

10. 仓单融资实质是一种（　　）方式。

A. 委托贷款　　　B. 以券质押贷款　C. 存货抵押融资

D. 非金融融资

11. 下列关于仓单质押对抵押物要求的描述不正确的是（　　）。

A. 市场价格稳定，波动小，不易过时

B. 无形损耗小，不易变质，易于长期保管

C. 适应用途广泛，不易变现

D. 所有权明确，不存在与他人在所有权上的纠纷

12. 仓单是保管人收到仓储物后给存货人开付的提取仓储物的凭证，是一

种有价的证券,可以通过( )转让仓单项下货物的所有权,或者用于出质

    A. 背书   B. 证明   C. 协议   D. 合同

13. 下列关于仓单的法律性质的描述不正确的是( )。

    A. 仓单是一种要式证券   B. 仓单是物权证券

    C. 仓单是文义证券   D. 仓单是法律合同

14. 异地仓库仓单质押贷款是在仓单质押贷款融资基本模式的基础上,对( )的一种拓展。

    A. 地理位置   B. 服务范围   C. 服务模式   D. 服务质量

15. 保兑仓又称( )。

    A. 卖方信贷   B. 买方信贷   C. 保值信贷   D. 无利息信贷

16. 相对于仓单质押的基本模式,保兑仓融资模式特点是( )。

    A. 先票后货   B. 先货后票   C. 先贷后保   D. 先保后贷

17. 下列关于统一授信担保模式的描述不正确的是( )。

    A. 有利于企业更加便捷地获得融资

    B. 有利于银行充分利用仓储公司监管货物的管理经验

    C. 减少原先向银行申请质押贷款时的多个申请环节

    D. 降低了银行对质押贷款全过程监控的成本和能力

18. 下列关于项目物流的描述不正确的是( )。

    A. 项目物流以服务项目为目的,项目结束,项目物流也随之结束

    B. 项目物流活动多为一次性活动,重复性较少

    C. 项目物流与物流项目是物流企业开展服务时一个事物的两个方面

    D. 项目物流具有特殊性,经常需要特种车辆及工具方能完成物流活动

(三)多项选择题

1. 下列属于第三方物流企业提供的新服务业务的是( )。

    A. 货物运输   B. 货物仓储   C. 项目物流

    D. 仓单质押融资

    E. 承包仓库管理

2. 仓储的主要作用可以概括为( )。

    A. 是实现社会生产的基本条件

    B. 是物流活动的重要环节之一

    C. 为逆向物流提供场所

    D. 可以帮助企业节约成本、提高企业经济效益

    E. 可以根据市场需要对商品进行流通加工处理

3. 仓储通常可以分为( )。

　　A. 保管型仓储　　　　　　　　B. 流通加工型仓储
　　C. 生产加工型仓储　　　　　　D. 普通物品仓储
　　E. 特殊物品仓储

4. 下列关于流通加工型仓储的描述正确的是(　　　)。
　　A. 主要追求周转效益
　　B. 采用该仓储形式的货品储存时间较短
　　C. 该仓储形式提供增值服务
　　D. 是对待加工、待销售、待运输的物品的仓储
　　E. 将流通业务和仓储业务结合在一起

5. 作为一个物流企业要成为综合服务型物流企业,需要满足的条件有(　　　)。
　　A. 可以为客户提供运输、货运代理、仓储、配送等多种物流服务,具备一定规模
　　B. 按照业务要求,企业自有或租用必要的运输设备、仓储设施及设备
　　C. 企业具有一定运营范围的货物集散、分拨网络
　　D. 企业配置专门的机构和人员,建立完备的客户服务体系,能及时、有效地提供客户服务
　　E. 具备网络化信息服务功能,可对物流服务全过程进行状态查询和监控

6. 物流企业提供综合服务的方式有(　　　)。
　　A. 企业内横向一体化　　　　　B. 企业间纵向一体化
　　C. 企业间横向一体化　　　　　D. 企业内纵向一体化
　　E. 企业自身的快速适应化

7. 就提供服务的对象来看,国际货代的业务范围可分为(　　　)。
　　A. 为发货人服务　　　　　　　B. 为海关服务
　　C. 为承运人服务　　　　　　　D. 为航空公司服务
　　E. 为班轮公司服务

8. 仓单质押融资对抵押物的要求是(　　　)。
　　A. 适应用途广泛,易变现
　　B. 无形损耗小,不易变质,易于长期保管
　　C. 规格明确,便于计量
　　D. 市场价格稳定,波动小,不易过时,市场前景较好
　　E. 所有权明确,不存在与他人在所有权上的纠纷

9. 仓单质押融资对企业的要求是(　　　)。

A. 将现货存储于本行认可的仓储方,并持有仓储方出具的相应的仓单

B. 对仓单上载明的货物拥有完全所有权,并且是仓单上载明的货主或提货人

C. 资信可靠,经营管理良好,具有偿付债务的能力,在我行及他行均无不良记录

D. 融资用途应为针对仓单货物的贸易业务

E. 以经销仓单质押项下货物为主要经营活动,从事该货品经销年限大于等于两年,熟知市场行情,拥有稳定的购销渠道

10. 仓单具有的法律性质有(　　　)。

    A. 仓单是一种要式证券　　　　　B. 仓单是物权证券

    C. 仓单是文义证券　　　　　　　D. 仓单是一种股市证券

    E. 仓单是一种协议证券

11. 仓单依《合同法》第一百八十六条的规定应载明的内容有(　　　)。

    A. 存货人的名称或者姓名和住址　B. 储存时间及仓储费用

    C. 储存场所　　　　　　　　　　D. 仓储物的损耗标准

    E. 填发人、填发日期和填发地

12. 下列属于仓单质押融资新模式的是(　　　)。

    A. 异地仓单质押融资　　　　　　B. 同仓异物储存模式

    C. 保兑仓融资模式　　　　　　　D. 统一授信的担保模式

    E. 同地异单质押融资模式

13. 项目物流具有(　　　)特点。

    A. 项目物流以服务项目为目的

    B. 项目结束,项目物流也随之结束

    C. 项目物流和物流项目是相异的

    D. 项目物流活动多为一次性活动,重复性较少

    E. 项目物流经常需要特种车辆及工具方能完成物流活动

14. 下列属于项目物流基本流程内容的是(　　　)。

    A. 评估项目物流　　　　　　　　B. 评估所有设备

    C. 租赁所有设备　　　　　　　　D. 完成项目物流

    E. 归还设备

15. 在实施项目物流时,物流企业要做到的基本控制内容是(　　　)。

    A. 进度控制　　　　　　　　　　B. 质量控制

    C. 成本控制　　　　　　　　　　D. 人员控制

    E. 设备控制

(四)问答题

1. 仓储有哪些主要作用?

2. 如何理解运输原理?

3. 综合物流服务企业要具备哪些条件?

4. 项目物流的概念是什么? 如何运作?

(五)论述题

1. 简述综合物流服务与传统仓储服务和运输服务具有哪些共同点及区别?

2. 仓单质押融资涉及哪几个主体? 各个主体所扮演的角色如何?

【参考答案】

(一)判断题

1. ×,2. ×,3. ×,4. ×,5. ×,6. √,7. √,8. ×,9. ×,10. ×,11. √,12. ×,13. √,14. ×,15. ×,16. √,17. ×,18. √,19. √,20. ×,21. √,22. √,23. ×,24. ×。

(二)单项选择题

1. B,2. C,3. D,4. D,5. B,6. A,7. A,8. D,9. B,10. C,11. C,12. A,13. D,14. A,15. B,16. A,17. D,18. C。

(三)多项选择题

1. CDE,2. ABCDE,3. AB,4. ABCDE,5. ABCDE,6. AB,7. ABCDE,8. ABCDE,9. ABCD,10. ABC,11. ABCDE,12. ACD,13. ABDE,14. ABCDE,15. ABC。

(四)问答题

1. 见书本"2.1.1 仓储服务概述"。

2. 见书本"2.2.2 运输原理"。

3. 见书本"2.3.2 成为综合服务型物流企业的要求"。

4. 见书本"2.6.1 项目物流概述"和"2.6.2 项目物流运作模式"。

(五)论述题

1. 结合书本"2.3 综合服务"及本单元各知识点作答。

2. 结合书本"2.5.1 仓单质押融资概述"和"2.5.2 仓单质押融资操作流程"部分作答。

单元三　物流项目开发

一、学习目标

1. 掌握现阶段我国物流的特征。
2. 掌握广告、电话、网络开发客户适用性及操作流程。
3. 掌握常见的客户开发途径以及它们之间的区别。
4. 掌握物流投标的制作。
5. 掌握客户需求表的内容。
6. 掌握运输、仓储、配送方案制作。

二、知识结构

知识结构如图 3-3 所示。

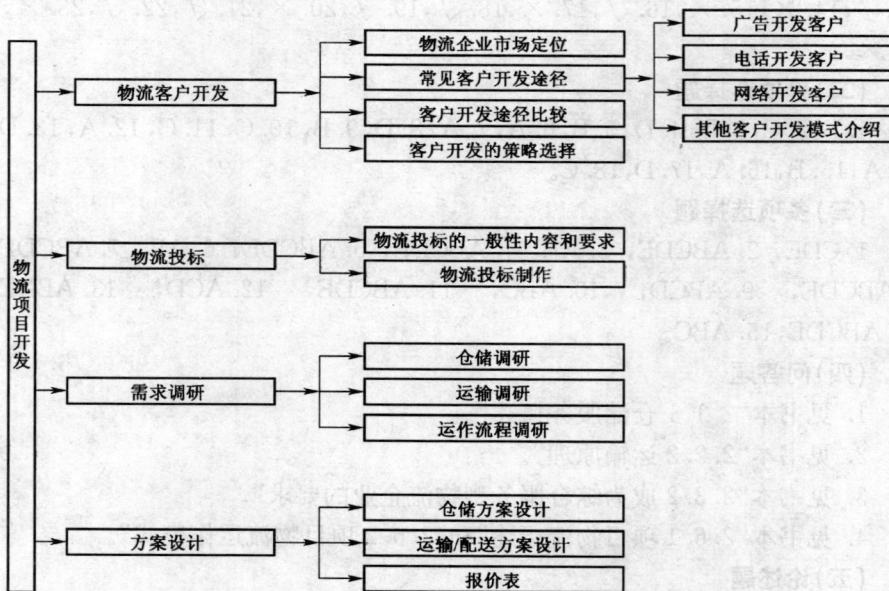

图 3-3　物流项目开发知识结构

三、主要知识点解读

(一)物流客户开发

1. 物流企业市场定位

市场定位是指企业根据竞争者现有产品在市场上所处的位置,针对顾客对该类产品某些特征或属性的重视程度,为本企业产品塑造与众不同的、给人印象鲜明的形象,并将这种形象生动地传递给顾客,从而使该产品在市场上确定适当的位置。

(1)物流企业市场定位因素

①经营层面定位。经营层面定位主要是指物流企业经营的内容是什么。

②核心竞争力定位。核心竞争力是指自身具备的而其他企业没有的能够为企业提供长期竞争力的能力。对于物流企业来说,核心竞争力可以从市场营销中获得,也可以从企业文化中获得。

③主导区域定位。对物流企业而言,物流企业都有自己的主导区域,以及在该区域占有的市场份额较大,相对于其他区域,在该区域比较容易获得竞争优势。

④主导行业定位。主导行业是指物流企业主要服务客户所处的行业,主要受物流企业资本实力和核心竞争力能力的制约,也是市场营销策略的必然选择。

⑤资产能力及服务水平。资产能力是指物流企业的资产水平如何,它直接决定着物流企业是否有能力继续进行市场扩张,能否抵御外来风险。服务水平是从客户的角度出发对物流企业的定位,服务水平的高低将决定物流企业是否容易获得客户的认可。

(2)国家物流企业评级标准

物流企业分成 A、AA、AAA、AAAA、AAAAA5 个级别,评估指标包括经营状况、资产、设施设备、管理及服务、人员素质、信息化水平等几个方面。

2. 常见客户开发途径

目前,物流企业常见的客户开发途径包括广告开发、通过电话/传真开发、基于 Internet 网络开发、品牌开发、展会开发、竞标开发和产业联盟开发。

(1)广告开发客户

广告开发客户是指物流企业通过在电视媒体上投放广告来寻找客户资源的一种客户开发形式。

1)广告开发客户的适应性。

①适合一些刚成立的物流企业或已有物流企业打开新市场的情况。

②广告式客户开发需要一定的广告费用投入,且价格不低,因此适合于大型、财力充足的企业。

③适合物流专业度强的物流公司,能够在短时间内将物流企业的服务特点概括出来。

2)广告开发客户的操作流程。

①物流企业先需制定广告营销方案。

②联系广告播放渠道商,购买相关播放权。

③物流企业投入资金委托广告公司进行广告策划和制作。

④受到广告影响的客户主动联系物流企业,咨询物流业务。

⑤物流企业向客户介绍公司的服务产品。

⑥物流企业与客户进行交流,为签订服务合同打基础。

⑦和客户签订相关物流服务合同。

⑧物流企业对已有客户进行关系维护,以保持客户关系或挖掘已有客户的新服务需求。

3)广告开发客户注意事项。

①需要对广告投放客户的定位有清楚的了解。

②需要了解物流公司的广告客户的接受方式和期望的服务产品。

③要有专业的广告公司进行专业的广告策划。

④需有一定广告媒体投放渠道。

⑤要对公司的财力、广告播放时间、时段以及媒体选择有所考虑。

⑥可以对公司的广告采取分批次投放的策略,以便了解广告投放的初始效果。

(2)电话开发客户

电话开发客户是指物流企业以电话为媒介与客户进行沟通并促成交易达成的客户开发方式。目前企业采用的电话销售的形式有以下三种:一是企业自建自己的 CallCenter,通过自己的电话销售人员来完成销售;二是企业有自己的电话销售人员,但没有 CallCenter,只有几条电话线,一般企业规模都较小;三是企业与一些 CallCenter 运营商合作,将自己产品委托给 CallCenter 进行销售,属于电话销售外包。

1)电话开发客户的适应性。

①成本低,比较适合中小型的物流企业。

②针对性强,适合为客户提供专业物流服务的功能型物流企业。

③时效性强,适合刚进入市场的物流企业。

2)电话开发客户的操作流程。

①获得客户信息。

②筛选客户信息。

③联系客户。

④保持联系。

⑤起草并签订相关物流服务合同。

⑥进行客户关系维护。

3)电话式客户开发的注意事项。

①需要有一套完整、合理的潜在客户筛选标准。

②客户开发人员需要有很强的语言沟通能力。

③客户开发人员需要有很强的应变能力。

④客户开发人员需要有很强的心理压力承受能力。

(3)网络开发客户

1)网络开发客户的适用性。

Internet 营销是目前一种新型的主流营销模式。Internet 营销在物流企业中的应用有三种模式，一是架设网站、Blog 广告；二是基于 E-mail、IM 工具与潜在客户主动联系；三是基于网络商务平台展开的营销模式。

2)网络开发客户流程。

①基于网站、Blog 广告模式的客户开发流程。

a. 制定 Internet 营销方案。

b. 进行网站广告、Blog 广告的策划。

c. 进行网站广告、Blog 广告的架设。

d. 客户主动联系物流公司。

e. 向客户介绍公司的服务产品。

f. 保持经常联系。

g. 起草并签订相关物流服务合同。

h. 进行客户关系维护。

②基于 E-mail、IM 方式的客户开发流程。

a. 从已有客户的名片中获得客户信息。

b. 对客户信息进行筛选。

c. 通过 E-mail、IM 与客户进行沟通。

d. 保持经常联系。

e. 起草并签订相关物流服务合同。

f. 进行客户关系维护。

③基于网络商务平台的客户开发流程。

a. 寻找合适的网络商务平台。

b. 注册会员。

c. 发布供应信息。

d. 客户主动联系。

e. 向客户介绍公司的服务产品。

f. 保持经常联系。

g. 起草并签订相关物流服务合同。

h. 进行客户关系维护。

3) 网络开发客户注意事项。

①需要有人员对网站进行经常维护。

②需要有经验丰富的美工、软件开发人员进行适时设计。

③需要有一套完整、合理的潜在客户筛选标准。

④选好与自己企业形象相符的域名。

⑤选择最适合企业的服务器。

⑥在网络营销的基础上做网站整体策划与网页设计。

⑦考虑多种语言版本。

⑧合理利用网站空间。

⑨内容适量并体现专业性和权威性。

⑩内容更新要及时。

⑪大力宣传,提高网站知名度。

⑫回复客户的询问不要超过 24 小时。

（4）其他客户开发模式

1) 品牌开发。品牌开发是指物流企业通过各种渠道在消费者心目中建立起自身的品牌形象,再通过品牌形象进行客户开发的一种业务拓展方式、可以分为品牌形象确立、品牌形象推广、品牌销售和品牌管理四个环节。

品牌开发客户的重点在于品牌形象的建立。如何在消费者心目中建立起正面的品牌形象是实施品牌开发客户的关键,因此在实施品牌开发客户时,要重点注意质量第一、诚信至上、定位准确和巧妙推广四个方面。

2) 展会开发。展会开发是指物流企业通过在一些物流展会上向客户展示自身的服务网络、服务优势等内容获得客户认可的一种客户开发方式,一般流程包括明确参展目标、研究并选择展会、参展前准备和展后跟踪四个部分。

3) 竞标开发。竞标开发是指物流企业通过向物流招标方投标的方式获得物流业务的一种客户开发方式。物流招投标流程总体可以分为招投标前期准备、投标方评价和最终的商务谈判及合同签订三个步骤。

对于物流企业,投标处理的好坏将直接决定能否成为物流服务提供方。一般情况下,招标人在招标文件中会详细注明参与竞标企业的要求,投标的物流企业对招标方的要求做出详细说明即可,一般包括投标方物流企业符合招标文件中对投标方企业资质的要求,投标人的报价要求,投标人提供的相关商务文件、资质证明等。

投标过程除要处理上述几个比较重要的问题外,还包括投标文件中相关方案的制作。一个好的物流项目提案可以帮助客户明确了解自身能够帮助客户解决哪些问题,带来哪些价值,从而让投标物流企业从众多投标方中脱颖而出。一般物流项目提案制作应遵循详细、明确、真实三个原则。

4)产业联盟开发。产业联盟开发是一种新的物流业务模式,具体讲可以通过物流企业共同投资建设物流设施设备,共同获取收益。通过该模式的应用,可以更好地达到物流资源整合,物流优势有效放大,避免物流企业间的恶性竞争,规范物流市场秩序。物流产业联盟的核心竞争力可以体现在以下几个方面:

①提升物流企业的知名度、扩展物流关系网络,促进物流企业业务量的持续发展。

②增加异地配送网络,增加代办业务和自有业务。

③实现异地点对点的车辆共享服务,实现货运资源优化配置。

④增加集货渠道,增加代收货款服务。

⑤实现异地放车诚信保障,减少停车风险。

3. 客户开发途径比较

上述七种客户开发模式中,基于 Internet 网络的客户开发方式是成本最低的一种。而通过电话/传真方式进行客户开发是最具时效、最有针对性的一种,业务员可以通过这种方式第一时间了解客户的需求,以进行应变和需求挖掘。广告式的客户开发具有一定的延时性,而且初期投入成本也比较大,但其具有受众面广的开发效果。由此可见,物流企业在选择何种客户开发途径时,要根据自身物流特点、市场占有率、市场知名度等多方面进行分析,确定合适的客户开发策略。

4. 客户开发的策略选择

(1)物流市场分析

物流企业在进入某个区域进行客户开发时,首先要对当地的物流市场进行分析。

①物流市场规模分析,即该地区每年的物流需求总量。

②物流市场构成分析,即该地区的物流市场有哪些物流公司,每个物流公司的规模大小,占当地物流市场的份额等。

(2)消费者分析

物流消费者是物流服务的主体,因此,在进行客户开发时,只有正确的客户开发策略才能获得消费者的肯定。

①物流消费群体分析。即要明确哪些客户是应该重点开发的,哪些是潜在消费客户等。

②物流消费者获取信息途径分析。即物流企业在进行客户开发前,对当地物流消费者获取信息途径进行调查,才能选择针对性的客户开发策略。

(3)物流产品分析

物流产品分析是指物流企业对自身物流服务进行综合分析,来确定与其他竞争者之间的区别。

①物流产品定位分析。主要是分析物流产品在整个物流市场所处的层次。

②竞争者物流服务分析。主要是对市场上存在的主要竞争者的服务质量、服务特点进行分析。

一般情况下,当物流企业刚开始进入市场进行客户开发时,广告式的客户开发可能更具有成效,能让人们在短时间内知道某个新物流公司的品牌及其服务理念。当在市场中形成一定的品牌效应后,电话/传真以及 Internet 客户开发模式可以进行点穴式的客户开发,其相对广告模式具有一定的针对性,且开发成本也相对较低。但这两种客户开发模式都需要投入一定量的人力资源。

(二)物流投标

物流投标一般存在于物流招投标项目中。当作为动词解释时,则物流投标是一个过程,是物流服务提供方根据物流服务需求方提供的招标文件,编写投标文件并提交投标文件的过程;当作为名词来解释时,则物流投标是一个文件,是物流服务提供方根据物流服务需求方提供的招标文件,设计编写出来的具有针对性的文件。

1. 物流投标的一般性内容和要求

(1)一般性内容

企业物流投标的主要内容一般应包括提案的基本目标、企业物流的资源和优势的介绍、物流服务的模式、物流信息服务模式以及服务报价。

(2)注意事项

①提供物流服务的绩效指标及考核方法,如准时送货率、差错率、货损率等,明确这些指标的含义和考核方法。

②特殊服务所需收取的合同外费用也需明确提出并经双方确认,如某些货品的装卸困难,需要特殊装卸设备,或者某些货品需要进行额外包装加固等。

③在能力允许的范围内,尽可能提供几套方案供客户选择,以增加提案成功的几率。

2. 物流投标制作

在做物流投标时,要明确物流投标并不是最终的物流方案。物流方案的设计要在合同签订之后,在对客户的现有的物流量、物流绩效等数据进行调研的基础上设计出来详细的解决方案,而物流投标更多的是一种结果性描述。

(三)需求调研

1. 仓储调研

当物流供应方与需求方达成合作协议后,在仓储服务方面首先要确定客户是否需要仓储服务,如果需要仓储服务,就需要对客户的基本资料进行调研,调研的数据主要包括:

①客户商品种类。

②商品属性。

③每种商品的出入库频率。

④客户需要单点仓储还是多点仓储。

⑤每种商品的平均库存量、最高库存量及最低库存量。

⑥要达到客户的要求,物流企业本身需要多大的仓储空间。

2. 运输调研

运输调研要在确定客户是大范围、大批量运输还是小批量、小范围的配送之后进行,内容主要包括:

①货物的配送范围。

②客户期望的运输时效。

③对配送车辆的具体要求。

④各个仓库每月的平均发货量、最高发货量及最低发货量。

⑤各个仓库覆盖范围的买方客户分布,每个买方客户每月的平均订货量、最高订货量及最低订货量。

⑥各条运输或配送线路的路况。

⑦配送或运输成本。

⑧各仓库之间是否有调货,满足异地买方客户需求的调货方式是先调至异地买方客户所在地仓库,然后由该仓库负责配送,还是采用调货直发方式直接送至异地买方客户。

⑨运输产品的属性如何。

⑩现有运输的包装方式,如何跟踪包装后的货物。

⑪客户信息系统能否与物流信息系统实现对接,保证数据及时准确地传输。

3. 运作流程调研

运作流程调研主要针对物流作业程序及时效,提出具体的作业标准,双方依照标准执行。

(1)通知入库

由客户自主安排入库事宜,货品入库的前一天需将货物明细传给物流供应方,通知物流公司进货。如果物流供应方在入库时发现客户的货品有规格不符及包装破损、凹陷或遭破坏痕迹等缺陷,则可以拒收并回报给客户。

(2)通知出货

客户每天在确定的时间点之前传输出货相关数据,时间点要符合实际情况,为第三方物流公司提供足够的时间备货;第三方物流公司在当日下午按照客户要求进行备货。

(3)货品送达

根据货品数量、运输路程和货品的特殊要求,选择不同的配送方式。

①共同配送:如果货品数量较少,该货品与其他客户的货品接触不会发生反应,则选择共同配送。共同配送分一段式共配和二段式共配两种。

②单点直送:由物流中心直接发货,配送至客户端。如果货物数量较多或者货物有特殊要求,可以采用单点直送的方式进行配送。

(4)配送时效

①当日到货。

②限定时间内到货。

(5)签单转回

(6)物流服务费

①仓储部分。包括卸柜费、保管费(含仓租及库存账务管理)和流通加工费。

②配运部分。包括两种配送收费标准、转仓费、单箱价格和一段式单点直送收费标准。

③取/回签收单费。

④验收单或正本签回单。

(7)货品安全

①除不可抗力等因素外,物流供应方应担负损失赔偿责任;若物流需求方存放非法货品,则自负全责。

②货品进出库时,物流供应方应以先进先出为准则。

③物流供应方不得私自将物流需求方的货品进行买卖,或未得到物流需求方出货单就私自配送,若查核属实,由此造成的损失则应由物流供应方赔偿。

(8)配送损害

承运途中若发现货品短缺、损毁或因为物流供应方疏忽造成签回单与送货量不符时,物流供应方应负全责,并按物流需求方托运物品的员工价进行赔偿。

(9)库存对账

物流供应方每天向物流需求方提供当日库存明细,物流需求方每日出货须提供出货单及出货明细总表给物流供应方确认回签。

（10）请款方式

双方共同商定每月的结账日期，以及遇到节假日的处理方法，结账附带的单据以及结账的支付方式等。

（四）方案设计

客户信息调研成功之后，就要对各种物流服务进行报价。为在服务及价格上取得竞争优势，要对运输（或配送）及仓储等进行方案设计。

1. 仓储方案设计

（1）客户信息调研

客户信息调研主要是针对客户货品储存信息进行的调查和研究。

（2）储位需求设计

储位需求设计包括两个方面，一是需要多大的存储空间，即空间设计；二是该种商品应该存放在仓库中的位置，即储位设计。

①需求空间设计。包括存储区需求面积计算、估算其他区域面积和仓库总需求面积的确定三部分。

②储位设计。在储位设计时，首先要了解商品存放的方法和原则。商品存放的方法有两种：一是商品群系统方法，二是货位系统方法。所谓商品群系统方法是指将同一类商品集中存放在一起，特点是定位容易，但搬运困难，对库存需要的面积难以把握。根据货位存储商品的变化情况货位系统方法分为固定货位存储和开放式货位存储，特点是定位复杂，但搬运容易。

（3）计算仓储费用

根据设计的仓储方案，根据货品的属性不同，计算其存储成本。

（4）报价

根据计算的仓储成本，在增加一定利润率的情况下，参照同类企业仓储成本，对客户进行报价。

2. 运输/配送方案设计

（1）运输/配送调研

运输/配送调研包含的内容主要包括物流需求方的客户地址、各条线路的路况、各条线路的配送量及配送频率等。

（2）运输/配送设计

①运输/配送时效。根据客户对配送时效的要求以及物流供应方自身的运输能力，双方共同协商运输时效最终结果。

②运输/配送路径。为保证运输时效并节约成本，物流供应方要根据调查的各运输线路的路况，选择合适的运输/配送路径，以最短的时间、最低的成本

完成运输/配送任务。

③运输/配送工具。在全部物流运作时间中,运输时间占绝大部分,尤其是远距离运输。因此,运输/配送时间的缩短对整个流通时间的缩短起决定性作用。

运输/配送工具的选择还需要考虑货品属性、货品的种类、运输时效、货品数量和路况五个重要因素。

（3）运输/配送费用计算

运输费用在全部物流费用中占很大的比例,运输/配送费用的高低在很大程度上决定了整个物流系统的竞争能力。实际上,运费的相对高低,无论对货主还是对物流企业都是运输是否合理的一个重要标志。由于配送线路、货品数量、货品属性等的不同,其货品的单位运输费用也不相同。为帮助客户节省运输成本,避免当地物流中心因缺货而产生异地物流中心调货运输,可提供调货直发模式,通过这种方式减少运输环节,节省运输成本。

（4）报价

根据运输/配送费用的计算结果,在增加一定比例利润的情况下,对客户进行报价。

四、全真考试试题分析

（一）判断题

1. 在储位需求设计中,其中一个是需要多大的存储空间,是指总的需求空间。（　　）

试题分析:本题考核对储位需求设计内容的理解,答案为错误。储位需求设计中包括需要多大的存储空间和商品在仓库中的存放位置,其中存储空间又包括总的需求空间和每个商品的需求空间,详见教材"3.4.1 仓储方案设计"中的内容。

2. 国家标准中对物流企业的评级标准分为:A、AA、AAA、AAAA4 个级别。（　　）

试题分析:本题考核对我国《物流企业分类与评估指标》（GB/T 19680－2005）的理解,答案为错误。国家标准中对物流企业的评级标准分为 A、AA、AAA、AAAA、AAAAA5 个级别,详见教材"3.1.1 物流企业市场定位"中的内容。

（二）单项选择题

1. 以下内容不属于物流企业市场定位的是（　　）。
   A. 经营层面定位　　　B. 主导业务定位　　　C. 主导区域定位
   D. 资产能力及服务水平

试题分析：本题考核对物流企业市场定位因素的理解，答案为 B。选项 B 应改为主导行业，业务提法不妥，容易与经营层面定位的概念混淆，具体参考教材"3.1.1 物流企业市场定位"中的内容。

2. 所有货位随机分配给入库的货物，每一种货物存放的地点不同，该商品存放方法为（　　）。

　　A. 商品群系统方法　　B. 货位系统方法

　　C. 固定货位存储　　　D. 开放式存储

试题分析：本题考核对储位设计中商品存放方法和原则的理解，答案为 D。商品群系统方法和货位系统方法是仓库中商品存放的两种基本方式，其中货位系统方法又包括固定货位存储和开放式存储两种方法，试题文字描述是开放式存储方法，详见教材"3.4.1 仓储方案设计"中的内容。

3. 所有货位随机分配给入库的货物，并可以仨选存放地点的货物的存放方法为（　　）。

　　A. 商品群系统方法　　B. 货位系统方法

　　C. 固定货位存储　　　D. 开放式存储

试题分析：本题考核对储位设计中商品存放方法和原则的理解，答案为 D。开放式存储方法的特点就是仓库中哪里有空位，商品就可以存放在哪里，详见教材"3.4.1 仓储方案设计"中的内容。

(三)多项选择题

1. 以下属于运输管理指标的是（　　）。

　　A. 运输破损率指标　　B. 盘点差异率指标

　　C. 送货准确率指标　　D. 运单签收合格率指标

　　E. 车辆满载率指标

试题分析：本题考核对投标时运输管理指标内容的理解，答案为 ACD。选项 B 为库存盘点时的相关指标，显然不对。选项 E 与教材内容不一致，投标主要是给客户看的，客户不关心物流企业的车辆满载率指标，详见教材"3.2.2 物流投标制作"中的内容。

2. 物流企业进行市场定位需考虑的因素（　　）。

　　A. 经营层面　　　　　B. 核心竞争力　　　　C. 主导区域

　　D. 主导行业　　　　　E. 资产能力和服务水平

试题分析：本题考核对物流企业市场定位因素的理解，答案为 ABCDE，详见教材"3.1.1 物流企业市场定位"中的内容。

3. 在针对客户需求进行仓库管理方案设计时，需要对客户的基本商品资料进行调研的数据包括（　　）。

A. 客户商品种类有多少种

B. 每个商品种类的商品属性

C. 每种商品的出入库频率

D. 每种商品的平均库存量、最高库存量及最低库存量

E. 每种商品的季节性变化规律

试题分析：本题考核对物流项目开仓储发需求调研内容的理解，答案为ABCD。选项E与教材内容不一致，对客户的基本商品资料进行调研的主要目的是进行储位设计，而储位设计应按最大需求计算，与商品的季节性变化规律关系不密切，详见教材"3.3.1 仓储调研"中的内容。

4. 物流企业在进行确定客户开发策略时，要从以下哪几个方面进行分析（　　）。

A. 成本分析　　　　B. 物流市场分析　　　C. 消费者分析

D. 物流产品分析　　E. 物流政策分析

试题分析：本题考核物流企业客户开发策略的分析因素，答案为BCD。选项A和E与教材内容不一致，详见教材"3.1.4 客户开发的策略选择"中的内容。

(四)情景问答题

1. 一个传统的大型运输物流企业正在召开关于"十二·五"期间企业的发展定位的讨论会议。会议参与方是企业的中层以上的干部及一个物流咨询机构的相关人员。企业方觉得传统的运输行业因为受到较多的限制，比如竞争对手恶性竞争、油价、人力成本上升很快、市场变化大等等原因，使得企业在"十二·五"期间的发展面临了很大的局限性，企业应重点做的是稳定，强化内功，而不是扩张。物流咨询机构认为企业应该抓住"十二·五"我国经济从外向型经济转为内需型经济的契机，布局长远，进行一次大的战略转型，向多功能的现代物流企业转型。请你拟定你的角色定位，进行一个简短的会议讲话，要求要有理有据，重点突出。

试题分析：本题是开放性题目，答题应具有开放性思维，答题者应定位为物流咨询机构资深人员，从传统的大型运输物流企业转型面临的机遇、挑战、优势、劣势，以及存在困难和改革思路、措施等方面进行综合论述。

答案要点：1)"十二·五"规划中经济转型对物流业的提出要求与提供的发展机会；2)目前公司作为传统运输企业遇到的困难(同质化严重，恶性竞争；油价、人力成本上升很快、市场变化大等等)；3)根据自身的优势转型为现代物流公司，提供综合物流运输服务(咨询、报关、综合运输、配送等)，拓展服务范围，培育核心竞争力；4)公司转型改革应把握的要点，如信息化建设，实行精细化管理等。

2. 某物流企业为提高企业的业务量，决定参加某个物流项目的招标，但由于该业务部的经理王先生是第一次主持投标，并不了解投标的相关知识，请您

帮他介绍一下企业物流投标的主要内容。

试题分析：本题主要考查企业物流投标的主要内容及要求的理解，教材有现成答案，详见教材"3.2.1 物流投标的一般性内容与要求"。

参考答案：(1)企业物流投标的主要内容一般应包括以下这些内容：1)提案的基本目标。包括方案的宗旨、服务的承诺，需描述客户的物流服务能力；2)企业的物流资源和优势介绍。这部分可介绍物流企业在物流设施设备硬件、软件方面的资源，在管理制度方法上的优势，还可以介绍之前的成功服务客户的经验以及被服务客户的介绍；3)企业物流服务的模式。需要详细介绍物流服务各子模块的具体运作方法，例如配送子方案、仓储子方案等，这个部分是整个提案的重点，需要充分体现了物流企业的能力；4)物流信息服务模式。例如在线下单、配送状态查询以及统计报表的导出及其数据服务等，若客户本身具有物流信息系统，还可能涉及双方信息系统的接口问题；5)服务报价。服务报价一般可以通过成本＋利润的方式计算，或者通过市场行情并结合之前的经营来报价。如果客户需要，还要提出总体报价、分项报价和特殊操作费用等。(2)为避免后续纠纷，提案一般需要注意以下事项：1)提供物流服务的绩效指标及考核方法，例如，准时送货率、差错率、货损率等；2)对于特殊服务所需收取的合同外费用也需明确提出并双方确认；3)如有可能，可提供几套方案供客户选择，以增加提案成功的几率。

(五)论述题

由于多种原因，国内物流企业的发展差异很大。在激烈的市场竞争中，不同的企业应有不同的定位才能取得更好的发展。请阐述物流企业在确定各自的市场定位时应如何考虑？

试题分析：本题考核物流企业市场定位因素，教材有现成答案，详见教材"3.1.1 物流企业市场定位"中的内容。

答案要点：1)经营层面定位；2)核心竞争力定位；3)主导区域定位；4)主导行业定位；5)资产能力及服务水平。(由于是论述题，应结合教材内容展开，详细论述)

五、单元测试题及参考答案

单元测试题

(一)判断题

1. 市场定位的含义是指企业根据产品在市场上所处的位置，针对顾客对该类产品某些特征或属性的重视程度，为产品塑造与众不同、给人印象鲜明的形象，并将这种形象生动地传递给顾客，从而使该产品在市场上确定适当的位

置。（　　）

2. 物流企业经营层面定位主要是指物流企业经营的模式是什么。（　　）

3. 主导行业是指物流企业主要服务客户所处的行业，除少数几个大型物流企业之外，大多数物流企业只服务于一个或几个行业。（　　）

4. 服务水平是从客户的角度出发对物流企业的定位，服务水平的高低将决定物流企业是否容易获得客户的认可以及是否有能力继续进行市场扩张。（　　）

5. 广告开发客户是指物流企业通过在电视媒体上投放广告形式来寻找客户资源的一种客户开发形式，适合一些刚成立的物流企业或已有物流企业打开新市场的情况。（　　）

6. 电话销售外包是指企业与一些 CallCenter 运营商合作，将自己产品委托给 CallCenter 进行销售。（　　）

7. 电话开发客户是指物流企业以电话为媒介与客户进行沟通并促成交易达成的客户开发方式，比较适合中小型的物流企业、国际快递物流公司及刚进入市场的物流企业。（　　）

8. Internet 营销是目前一种新型的主流营销模式，其中开设网站、Blog 广告方式的效果与广告模式的客开发具有相同的特点，如阿里巴巴 B2B 电子商务平台，慧聪网等。（　　）

9. 品牌开发是指物流企业通过电视广告的形式在消费者心目中建立起自身的品牌形象，再通过品牌形象进行客户开发的一种业务拓展方式。（　　）

10. 展会开发是指物流企业通过在一些物流展会上向客户展示自身的服务网络、服务优势等内容获得客户认可的一种客户开发方式。（　　）

11. 在客户开发的七种模式中，基于 Internet 网络的客户开发方式成本最低、最具时效、最有针对性的一种。（　　）

12. 物流企业在选择何种客户开发途径的实践中，快递行业通常通过媒体播放电视广告来提高市场知名度，获得市场份额。（　　）

13. 物流产品分析是指物流企业对自身物流服务进行综合分析，来确定与其他竞争者之间的区别，一般包括物流产品定位分析和竞争者物流服务分析。（　　）

14. 一般来说，当物流企业刚开始进入市场进行客户开发时，电话/传真以及 Internet 客户开发模式的客户开发更具有成效。（　　）

15. 物流投标是一个过程，是物流服务提供方根据物流服务需求方提供的招标文件、设计编写出来的具有针对性的文件。（　　）

16. 提案的基本目标是企业物流投标的主要内容之一，包括方案的宗旨和

服务的成本,需描述客户所需的物流服务能力。(　　)

17. 物流投标并不是最终的物流方案,而是一种结果性描述。(　　)

18. 运作流程调研主要针对物流作业程序及时效,提出具体的作业标准,物流企业必须依照标准执行。(　　)

19. 单点直送是由物流中心直接发货配送至客户端的配送方式,一般适用于货物数量较多或者货物有特殊要求的情况。(　　)

20. 商品存放的方法有商品群系统方法和货位系统方法两种。商品群系统方法的特点是定位容易搬运困难,货位系统方法的特点是定位复杂搬运容易。(　　)

(二)单项选择题

1. 核心竞争力是指自身具备的而其他企业没有的、能够为企业提供长期竞争力的能力,对于物流企业来说,核心竞争力可以从(　　)中获得。

　　A. 企业创新　　　B. 市场营销　　　C. 流通加工　　　D. 员工培训

2. 比较适合一些刚成立的物流企业或已有物流企业打开新市场的开发方式属于(　　)。

　　A. 广告　　　　　B. 电话/传真

　　C. 产业联盟　　　D. 基于 Internet 网络

3. 比较适合中小型物流企业进行客户开发的方式是(　　)。

　　A. 广告　　　　　B. 电话/传真

　　C. 产业联盟　　　D. 基于 Internet 网络

4. 下列关于广告开发客户注意事项的描述不正确的是(　　)。

　　A. 对广告投放客户的定位有清楚的了解

　　B. 物流公司需有一定广告媒体投放渠道

　　C. 要有专业的公司进行策划

　　D. 开发人员需要有很强的语言沟通能力

5. Internet 营销是目前一种新型的主流营销模式,下列不属于 Internet 营销在物流企业中的应用模式的是(　　)。

　　A. 基于网络商务平台展开的营销

　　B. 基于 Email、IM 工具与潜在客户主动联系

　　C. 基于供应链的客户服务优化

　　D. 架设网站、Blog 广告

6. 一般在网站、Blog 式的客户开发中,还包括(　　)这一环节,让客户比较易于获得网站的信息,这一点在现代网络营销中越来越重要。

　　A. 网站架设　　　B. 网站营销　　　C. 网站推广　　　D. 网站设计

7. 品牌开发客户的重点在于(　　)。
    A. 品牌形象建立　　　B. 品牌形象推广　　　C. 品牌销售
    D. 品牌管理
8. 下列关于会展开发客户的描述不正确的是(　　)。
    A. 物流企业参加展会的最终目的是为了开发客户
    B. 物流企业参加展会的本身并不一定是为了开发客户
    C. 物流企业要根据参展目标研究展会的性质再来确定是否参加展会
    D. 物流企业参加展会的主要目的是收集展会的客户信息
9. 在七种客户开发模式中,(　　)的客户开发方式是成本最低的一种。
    A. 广告　　　　　　　B. 电话/传真
    C. 产业联盟　　　　　D. 基于 Internet 网络
10. 在七种客户开发模式中,(　　)的客户开发方式是最具时效、最有针对性的一种。
    A. 广告　　　　　　　B. 电话/传真
    C. 产业联盟　　　　　D. 基于 Internet 网络
11. 物流产品定位分析主要是对物流产品在整个物流市场所处的(　　)。
    A. 价格　　　　　B. 层次　　　　　C. 地位　　　　　D. 环境
12. 服务报价一般可以通过(　　)的方式来计算。
    A. 毛利＋利润　　　　B. 成本＋毛利
    C. 成本＋利润　　　　D. 员工工资＋利润
13. 下列关于物流投标的描述不正确的是(　　)。
    A. 提案的基本目标包括方案的宗旨和服务的承诺,需描述客户所需的物流服务能力
    B. 物流企业需提供物流服务的绩效指标及考核方法
    C. 对于特殊服务所需收取的合同外费用也需明确提出并双方确认
    D. 为体现企业的规模化和正规化,只需提供一套方案,以增加提案成功的概率
14. 下列关于物流投标制作的描述不正确的是(　　)。
    A. 在做物流投标时,要明确物流投标并不是最终的物流方案
    B. 投标文件中需描述公司使用的物流软件是什么,具有哪些功能
    C. 投标物流企业可以依照招标文件的要求对每一个客户关心的问题进行简要的解答
    D. 投标文件中需描公司物流网络、网点下的仓库类型、配送车辆数量等硬件基础设施

15. 仓库管理费用包括（　　）两种。
    A. 仓管人员工资和流通加工费　　　　B. 条码管理费和流通加工费
    C. 管理运营经费和流通加工费　　　　D. 条码管理费和仓管人员工资
16. 下列不属于仓储调研数据的是（　　）。
    A. 每种商品的出入库数量及频率
    B. 客户需要单点仓储还是多点仓储
    C. 满足客户要求的仓储空间大小
    D. 客户商品种类、名称、体积、数量
17. 对于货物数量较多或者货物有特殊要求，可以采用（　　）方式进行
配送。
    A. 共同配送　　　　B. 二段式共配　　　　C. 一段式共配
    D. 单点直送
18. 出入库频率高、需求波动小的商品可采用（　　）存储方法。
    A. 开放式货位　　　B. 固定货位　　　　C. 商品群系统　　　　D. 货位系统
19. 在运输/配送工具选择中，要考虑的因素很多，下列不属于此要考虑因
素的是（　　）。
    A. 货品属性　　　　B. 运输时效　　　　C. 货品数量　　　　D. 包装时间
20. 在全部物流运作时间中，时间占绝大部分的是（　　）。
    A. 运输　　　　　　B. 流通加工　　　　C. 仓储　　　　　　D. 装卸

（三）多项选择题

1. 对于物流企业来说，市场定位的内容主要包括（　　）。
    A. 经营层面定位　　　　　　　　　　B. 核心竞争力定位
    C. 主导区域定位　　　　　　　　　　D. 主导行业定位
    E. 资产能力及服务水平
2. 目前物流企业常见的客户开发途径包括（　　）。
    A. 广告营销客户开发　　　　　　　　B. 电话/传真客户开发
    C. 基于 Internet 网络的客户开发　　　D. 品牌和展会开发
    E. 产业联盟开发
3. 下列关于广告开发客户的适应性描述正确的是（　　）。
    A. 该开发模式初期投入成本高
    B. 该开发模式传播速度快、影响范围大
    C. 该开发模式不适合小型、财力有限的公司
    D. 能够在短时间内将物流企业的服务特点概括出来
    E. 该开发模式适合于刚成立的物流企业或已有物流企业打开新市场

的情况

4. 广告开发客户需要注意的事项有（   ）。

    A. 需要对广告投放客户的定位有清楚的了解

    B. 需要了解物流公司的广告客户其接受的方式和其期望的服务产品

    C. 要有专业的广告公司进行广告策划，并能简明扼要地概括出物流企业的服务特点

    D. 物流客户开发人员需要有很强的应变能力，以实时应对客户提出的各种问题

    E. 物流公司需要对自己的财力、广告播放时间、时段以及媒体选择都要有所考虑

5. 目前在企业中实施电话销售的形式主要有（   ）。

    A. 企业外包 CallCenter

    B. 企业自建自己的 CallCenter

    C. 企业没有 CallCenter 也没有电话

    D. 企业与一些 CallCenter 运营商合作

    E. 企业有自己的电话销售人员，但没有 CallCenter

6. 下列关于电话开发客户的适应性描述正确的是（   ）。

    A. 成本低，比较适合中小型的物流企业

    B. 投入少，比较适合上规模的大中型的物流企业

    C. 针对性强，适合为客户提供专业物流服务的功能型物流企业

    D. 时效性强，适合刚进入市场的物流企业

    E. 信息化程度高，能够扩大企业在市场的知名度

7. 网络开发客户需要注意的事项有（   ）。

    A. 需要有经验丰富的美工、软件开发人员设计

    B. 切勿堆叠图片，制造了美，却跑了顾客

    C. 内容要体现专业性和权威性，并不是越多越好

    D. 回复客户的询问不要超过 24 小时

    E. 需要大力宣传，提高网站知名度

8. 品牌开发是指物流企业通过各种渠道在消费者心目中建立起自身的品牌形象，再通过品牌形象进行客户开发的一种业务拓展方式，一般分为（   ）环节。

    A. 品牌客户开发　　B. 品牌形象确立　　　C. 品牌销售

    D. 品牌形象推广　　E. 品牌管理

9. 品牌开发客户的重点在于品牌形象的建立，因此，在实施品牌开发客户

时,需要注意的有(　　)。

 A. 质量第一 B. 诚信至上   C. 利润为先

 D. 定位准确 E. 巧妙推广

 10. 展会开发是指物流企业通过在一些物流展会上向客户展示自身的服务网络、服务优势等内容获得客户认可的一种客户开发方式,一般流程包括(　　)几个部分。

 A. 明确参展目标   B. 研究并选择展会

 C. 制定完善的参展标准 D. 参展前准备

 E. 展后跟踪

 11. 一般物流项目提案制作应遵循(　　)的原则。

 A. 详细 B. 明确 C. 真实 D. 个性

 E. 特色鲜明

 12. 物流产业联盟的核心竞争力可以体现在(　　)。

 A. 提升物流企业的知名度、扩展物流关系网络,促进物流企业业务量的持续发展

 B. 增加异地配送网络,增加代办业务和自有业务

 C. 实现异地点对点的车辆共享服务,实现货运资源优化配置

 D. 增加集货渠道,增加代收货款服务

 E. 实现异地放车诚信保障,减少停车风险

 13. 物流企业在进行确定客户开发策略时,要从(　　)进行分析。

 A. 物流市场 B. 消费者 C. 运输工具

 D. 物流产品 E. 回收物流特点

 14. 企业物流投标的主要内容一般包括(　　)。

 A. 提案的基本目标   B. 企业物流服务的模式

 C. 物流信息服务模式 D. 服务报价

 E. 企业物流的资源和优势的介绍

 15. 仓储调研的数据包括(　　)。

 A. 客户商品种类

 B. 每种商品的出入库频率

 C. 客户需要单点仓储还是多点仓储

 D. 商品属性

 E. 每种商品的平均库存量、最高库存量及最低库存量

 16. 物流企业运输调研的内容主要包括(　　)。

 A. 货物的配送范围   B. 客户期望的运输时效

　　C. 对配送车辆的具体要求　　D. 配送或运输成本

　　E. 各条运输或配送线路的路况

17. 在运作流程调研中,仓储部分的费用包括(　　)。

　　A. 卸柜费　　B. 保管费　　C. 仓租费　　D. 转仓费

　　E. 流通加工费

18. 仓储方案设计的主要内容包括(　　)。

　　A. 客户信息测研　　B. 储位设计　　C. 报价　　D. 核算成本

　　E. 计算仓储费用

19. 下列关于货位系统方法商品存放模式的描述正确的是(　　)。

　　A. 货位系统方法可分为固定货位存储和开放式货位存储

　　B. 货位系统方法可分为商品群系统法和开放式货位存储法

　　C. 货位系统方法的特点是定位容易搬运困难

　　D. 货位系统方法对库存需要的面积难以把握

　　E. 固定货位存储方法的特点是查找容易,但仓库的利用率较低

20. 在运输/配送工具选择的过程中,要考虑的因素包括(　　)。

　　A. 货品属性　　　　B. 运输时效　　C. 货品数量　　D. 路况

　　E. 流通加工

(四)问答题

1. 物流企业自身定位的依据有哪些?

2. 常见的客户开发途径及它们之间的区别有哪些?

3. 物流企业在制定客户开发策略时要从哪几个方面进行分析?

4. 如何做物流投标,应该从哪些方面考虑?

5. 仓储调研的主要内容有哪些?

6. 仓储方案设计的流程如何,仓储方案设计应该从哪些方面考虑?

(五)论述题

1. 广告、电话、网络及其他开发客户具有哪些特点? 简述其操作流程。

2. 如何做运输/配送方案的设计,方案设计的流程如何,方案设计应该从哪些方面考虑?

【参考答案】

(一)判断题

1. ×,2. ×,3. √,4. ×,5. √,6. √,7. √,8. ×,9. ×,10. √,11. ×,12. ×,
13. √,14. ×,15. ×,16. ×,17. √,18. ×,19. √,20. √。

(二)单项选择题

1. B,2. A,3. B,4. D,5. C,6. C,7. A,8. D,9. D,10. B,11. B,12. C,13. D,

14. C,15. B,16. A,17. D,18. B,19. D,20. A。

(三)多项选择题

1. ABCDE,2. ABCDE,3. ABCDE,4. ABCE,5. BDE,6. ACD,7. ABCDE,
8. BCDE,9. ABDE,10. ABDE,11. ABC,12. ABCDE,13. ABD,14. ABCDE,
15. ABCDE,16. ABCDE,17. ABCE,18. ABCE,19. AE,20. ABCD。

(四)问答题

1. 见书本"3.1.1 物流企业市场定位"。

2. 见书本"3.1.2 常见客户开发途径"和"3.1.3 客户开发途径比较"。

3. 见书本"3.1.4 客户开发的策略选择"。

4. 见书本"3.2.2 物流投标制作"。

5. 见书本"3.3.1 仓储调研"。

6. 见书本"3.4.1 仓储方案设计"。

(五)论述题

1. 结合书本"3.1.2 常见客户开发途径"部分作答。

2. 结合书本"3.4.2 运输/配送方案设计"部分作答。

单元四　物流网络选址

一、学习目标

1. 理解物流网络选址的因素。
2. 掌握物流网络选址的流程。
3. 掌握物流网络选址的方法。

二、知识结构

知识结构如图 3-4 所示。

图 3-4　物流网络选址知识结构

三、主要知识点解读

(一)物流网络布局

对于大多数制造业而言,其生产的产品在流向客户的过程中,从物流通路看,常见的模式有两种:

模式 1:工厂→区域物流中心(RDC)→销售终端(卖场)。

模式 2:工厂→区域物流中心(RDC)→前进物流中心(FDC)→销售终端(卖场)。

从物流中心的分工看,起配运核心作用的是区域物流中心,而前进物流中心常为季节性使用。通常,前进物流中心的功能以临时囤货为主,目的是便于在销售旺季或交通不便季节可及时对销售终端供货。

对于特定的企业而言,需要设置多少个物流中心,每个物流中心的位置选择以及货物选择何种流向最为合理是个复杂的规划问题。规划考虑的主要因素为配送时效和整体物流成本,可用的模型主要为区位规划模型。

在物流网络的构建上,通常企业会提供多个方案,然后根据历史数据对各个方案进行求解。

(1)求解时需要考虑的因素

①从成本考量,通路货流量如何分配为最优化? 最低成本是多少?

②是否有物流中心需要取消,如果有,是哪个?

③如果各物流中心的周转率水平一样,则物流中心大小的排序如何?

（2）求解的过程

①排出不同通路模式下的总费用。

②对不同模式下总费用进行排序，费用低的排在前面。

③从费用最低通路起，在兼顾通路约束条件下，选择通路模式的量。

④依次选定各通路模式下的量，直到所有的客户量被分配，结果即为限制条件下的最优解。

⑤列出最终结果。

⑥结果分析。

（二）物流网络选址因素

1. 土地成本

在配送中心的成本中，土地成本占有很大的比重，所以，地价的高低将直接影响配送中心的选址及网点布局。

2. 交通条件

据有关资料显示，配送中心的出入库运输成本占到总配送成本的 50%～60%。交通运输的不便直接影响配送中心的日常运营，因此，配送中心的选址最好靠近交通枢纽，方便两种以上运输方式的联接。

3. 自然条件

配送中心是大量商品的集结地，需要储存大量的堆码很高的货物，会对地面造成很大的压力，应避免选择在松软的淤泥层、松土层等不良地质条件的地面，同时，还要注意配送中心的地形条件、气候条件以及水文条件等自然因素。

4. 土地可得性

配送中心建设时还要考虑到今后配送中心的可扩展性，即未来能否在规划区域内获得足够面积的土地。

5. 人力成本

随着配送中心功能的不断延伸，配送中心所在区域对人力资源的需求将越来越多，越来越专业，人力资源成本问题将会影响到企业未来的发展。

6. 服务水平

准时运送是现代物流配送中心服务水平高低的重要指标，因此，在配送中心选址时，要充分考虑到能否快速有效地为客户提供高质量配送服务。

7. 基础设施完备情况

如当地的供水、供电、燃气等是否配套，是否有废水处理能力等基本条件。

（三）物流网络选址流程

1. 收集整理资料

资料的收集与配送中心选址的方法有关。配送中心选址一般采用成本法，根据约束条件及目标函数来建立数学公式,从中选取费用最小的方案。所以,资料收集要对业务量和相关费用进行分析整理。

(1)业务量的收集内容

①工厂到配送中心之间的运输量。

②向顾客配送的货物数量。

③配送中心的保管数量。

④各配送路线上的业务量。

(2)相关费用收集内容

①工厂至配送中心之间的运输费。

②配送中心到顾客之间的配送费。

③与设施、土地有关的费用及人工费、业务费等。

④其他信息收集。

2. 地址筛选

在筛选配送中心位置时,要根据上述影响因素进行初步筛选,通过层层筛选的方式确定几个或更多的配送中心的位置。在筛选备选位置时,备选位置不能过多,否则会给后续的定量分析工作带来巨大的工作量,但也不能过少,会偏离选取最优配送中心理念。最后再通过表格或对各个影响因素赋权值,通过加权分析来获得最终的入选位置。

3. 定量分析

定量分析是通过数学模型计算分析最优的配送位置。配送中心的选址会因选址范围和选址数量不同,计算的数学模型也不同。一般情况下,多配送中心向多个客户配送选用鲍摩—瓦尔夫模型,单一配送中心向多客户配送及单一配送中心向单一客户配送采用重心法模型。

重心法模型如下:

$$X_0 = \frac{\sum_{i=1}^{n} h_i w_i x_i / d_i}{\sum_{i=1}^{n} h_i w_i / d_i}$$

$$y_0 = \frac{\sum_{i=1}^{n} h_i w_i y_i / d_i}{\sum_{i=1}^{n} h_i w_i / d_i}$$

$$d_i = \sqrt{(x - x_i)^2 + (y - y_i)^2}$$

$$H = \sum_{i=1}^{n} h_i w_i d_i$$

其中：运输费率——h_i；

　　物流量——w_i；

　　配送中心到客户直线距离——d_i；

　　配送总成本——H。

由于该方法包含了距离变量，所以，需要使用迭代法求解：

①如不考虑距离因素，可采用以下公式：

$$x = \sum_{i=1}^{n} h_i w_i x_i / \sum_{i=1}^{n} h_i w_i \qquad y = \sum_{i=1}^{n} h_i w_i y_i / \sum_{i=1}^{n} h_i w_i$$

将求的 x 值和 y 值代入距离模型和成本模型求出初始成本 H_0。

②代入重心法模型时，求出改善后的坐标（x_0^0，y_0^0），代入距离模型和成本模型中，求出总成本 H_1。

③比较 H_0 与 H_1 的大小，若 $H_1 > H_0$，则说明（x_0^0，y_0^0）为最优解。如果 $H_1 < H_0$，则说明改善后的配送中心产生的总成本仍有改善的空间，继续迭代，直至求出最优解。

　　4. 结果评价

结合物流网络选址的影响因素对通过计算得出的配送中心进行实用性分析，确定该位置是否切实可行。

四、全真考试试题分析

(一)判断题

数据分析时分析的数据是现有及过去的数据，可以真实反映未来的业务水平。（　　）

试题分析：本题考核对物流数据分析的理解，答案为错误。现有及过去的数据可能蕴含未来信息，可作为预测参考数据，但不可能真实反映未来的业务水平，详见教材"4.3 物流网络选址流程"中的内容。

(二)单项选择题

以下不属于配送中心业务量收集内容的是（　　）。

　　A. 工厂到配送中心之间的运输量

　　B. 向顾客配送的货物数量

　　C. 配送中心的保管数量

　　D. 工厂到配送中心之间的运输距离

试题分析：本题考核对配送中心选址所需资料的理解，答案为 D。配送中心选址前，配送中心的位置还未确定，工厂到配送中心之间的运输距离无从了解，详见教材"4.3 物流网络选址流程"中的内容。

(三)情景问答题

1. 某企业需设立一个配送中心，通过该中心向周边区域的销售处供货。

现共有 3 个备选地点 A、B、C,用因素得分法给每个备选点的各个影响因素赋予权重和得分的情况见表 3-1,请你计算最终的入选位置。

表 3-1　权重和得分情况表

配送中心	土地成本	交通条件	自然条件	土地可得	人力成本
A	3	7	5	9	7
B	5	6	8	8	8
C	7	6	6	8	7
权重	0.3	0.3	0.1	0.1	0.2

试题分析:本题考核配送中心选址计算,计算方法是对每个候选地址进行各种影响因素的加权求和,加权分最高即是最终入选位置,如果未给权重,则直接求和计算,详见教材"4.3 物流网络选址流程"中的相关内容。

参考答案:A 得分:$3 \times 0.3 + 7 \times 0.3 + 5 \times 0.1 + 9 \times 0.1 + 7 \times 0.2 = 5.8$;B 得分:$5 \times 0.3 + 6 \times 0.3 + 8 \times 0.1 + 8 \times 0.1 + 8 \times 0.2 = 6.5$;C 得分:$7 \times 0.3 + 6 \times 0.3 + 6 \times 0.1 + 8 \times 0.1 + 7 \times 0.2 = 6.7$。因 C 的得分最高,表示成本最低,所以选 C 地点。

2. 亚马逊网上书店的总部位于美国西雅图,原本只在当地设有一座配送仓库。随着公司业务向全美各地的高速拓展,仓储设施匮乏成为公司发展的瓶颈,于是亚马逊公司在全美各主要市场新建了一系列配送仓库,并且每当新建一座仓库,公司都要对全部设施重新做需求供给分析。请问亚马逊网上书店这样做的主要目的可能是什么?

试题分析:本题考核对配送网络布局和仓储需求供给分析相关内容的综合理解,教材并没有现成答案,应从为什么要这样做和这样做的好处两方面进行说明。

参考答案:亚马逊网上书店拓展业务,需在全美各主要市场新建一系列配送仓库,而这些仓库必须满足亚马逊公司对包括新增客户在内的所有客户的配送需求。在全美范围内,亚马逊网上书店每个现有配送仓库都有相关固定的客户和配送区域范围,但当客户增加时和每新增加一座仓库时,就会影响现有仓库的客户分配和配送范围,即需要对客户和配送区域重新进行分配,或者说各个配送仓库的需求供给就会发生变化。因此,每当新建一座仓库,公司对全部设施重新做需求供给分析的目的,是重新分配客户和划分配送区域范围,提高配送方案设计的准确性和合理性,保证整个配送网络系统的作业效率和服务水平,降低整个公司的运营成本。

五、单元测试题及参考答案

单元测试题

(一)判断题

1. 大多数制造业都采用集中生产后通路分销的模式,物流需要负责将货品从生产工厂输送到消费市场的终端,所依靠的实体系统即为运输系统。(　　)

2. 从物流中心的分工看,起配运核心作用的是前进物流中心。(　　)

3. 物流中心规划考虑的主要因素为配送时效和服务质量。(　　)

4. 物流网络选址是一个复杂的过程,既要考虑市场因素,又要考虑当地的交通条件、气候情况等。(　　)

5. 据资料显示,在配送中心的成本中土地成本占很大比重,占到总成本的50%～60%。(　　)

6. 在现代物流中,能否实现准时运送是配送中心服务水平高低的重要指标。(　　)

7. 配送中心的选址决策通常要经过多层次的筛选,是一个逐步缩小范围的过程。(　　)

8. 配送中心选址一般采用重心法,根据约束条件及目标函数来建立数学公式,从中选取费用最小的方案。(　　)

9. 在进行物流网络选址的数据分析时,分析的数据都是现有及过去的,不能真实反映未来的业务水平,所以,数据分析还要对未来的数据量进行预测。(　　)

10. 一般情况下,配送中心的选址会因选址范围和选址数量的不同而采取不同的数学计算模型,如单一配送中心向多客户配送及单一配送中心向单一客户配送选用鲍摩－瓦尔夫模型。(　　)

(二)单项选择题

1. 对于全国性(中国大陆区)的生产和分销企业,考虑到配送时效和经济性,一般区域物流中以(　　)个居多。
　　A. 2～4　　　　B. 3～6　　　　C. 5～9　　　　D. 7～10

2. 物流中心规划可用的模型主要为(　　)模型。
　　A. 重心法　　B. 区位规划　　C. 因果关系法　　D. 加权平均法

3. 一般在物流网络选址过程中考虑的因素不包括(　　)。
　　A. 土地成本　　B. 交通条件　　C. 自然条件　　D. 语言特点

4. 据有关资料显示,配送中心的出入库运输成本占总配送成本的(　　)。
　　A. 10%～30%　　B. 20%～40%　　C. 30%～50%　　D. 50%～60%

5. 在确定配送中心的所在位置时,除要求道路通畅之外,还要考虑当地的基础设施是否完备,这些基础设施不包括( )。

  A. 供水   B. 供电   C. 燃气   D. 车辆

6. 配送中心选址,一般采用( )。

  A. 成本法   B. 重心法

  C. 平均法   D. 鲍摩－瓦尔夫法

7. 下列关于配送中心的选址决策过程的描述,正确的是( )。

  A. 收集整理资料→定量分析→地址筛选→结果评价

  B. 收集整理资料→地址筛选→定量分析→结果评价

  C. 收集整理资料→定量分析→复查→结果评价

  D. 定量分析→收集整理资料→地址筛选→结果评价

8. 在收集相关费用时,由于运输费和配送费会随业务量和运送距离的变化而变动,所以必须对每一吨公里的费用进行分析,费用包括( )。

  A. 变动费用和固定费用   B. 人工费用和车辆费用

  C. 仓储费用和运输费用   D. 通信费用和固定费用

9. 在对物流网络备选位置筛选时,如果备选位置过多,则会( )。

  A. 给后续的定性分析工作带来巨大的工作量

  B. 给后续的定量分析工作带来巨大的工作量

  C. 偏离选取最优配送中心的理念

  D. 以上描述均不对

10. 定量分析是通过数学模型计算分析最优的配送位置,配送中心的选址会因为选址范围和选址数量不同,计算的数学模型也不同,如多配送中心向多个客户配送选用( )。

  A. 法约尔－瓦尔夫模型   B. 克里－法约尔模型

  C. 鲍摩－瓦尔夫模型   D. 重心法

(三)多项选择题

1. 下列属于物流网络选址需要考虑的因素的有( )。

  A. 土地成本   B. 交通条件   C. 自然条件   D. 人力成本

  E. 土地可得性

2. 在配送中心选址的数据收集整理中,业务量的收集包括( )。

  A. 工厂到配送中心之间的运输量

  B. 向顾客配送的货物数量

  C. 配送中心的保管数量

  D. 各配送路线上的业务量

E. 工厂至配送中心之间的运输费

3. 在配送中心选址的数据收集整理中,相关费用的收集包括(　　)。

　　A. 配送中心到顾客之间的配送费

　　B. 与设施、土地有关的费用

　　C. 物流中心运转过程中的人工费

　　D. 物流中心运转过程中的业务费

　　E. 工厂至配送中心之间的运输费

4. 重心法模型常用于(　　)。

　　A. 多配送中心向多个客户配送

　　B. 单一配送中心向多客户配送

　　C. 单一配送中心向单一客户配送

　　D. 多配送中心向单一客户配送

　　E. 以上方式都可以采用

(四)问答题

1. 如何对物流网络进行架构设计? 主要考虑的因素有哪些?

2. 重心法选址中依据距离和需求量计算两种方法有什么不同?

(五)论述题

物流中心选址不同方案需考虑的因素有哪些? 请列举出物流网络选址的一般步骤和注意事项。

【参考答案】

(一)判断题

1. ×,2. ×,3. ×,4. √,5. ×,6. √,7. √,8. ×,9. √,10. ×。

(二)单项选择题

1. C,2. B,3. D,4. D,5. D,6. A,7. B,8. A,9. B,10. C。

(三)多项选择题

1. ABCDE,2. ABCD,3. ABCDE,4. BC。

(四)问答题

1. 见书本"4.1 物流网络布局"和"4.2 物流网络选址因素"。

2. 见书本"4.3 物流网络选址流程"中"定量分析"部分。

(五)论述题

结合书本"4.3 物流网络选址流程"和"4.4 物流网络选址案例"部分作答。

单元五　车辆管理

一、学习目标

1. 掌握车辆需求数量的计算方法。
2. 掌握节约里程法的计算方法。
3. 掌握车辆选型分析方法。
4. 掌握车辆成本的计算方法。
5. 掌握车辆日常管理的内容。
6. 掌握车辆绩效考核的内容。

二、知识结构

知识结构如图 3-5 所示。

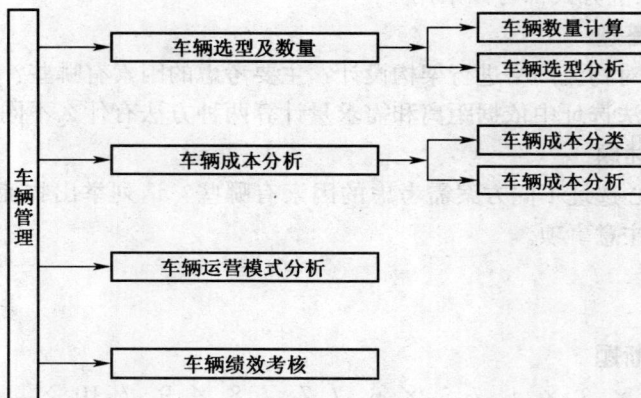

图 3-5　车辆管理知识结构

三、主要知识点解读

(一)车辆选型及数量

1. 车辆数量计算

(1)配送总量求解法

物流企业在选择车辆时,首先要明确选择车辆的类型及数量,通过对每天物流量的计算来计算出需要的车辆类型及数量。一般情况下,物流企业的物流量服从正态分布,通过统计学方法可大致估算出在一定服务水平条件下的车辆类型及数量。

此外,对于每天发车一次的运输公司来说,车辆数量比较好确定,但对于仓储配送型物流公司来说,由于每天要发车很多次,车辆运输能力除要满足总量的需求之外,还要满足每天的配送服务要求,所以,计算的方法要进行细化,可通过划分时段的方法来确定当天的物流量,用同样的方法算出满足一定服务标准下的车辆数量。

(2)节约里程法下的车辆数量计算

节约里程法下的车辆数量确定方法的基本思路是确定最佳的配送线路,根据配送线路的数量来确定配送车辆的数量,再根据每个配送线路经过的配送点的配送量,计算出需要的配送车辆的大小。

节约里程法解决配送路线规划问题的基本思想是假设 P 为配送中心,A 和 B 分别为配送点,它们相互之间的道路距离分别为 a、b、c。如果用两辆车分别从 P 向 A 和 B 配送,车辆行驶里程为 $2a+2b$。如果只派一辆车,从 P 向 A、B 巡回配送,则车辆行驶里程 $a+b+c$。两种配送方法的车辆行驶里程差为 $(2a+2b)-(a+b+c)=a+b-c$。如果 $a+b-c>0$,那么第二种配送方法下的车辆行驶里程优于第一种配送方法。如果向数十家、上百家用户配送时,可根据节约里程的大小顺序连接各配送点并规划出配送路线,这就是节约里程法的基本思路。

2. 车辆选型分析

选择车辆类型时,要将经济性、适用性原则作为选型的标准。

(1)经济性

指物流车辆价格比较便宜,时耗油量较低,车型符合国家相关政策,甚至能够获得相关补贴,或者节省其他类型费用,使物流企业在车辆固定成本或者变动成本上具有较好的优势。

(2)适用性

①符合自身物流特点(运输型物流企业和仓储配送型物流企业在车辆的选型上存在明显差别)。

②符合自身服务的行业特征(冷链行业物流与一般的物流车辆选择)。

③符合产品特征(如需要冷冻、隔离的物品与一般性货品)。

④符合相关政策(如有些道路、桥梁对车辆宽度、长度、载重的限制)。

在实际选型过程中,物流企业车辆选型原则是一种参考,实际操作则是一个综合考量的过程。企业在实际选择车辆过程中,评价标准不一样,包括考虑因素可能不仅仅包括价格、容积、耗油量等因素,可能还要包括其他一些因素,需要根据企业的实际需求来定。

(二)车辆成本分析

1. 车辆成本分类

(1)固定成本

固定成本是指无论车辆是行驶或不行驶,都要产生的费用,它一般包括车辆折旧、车辆保险费、车辆年检费、车辆路桥费、车辆司机工资几项。

①车辆折旧。指车辆从买入到转卖给他人(或报废)期间产生的自然损耗费。在会计算法中,固定资产折旧计算方法有直线折旧法、双倍余额递减折旧法等计算方法。

②车辆保险费。指到保险公司参加车辆安全与人身安全投保产生的费用。常用的车辆险种有车辆损失险、第三者责任险、乘座险、不计免赔险、交通强制险等。

③车辆年检费。指按照《道路交通安全法实施条例》有关规定,由指定车检所对所有机动车辆每年进行一次以安全为主的检查所产生的费用。

④车辆路桥费。指按政策规定向交通管理部门交纳的费和税,以车辆的载重吨位计算收取,包括养路费、路桥基金等。

⑤人工费用。人工费用包括送货司机和送货员的工资(由于工资是相对固定不变的,所以计入固定成本中)。

(2)变动成本

变动成本是指车辆在使用中支出的费用,包括燃油费、修理费等。

①燃油费。测算油费支出的指标一般有两个,分别是百公里油耗量(L/100km)和每公里油费(元/km)。

②修理费。指车辆部件损坏、更换而产生的修理费用,具体包括车辆定期保养费、修理费等。车辆定期保养费是依据厂商的保养要求来做的,是一项相对于其他变动成本而言的固定费用。而修理费用支出的多少主要取决于驾驶员车技的高低和对车辆的爱惜程度,如擦剐越少修理费越少。

③其他变动成本。主要指车辆在使用过程中产生的意外变动成本,如停车费、车辆罚款等费用。

按照物流车辆产生费用的种类,物流车辆成本可以分为设备成本、运转成本、维持成本和人工成本四项。

2. 车辆成本分析

车辆成本分析是指通过对车辆在固定期限内的总运营成本及总的载货量进行分析,来检验物流车辆的利用率是否达标的一种方法。车辆运营成本从成本类型上分为固定成本和变动成本,从成本产生原因上分为设备成本、运转成本、维持成本和人工成本。

假设将某车辆在某段时间内的载货量与车辆总成本的比用 R 表示,它反映单位成本下的载货量的大小;假设该标准 R 值为 R^* ,即当 $R < R^*$ 时,企业要提高车辆等待时间来提高装载量,或在装载量不变的条件下控制车辆

成本。

(三)车辆运营模式分析

当配送任务产生后,物流企业车辆是选择外包还是自购,影响车辆选择的因素很多,但关键的指标是成本和核心竞争力两个因素。

1. 成本因素分析

成本对车辆外包还是自购的影响表现在当自购车辆产生的物流成本比外包车辆产生的物流成本高时,就选择外包车辆;相反,则选择自购车辆。一般情况下,在企业发展初期,受到企业规模的影响,物流企业一方面要专注于自身的核心竞争力的建设,另一方面又要在最低的物流成本下提供较好的物流服务,这时可通过车辆外包的方式来解决运输和配送的车辆问题。当企业发展到一定规模之后,即达到规模经济水平,选择自购车辆来满足运输或者配送的需求。在车辆成本曲线上,表现为自购车辆成本曲线起点高,但斜率的增长水平较慢;而外包车辆的成本曲线起点为零,但斜率的增长水平很快。

2. 物流企业核心竞争力因素

不同类型的物流企业的核心竞争力不同,如仓储型物流公司以完善的仓储设施、提供最优的仓储服务为它的核心竞争力;运输型物流公司以完善的运输网络、提供最好的运输服务为它的核心竞争力。在企业规模不大的条件下,物流企业无法用自身力量提供更多的物流服务,在这种条件下,物流企业通过外包方式来为客户提供一体化的物流服务,弥补自身功能上的缺陷。

(四)车辆绩效考核

车辆绩效考核是车辆管理的重要内容,可分为固定绩效考核部分和变动绩效考核部分。其中,固定绩效考核部分一般占到总考核的 $60\% \sim 70\%$,考核内容每月固定不变;变动考核部分每月会根据上月的考核情况做出变化,主要体现在改善上。

1. 固定绩效考核

固定绩效考核部分是车辆绩效考核的重点,能反映该车辆当月整体运行情况。

(1)车辆事故考核

车辆事故考核是对车辆当月在一定的行驶里程中发生的事故次数,反映车辆的安全指标。

$$车辆事故频次 = \frac{当月事故次数}{当月车辆实际行驶里程}$$

(2)车辆违章考核

车辆违章考核是用来衡量驾驶员是否按照国家相关法律法规正确驾驶的标准,同时,相关法律法规对诸如违章停车、闯红灯等违章也作出了具体的金额处罚的规定。

$$当月违章频次=\frac{当月违章费用}{当月行驶里程}$$

（3）车辆维修考核

车辆维修考核是考核该车辆是否被正确的使用。因为车辆维修跟车辆的行驶记录、驾驶员操作、车辆日常维护有很大关系，对车辆维修考核可有效监督驾驶员正确操作车辆、爱护车辆的情况。

$$车辆维修费用率=\frac{当月维修费用}{当月行驶里程}\times100\%$$

（4）利用率考核

利用率考核是检验车辆当月是否被充分使用。通过该指标制定可为车辆的装载量提供指导意见。

$$车辆利用率=\frac{运输总费用}{运输总重量（体积）}\times100\%$$

（5）货损货差率考核

货损货差率考核是用来衡量该运输车辆当月是否有货损货差现象的发生。

$$货损货差率=\frac{货损货差金额}{运输总金额}\times100\%$$

（6）油耗指标考核

油耗指标考核可衡量当月该车辆是否有滥用情况，可有效控制车辆的使用效率。

$$油料考核=\frac{车辆实际油耗/车辆实际行驶里程}{车辆标准油耗/公里}\times100\%$$

2. 变动绩效考核

变动绩效考核是固定绩效考核的补充，固定绩效考核反映当月运行状态，而变动绩效考核反映考核的完成情况，更多的是体现改善的状况。企业可以根据实际情况确定具体考核内容。

3. 总绩效考核

总绩效考核是固定绩效考核和变动绩效考核的综合，是对车辆使用情况进行综合性总体评价，以检验车辆使用的经济性。

四、全真考试试题分析

(一)判断题

一般情况下，物流企业的物流量服从正态分布。（　　　）

试题分析：本题考核物流统计常识，答案为正确。如一般计算车辆数量或载重量需求时，都假设物流量服从正态分布，详见教材"5.1.1 车辆数量计算"。

(二)单项选择题

1. 节约里程法计算运输配送路线时，下列哪项因素不是必须给的（　　　）。

　　　A. 车辆类型　　　B. 节约距离　　　C. 配送距离　　　D. 各门店间距离。

　　试题分析：本题考核对节约里程算法的理解，答案为 B。在节约里程算法中，节约距离是中间计算结果，并不是一开始给出的，详见教材"5.1.1 车辆数量计算"中有关节约里程算法的内容。

　　2. 停车费、车辆罚款属于车辆营运成本中的（　　　）。

　　　A. 固定成本　　　B. 设备成本　　　C. 意外变动成本　　　D. 运转成本

　　试题分析：本题考核对车辆成本分类的理解，答案为 D。按照会计学分类方法，车辆运营成本车辆成本分固定成本和变动成本两大类，停车费、车辆罚款属于变动成本的范畴，由于具有意外属性，也成为意外变动成本，详见教材"5.2.1 车辆成本分类"中的内容。

　　3. 反映当月运行状态的车辆绩效考核为（　　　）。

　　　A. 变动绩效考核　　　　B. 固定绩效考核

　　　C. 总绩效考核　　　　　D. 货损货差率考核

　　试题分析：本题考核对车辆绩效考核的理解，答案为 B。固定绩效考核部分是车辆绩效考核的重点，能反映该车辆当月整体运行情况。物流企业在设计固定绩效考核指标时，变动绩效考核是固定绩效考核的补充，更多的是体现改善的状况。总绩效考核将上述车辆考核表汇总到一个表格中，得出车辆的考核总表；货损货差率考核是固定绩效考核的一个二级指标，详见教材"5.4 车辆绩效考核"中的内容。

　　4. 以下不属于车辆营运成本中的固定成本的是（　　　）。

　　　A. 燃油费　　　　B. 车辆保险费　　C. 人工费用　　　D. 车辆折旧

　　试题分析：本题考核对车辆成本分类的理解，答案为 A。按照会计学分类方法，车辆成本分固定成本和变动成本两大类，燃油费属于变动成本的范畴，其他选项均为固定成本，详见教材"5.2.1 车辆成本分类"中的内容。

五、单元测试题及参考答案

单元测试题

(一)判断题

1. 物流企业在选择车辆时，首先要明确选择车辆的类型及吨位。（　　　）

2. 一般情况下，物流企业的物流量服从正函数变化，通过统计学方法可以大致估算出在一定服务水平条件下的车辆类型及数量。（　　　）

3. 对于每天发车一次的运输公司来说，车辆数量较好确定，但对于仓储配送型物流公司来说，由于每天要发车很多次，可以通过划分时段的方法来确定当天的物流量。（　　　）

4. 节约里程法下的车辆数量确定方法的基本思路是在确定最佳的配送线路下,根据配送线路的数量来确定配送车辆的类型,再根据每个配送线路经过的配送点的配送量,计算出需要的配送车辆的数量。(　　)

5. 选择车辆类型时,要将经济性、适用性原则作为选型的标准。(　　)

6. 车辆经济性指物流车辆价格、耗油量较低,车型符合国家相关政策,甚至能够获得相关补贴,或者节省其他类型费用,使物流企业在车辆固定成本或者变动成本上具有较好的优势。(　　)

7. 按照物流对成本分类方法,物流车辆运营成本可分为固定成本和变动成本两项。(　　)

8. 固定成本是指不管车辆是在行驶或未行驶时,都要产生的费用。在物流算法中,固定资产折旧计算方法有直线折旧法、双倍余额递减折旧法等计算方法。(　　)

9. 车辆成本分析是指通过对车辆在固定期限内的总运营成本及总行驶里程进行分析,来检验物流车辆的利用率是否达标的一种方法。(　　)

10. 假设某一物流车辆某月的总成本为 C,相同车辆的外包费用为 $C*$/月,则当 $C>C*$ 时,车辆外包成本偏低,选择车辆外包模式;当 $C<C*$ 时,自购车辆成本偏低,选择车辆自购模式。(　　)

11. 一般情况下,在企业发展初期,受企业规模的影响,可选择自购车辆来满足运输或者配送的需求,当企业发展到一定规模之后,可通过车辆外包的方式来解决运输和配送的车辆问题。(　　)

12. 仓储型物流企业是以完善的仓储设施、提供最优的仓储服务为它的核心竞争力,运输型物流企业是以完善的运输网络、提供最好的运输服务为它的核心竞争力。(　　)

13. 在车辆成本曲线上,自购车辆成本曲线起点为零,但斜率的增长水平较快;而外包车辆的成本曲线起点高,但斜率的增长水平很慢。(　　)

14. 车辆绩效考核可分为固定绩效考核部分和变动绩效考核部分,其中固定绩效考核部分一般占到总考核的一半以上。(　　)

15. 在车辆固定绩效考核中,考核内容每月都是固定不变的,而变动考核部分每月会根据当月车辆使用成本做出变化。(　　)

16. 车辆事故考核是对车辆当月在一定的载重行驶中发生的事故次数,反映的是车辆使用的安全指标。(　　)

17. 车辆违章考核是用来衡量驾驶员是否按照国家相关法律法规正确驾驶的标准,与费用无关,不是一项经济指标。(　　)

18. 利用率考核是检验车辆当月是否被充分使用,是否车辆的满载率较

低,通过该指标制定可为车辆的装载量提供指导意见。（　　　）

19. 油耗指标的制定可以衡量当月该车辆是否有空驶情况的发生,可有效控制车辆的空驶率,提高满载行驶率。（　　　）

20. 车辆变动绩效考核是固定绩效考核的补充,不仅反映当月的运行状态,而且反映考核的完成情况,比固定考核更加有利于企业考核员工、提高效益。（　　　）

(二)单项选择题

1. 物流企业在选择车辆时,通过对（　　　）物流量的计算来计算出需要的车辆类型及数量。

    A. 每天　　　　　B. 每月　　　　　C. 每季　　　　　D. 每物流单元

2. 节约里程法下的车辆数量确定方法的基本思路是确定最佳的（　　　）。

    A. 物流量　　　B. 配送线路　　C. 往返次数　　D. 运输吨位

3. 物流企业在车辆选型过程中可以通过对选车因素的权重赋值,通过（　　　）综合打分来确定选车的类型。

    A. 加权分析法　B. 加权平均法　C. 因果分析法　D. 权值平均法

4. 车辆固定成本是指车辆在（　　　）产生的费用。

    A. 行驶中　　　B. 停驶中　　　C. A 和 B　　　D. 以上都不对

5. 物流运营的固定成本不包括（　　　）。

    A. 车辆折旧费　　B. 车辆保险费　　C. 车辆路桥费　D. 燃油消耗费

6. 物流运营的变动成本不包括（　　　）。

    A. 停车费　　　B. 修理费　　　C. 过路费　　　D. 定期保养费

7. 下列说法不正确的是（　　　）。

    A. 由于工资是固定不变的,所以人工费用计入固定成本中

    B. 变动成本是指车辆在载重行驶中支出的费用

    C. 修理费支出的多少主要取决于驾驶员车技的高低和对车辆的爱惜程度

    D. 修理费是指车辆部件发生损坏、更换而产生的修理费用

8. 车辆成本分析是指通过对车辆在固定期限内的（　　　）进行分析,来检验物流车辆的利用率是否达标的一种方法。

    A. 总运营成本及总的载货量　　B. 总行驶里程及总的载货量

    C. 总运营成本及总行驶里程　　D. 总运输成本及总的载货量

9. 车辆绩效考核可分为固定绩效考核部分和变动绩效考核部分,其中固定绩效考核部分一般占到总考核的（　　　）。

    A. 30%～40%　　B. 40%～50%　　C. 50%～60%　　D. 60%～70%

10. 下列关于车辆绩效考核指标的描述不正确的是( )。

    A. 车辆绩效考核是物流管理的重要内容

    B. 车辆事故考核反映的是车辆安全性指标

    C. 车辆维修考核是考核该车辆是否被正确的利用

    D. 消耗油耗指标考核的是当月该车辆是否有滥用情况的发生

(三)多项选择题

1. 选择车辆类型时,要将( )原则作为选型的标准。

    A. 便利性   B. 经济性   C. 适用性   D. 安全性

    E. 稳定性

2. 关于车辆适用性的描述正确的是( )。

    A. 符合自身物流特点   B. 符合自身服务的行业特征

    C. 符合产品特征   D. 符合相关政策

    E. 符合驾驶员自身特点

3. 按照会计对成本分类方法,物流车辆运营成本可分为( )。

    A. 固定成本   B. 燃油成本   C. 修车成本   D. 人工成本

    E. 变动成本

4. 固定成本是指不管车辆是在行驶或者不在行驶中都要产生费用,它一般包括( )。

    A. 车辆折旧费 B. 车辆保险费 C. 车辆年检费 D. 车辆路桥费

    E. 司机工资

5. 变动成本是指车辆在使用中支出的费用,一般包括( )。

    A. 燃油费   B. 修理费   C. 保养费   D. 罚款

    E. 过桥费

6. 测算油费支出的指标一般包括( )。

    A. 百公里油耗   B. 每公里油费   C. 吨公里油费

    D. 百公升里程   E. 每公升里程

7. 按照物流车辆产生费用的种类,物流车辆成本可以分为( )。

    A. 设备成本   B. 运转成本   C. 维持成本

    D. 保养成本   E. 人工成本

8. 物流企业车辆选择外包还是自购的主要参考因素是( )。

    A. 企业决策者偏好   B. 客户对物流服务要求

    C. 成本因素   D. 核心竞争力因素

    E. 运输工具

9. 车辆绩效考核是车辆管理的重要内容,车辆绩效考核可以分为( )。

A. 固定绩效考核　　　　　　B. 递增绩效考核

C. 变动绩效考核　　　　　　D. 递减绩效考核

E. 曲变绩效考核

10. 固定绩效考核部分是车辆绩效考核的重点,包括(　　)。

A. 车辆违章考核　　　　　　B. 车辆维修考核

C. 利用率考核　　　　　　　D. 货损货差率考核

E. 消耗油耗考核

(四)问答题

1. 车辆的固定成本和变动成本有哪些?

2. 物流企业选择外包物流车辆的主要原因有哪些?

3. 车辆绩效考核指标有哪些?

(五)论述题

配送总量求解和节约里程法求解两种计算方法有哪些不同? 试举一例。

【参考答案】

(一)判断题

1. ×,2. ×,3. √,4. ×,5. √,6. √,7. ×,8. ×,9. ×,10. √,11. ×,12. √,13. ×,14. √,15. ×,16. ×,17. ×,18. √,19. ×,20. ×。

(二)单项选择题

1. A,2. B,3. A,4. C,5. D,6. C,7. B,8. A,9. D,10. A。

(三)多项选择题

1. BC,2. ABCD,3. AE,4. ABCDE,5. ABCD,6. AB,7. ABCE,8. CD,9. AC,10. ABCDE。

(四)问答题

1. 见书本"5.2.1 车辆成本分类"。

2. 见书本"5.3 车辆运营模式分析"。

3. 见书本"5.4 车辆绩效考核"。

(五)论述题

结合书本"5.1.1 车辆数量计算"部分作答。

单元六　物流服务管理

一、学习目标

1. 掌握物流服务的概念。
2. 掌握物流服务质量管理流程。
3. 掌握 PDCA 方法进行物流服务质量管理。
4. 了解物流客户信息管理的作用和意义。
5. 掌握客户投诉的处理流程。

二、知识结构

知识结构如图 3-6 所示。

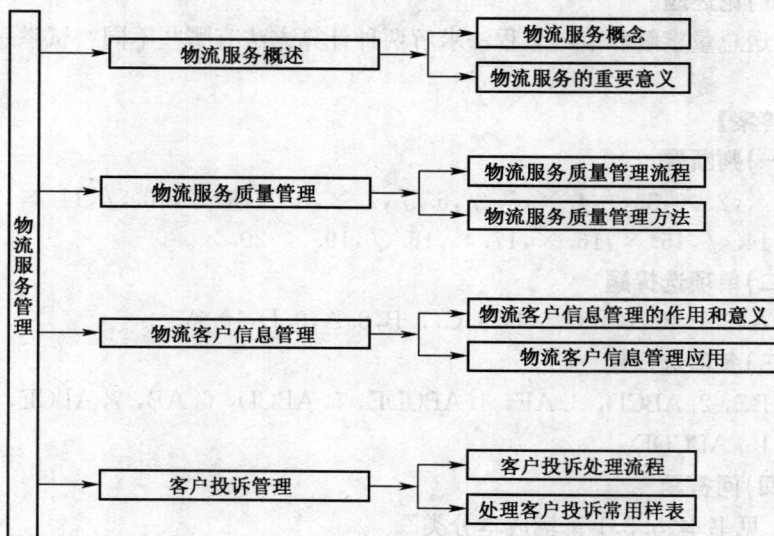

```
                        ┌──────────────┐   ┌─ 物流服务概念
                    ┌──→│  物流服务概述  │──┤
                    │   └──────────────┘   └─ 物流服务的重要意义
                    │
  物  ┌──┐          │   ┌──────────────┐   ┌─ 物流服务质量管理流程
  流  │  │          ├──→│ 物流服务质量管理 │──┤
  服  │  │──────────┤   └──────────────┘   └─ 物流服务质量管理方法
  务  │  │          │
  管  │  │          │   ┌──────────────┐   ┌─ 物流客户信息管理的作用和意义
  理  └──┘          ├──→│ 物流客户信息管理 │──┤
                    │   └──────────────┘   └─ 物流客户信息管理应用
                    │
                    │   ┌──────────────┐   ┌─ 客户投诉处理流程
                    └──→│  客户投诉管理  │──┤
                        └──────────────┘   └─ 处理客户投诉常用样表
```

图 3-6　物流服务管理知识结构

三、主要知识点解读

(一)物流服务概述

1. 物流服务概念

物流服务是指为满足客户需求所实施的一系列物流活动产生的结果,包括以下两个要素:一是按照客户要求进行的物流活动;二是做到客户满意。

2. 物流服务的重要意义

(1)物流服务已成为企业差别化战略的重要内容

在市场竞争加剧及价格日趋透明化的今天,企业之间单纯的价格竞争已无法实现差异化的经营方式,高质量的物流服务可在交货及时性、配送准确率等方面提高企业竞争力,实现物流服务差异化。

(2)物流服务能有效降低企业经营成本

物流对于大多数企业而言不属于核心业务,所以很难进行专业化的改善,但第三方物流服务通过专业化和规模化运作在不影响物流服务质量的条件下来降低企业经营成本。

(3)物流服务日益深刻影响企业经营绩效

在产品日趋同化的今天,企业之间的竞争更多表现为服务质量的竞争,物流服务作为企业服务内容的重要部分,已经受到越来越多企业的重视。

(4)物流服务是有效联接供应链经营系统的重要手段

物流服务能确保物品在从供给者向需求者流通的同时,将商品信息有效传递给供应商,使企业及时了解市场动态。

(二)物流服务质量管理

1. 物流服务质量管理流程

物流服务质量管理是指通过对物流服务质量进行管控,最终达到提升物流服务质量的一系列活动的总和。一般情况下,物流服务质量管理流程包括以下几个方面:

(1)物流服务信息收集

①确定客户对现有物流服务水平的评价。在确定客户对现有物流服务水平评价时,尽可能真实了解客户对物流服务水平的理解。

②确定哪方面物流服务是客户最为关心的。物流服务的内容会因为行业不同而不同,确定哪些服务内容是客户最为关心的,可帮助企业正确改善物流服务。

③确定客户还需要哪些额外物流服务。一般在调查客户对物流服务的看法时,要追问一下客户是否还需要其他的物流服务。

④确定客户对竞争对手的评价。为提高物流服务水平,在同竞争对手的竞争中占得先机,在调查时可以了解客户对竞争对手服务水平的态度。

(2)物流服务现状分析

①自我服务水平分析。根据调查来的数据,对企业的物流服务水平进行分析,确定客户满意的服务项目。

②竞争对手物流服务水平分析。对竞争对手进行分析以查找自身存在的优势和劣势。

(3)物流服务内容制定

①物流服务的标准要明确。物流服务要表述清楚,具有量化指标,能够进行定量控制和评估。因为明确的目标不仅可为员工工作提供指导方向,激发员

工的责任心,也可帮助企业正确评估自身服务水平,为改善工作提供指导方向。

②物流服务对象要分类。由于客户对高质量物流服务的追求,会导致客户对物流服务永远处于不满足状态,这时候物流企业要根据客户情况进行分类,按照 ABC 分类方法为不同的客户提供有差别的物流服务。

③物流服务内容差异化、经济化。物流服务内容的制定要在客户实际调查结果、竞争对手评价分析的基础上,结合自身经济实力,在重点突出自身优势、弥补自身劣势的同时,兼顾内容的经济可行性。

(4)物流服务机制建立

物流服务机制的建立能够确保每个员工在工作过程中要以服务客户为宗旨,培养员工良好的企业文化修养和客户服务意识。

(5)物流服务综合评价

根据建立起来的物流服务机制,通过有效途径,定期对服务机制的实施情况进行检查评比,以促进企业服务质量的不断提高。

2. 物流服务质量管理方法

(1)PDCA 方法

PDCA 质量管理法是由美国质量管理专家戴明博士将其运用到质量管理中,总结出了"策划、实施、检查、处置"四个阶段,成为 PDCA 循环。

1)PDCA 实施步骤。

①分析现状,找出问题。

②找出问题发生的原因。

③找出问题发生的最主要原因。

④制定措施计划。

⑤按计划实施。

⑥调查结果。

⑦总结经验,巩固成绩,将工作结果标准化。

⑧提出遗留问题并处理。

2)PDCA 的特点。

①大环套小环。对企业来说,整个企业构成一个大的 PDCA 循环,而企业内的各个部门或者各个分支机构又有各自的 PDCA 循环,依次又有更小的 PDCA 循环,从而形成一个大环套小环的综合管理体系。

②螺旋上升。PDCA 四个阶段周而复始地循环,每循环一次,质量水平就提高一次,因此有人将其形象地称为"走楼梯"。

③属于综合性循环。PDCA 循环的四个阶段是相对的,各个阶段之间是紧

密衔接成一体而非截然分开。

④"处置"阶段是关键。PDCA 循环的"处置"阶段十分关键,具有承上启下的作用。只有很好地进行了 A 阶段的工作,才能切实把 PDCA 循环转完一圈,把成功的经验和失败的教训纳入标准中去,防止同类问题的再发生。

(2)6 西格玛质量管理方法

1)6 西格玛质量管理核心思想。6 西格玛质量管理就是以 6σ 值为目标,在增强顾客满意度、使经营资源的消费控制到最小限度下,使用统计手段,改善日常的作业流程,提升企业经营效益的有效管理方法。

2)6 西格玛质量管理主要阶段。

①D(定义)阶段。主要是找到问题的所在,确定改善的目标(找出改善的是主观原因)。

②M(测量)阶段。关键点是将客户反映的问题进行量化。

③A(分析)阶段。将客户反映的问题进行分解,找出主观原因,并将原因进行量化排序,找出主要原因和次要原因。

④I(改善)阶段。设定改善目标值并根据分析结果组织相关人员实施改善方案。

⑤C(控制)阶段。对改善方案进行监控,确保 6 西格玛质量管理的成果具有可持续性。

3)分析工具图例。在 6 西格玛分析工具中,有些是数据分析工具,如直方图、趋势图等。这些分析工具可以通过 Excel 操作来实现,关键点是保证分析数据的准确性;而有些是原因分析,如因果矩阵图、鱼刺图等,这些分析工具可以通过 Office 系列工具的操作来实现,关键点是对流程的把握要准确,原因分析要全面。

(三)物流客户信息管理

物流客户信息管理对于企业的市场营销活动至关重要,可以通过大规模、全方位收集分析客户信息,为企业市场营销提供越来越丰富的数据资源。

1. 物流客户信息管理的作用和意义

(1)有效整合客户的关键信息

记录客户的详细信息及以往与客户的联络情况,包括客户档案管理、联络记录管理等。这些信息的记录都是为了在对客户进行进一步联络时更加具有针对性,使专门与客户打交道的部门能够随时得到与客户相关的资料。

(2)为客户提供个性化服务,增加客户对企业的忠诚度

物流企业能够将服务业务扩展到互联网上,使客户能够通过 Internet 选址并购买具有个性化配置的产品和服务,在系统功能的协助下,真正实现定制的

个性化服务。

（3）提高售前工作的效率和质量

根据客户需求设计和分发宣传品，对有购买意向的客户进行持续跟踪、分配和管理，可帮助企业实施针对性强、效率高的市场营销活动，从而争取和保留更多的目标客户。

（4）企业对市场条件的变化做出及时反应

根据客户服务及产品销售的有关数据，分析客户需求趋势和能力，对竞争对手档案管理信息加以采集，可以用来帮助营销人员在制定营销战略时扬长避短，从而最终在竞争中获胜。

2. 物流客户信息管理应用

（1）收集、整合客户信息，建立一对一的个性化档案

企业要将客户分散、众多的数据信息集成，组建一个能够反映企业客户群特征和要求的完整的背景资料，以便给企业提供客户的总体、统一、具体的客户分析。

（2）找出企业的真正客户，挖掘利用客户潜在价值

按照 80/20 法则，那些经常性、重复购买企业的产品和服务，并且对这些产品和服务有着深刻理解和认识其价值的 20% 客户才是企业的重要客户。企业要通过分析客户的行为、要求、购买倾向、购买能力，充分发挥客户的潜在价值。

（3）为客户提供互动、个性化服务

企业建立与客户的互动，能够有效提高企业经营效率，让客户增强对企业的信任。

（四）客户投诉管理

1. 客户投诉处理流程

（1）倾听客户投诉

物流企业在接到客户投诉时要耐心倾听客户投诉的内容，做好投诉记录，待客户叙述完毕后，复述客户投诉的内容。

（2）向客户致歉

在倾听完客户投诉之后，不管是不是因为物流的原因，都要向客户表示歉意，并及时告知正确解决问题的途径。

（3）提供解决方案

一是要明确公司是否有此类处理投诉的办法和规定，如有此类规定，应依照公司规定为客户提供解决方案；二是要掌握客户投诉问题的重点，分析投诉事件的严重性，并对需要解决的经济损失问题做简要记录；三是要明确自身的职责范围，不能做出超出自身解决范围之外的方案。

（4）执行解决方案

双方就解决方案达成一致意见后，要立即执行，对于能够当时解决的当场解决。当时不能立即解决的，要询问并记录客户的姓名等重要信息，在调查清楚客户投诉的内容之后立即给予答复。

（5）投诉处理总结

主要包括两个方面内容：一是客户投诉的记录，要确保翔实准确；二是与相关责任人沟通，确保今后类似事故不再发生。

2．处理客户投诉常用样表

处理客户投诉常用样表主要包括客户投诉登记表、客户投诉调查表、客户投诉处理表、客户投诉月度分析统计表等。

四、全真考试试题分析

（一）判断题

1．客户服务包括两个要素：按照客户要求进行的物流活动和客户满意。（　　）

试题分析：本题考核对客户服务的理解，答案为正确，详见教材"6.1.1 物流服务概述"中的内容。

2．物流企业各项指标都比较好，则客户就会对公司的服务满意。（　　）

试题分析：本题考核对客户服务分类的原因理解，答案为错误。即使物流企业各项指标都比较好，但由于客户对高质量物流服务的追求，会导致客户对物流服务永远处于不满足状态，这时，物流企业要根据客户情况进行分类，按照ABC分类方法为不同的客户提供有差别的物流服务，给予重要客户高水平的服务，详见教材"6.1.1 物流服务概述"中的相关内容。

3．PDCA作为一种质量管理方法同样可以应用在物流服务质量管理中。（　　）

试题分析：本题考核对PDCA概念的理解，答案为正确。教材中系统介绍了PDCA质量管理方法，说明其在物流质量管理中存在广泛应用，详见教材"6.2.2 物流服务质量管理方法"中的相关内容。

4．物流客户信息管理可以帮助企业实施针对性强、效率高的市场营销活动。（　　）

试题分析：本题考核对物流客户信息管理作用与意义的理解，答案为正确，是教材原话，详见教材"6.3.1 物流客户信息管理的作用与意义"中的相关内容。

（二）单项选择题

1．以下内容不属于PDCA法中策划阶段步骤的是（　　）。

　　A. 分析现状,找出问题　　　　　B. 找出问题发生的原因
　　C. 找出问题发生的最主要原因　　D. 提出遗留问题并处理

试题分析:本题考核对 PDCA 策划阶段实施步骤的理解,答案为 D。策划阶段并不涉及提出遗留问题并处理,而在处置阶段涉及,详见教材"6.2.2 物流服务质量管理方法"中的相关内容。

　　2. 以下不属于 6 西格码分析工具图例的是(　　)。
　　　　A. 直方图　　　B. 曲线图　　　C. 短阵图　　　D. 鱼刺图

试题分析:本题考核对西格码分析工具图例的理解,答案为 B。6 西格码分析工具图例是直方图、散点图、趋势图、柱状图、矩阵图和鱼刺图,详见教材"6.2.2 物流服务质量管理方法"中的相关内容。

　　3. PDCA 质量管理法中的"D"是指(　　)。
　　　　A. 实施　　　B. 策划　　　C. 检查　　　D. 处置

试题分析:本题考核对 PDCA 循环的理解,答案为 A。策划的英文头一个字母为 P,检查的英文字母头一个为 C,处置的英文头一个字母为 A,详见教材"6.2.2 物流服务质量管理方法"中的相关内容。

五、单元测试题及参考答案

单元测试题

(一)判断题

1. 在物流服务中,按照客户要求进行的物流活动主要是指单纯的配送管理活动。(　　)

2. 对于第三方物流企业来说,客户满意既包括自身客户也包括客户的客户。(　　)

3. 在企业差别化战略方面,高质量的物流服务可在交货及时性、配送准确率等方面提高企业竞争力,实现物流服务差异化。(　　)

4. 物流服务能够推动物品从供给者向需求者之间的流通,在流通过程中伴随着商品信息的传递,通过信息的传递让企业及时了解市场动态。(　　)

5. 物流服务质量管理是指通过对物流服务质量进行有效管控,以达到提升物流服务质量的一系列活动。(　　)

6. 建立物流服务工作标准的首要任务是确定客户对物流服务的需求,确定客户最需要的物流服务是什么。(　　)

7. 物流服务的内容会因行业不同而不同,除传统的物流时效、服务态度等常规内容之外,确定哪些服务内容是客户最为关心的,可帮助企业正确地改善物流服务。(　　)

8. 明确的物流服务标准可以为员工工作提供指导方向,激发员工的责任心,帮助企业正确评估自身服务水平,为改善工作提供指导方向。(　　)

9. PDCA 质量管理法由美国质量管理专家戴明博士将其运用到质量管理中,总结出了"策划、实施、监督、检查"四个阶段,成为 PDCA 循环,也叫戴明环。(　　)

10. PDCA 循环的四个阶段是相对独立的,当一个阶段结束之后,下一个阶段才能在前一个阶段的基础上执行。(　　)

11. PDCA 循环的运转中"C"阶段十分关键,具有承上启下的作用。只有很好地进行了 C 阶段的工作,才能切实地把 PDCA 循环转完一圈,把成功的经验和失败的教训纳入标准中去,防止同类问题的再发生,不断提高质量管理水平。(　　)

12. 6 西格玛质量管理的核心思想就是在增强销售量的情况下,使顾客满意度达到最高,并使用统计手段,改善日常的作业流程。(　　)

13. 6 西格玛质量管理总共分为 6 个阶段,即:D(定义)、P(计划)、M(测量)、A(分析)、I(改善)、C(控制),每个阶段工作的任务各不相同。(　　)

14. 6 西格玛质量管理的定义阶段主要是找到问题的所在,确定改善的目标。在确定改善目标时,要注意改善目标在公司改善的控制范围内,即改善的是客观原因,而非主观原因造成的问题。(　　)

15. 6 西格玛质量管理的分析方法是质量分析和数据分析两种分析方法的综合,通过收集的数据对每一个环节进行逐一诊断,直至找出问题环节。(　　)

16. 6 西格玛质量管理的改善阶段主要是将改善成果进行标准化,并运用相关工具对实施成果进行监控,确定对影响服务质量的关键因素进行改善。(　　)

17. 在 6 西格玛分析工具中,有些是数据分析工具,如直方图、趋势图、矩阵图、鱼刺图等,这些分析工具可以通过 Excel 操作来实现,关键点是保证分析数据的准确性。(　　)

18. 物流企业在接到客户投诉时,首先要耐心倾听客户投诉的内容,并做好投诉记录,待客户叙述完毕后,复述客户投诉的内容。(　　)

19. 在倾听完客户投诉之后,不管是不是因为物流的原因,都要向客户表示歉意,并及时告知正确的解决问题的途径。(　　)

20. 在提供解决方案阶段,双方就解决方案达成一致意见后,要立即执行,对于能够当时解决的,当场解决。(　　)

(二)单项选择题

1. 在对物流服务对象进行分类时,常用的分类方法是(　　)。

　　　A. ABC 分类方法　　　B. 因果分类方法

　　　C. 类比分类方法　　　D. 数据流交换法

2. 下列关于物流服务机制的描述不正确的是(　　　)。

　　　A. 物流服务内容及标准是物流服务机制建立的基础

　　　B. 物流服务机制需要每个员工在工作过程中加以落实

　　　C. 物流服务机制能够培养员工良好的客户服务意识

　　　D. 物流服务机制是针对企业领导而建立的

3. PDCA 质量管理法是由美国质量管理专家(　　　)博士将其运用到质量管理中的。

　　　A. 法约尔　　　B. 戴明　　　C. 泰勒　　　D. 波特

4. PDCA 每完成一个循环,需要(　　　)个步骤。

　　　A. 4　　　B. 6　　　C. 8　　　D. 10

5. 在管理上,螺旋上升的 PDCA 又被人形象地称为(　　　)。

　　　A. 蜗牛壳　　　B. 走楼梯　　　C. 乘电梯　　　D. 正旋螺纹

6. 下列关于 PDCA 循环四个阶段的描述不正确的是(　　　)。

　　　A. PDCA 循环四个阶段是相对的

　　　B. 各个阶段是紧密衔接成一体的

　　　C. 各个阶段之间是截然分开的

　　　D. 有时存在边总结边改进的交叉进行情况

7. 在 PDCA 循环的运转中,(　　　)阶段十分关键,具有承上启下的作用。

　　　A. P　　　B. D　　　C. C　　　D. A

8. 6 西格玛质量管理的每个阶段工作的任务各不相同,在定义阶段主要是找到(　　　)的所在。

　　　A. 问题　　　B. 数据分析　　　C. 方法　　　D. 数据测量

9. 下列关于 6 西格玛质量管理在每个阶段工作意义的描述正确的是(　　　)。

　　　A. 定义阶段对指标进行量化,对工作改善的目标和成果清晰化

　　　B. 测量阶段明确 6 西格玛质量管理改善的方向和目标

　　　C. 分析阶段确定对影响服务质量的关键因素进行改善

　　　D. 改善阶段使 6 西格玛质量管理具有可持续性

10. 在 6 西格玛分析工具中,属于数据分析工具的是(　　　)。

　　　A. 直方图　　　B. 矩阵图　　　C. 鱼刺图　　　D. 树枝图

(三)多项选择题

1. 下列关于物流服务意义的描述正确的是(　　　)。

A. 物流服务已成为企业差别化战略的重要内容

B. 物流服务能够有效降低企业经营成本

C. 物流服务日益深刻地影响企业经营绩效

D. 物流服务能够有效确保物料供应充足

E. 物流服务是有效联接供应链经营系统的重要手段

2. 物流服务质量管理共分(　　　)阶段。

A. 物流服务信息收集　　　　　　B. 物流服务现状分析

C. 物流服务内容制定　　　　　　D. 物流服务机制建立

E. 物流服务综合评价

3. 在开展物流信息收集时,可主要从(　　　)方面展开。

A. 确定客户对现有物流服务水平的评价

B. 确定客户还需要哪些额外物流服务

C. 确定哪方面物流服务是客户最为关心的

D. 确定客户对竞争对手的评价

E. 确定竞争对手的竞争策略

4. 第三方物流企业在制定物流服务内容时,要注意的方面有(　　　)。

A. 物流服务的标准要明确　　　　B. 物流服务内容经济化

C. 物流服务内容信息化　　　　　D. 物流服务对象要分类

E. 物流服务内容差异化

5. 物流服务标准须明确的主要原因是(　　　)。

A. 可以为员工工作提供指导方向

B. 可以激发员工的责任心

C. 可以帮助企业正确评估自身服务水平

D. 可以为改善工作提供指导方向

E. 可以为企业开辟国外市场提供技术支持

6. 在运用 ABC 法对物流服务对象分类时,下列表述正确的是(　　　)。

A. A 为最重要客户群或为企业带来最多收益的客户群

B. B 为较重要客户群或为企业带来较多收益的客户群

C. C 为不重要客户群或为企业带来很少收益的客户群

D. B 为不重要客户群或为企业带来很少收益的客户群

E. A 为较重要客户群或为企业带来较多收益的客户群

7. 下列关于 PDCA 循环的描述正确的是(　　　)。

A. P 代表"策划"　　　　　　　　B. D 代表"实施"

C. C 代表"检查"　　　　　　　　D. A 代表"处置"

E. 也叫"戴明环"

8. 下列属于策划阶段包含的步骤的是（ ）。

    A. 分析现状，找出问题   B. 找出问题发生的原因

    C. 按计划实施   D. 指定措施计划

    E. 找出问题发生的最主要原因

9. 下列关于 PDCA 特点的描述正确的是（ ）。

    A. 大环套小环   B. 有螺旋上升方式

    C. 也叫"走楼梯"   D. 是综合性循环

    E. "处置"阶段是关键

10. 下列关于 6 西格玛质量管理核心思想的描述正确的是（ ）。

    A. 能够增强顾客满意度   B. 能够使经营资源消费最小

    C. 以 6σ 值为目标   D. 能够改善日常的作业流程

    E. 能够提升企业经营效益

11. 6 西格玛质量管理共分为（ ）个阶段。

    A. D（定义）   B. M（测量）   C. A（分析）   D. I（改善）

    E. C（控制）

12. 下列关于 6 西格玛质量管理在每个阶段工作的任务的描述正确的是
（ ）。

    A. 在定义阶段主要是找到问题的所在

    B. 测量阶段的关键点是将客户反映的问题进行量化

    C. 控制阶段是对改善方案进行监控

    D. 分析阶段主要是将客户反映的问题进行分解

    E. 改善阶段则是设定改善目标值并根据分析结果组织相关人员实施
       改善方案

13. 下列关于 6 西格玛质量管理在每个阶段工作意义的描述正确的是
（ ）。

    A. 定义阶段主要是明确 6 西格玛质量管理改善的方向和目标

    B. 测量阶段主要是对指标进行量化

    C. 分析阶段主要是确定对影响服务质量的关键因素进行改善

    D. 改善阶段主要是将分析成果进行实施

    E. 控制阶段主要是使 6 西格玛质量管理具有可持续性

14. 下列属于 6 西格玛分析工具的是（ ）。

    A. 直方图   B. 趋势图   C. 矩阵图   D. 鱼刺图

    E. 树枝图

15. 下列关于使用 6 西格玛分析工具的描述正确的是（　　）。

    A. 直方图属于数据分析工具

    B. 趋势图属于数据分析工具

    C. 直方图属于原因分析工具

    D. 趋势图属于原因分析工具

    E. 鱼刺图属于原因分析工具

16. 下列关于使用 6 西格玛分析工具的描述正确的是（　　）。

    A. 直方图可以通过 Excel 操作来实现

    B. 趋势图可以通过 Excel 操作来实现

    C. 趋势图可以通过 Office 系列工具的操作来实现

    D. 矩阵图可以通过 Office 系列工具的操作来实现

    E. 鱼刺图可以通过 Office 系列工具的操作来实现

17. 物流客户信息管理意义有（　　）。

    A. 能够有效整合客户的关键信息

    B. 能够为客户提供个性化服务

    C. 能够增加客户对企业的忠诚度

    D. 能够提高售前工作的效率和质量

    E. 能够帮助企业对市场条件的变化做出及时反应

18. 下列属于需要详细记录的客户信息的是（　　）。

    A. 客户名称　　　B. 所属行业　　　C. 公司收入

    D. 通讯地址　　　E. 联系电话

19. 客户投诉处理流程的基本内容包括（　　）。

    A. 倾听客户投诉　　　　　　　B. 向客户致歉

    C. 提供解决方案　　　　　　　D. 执行解决方案

    E. 投诉处理总结

20. 投诉处理总结工作一般包括（　　）。

    A. 解答客户的投诉　　　　　　B. 做好客户投诉记录

    C. 与相关责任人沟通　　　　　D. 进行及时的赔偿

    E. 对客户进行反向调查

(四)问答题

1. 物流企业加强物流服务的意义是什么？

2. 如何进行竞争对手服务水平评价？

3. 如何进行物流服务现状分析？

4. 物流质量管理的流程是什么？

5. 为什么说 PDCA 循环具有大环套小环的特点？

(五)论述题

1. 如何运用帕累托图进行物流服务质量管理？

2. 客户投诉处理的流程如何？试列出处理客户投诉时常用的记录表格。

【参考答案】

(一)判断题

1. ×,2. √,3. √,4. √,5. ×,6. ×,7. √,8. √,9. ×,10. ×,11. ×,12. ×,
13. ×,14. ×,15. ×,16. ×,17. ×,18. √,19. √,20. ×。

(二)单项选择题

1. A,2. D,3. B,4. C,5. B,6. C,7. D,8. A,9. C,10. A。

(三)多项选择题

1. ABCE,2. ABCDE,3. ABCD,4. ABDE,5. ABCD,6. ABC,7. ABCDE,
8. ABDE, 9. ABCDE, 10. ABCDE, 11. ABCDE, 12. ABCDE, 13. ABCDE,
14. ABCD,15. ABE,16. ABDE,17. ABCDE,18. ABDE,19. ABCDE,20. BC。

(四)问答题

1. 见书本"6.1.2 物流服务的重要意义"。

2. 见书本"6.2.1 物流服务质量管理流程"中"(1)物流服务信息收集"部分。

3. 见书本"6.2.1 物流服务质量管理流程"中"(2)物流服务现状分析"部分。

4. 见书本"6.2.2 物流服务质量管理方法"。

5. 见书本"6.2.1 物流服务质量管理流程"中"PDCA 方法"部分。

(五)论述题

1. 结合书本"6.2.1 物流服务质量管理流程"中"(3)物流服务内容制定"部分作答。

2. 结合书本"6.4.1 客户投诉处理流程"和"6.4.2 处理客户投诉常用样表"部分作答。

单元七　物流企业财务管理

一、学习目标

1. 掌握衡量物流企业财务优劣的指标有哪些，
2. 掌握各个物流企业财务指标的意义。
3. 掌握物流成本的分类。
4. 掌握物流成本如何核算。
5. 掌握物流企业的收入如何计算。
6. 掌握物流企业的所得税如何计算。
7. 掌握物流企业的利润如何计算。

二、知识结构

知识结构如图 3-7 所示。

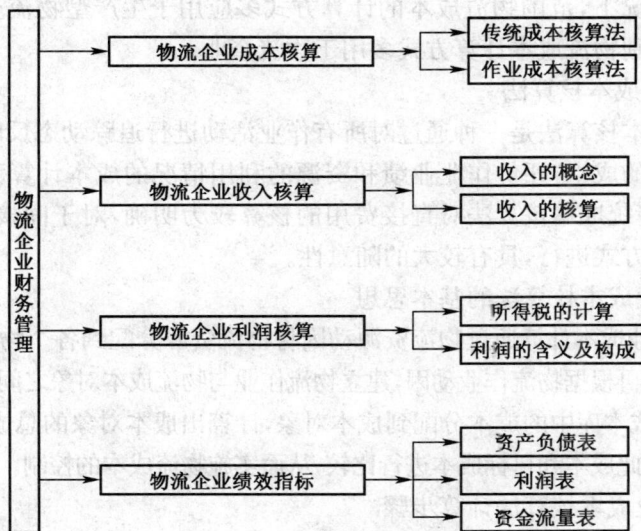

图 3-7　物流企业财务管理知识结构

三、主要知识点解读

(一)物流企业成本核算

1. 传统成本核算法

物流成本是指物流活动中所消耗的物化劳动和活劳动的货币表现。根据国家标准《企业物流成本构成与计算》的规定,物流成本的计算对象可从成本项目类别、范围类别和形态类别三个方面进行计算。

（1）成本项目类别物流成本

指以物流成本项目作为物流成本计算对象，具体包括物流功能成本和存货相关成本。其中，物流功能成本指在包装、运输、仓储、装卸搬运、流通加工、物流信息和物流管理过程中所发生的物流成本。存货相关成本指企业在物流活动过程中所发生的与存货有关的资金占用成本、物品损耗成本、保险和税收成本。

（2）范围类别物流成本

指以物流活动的范围作为物流成本计算对象，具体包括供应物流、企业内物流、销售物流、回收物流和废弃物流等不同阶段所发生的各项成本支出。

（3）形态类别物流成本

指以物流成本的支付形态作为物流成本计算对象，具体包括委托物流成本和企业内部物流成本。其中，企业内部物流成本的支付形态具体包括材料费、人工费、维护费、一般经费和特别经费。

一般情况下，范围物流成本的计算方式多应用于生产型物流企业，成本项目和形态类别物流成本计算方式多用于物流企业。

2. 作业成本核算法

作业成本核算法是一种通过对所有作业活动进行追踪动态反映，计量作业和成本对象的成本，评价作业业绩和资源的利用情况的成本计算和管理方法。相对而言，传统成本核算法对直接费用的核算较为明确，对于间接费用的核算采用分配的方式进行，具有较大的随意性。

（1）作业成本核算法的基本思想

物流作业成本计算通过物流资源动因将物流资源分配到各个物流作业，形成作业成本库，再根据物流作业动因，建立物流作业与物流成本对象之间的因果联系，把物流作业成本库中的成本分配到成本对象，计算出成本对象的总成本和单位成本，由此可将此成本和目标成本进行比较，从而实施物流成本的控制。

（2）作业成本核算法计算步骤

①确定作业内容。包括订单处理、货物验收、货物入库、货物分类、仓储管理和货物出库六项作业。

②确定资源成本库。资源的界定是在作业界定的基础上进行的，每项作业必定涉及相关的资源，与作业无关的资源应从物流成本核算中剔除。

③确定作业动因。作业动因必须可量化。

④计算作业成本时，首先需计算出作业分配系数，即作业分配系数＝作业成本/作业量，然后再根据作业分配系数求出计算对象的某一项物流作业成本。

$$作业成本＝作业分配系数×作业动因数$$

(二)物流企业收入核算

1. 收入的概念

收入有广义和狭义之分。广义的收入既包括企业在生产经营过程中实现的营业收入,也包括对外投资取得的投资收益,还包括从固定资产清理中得到的营业外收入。狭义的收入仅指企业在日常的经营过程中实现的收入。

我国《企业会计制度》中对收入采用了狭义的定义:"收入是企业在销售商品、提供劳务及让渡资产使用权等日常活动中形成的经济利益总流入,包括主营业务收入和其他业务收入。"

2. 收入的核算

(1)主营业务收入核算

主营业务收入是指在正常经营过程中企业从事主要业务所取得的收入,是企业收入的主要构成部分,是形成利润的主要来源。主营业务收入主要包括运输收入、仓储收入、流通加工收入、其他增值物流收入。

①运输收入的核算。运输收入是指物流企业通过运输获得的收入。在物流企业中,运输在其经营业务中占有主导地位。

②仓储收入的核算。仓储收入是指物流企业通过为客户提供仓储服务获得的收入,包括货物在仓库内的保管、装卸搬运等基本的仓储管理活动,不含流通加工活动。

③流通加工收入的核算。流通加工收入是指物流企业按照客户要求对货物进行基本的加工产生的收入。

④其他增值物流收入。指除仓储收入、运输收入和流通加工收入之外,物流企业按照客户要求获得的其他增值业务收入,如加急费、超远距离配送费等。这类收入可以计算在其他增值物流收入之内。

(2)其他业务收入

其他业务收入是指物流企业主营经营收入之外的收入,统一计算在其他业务收入范围内,主要指让渡资产使用权取得收入。让渡资产使用权取得收入主要是指因他人使用本企业资产而收取的使用费收入(不含债券利息收入)。使用费收入在确认时,应按确定的收入金额借记"银行存款""应收账款"等账户,贷记"其他业务收入"账户。

(三)物流企业利润核算

1. 所得税的计算

企业所得税的计算应分两步进行,即首先计算纳税所得额,然后根据纳税所得额乘以规定的所得税率计算应纳所得税。

纳税所得额的计算公式：纳税所得额＝利润总额±应调整项目的金额

所得税的计算公式：应纳所得税＝纳税所得额×所得税额

2. 利润的含义及构成

利润是企业在一定时期内实现的用货币表现的全部经营活动获得的最终成果，也称为财务成果，是企业在一定时期实现的各项收入的总和与发生的各项费用及支出的总和之间的差额。

(1)利润总额

企业的利润既有通过经营活动而获得的，也有通过投资活动而获得的，也包括那些与经营活动无直接关系的事项所引起的盈亏。根据《企业会计准则》的有关规定，企业的利润一般包括营业利润、投资收益、营业外收支净额和补贴收入等部分。

利润总额＝营业利润＋投资净收益＋营业外收支净额＋补贴收入

①营业利润。营业利润是企业利润的主要来源，由主营业务利润、其他业务利润和期间费用构成，用公式表示为：

营业利润＝主营业务利润＋其他业务收入－营业费用－管理费用－财务费用

②主营业务利润又称为基本业务利润，是指企业的主营业务收入净额减去主营业务成本和主营业务应负担的流转税后的余额，用公式表示为：

主营业务＝主营业务收入－主营业务成本－主营业务税金及附加

③其他业务利润。是指企业主营业务以外的其他业务活动所产生的利润。

④投资收益。是指企业在对外投资中所获收益扣除投资损失后的数额。

⑤营业外收支净额。是指与企业经营活动没有直接关系的营业外收入减去营业外支出后的余额，与正常经营活动无关，是偶发的、企业不可控制的、一般不会重复出现的事项。

⑥补贴收入。是企业按规定实际收到的各种补贴收入（包括退还的增值税），或按销量或工作量等和国家规定的补助金额计算并按期给予的定额补贴，以及属于国家扶持的领域而给予的其他形式的补贴。

(2)净利润

净利润是企业当期利润总额减去所得税以后的余额，即企业的税后利润。所得税是指企业应计入当期损益的所得税费用。

(四)物流企业绩效指标

现代物流企业财务分析和评价的依据主要是企业的会计核算资料和财务报告，并以报告为主。财务报告是现代物流企业向政府部门、投资者、债权人等与本企业有利害关系的组织或个人提供的、反映本企业在一定时期内的财务状况、经营成果以及影响企业未来经营发展的经济事项的文件，主要包括资产负债表、利润表、现金流量表、其他附表以及财务状况说明书。其中,资产负债表、利润表、现金流量表应用较广泛。财务报表的真正价值是通过财务报表的分析来预测未来的盈余、股利与现金流量的风险,以帮助公司管理当局规划未来,帮助投资者进行投资。

1. 资产负债表

资产负债表是以"资产＝负债＋所有者权益"为根据,按照一定的分类标准和次序反映现代物流企业在某一时间点上资产、负债及所有者权益的基本状况的会计报表。资产负债表可提供企业的资产结构、资金流动性、资金来源状况、负债水平以及负债结构等信息,为债权人、投资人及企业管理者提供决策依据。资产负债表项目的分类包括资产项目的分类、负债的分类和所有者权益项目的分类。

(1)资产的分类

①流动资产。指可以在一年内或者超过一年的一个营业周期内变现或运用的资产。

②长期投资。是指不准备随时变现、持有时间在一年以上的有价证券,以及超过一年的长期投资。

③固定资产。主要指企业拥有的物流设备、办公设备、库房等既有实物又存在价值的物品。

④无形资产及其他资产。

(2)负债的分类

①流动负债。是指在一年内或者超过一年的一个营业周期内偿还的债务。

②长期负债。是指偿还期在一年以上或者超过一年的一个营业周期以上的债务。

③递延税款。

(3)所有者权益项目分类

①实收资本。是指企业所有者以各种形式投入企业的资本。

②资本公积。是指企业的资本溢价,以及由于接受捐赠、法定财产重估增值等原因而增加的所有者权益。

③盈余公积。是指企业自创立以来在各期的税后利润中,按规定提留给企业的累积余额。

2. 利润表

利润表是计算投资利润率和投资利税率的基础和依据,以"利润＝收入－费用"为根据编制,反映物流企业在一定经营期间内物流活动经营成果的财务报表。通过利润表可以考核现代物流企业利润计划的完成情况,分析企业实际的盈利水平及利润增减变化原因,预测利润的发展趋势,为投资者及企业管理者等各方面提供决策依据。

利润表根据收入和费用在表中不同的列示方法,分为多步式和单步式两种格式。多步式利润表便于同类型企业之间的比较,也便于前后各期利润表上相应项目之间的比较,更有利于预测企业今后的盈利能力。单步式利润表则表示简单,易于理解,避免项目分类上的困难。

3. 现金流量表

物流企业的现金流量表是以"净现金流量=现金流入-现金流出"为根据编制的,通过现金等价物的流入、流出情况,反映企业在一定期间内的经营活动、投资活动和筹资活动的动态情况的财务报表,是计算现代物流企业内含报酬率、财务净现值和投资回收期等反映投资项目盈利能力指标的基础。根据计算的基础不同,现金流量表可分为全部投资财务现金流量表和自有资金财务现金流量表。

(1)经营活动产生的现金流量

经营活动是指企业投资活动和筹资活动以外的所有交易和事项。在编制经营活动现金流量表时,可采用直接法和间接法两种编制方法。直接法是通过现金流入和现金流出的主要类别来反映企业经营活动产生的现金流量。间接法是以本期净利润为起算点,调整不涉及现金的收入、费用、营业外收支等有关项目的增减变动,据此计算出经营活动产生的现金流量。采用直接法提供的信息有助于评价企业未来现金流量。在我国,现金流量表用直接法编制,但在现金流量表的补充资料中还应按间接法反映企业经营活动现金流量的情况。

(2)投资活动产生的现金流量

投资活动是指企业长期资产的购建和不包括在现金等价物范围内的投资及其处置活动。这里所指的长期资产是指固定资产、在建工程、无形资产、其他资产等持有期限超过一年或者一个营业周期以内的资产,而属于现金等价物范围的投资则不包括在内。

(3)筹资活动产生的现金流量

筹资活动是指导致企业资本及债务规模和构成发生变化的活动。债务是指对外举债,包括向银行借款、发行债券。而应付账款、应付票据等商业应付款属于经营活动。对于日常活动之外的、不经常发生的特殊项目,应当归并到相关类别中单设一项反映。如果能够确定属于流动资产的损失,则应当列入经营活动现金流量。属于固定资产损失的,则应当列入投资活动现金流量。如果不能确定,则可以列入经营活动现金流量。

四、全真考试试题分析

(一)判断题

过路费、养路费在物流成本计算当中应属于运输成本。(　　)

试题分析:本题考核对运输成本构成的理解,答案为正确。运输成本是指一定时期内,企业为完成货物运输业务而发生的全部费用,包括从事货物运输业务的人员费用、车辆(包括其他运输工具)的燃料费、折旧费、维修保养费、租赁费、养路费、过路费、年检费、事故损失费、相关税金等,详见教材"7.1.1 传统成本核算法"表 7-1 中的相关内容。

(二)单项选择题

1. 以下哪项是物流活动中所消耗的物化劳动和活劳动的货币表现(　　)。

　　A. 企业收入　　　　B. 企业利润　　　C. 财政支出　　　D. 物流成本

试题分析:本题考核对物流成本定义的理解,答案为 D。物流成本指物流活动中所消耗的物化劳动和活劳动的货币表现,即产品在包装、运输、储存、装卸搬运、流通加工、物流信息、物流管理等过程中所耗费的人力、物力和财力的总和以及与存货有关的资金占用成本、物品损耗成本、保险和税收成本,详见教材"7.1.1 传统成本核算法"中的相关内容。

2. 在一定时期内,企业在物流活动中负债融资所发生的利息支出属于(　　)成本。

　　A. 物流管理成本　　　　　　B. 物品损耗成本

　　C. 资金占用成本　　　　　　D. 保险和税收成本

试题分析:本题考核资金占用成本的定义,答案为 C。资金占用成本是指一定时期内,企业在物流活动过程中负债融资所发生的利息支出(显性成本)和占用内部资金所发生的机会成本(隐性成本),详见教材"7.1.1 传统成本核算法"表 7-1 中的相关内容。

3. 退货、返修物品和周转使用的包装容器等,从需方返回供方的物流活动过程中所发生的物流费用是(　　)。

　　A. 供应物流成本　　　　　　B. 废弃物流成本

　　C. 销售物流成本　　　　　　D. 回收物流成本

试题分析:本题考核回收物流成本的定义,答案为 D,详见教材"7.1.1 传统成本核算法"表 7-2 中的相关内容。

4. 以下不属于作业成本核算法的作业内容的是(　　)。

　　A. 订单处理　　　　　　　　B. 货物验收考试大论坛

　　C. 货物分类　　　　　　　　D. 货物配送

试题分析:本题考核对作业成本核算法的理解,答案为 D。作业成本核算法的作业内容应具体和便于核算,选项 D"货物配送"较为笼统和宽泛,涉及环节很多,不宜作为一项作业内容来核算成本,详见教材"7.1.2 作业成本核算法"中的相关内容。

5. 反映物流企业在一定经营成果的财务报表是( )。

A. 负债表　　　　B. 利润表　　　　C. 现金流量表

D. 企业收入核算表

试题分析:本题考核利润表概念,答案为 B,是教材原话,详见教材"7.4.2 利润表"中的相关内容。

(三)多项选择题

1. 以下属于物流运作成本的是( )。

A. 运输成本　　　　　　　　　B. 流通加工成本

C. 物流信息成本　　　　　　　D. 仓储成本

E. 仓库基建成本

试题分析:本题考核物流运作成本的项目,答案为 ABD。物流运作成本项目有运输成本、仓储成本、包装成本、装卸搬运成本和流通加工成本,详见教材"7.1.1 传统成本核算法"表 7-1 中的相关内容。

2. 企业内部物流成本包括( )。

A. 材料费　　　　B. 人工费　　　　C. 维护费

D. 一般经费和特别经费　　　　　　E. 业务招待费

试题分析:本题考核对类别形态物流成本构成的理解,答案为 ABCD,详见教材"7.1.1 传统成本核算法"表 7-3 中的相关内容。

3. 物流中心对外营运的收入包括( )。

A. 设备费　　　　B. 仓储费　　　　C. 理货费　　　　D. 运输费

E. 加工费

试题分析:本题考核对物流企业收入核算的理解,答案为 BDE。设备费、理货费是物流企业采购设备和理货作业而产生的费用,并非收入来源,详见教材"7.2.1 收入的核算"中的相关内容。

五、单元测试题及参考答案

单元测试题

(一)判断题

1. 物流成本指物流活动中所消耗的物化劳动和活劳动的货币表现。( )

2. 物流功能成本是指在包装、运输、仓储、装卸搬运、流通加工、物流信息

和物流管理过程中所发生的物流成本。（　　）

3. 物流运作成本是指一定时期内，企业为采集、传输、处理物流信息而发生的全部费用，也包括管理人员费用、差旅费、办公费、会议费等。（　　）

4. 回收物流成本作为形态类别物流成本之一，是指退货、返修物品和周转使用的包装容器等从需方返回供方的物流活动过程中所发生的物流费用。（　　）

5. 废弃物流成本是指将经济活动中失去原有使用价值的物品，根据实际需要进行收集、分类、加工、包装、搬运、储存等，并分送到专门处理场所的物流活动过程中所发生的物流费用。（　　）

6. 传统成本核算法对间接费用的核算较为明确，对于直接费用的核算采用分配的方式进行，具有较大的随意性。（　　）

7. 作业成本法的基本思想是通过物流资源动因将物流资源分配到各个物流作业，形成作业成本库，再根据物流作业动因，建立物流作业与物流成本对象之间的因果联系，把物流作业成本库中的成本分配到成本对象。（　　）

8. 收入有广义和狭义之分。狭义的收入既包括企业在生产经营过程中实现的营业收入，也包括对外投资取得的投资收益，还包括从固定资产清理中得到的营业外收入等。（　　）

9. 主营业务收入是企业收入的主要构成部分，是形成利润的主要来源。（　　）

10. 物流企业的利润总额中包含有国债的利息收入。按税法规定，国库券利息收入也属于所得税征收范围。（　　）

11. 利润是企业在一定时期内实现的用货币表现的全部经营活动获得的最终成果，也称为财务成果，是企业一定时期实现的各项收入的总和与发生的各项费用及支出的总和之间的差额。（　　）

12. 主营业务利润又称基本业务利润，是指企业的主营业务收入净额减去主营业务成本和主营业务应负担的流转税后的余额。（　　）

13. 营业外收支净额是指与企业经营活动没有直接关系的营业外收入，与正常经营活动无关，是偶发的、企业不可控制的，一般不会重复出现的事项。（　　）

14. 补贴收入是企业按规定实际收到的各种补贴收入，或按销量或工作量等和国家规定的补助金额计算并按期给予的定额补贴，以及属于国家扶持的领域而给予的其他形式的补贴，其中不包含退还的增值税。（　　）

15. 现代物流企业财务分析和评价的依据主要是企业的会计核算资料和财务报告，并以会计核算为主。（　　）

16. 财务报表的真正价值是通过财务报表的分析来预测未来的盈余、股利与现金流量的风险,以帮助公司管理当局规划未来,帮助投资者进行投资。(　　)

17. 资产负债表是以"资产＝负债＋所有者权益"为根据,按照一定的分类标准和次序反映现代物流企业在某一时间段资产、负债及所有者权益的基本状况的会计报表。(　　)

18. 资本公积是指企业所有者以各种形式投入企业的资本,以及由于接受捐赠、法定财产重估增值等原因而增加的所有者权益。(　　)

19. 编制经营活动现金流量表可采用直接法和间接法两种编制方法。直接法是以本期净利润为起算点,调整不涉及现金的收入、费用、营业外收支等有关项目的增减变动,据此计算出经营活动产生的现金流量。(　　)

20. 投资活动是指企业长期资产的购建和不包括在现金等价物范围内的投资及其处置活动。(　　)

(二)单项选择题

1.(　　)的计算方式多应用于生产型物流企业。
　　A. 范围物流成本　　　　　　　　B. 项目类别物流成本
　　C. 形态类别物流成本　　　　　　D. 适用范围物流成本

2.(　　)是一种通过对所有作业活动进行追踪动态反映,计量作业和成本对象的成本,评价作业业绩和资源的利用情况的成本计算和管理方法。
　　A. 范围成本法　　　　　　　　　B. 作业成本法
　　C. 类别成本法　　　　　　　　　D. 流量成本法

3. 物流企业在计算作业成本时,首先应计算(　　)。
　　A. 作业成本　　　　　　　　　　B. 作业动因数
　　C. 作业成本系数　　　　　　　　D. 作业分配系数

4.(　　)收入是企业收入的主要构成部分,是形成利润的主要来源。
　　A. 主要服务　　　　　　　　　　B. 主营业务
　　C. 运输数量　　　　　　　　　　D. 作业量

5. 运输收入是指物流企业通过运输获得的收入,在物流企业中,运输在其经营业务中占有(　　)地位。
　　A. 主要　　　　　B. 主导　　　　　C. 重要　　　　D. 支配

6. 仓储收入指物流企业通过为客户提供仓储服务获得的收入,在物流企业的财务管理领域,仓储收入的计算不包括(　　)。
　　A. 保管　　　　　B. 装卸　　　　　C. 搬运　　　　D. 流通加工

7. 下列属于物流企业其他业务收入的是(　　)。

    A. 运输收入   B. 仓储收入

    C. 流通加工收入   D. 让渡资产使用权收入

8. 企业所得税的计算应分为两步进行,首先进行计算的是(   )。

    A. 纳税所得额   B. 利润总额

    C. 利润总额系数   D. 应调整项目金额

9. 企业若发生年度亏损,可用下一年度的经营所得弥补;下一年度的所得不足弥补的,可逐年延续弥补,但是延续弥补期间最长不得冲过(   )年。

    A. 4   B. 5   C. 6   D. 7

10. 下列关于营业外收支净额的描述不正确的是(   )。

    A. 企业不可控制   B. 具有偶发性

    C. 经常重复出现   D. 与正常经营活动无关

(三)多项选择题

1. 根据国家标准《企业物流成本构成与计算》的规定,物流成本的计算对象可以从(   )方面进行计算。

    A. 服务类别   B. 责权类别   C. 形态类别   D. 范围类别

    E. 成本项目类别

2. 成本项目类别物流成本指以物流成本项目作为物流成本计算对象,具体包括(   )。

    A. 物流功能成本   B. 存货相关成本

    C. 设备租用成本   D. 员工福利待遇

    E. 额外服务支出

3. 存货相关成本指企业在物流活动过程中所发生的与存货有关的(   )。

    A. 资金占用成本   B. 物品损耗成本

    C. 保险成本   D. 税收成本

    E. 运输成本

4. 范围类别物流成本指以物流活动的范围作为物流成本计算对象,具体包括(   )。

    A. 供应物流成本   B. 销售物流成本

    C. 回收物流成本   D. 废弃物流成本

    E. 企业内物流成本

5. 形态类别物流成本指以物流成本的支付形态作为物流成本计算对象,具体包括(   )。

    A. 委托物流成本   B. 企业内部物流成本

　　　C. 企业外部物流成本　　　　　　　D. 逆向物流成本

　　　E. 客户服务额外支出成本

6. 企业内部物流成本其支付形态具体包括(　　　)。

　　　A. 材料费　　　　　B. 人工费　　　　C. 维护费　　　　D. 一般经费

　　　E. 特别经费

7. 作业成本核算法计算步骤包括(　　　)。

　　　A. 确定作业内容　　　　　　　　　B. 确定资源成本库

　　　C. 确定作业动因　　　　　　　　　D. 计算作业成本

　　　E. 验证作业成本

8. 我国《企业会计制度》中对收入采用了狭义的定义,即收入是企业在销售商品、提供劳务及让渡资产使用权等日常活动中形成的经济利益总流入,包括(　　　)。

　　　A. 主营业务收入　　　　　　　　　B. 副营业务收入

　　　C. 运输业务收入　　　　　　　　　D. 库存业务收入

　　　E. 其他业务收入

9. 主营业务收入主要包括(　　　)。

　　　A. 运输收入　　　　B. 仓储收入　　　C. 员工收入

　　　D. 流通加工收入　　　　　　　　　E. 其他增值物流收入

10. 根据《企业会计准则》的有关规定,企业的利润一般包括(　　　)。

　　　A. 营业利润　　　B. 投资收益　　　C. 补贴收入　　　D. 罚款

　　　E. 营业外收支净额

11. 营业利润是企业利润的主要来源,由(　　　)构成。

　　　A. 主营业务利润　　　　　　　　　B. 其他业务利润

　　　C. 期间费用　　　　　　　　　　　D. 客服费用

　　　E. 员工工资

12. 现代物流企业财务分析和评价的依据主要是企业的(　　　)。

　　　A. 财务报告　　　B. 客户信息　　　C. 利润增长率

　　　D. 服务质量　　　E. 会计核算资料

13. 财务报告主要包括(　　　)。

　　　A. 资产负债表　　B. 利润表　　　　C. 现金流量表

　　　D. 其他附表　　　E. 财务状况说明书

14. 资产供负债表可提供企业的(　　　)等信息,分析者可据此了解企业拥有的资产总额及其构成状况。

　　　A. 资产结构　　　B. 资金流动性　　C. 负债水平

D. 负债结构   E. 资金来源状况

15. 在物流企业财务管理中,资产分为(   )。

  A. 流动资产   B. 长期投资   C. 固定资产

  D. 无形资产   E. 其他资产

16. 下列属于固定资产项目的是(   )。

  A. 累计折旧   B. 工程物资   C. 在建工程

  D. 待摊费用   E. 存货

17. 长期负债是指偿还期在一年以上或者超过一年的一个营业周期以上的债务,包括(   )。

  A. 长期借款   B. 应付债券   C. 长期应付款

  D. 预收账款   E. 应付福利费

18. 资产负债表是由(   )组成。

  A. 表头   B. 表中   C. 表体   D. 表尾

  E. 落款

19. 表头是报表的必要标志,包括(   )。

  A. 报表名称   B. 编制单位   C. 报表日期   D. 金额单位

  E. 所有者权益

20. 下列关于利润表的描述正确的是(   )。

  A. 利润表可分为多步式和单步式两种格式

  B. 多步式利润表便于同类型企业之间的比较

  C. 多步式利润表便于前后各期利润表上相应项目之间的比较

  D. 单步式利润表表示简单、易于理解

  E. 单步式利润表有利于预测企业今后的盈利能力

(四)问答题

1. 作业成本核算法的原理是什么?

2. 物流企业如何计算收入?

3. 物流企业如何计算利润?

4. 所有者权益项目是如何分类的?

(五)论述题

1. 物流企业财务传统成本核算法有几种类型,每个类型如何操作?

2. 物流企业如何进行绩效评定?

【参考答案】

(一)判断题

1. √,2. √,3. ×,4. ×,5. √,6. ×,7. √,8. ×,9. √,10. ×,11. √,12. √,13. ×,14. ×,15. ×,16. √,17. ×,18. ×,19. ×,20. √。

(二)单项选择题

1. A,2. B,3. D,4. B,5. B,6. D,7. D,8. A,9. B,10. C。

(三)多项选择题

1. CDE,2. AB,3. ABCD,4. ABCDE,5. AB,6. ABCDE,7. ABCD,8. AE,9. ABDE,10. ABCE,11. ABC,12. AE,13. ABCDE,14. ABCDE,15. ABCDE,16. ABC,17. ABC,18. ACD,19. ABCD,20. ABCDE。

(四)问答题

1. 见书本"7.1.2 作业成本核算法"。

2. 见书本"7.2.2 收入的核算"。

3. 见书本"7.3.2 利润的含义及构成"。

4. 见书本"7.4.1 资产负债表"。

(五)论述题

1. 结合书本"7.1.1 传统成本核算法"作答。

2. 结合书本"7.4 物流企业绩效指标"作答。

单元八　物流信息化

一、学习目标

1. 了解物流信息系统的定义和作用。
2. 了解物流信息系统的常见分类。
3. 掌握 WMS 和 TMS 的常见模块。
4. 掌握物流信息系统开发的主要步骤。
5. 了解物流信息系统实施成功的一些关键因素。
6. 了解不同类型物流信息系统供应商的产品特点。
7. 了解物流信息系统采购的方法和注意事项。
8. 理解系统采购合同注意事项

二、知识结构

知识结构如图 3-8 所示。

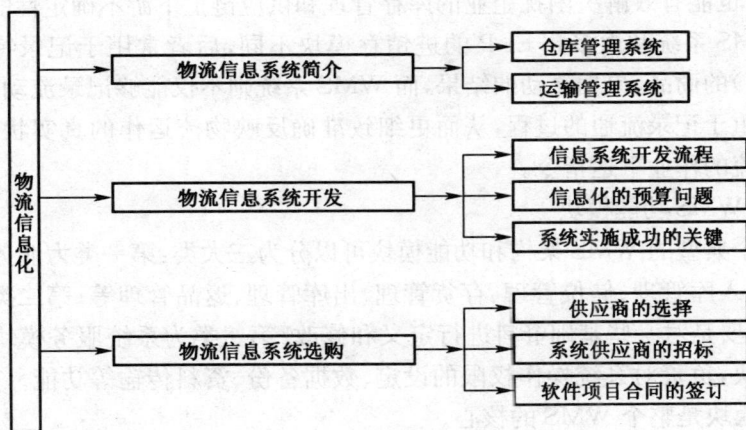

图 3-8　物流信息化知识结构

三、主要知识点解读

(一)物流信息系统简介

物流信息系统是指由人员、设备和程序组成的,为物流管理者执行计划、实施、控制等职能提供信息的交互系统,与物流作业系统一样都是物流系统的子系统。

物流信息系统是计算机技术、网络技术及相关的关系型数据库、条码技术、EDI 等各种技术工具综合应用的产物,可大幅降低物流活动中作业员的劳动强度,减少作业错误发生率,增加效率,加速信息流转。

物流信息系统可根据不同的标准进行分类。

按管理决策层次分类,可分为物流作业管理系统、物流协调控制系统和物流决策支持系统。

按应用对象分类,可分为制造企业的物流管理信息系统、面向分销商的物流管理信息系统和面向专业物流企业的物流管理信息系统。

按系统采用技术分类,可分为单机系统、内部网络系统和外部互联系统。

按系统架构分类,可分为集中型信息系统和分散型信息系统。

按服务物流范围分类,可分为仓库管理系统、运输管理系统、电子拣货系统、电子自动订货系统、销售时点信息系统等。

1. 仓库管理系统(WMS)

(1)WMS 的含义及用途

WMS 是伴随着企业的物流管理从粗放型管理走向集约化、精细化管理的趋势而产生并兴起的。WMS 的合理应用不仅可提升仓储现场作业的准确性和效率,也能有效解决困扰企业的库存管理和供应链上下游不确定性的问题。

WMS 系统和大多数 ERP 的进销存模块不同,后者常用于记录特定对象(如仓库)的商品、单据流动的结果,而 WMS 系统则不仅能够记录流动的结果,还能侧重于记录流通的过程,从而更细致准确反映物流运作的真实状态,并且可对物流的作业下达指令。

(2)WMS 功能模块

一个典型的 WMS 架构和功能模块可以分为三大类:第一类为业务流程模块,包括入库管理、储位管理、存货管理、出库管理、返品管理等;第二类为资料模块,主要是对一些基础资料进行定义和修改;第三类为系统服务模块和数据通信模块,负责对系统操作权限的设定、数据备份、资料传输等功能。其中,业务流程模块是整个 WMS 的核心。

2. 运输管理系统(TMS)

相对于 WMS 而言,TMS 模块相对简单。TMS 模块也可分为三类:第一类为业务作业及管理模块,包括运输作业模块和财务管理模块,用于对运输作业的流程进行管控并具备相关的统计报表功能和财务功能;第二类为基本信息模块,包括对客户、车辆、人员等信息的建立和维护;第三类为系统管理模块,包括对操作权限的设置和数据的备份等。

3. 其他常见的物流信息系统

除 WMS 和 TMS 外,其他常见的物流信息系统有电子拣货系统(CAPS)、电子自动订货系统(EOS)、销售时点信息系统(POS)等。这些系统常常不独立使用,而是结合 WMS 或者 ERP 进行操作。

（1）电子拣货系统（CAPS）

一般使用在出货作业比较复杂的物流中心,是一组安装在货架储位上的电子设备,通过计算机与系统的控制,借助灯光与数字显示作为辅助工具,引导拣货工人正确、快速、轻松地完成拣货工作。

（2）电子自动订货系统（EOS）

是指企业间利用通信网络（VAN 或互联网）和终端设备,以在线连接（On-line）的方式进行订货作业和订货信息交换的系统。

（3）销售时点信息系统（POS）

是指通过自动读取设备（如收银机）在销售商品时直接读取商品销售信息（如商品名、单价等）,并通过通信网络和计算机系统传送至有关部门进行分析加工,以提高经营效率的系统。

（二）物流信息系统开发

1. 信息系统开发流程

物流信息系统的开发实施分以下 5 个阶段:第 1 期的需求分析及设计阶段是系统开发的基础,决定了开发的方向和目标,需要项目各方成员的参与;第 2～3 期是程序的开发和测试阶段,主要由系统供应商进行,其他各方辅助;第 4 期是系统的上线,是整个开发实施的关键,需要各方通力配合,尤其是客户方现场的支持;第 5 期是相关技术的转化,主要取决于系统开发商和客户间的协同。

（1）需求分析及设计

在这个阶段,首先需明确客户当前的物流运作模式,这是需求分析的前提,据此可以形成客户现状分析文档。此阶段的工作重点包括项目启动会议、功能流程设计、系统接口设计、细部流程设计,主要成果包括项目合同、客户现状分析、工程说明书、时程计划、功能流程确认书。

此外,客户需要和咨询公司紧密合作,充分讨论,确定在信息化条件下客户企业最佳物流运作模式,最终形成文档——《功能流程确认书》。《功能流程确认书》文档内容需包括信息化条件下的组织架构、流程说明、相关报表、接口说明等。

（2）系统配置开发

系统的开发环节基本上由系统供应商负责开发。一般上规模的系统供应商,其业务团队和开发团队是分开的,前者负责与客户的沟通确定需求,并将需求转化成开发团队可以理解的"语言";开发团队根据业务团队提供的需求进行代码的编写和程序的开发。这种专业的分工有利于责任的切割和专业能力的提升,但是也带来沟通的复杂性。

此阶段的工作重点包括程序开发、软硬件环境准备、系统配置、主要用户培训、用户测试系统，主要成果包括软件产品、硬件配置说明、软件配置说明、操作手册、用户反馈意见表。

（3）系统测试

系统的测试环节主要由系统供应商负责，客户也需要参与其中。客户的角色主要是提供模拟数据，并一同检验系统运行的过程和运行结果是否满足预期。在系统测试中，一般先对每一个模块进行测试，检验数据的输入输出；然后是进行集成测试，即对系统进行整体的测试；最后是压力测试，即模拟实际运作中最复杂最困难的极端情况下系统能否正常运作，这些极端情况包括诸如所有的用户同时使用系统、同时有大量的订单数据进入系统、订单数据包括所有货品/客户类型、各种作业策略同时使用等。

此阶段的工作重点包括模块测试、集成测试、压力测试、最终用户培训，主要成果包括测试文档、培训文档。

（4）上线实施

上线实施是物流信息系统实施的关键环节，上线的顺利与否决定了整个项目的成败。上线实施一般遵循以下流程：第一步，需要检查各项准备工作是否到位；第二步，进行静态库存的盘点，并将库存的数据导入到信息系统；第三步，系统上线开始，各部门根据新的作业模式开始作业。

因系统的上线需停止作业一段时间进行静态盘点，所以影响很大，应尽量将负面的影响降低到最低限度，选择合适的上线时机尤为重要。

此阶段的工作重点包括基础资料准备、系统初始化、系统上线、现场协助、客户验收，主要成果是客户验收报告。

（5）转至客户支持

上线成功后，系统开发商需将系统移转给客户，包括系统的操作手册、各种权限等。系统开发商需保证客户在正常情况下，能够顺利使用系统，在常见的异常状态下客户可自行解决。在系统遇到大的问题时，如发生系统崩溃等严重错误，系统开发商需在规定的时间内予以回应或到现场予以解决（需要在合同中注明）。由于客户的状态在不断变化，因此需调整系统的一些模块功能。系统开发商一般需要配合客户的要求进行修改程序（可适当收取费用）。

此阶段的工作重点是系统交接和技术支援。

2. 信息化的预算问题

信息化预算估计了客户为信息化所需要付出的资金成本，是客户需要考虑的一个方面。客户需要权衡信息化带给物流作业的效益与投入成本的关系，如果评估的结果是值得操作，则进行系统的上线。

信息化的预算一般包括软件许可费用、项目实施费用、硬件配置费用等。

（1）软件许可费用

指利用成熟物流软件的核心模块的版权使用费用。如果信息系统完全从零开始量身定做，则这个费用不存在，一般在采用国外软件时采用。

（2）项目实施费用

对于项目实施费用，有的软件开发商是按照功能模块进行收费，然后将所开发的模块所需费用进行加总得出总值；也有的是将按照开发、测试、上线实施等分成时间阶段，按阶段进行收费。项目实施费有时候也包括上线后的维护费用。其公式为：投入的人力时间（天）×单价（元/人·天）。

（3）硬件配置费用

指采购信息化相关设备所需的费用，包括服务器及存储设备、网络设备、现场物流作业设备（RF 等）。硬件配置费用常需要包括硬件附带软件的费用和一定阶段（一般是 1～2 年）的维护费用。这个费用和软件许可费用、项目实施费用最大的区别在于客户可不必支付给系统开发商，可让后者提供设备选择的标准自行采购，也可将这些工作全部委托后者进行。

3. 系统实施成功的关键

系统实施成功的主要标志是系统能否按预期导入上线，并且在上线后能够在新的信息化作业模式下支持业务流程，并使流程的整体运作效率效益得以提升。

（1）企业需要上物流信息系统的阶段

从发展阶段上看，刚起步的企业不建议上物流信息系统；企业在高速发展过程中，是最需要物流信息系统的阶段，可借此提升效率；企业在稳定发展过程中，需要持续优化物流信息系统。

从管理的层面看，如果在当前及可预见的未来，现有的作业模式的效率和成本都是令人满意的，则无须信息系统。只有在企业真正需要信息系统解决作业和管理中存在的问题时，才可能发挥应有的价值。

（2）配置合理的实施团队

物流系统的成功开发和实施上线，需要一个项目团队的通力合作。这个团队一般由客户团队、系统开发商、第三方咨询公司组成。其中，客户团队需要物流管理层、企业高层的加入；系统开发商的作用显而易见，主要负责系统开发、测试、实施，是系统上线的最主要责任方；第三方咨询公司作为客户和系统开发商沟通的桥梁，将客户的需求明确地分析和表达出来。

（3）物流系统的合理规划设计

物流流程的顺畅运转必须以物流体系的整体科学规划为前提。如果规划的工作不到位,则物流系统本身已经限制了运作的效率,信息系统对运作水平的积极作用也将不复存在。

（4）严格做好需求分析

需求分析至关重要,这不是完全按照现有流程提出信息化的需求,很多企业会借助信息系统上线的机会对流程进行优化,进而通过系统上线将优化后的流程进行固化。如果需求分析不到位,则信息系统支持的是一个有问题的作业流程,即便可以运行,也无法提升效率,甚至有可能因为效率的因素导致系统被迫下线,造成上线失败。

（5）充分考虑信息化作业对人力的影响

信息化的目的在于提升效率和效益,因此,物流信息化要能够降低劳动强度,减少现场作业人员的数量。信息化对减少作业人员的强度是比较容易达成的,但由于信息化可能需要设置新增岗位,带来人力的增加,客户一般很难接受这样的事实,所以需要通过其他岗位人力的精减来平衡。

（6）对企业管理制度的调整

信息系统的上线会带来岗位的调整,如需最大限度地调动物流员工的积极性,则需要调整相应的管理制度,对新岗位的工作职责作明确划定。在各项制度中,绩效考核制度是关键。

（7）完备的人员培训

人员对系统能够理解并熟练操作是系统上线成功的重要保证,需要培训作为支持。软件的培训一般由程序开发人员负责,培训对象包括所有操作软件的作业人员、管理人员,以及工作性质和软件相关的其他人员。许多物流中心作业繁忙,合理安排培训时间、采取恰当的培训方法显得尤为重要。

（8）客户对系统开发的支持

在系统开发过程中,系统供应商和咨询公司一般会驻点在客户端进行阶段性工作,客户需提供完备的后勤保障,包括足够的办公空间、电脑硬件和软件、网络接入、必要的办公设备。客户需提供可靠协助,使系统开发员不受任何限制地进入客户指定的测试环境,以确保项目成功。客户也需要委派合适的技术人员和用户参与,负责为系统的开发实施准备文档/设备。系统供应商将提供足够的信息,并给予客户合理的前置时间。

（三）物流信息系统选购

1. 供应商的选择

（1）供应商的分类

供应商可分为国内物流软件供应商和国际物流软件供应商,客户可根据自身需求的特点、经济承受能力及物流系统供应商的优势和劣势选择合适的系统供应商。总的来说,国内物流软件适合预算较少、单仓的客户,而国外物流软件适合预算较高、多仓的客户。

（2）供应商的评选标准

信息系统的选型主要需考虑系统供应商的实力、信息系统的能力及价格的高低三个主要方面。供应商评估应重点考量案例的效果和人员的素质部分;信息系统评估,应重点考量物流管理模式支持和系统操作的便利性;价格评估,要注意不同档次的信息系统简单靠价格比较没有意义。

2. 系统供应商的招标

常见的物流软件采购模式有议标、招标两种。其中,议标模式的特点是企业直接找合适的供应商进行议价;招标模式的特点是企业以公开招标的方式决定信息系统供应商。议标模式具有操作简便、成本低、节省时间的优点,但也存在容易被供应商的广告词蒙蔽和难以实现价格最优化的问题;招标模式具有公开公平公正和能够找到性价比更优的供应商的优点,但时间周期长、选型成本高。

企业在实际应用中,小型物流系统以走议标模式为多,大型物流系统一般走招标流程。招标的具体流程是发布软件招标公告→出售招标文件→开标、评标→评标报告→发布中标通知书。

在此过程中,开标和评标是关键环节。由于软件开发的特性,一次招标会常常不能解决所有问题,需要客户和应标供应商多次沟通。

3. 软件项目合同的签订

软件项目提供的产品属于服务产品,本身的内涵不确定性较大,签订合同时需格外谨慎。

（1）系统的需求

系统开发商为减少工作量,规避可能的风险（系统越复杂风险越大）,常会为系统配置尽可能简单的作业流程和业务策略,由此可能导致简单的系统无法有效支持客户复杂的作业。所以,系统的需求需在合同上清晰表达,不可轻信系统供应商业务员的口头承诺。

（2）项目实施的范围

实施的范围主要是指这个系统覆盖的物流系统边界和操作的人数等问题。

（3）系统供应商收费范围

物流软件开发的模块数量和收费紧密相关,在项目合同金额中,软件开发商只需负责合同中涉及的作业模块和功能,而如果超出合同的要求则需要另外收费。然而,在实际工作中,客户会在系统开发过程中突然感觉最初设置的模块或者功能有所欠缺,需要调整模块或者增加功能,而此时系统供应商会要求增加费用等。

（4）项目进度与双方责任

客户和系统供应商都希望在预期的项目阶段内完成系统的开发和实施，而由于种种原因，进度可能推迟，因此需要明确进度推迟的责任。如果责任在于客户方（例如不能提供足够的资源，提供错误的资料等），则客户应给予系统供应商一定的经济补偿；如果责任在系统供应商（例如未在规定的时间内完成程序的开发和测试等），则应向客户给予一定的经济补偿或合同扣款。

四、模拟考试试题分析

（一）判断题

1. 物流信息系统由程序组成，为物流管理者执行计划、实施、控制等职能提供信息的交互系统。（　　）

试题分析：本题考核对物流信息系统概念的理解，答案为错误。物流信息系统是由人员、设备和程序组成，三个要素缺一不可，详见教材"8.1 物流信息系统简介"中相关内容。

2. 在物流信息系统中开发流程中，客户首先需要明确信息化的目的，也就是所谓的功能需求分析，主要借此确定信息系统需要实现的功能。（　　）

试题分析：本题考核对物流信息系统开发中需求分析作用的理解，答案为正确，详见教材"8.2.1 信息系统开发流程"中相关内容。

3. 在物流信息系统供应商招标模式中，议标模式操作成本低，公开公平公正。（　　）

试题分析：本题考核对物流软件采购模式的理解，答案为错误。采购主要有招标和议标两种模式，议标模式操作简便，节省时间、成本低；招标模式公开公平公正，能够找到性价比更高的供应商，详见教材"8.3.2 系统供应商的招标"表 8-5 中的内容。

（二）单项选择题

1. CAPS 是指（　　）。

    A. 仓储管理系统　　　　　　　　B. 运输管理系统

    C. 电子拣货系统　　　　　　　　D. 电子自动订货系统

试题分析：本题考核对物流信息系统分类及其英文缩写的理解，答案为 C，详见教材"8.1 物流信息系统简介"表 8-1 中相关内容。

2. 最为常见的物流信息系统是 TMS 和（　　）。

    A. POS　　　　　B. EOS　　　　　C. CAPS　　　　　D. WMS

（三）多项选择题

1. 物流信息化预算一般包括以下（　　）部分。

    A. 软件许可费用　　　　　　　　B. 项目实施费用

C. 硬件配置费用　　　　　　　　D. 人工费用

试题分析:本题考核对物流信息化预算的理解,答案为 ABC,详见教材"8.2.2 信息化预算问题"中相关内容。

2. 物流信息系统选型主要应考虑以下(　　)方面。

A. 先进性　　　　B. 供应商实力　　　C. 信息系统能力　　　D. 价格

试题分析:本题考核对物流信息系统供应商选择问题的理解,答案为 BCD,详见教材"8.3.1 供应商选择"中相关内容。

五、单元测试题及参考答案

单元测试题

(一)判断题

1. 物流信息系统是指由设备和程序组成、为物流管理者执行计划、实施、控制等职能提供信息的交互系统,是物流系统的子系统。(　　)

2. 物流信息系统可根据不同的标准进行分类,其中,比较实用的分类方法是按照系统所管理的物流范围进行分类。(　　)

3. 常见的管理决策层次系统包括物流作业管理系统、物流协调控制系统、物流决策支持系统、面向分销商的物流管理信息系统等。(　　)

4. 按照系统采用技术标准进行分类,物流信息系统可分为单机系统、内部网络系统、外部互联系统和集中型信息系统四种。(　　)

5. 仓库管理系统(WMS)是伴随着企业的物流管理从粗放型管理向集约化、精细化管理而产生并兴起的。(　　)

6. WMS 系统和大多数 ERP 的进销存模块不同,后者常用于记录特定对象的商品、单据流动的结果,而 WMS 系统则不仅能够记录流动的结果,还能够并且侧重于记录流通的过程。(　　)

7. EOS 一般使用在出货作业比较复杂的物流中心,通过计算机与系统的控制,借助灯号与数字显示作为辅助工具,引导拣货工人正确、快速、轻松地完成拣货工作。(　　)

8. CAPS 的使用,可以在供应链上下游间实现快速订货操作,缩短从接到订单到发出订货的时间,降低订货出错率、节省人工费,最终有利于减少企业库存水平。(　　)

9. POS 系统的使用可以节省人工成本和时间成本,降低出错率,有效掌控销售状况,提升物流运作的品质。(　　)

10. CPA 文档一般根据客户描述由系统开发商提供样板,客户进行填写。(　　)

11. 在物流信息系统开发的需求分析及设计阶段,工作重点是项目启动会议、功能流程设计、系统接口设计、细部流程设计和软硬件环境准备。(　　)

12. 在物流信息系统开发的系统配置开发阶段,其主要成果是软件产品、硬件配置说明、功能流程确认书、软件配置说明和操作手册。(　　)

13. 系统测试一般是先进行集成测试,即对系统进行整体的测试,然后对每一个模块进行测试,检验数据的输入输出;最后是压力测试,即模拟实际运作中最复杂最困难的极端情况下系统能否正常运作。(　　)

14. 信息化预算估计了客户为信息化所需要付出的资金成本和时间成本。(　　)

15. 硬件配置费和软件许可费、项目实施费最大的区别在于客户可不必支付给系统开发商,可让后者提供设备选择的标准自行采购,也可以将这些工作全部委托后者进行。(　　)

16. 系统实施是否成功的主要标志是系统能否按预期导入上线,并在上线后能够在新的信息化作业模式下支持业务流程,并使流程的整体运作效率、效益得以提升。(　　)

17. 从发展阶段上看,高速发展过程中的企业不建议上物流信息系统,因为各种物流作业模式变化大,难以定型,草率上线可能把错误的流程固化,导致错上加错。(　　)

18. 从管理的层面看,如果在当前及可预见的未来,现有的作业模式的效率和成本均令人满意,则无须信息系统。(　　)

19. 物流系统的成功开发和实施上线需要一个项目团队的通力合作。这个团队一般由客户团队、系统开发商、第三方咨询公司和消费者组成。(　　)

20. 物流流程的顺畅运转必须以物流体系的整体科学规划为前提。(　　)

21. 物流信息化的目的在于提升效率和效益,降低劳动强度,减少现场作业人员的数量。但在实际上,由于信息化的实施需要设置新增岗位,反而会带来人力的增加,所以信息化对人力的影响是消极的。(　　)

22. 软件的培训一般由程序开发人员负责,培训对象包括所有操作软件的作业人员、管理人员,以及工作性质和软件相关的其他人员。(　　)

23. 一般地可将供应商分为国内物流软件和国际物流软件;国内物流软件适合预算较少、单仓的客户;而国外物流软件适合预算较高、多仓的客户。(　　)

24. 在对开发的信息系统进行评估时,供应商的评估,应重点考量案例的效果和信息的传递速度部分。(　　)

25. 物流软件的常见采购模式是议标和招标。（　　）

26. 在物流软件采购模式中,议标具有操作简便、节省时间、成本低、公开公平公正等优点。（　　）

27. 企业在实际应用时,小型物流系统以走招标模式为多,大型物流系统一般走议标流程。（　　）

28. 对系统开发商而言,系统开发的成本主要取决于系统开发的模块数量。（　　）

29. 项目实施的范围是指物流信息系统覆盖的物流边界和操作的设备数量。（　　）

30. 在项目合同金额中,软件开发商只需要负责合同中涉及的作业模块和功能,超出合同的要求的部分则需要另外收费。（　　）

(二)单项选择题

1. 在物流信息系统分类中,下列不属于管理决策层次系统的是（　　）。
   A. 物流作业管理系统　　　　　　　B. 物流协调控制系统
   C. 内部网络系统　　　　　　　　　D. 物流决策支持系统

2. 在物流信息系统分类中,下列不属于系统采用技术系统的是（　　）。
   A. 单机系统　　　　　　　　　　　B. 内部网络系统
   C. 外部互联系统　　　　　　　　　D. 物流协调控制系统

3. 下列关于 WMS 的描述不正确的是（　　）。
   A. WMS 可以提升仓储现场作业的准确性和效率
   B. WMS 能有效地解决困扰企业的库存管理和供应链上下游不确定性的问题
   C. WMS 是伴随着企业的物流管理从粗放型管理走向集约化、精细化管理的趋势而产生并兴起的
   D. WMS 是运输管理系统的简称

4. 下列表述正确的是（　　）。
   A. TMS 是仓库管理系统的简称
   B. WMS 是运输管理系统的简称
   C. EOS 是电子自动订货系统的简称
   D. POS 是电子拣货系统的简称

5. 电子拣货系统一般使用在（　　）作业比较复杂的物流中心。
   A. 出货　　　　　B. 入货　　　　　C. 存货　　　　　D. 流通加工

6. 下列描述不正确的是（　　）。
   A. CAPS 可大幅提升拣货的效率和准确性

　　B. CAPS 可主要分为 DPS、DAS 和 DPA 三种模式

　　C. EOS 可以在供应链上下游间实现快速订货操作

　　D. POS 系统的采用可以节省人工成本和时间成本，降低出错率

7. 下列属于信息系统开发第 2 期主要成果的是(　　　)。

　　A. 项目合同　　　B. 工程说明书　　C. 时程计划

　　D. 软硬件配置说明

8. 下列属于信息系统开发第 4 期工作重点的是(　　　)。

　　A. 集成测试　　　　B. 压力测试　　　C. 基础资料准备

　　D. 最终用户培训

9. 下列关于物流系统配置开发的描述不正确的是(　　　)。

　　A. 系统的开发环节基本上由系统供应商负责

　　B. 上规模的系统供应商的业务团队和开发团队是分开的

　　C. 程序开发员编写的相关文档最终会部分提交给客户

　　D. 系统供应商的业务团队主要负责与客户沟通并确定需求

10. (　　　)是物流信息系统实施的关键环节。

　　A. 上线实施　　　B. 技术转化　　　C. 需求分析及设计

　　D. 程序开发及测试

11. WMS 的上线一般选择在出库销售的(　　　)。

　　A. 旺季　　　　　B. 淡季　　　　C. 年初　　　　D. 年终

12. 下列关于信息化预算的描述不正确的是(　　　)。

　　A. 信息化预算估计了客户为信息化所需要付出的资金成本

　　B. 项目实施费用可按照功能模块进行收费

　　C. 项目实施费用可按照开发、测试等阶段收费

　　D. 硬件配置费用是指采购信息化相关设备所需的费用，不包括存储
设备

13. 下列关于企业是否需要上物流信息系统的描述不正确的是(　　　)。

　　A. 刚起步的企业不建议上物流信息系统

　　B. 高速发展中的企业最需要物流信息系统

　　C. 稳定发展过程中的企业不需要物流信息系统

　　D. 如果现有的作业模式在当前及可预见未来的效率和成本都是令人
满意的，则也无须信息系统

　　14. 物流系统的成功开发和实施上线需要一个项目团队的通力合作，这个
团队不包括(　　　)。

　　A. 客户　　　　　　　　　　B. 经纪人

C. 系统开发商   D. 第三方咨询公司

15. 信息系统的上线会带来岗位的调整,影响物流员工的积极性,为此需要修订相应的管理制度。在调整各项制度时,最关键的是(　　)制度。

  A. 绩效考核   B. 日常管理

  C. 技术规范   D. 工资待遇

16. 物流信息系统的培训人员不包括(　　)。

  A. 作业人员   B. 管理人员   C. 开发人员

  D. 工作性质相关人员

17. 国内物流系统供应商开发的软件具有很多优势,下列哪项优势不属于国内物流系统供应商(　　)。

  A. 较易接受客制化   B. 单仓合用   C. 价位低

  D. 培训能力强

18. 下列不属于客户对于信息系统供应商评估内容的是(　　)。

  A. 企业规模   B. 经营年限   C. 功能、技术

  D. 人员素质

19. 下列不属于议标优点的是(　　)。

  A. 操作简便   B. 公开公平公正   C. 节省时间

  D. 操作成本低

20. 下列关于物流软件的采购模式的描述不正确的是(　　)。

  A. 小型的物流系统以走议标模式为多

  B. 大型的物流系统一般走招标流程

  C. 客户可选择委托招标代理机构负责招标工作

  D. 小型的物流系统以走招标模式为多

(三)多项选择题

1. 物流信息系统主要由(　　)组成。

  A. 人员   B. 成本   C. 设备   D. 程序

  E. 计划

2. 物流信息系统的应用可使物流活动(　　)。

  A. 作业员的劳动强度大幅降低   B. 作业错误发生率减少

  C. 工作效率增加   D. 信息流转加速

  E. 货损率降低

3. 下列关于物流信息系统分类中属于管理决策层次系统的是(　　)。

  A. 物流作业管理系统   B. 物流协调控制系统

  C. 内部网络系统   D. 集中型信息系统

　　E. 物流决策支持系统

4. 下列关于物流信息系统分类中属于服务物流范围系统的是（　　）。

　　A. 仓储管理系统　　　　　　　　　B. 运输管理系统

　　C. 电子拣货系统　　　　　　　　　D. 电子自动订货系统

　　E. 销售时点信息系统

5. 在 WMS 功能模块中，业务流程模块主要由（　　）组成。

　　A. 入库管理　　　　B. 储位管理　　　C. 存货管理

　　D. 出库管理　　　　E. 返品管理

6. 物流信息系统的开发实施由（　　）阶段组成。

　　A. 需求分析及设计　　B. 程序开发　　　C. 程序测试

　　D. 系统上线　　　　　E. 技术转化

7. 《功能流程确认书》文档内容主要包括（　　）。

　　A. 组织架构　　　B. 流程说明　　　C. 相关报表

　　D. 接口说明　　　E. 开发成本

8. 在物流信息系统测试阶段，主要的工作有（　　）。

　　A. 系统初始化　　　B. 模块测试　　　C. 集成测试

　　D. 压力测试　　　　E. 最终用户培训

9. 在物流信息系统配置开发阶段，主要的成果有（　　）。

　　A. 软件产品　　　B. 时程计划　　　C. 硬件配置说明

　　D. 操作手册　　　E. 功能流程确认书

10. 信息化的预算一般包括（　　）部分。

　　A. 软件许可费用　　　B. 项目实施费用　　C. 硬件配置费用

　　D. 软件使用费用　　　E. 人员工资

11. 下列属于系统上线成功与否的主要决定因素的是（　　）。

　　A. 配置合理的实施团队　　　　　　B. 物流系统的合理规划设计

　　C. 严格做好需求分析　　　　　　　D. 完备的人员培训

　　E. 充分考虑信息化作业对人力的影响

12. 在系统开发过程中，客户为系统供应商和咨询公司提供的后勤保障包括（　　）。

　　A. 足够的办公空间　　　　　　　　B. 必要的电脑硬件和软件

　　C. 提供可靠协助　　　　　　　　　D. 提供足够的信息

　　E. 委派合适的技术人员和用户参与

13. 国内物流软件具有的优点有（　　）。

　　A. 价位低　　　B. 单仓合用　　　C. 沟通容易

D. 可扩展性强　　E. 较易接受客制化

14. 国际物流软件具有的不足有(　　)。

A. 文件化能力弱　　　B. 系统升级不易　　　C. 软件费较高

D. 不易接受客制化　　E. 上线后维护能力弱

15. 物流信息系统评估的子项目有(　　)。

A. 功能　　　　　　　B. 技术　　　　　　　C. 人员素质

D. 产品价格　　　　　E. 软件年限

16. 在供应商评估中,相关系统案例的子项目包括(　　)。

A. 案例数量　　　　　B. 经营年限　　　　　C. 营业额

D. 人数　　　　　　　E. 案例效果

17. 物流软件的采购中常见的模式有(　　)。

A. 招标　　　　　　　B. 竞争性谈判　　　　C. 独立谈判

D. 议标　　　　　　　E. 投标

18. 议标的优点有(　　)。

A. 操作简便　　　　　B. 节省时间　　　　　C. 操作成本低

D. 公开　　　　　　　E. 公平公正

19. 招标的优点有(　　)。

A. 公开　　　　　B. 公平　　　　　C. 公正　　　　　D. 时间周期短

E. 选型成本低

20. 在合同的签订时,物流企业需要注意的内容有(　　)。

A. 系统的需求　　B. 项目实施范围　　C. 项目进度

D. 双方责任　　　　E. 供应商收费范围

(四)问答题

1. 物流信息系统开发的主要步骤有哪些?

2. 物流信息系统上线的一般流程是什么?

3. 物流信息系统采购的方法有哪些?

4. 物流信息系统采购合同的注意事项有哪些?

(五)论述题

1. 如果物流信息系统上线失败,你认为可能的原因会有哪些?

2. 如果让你挑选物流信息系统的供应商,你会如何进行操作?

【参考答案】

(一)判断题

1. ×,2. ×,3. ×,4. ×,5. √,6. √,7. ×,8. ×,9. √,10. ×,11. ×,12. ×,

13. ×,14. ×,15. √,16. √,17. ×,18. √,19. ×,20. √,21. ×,22. √,23. √,24. ×,25. √,26. ×,27. ×,28. ×,29. ×,3. 0√。

(二)单项选择题

1. C,2. D, 3. D, 4. C, 5. A, 6. B, 7. D, 8. C, 9. C, 10. A, 11. B, 12. D, 13. C,14. B,15. A,16. A,17. D,18. C,19. B,20. D。

(三)多项选择题

1. ACD, 2. ABCD, 3. ABE, 4. ABCDE, 5. ABCDE, 6. ABCDE, 7. ABCD,8. BCDE, 9. ACD, 10. ABC, 11. ABCDE, 12. ABCDE, 13. ABCE, 14. CD,15. AB,16. AE,17. AD,18. ABC,19. ABC,20. ABCDE。

(四)问答题

1. 见书本"8. 2. 1信息系统开发流程"。

2. 见书本"8. 2. 1信息系统开发流程"中"(4)"。

3. 见书本"8. 3. 2系统供应商的招标"。

4. 见书本"8. 3. 3软件项目合同的签订"。

(五)论述题

1. 结合书本"8. 2. 3系统实施成功的关键"作答。

2. 结合书本"8. 3. 1供应商的选择"作答。

单元九 物流标准与法律法规

一、学习目标

1. 掌握物流标准化的定义。
2. 掌握物流标准的分类。
3. 掌握物流标准化的特点和好处。
4. 掌握提高物流标准化的措施。
5. 了解我国物流法规当前的整体状况。
6. 掌握物流法规的分类。
7. 了解常见物流法规的应用范围。

二、知识结构

知识结构如图 3-9 所示。

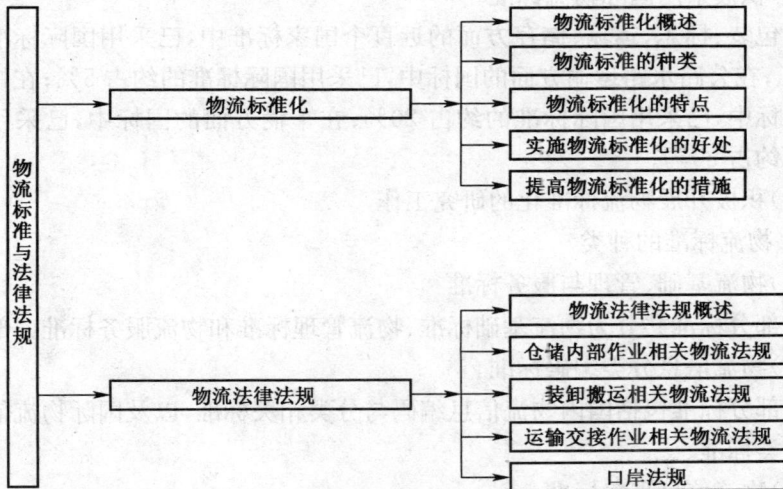

图 3-9 物流标准与法律法规知识结构

三、主要知识点解读

(一)物流标准化

1. 物流标准化概述

物流标准化是指以物流系统为对象,围绕运输、储存、装卸、包装以及物流信息处理等物流活动制定、发布和实施的有关技术和工作方面的标准,并按照技术标准和工作标准的配合性要求,统一整个物流系统标准的过程。物流标准化是以物流作为一个大系统,制定系统内部各个分系统的技术标准、系统内各个分领域的工作标准、物流运作流程标准、服务质量标准,并以系统为出发点,研究各分系统与分领域中技术标准与工作标准的配合性,统一整个物流系统的标准。

我国物流标准化工作的突出贡献有:

(1)制定了一系列物流或与物流相关的标准

据粗略统计,我国现已制定颁布的物流或与物流相关的标准已有近千个,包括包装标准和物流机械与设施等方面。无论从系统性的角度来看,还是从标准层次性的角度、部门的角度来分析,我国的物流标准正在不断地实施和完善。

(2)建立了与物流有关的标准化组织、机构

我国建立的以国家技术监督局为首的全国性的标准化研究管理机构体系中,有许多机构和组织从事着与物流有关的标准化工作。

(3)积极参与国际物流标准化活动

(4)积极采用国际物流标准

在包装、标志、运输、储存方面的近百个国家标准中,已采用国际标准的约占 30%;在公路水路运输方面的国标中,已采用国际标准的约占 5%;在铁路方面的国标中,已采用国际标准的约占 20%;在车辆方面的国标中,已采用国际标准的约占 30%。

(5)积极开展物流标准化的研究工作

2. 物流标准的种类

(1)物流基础、管理与服务标准

该部分标准共分为物流基础标准、物流管理标准和物流服务标准三部分。

(2)物流信息分类编码标准

该部分标准包括国内物流信息编码与分类相关标准,以及国际物流信息编码与分类标准。

(3)物流信息采集标准

该标准主要介绍了各种条码,以及其编码和条码表示的方式。

(4)物流信息交换标准

物流信息交换标准分为电子数据交换及贸易单证、电子商务、报文三部分。

(5)物流技术标准

物流技术标准包括包装、集装单元化器具、搬运与仓储三部分。

3. 物流标准化的特点

(1)物流标准化涉及面广泛

包括机电、建筑、工具、工作方法等许多种类。

（2）物流标准化系统属于二次系统

由于物流及物流管理思想诞生较晚，组成物流大系统的各个分系统过去在没有归入物流系统之前，早已分别实现了本系统的标准化。

（3）物流标准化更要求体现科学性、民主性和经济性

科学性的要求是要体现现代科技成果，要求与物流的现代化相适应，要求能将现代科技成果联结成物流大系统；民主性是指标准的制定采用协商一致的办法，考虑各种现实条件，广泛听取意见，使标准更具权威，减少阻力，易于贯彻执行；经济性是物流标准化主要目的之一，也是标准化生命力的决定因素。

（4）物流标准化具有国际性

由于国际贸易大幅度增加，所有的国际贸易又必须要靠国际物流来完成。只有各个国家重视本国物流与国际物流的衔接，促使本国物流管理发展初期就力求使本国物流标准与国际物流标准化体系一致，才会降低国际交往的技术难度，降低外贸成本。

（5）贯彻安全与保险的原则

物流安全问题对物流企业的健康发展至关重要，所以，物流标准化是在物流标准中对物流安全性、可靠性的规定和为安全性、可靠性统一技术标准、工作标准。

4. 实施物流标准化的好处

（1）物流标准化是物流系统设计的前提

物流标准化是物流系统同一性、一致性的保证，是所有环节有机联系的必要前提。

（2）物流标准化对物流成本和效益有重大决定作用

实现物流标准化后，可以实现"一贯到户"式物流，其物流速度加快，中间装卸、搬运、暂存费用降低。

（3）物流标准化可加快物流管理发展进程

物流标准化可加快物流系统建设，是迅速推行物流管理的捷径。

（4）物流标准化为物流系统与外系统的衔接创造了条件

物流系统不是孤立的。为使物流外系统与物流系统更好衔接，通过物流标准化简化和统一衔接点是非常重要的。

5. 提高物流标准化的措施

（1）政府应以优惠政策鼓励企业参与物流标准化建设

政府部门是国家标准的组织制定者和推广者，在国家标准的制定中扮演着重要角色。而企业是标准的最终执行者，物流标准的推广必须要有企业的配合。

（2）行业协会应发挥引导协调作用

行业协会应在各物流企业中起到积极的协调作用，推动和监督企业参照和遵循国际先进物流标准，打破条块分割和地方保护，从整个经贸发展的需要来规划物流产业的网络布局，加大行业协会的发展与引导作用。

（3）积极借鉴、采用国外先进物流标准，注重与国际物流标准接轨

在物流标准化工作中，不仅要立足国内实际情况，同时还要着眼于国际，充分借鉴我国和发达国家的成熟经验和先进技术，积极采用国内和国外先进标准和标准化方法，加强物流标准化与国际物流标准化的接轨。

（4）尽快出台基础性实用标准，逐步推出新标准

在我国，一些基本概念的模糊和基础资料的匮乏严重影响了物流业的发展，所以，应尽快出台基础性实用标准，进而在考虑物流各环节协调的基础上，对现行的各种国家已颁布的与物流活动有关的标准进行深入的研究与整理分析，同时保持各种相关标准的协调一致，逐步完善物流标准化体系。

（5）重视物流标准化人才的培养

目前，我国物流标准化人才奇缺。企业要有重点地利用多种途径培养现代物流人才，同时，在企业内建立起人才激励机制，培养造就一大批熟悉物流业务、具有跨学科综合能力的物流管理人才和专业技术人才。

（二）物流法律法规

1. 物流法律法规概述

（1）我国物流法律法规的特点

物流法律法规具有广泛性、多样性和复杂性的特点。首先，物流活动的范围很大。其次，物流活动的内容广泛，物流活动包括运输、仓储、装卸、包装、装卸搬运、流通加工、信息处理等环节。第三，物流活动的参与者众多，涉及不同的行业、不同的部门和不同的人员等。这些特点使物流法律法规的表现形式也有多种，有国际惯例，有国家法律，有部门规章，还有行业准则。

（2）我国物流法律法规的框架和内容

总体看，我国物流法律法规可以分为两个方面，即国内法规和国际法规。国内法规主要包含有全国人大通过的法律，国务院通过的法令，行政主管部门通过的部门规章、国家标准等；国际法规主要包含有国际公约、国际惯例、国际标准等。

物流法律法规的框架内容涵盖了物流活动的各个方面，从物流活动的各个子系统来看，物流法律法规的内容主要有以下四种类型：

①仓储内部作业相关物流法规。主要包括流通加工、包装、仓储保管、保税仓库等涉及的相关法规，具体有仓储租赁涉及的《合同法》对租赁合同的规范、

包装环节涉及的《危险和化学品包装物、容器定点生产管理办法》《药品包装管理办法》等。

②装卸搬运相关物流法规。主要包括在港站、货场等物流节点的装卸搬运作业所涉及的法规,具体有我国《合同法》《航空法》《铁路法》《海商法》《国内水路货物运输规则》等。

③运输交接作业相关物流法规。主要包括在水运、陆运、空运及多式联运等不同模式下运输货物交接所涉及的法律,具体有我国《合同法》《公路法》《铁路法》《航空法》《海商法》等。

④与口岸相关的法律法规。主要包括口岸的管理及通关方面涉及的制度规范,具体有《中华人民共和国海关法》《中华人民共和国国境卫生检疫法》《中华人民共和国食品卫生法》等。

2. 仓储内部作业相关物流法规

(1)流通加工相关法律

与流通加工相关的法规有《合同法》,主要针对签署承揽加工业务的合同行为进行约束,对加工材料的使用、合同双方在工作中的配合以及违约责任等都做了明确规范。

(2)包装相关法律

我国至今尚未制定专门的包装法,重要的包装规范有 GB9174《一般货物运输包装通用技术条件》、GBl2463《危险货物运输包装通用技术条件》、CB/T16471《运输包装件尺寸界线》、GBl90《危险货物包装标志》、GBl91《包装储运图标标志》、GB4857《运输包装件基本试验》等。这些标准都是强制性的,可作为技术法规使用。

(3)仓储与保管相关法律

仓储与保管主要涉及《合同法》的相关要求,需要注意的是仓储合同与保管合同是有区别的,其中保管合同可以是有偿的也可以是无偿的,但仓储合同是双方有偿合同,同时仓储合同的主体也具有一些特殊性。

(4)保税仓储相关法律

保税货物是指经过海关批准未办理纳税手续入境,以及在境内储存、加工、装配和再运出境的货品,因此,保税仓储适用的法规尤其具有特殊性。

3. 装卸搬运相关物流法规

(1)港站经营人相关法规

根据《国籍贸易运输港站经营人赔偿责任公约》,港站经营人是指在其业务过程中、在其控制下的某一区域内或在其有权出入或使用的某一区域内、负责接管国际运输货物、以便对这些货物从事或安排从事于运输有关服务的人,相关的法律有《联合国国际贸易运输港站经营人赔偿责任公约》。

（2）港口货物作业规则

由于我国尚未出台规范的港口经营人法律,当前使用的是基于《民法通则》和《合同法》的《港口货物作业规则》。

（3）铁路货场作业相关规范

《中华人民共和国铁路法》对铁路运输中企业对承运货物的整体进行了规范。

（4）公路货场作业相关法规

《汽车货物运输规则》主要对装卸搬运的工具、责任人、车辆清洁工作、装卸方法、堆货方法等进行了规范。

4. 运输交接作业相关物流法规

（1）水运相关法律法规

我国在 1993 年出台了《中华人民共和国海商法》,用于规范国际海上运输活动中各当事人的关系。以外,国际上通用的海运国际公约有《海牙规则》《维斯比规则》和《汉堡规则》等。在内河运输方面,国家于 1995 年出台了《水路货物运输规则》,并于 2001 年进行了修订。

（2）陆运相关的法律法规

公路运输方面适用的法规有《汽车货物运输规则》《汽车危险货物运输规则》和《集装箱汽车运输规则》等。铁路运输方面适用的法规有《中华人民共和国铁路法》《铁路货运运输管理规则》等。另外我国还加入了《国际铁路货物联运协议》。

（3）空运相关的法律法规

航空运输部分国内适用的法律法规有《中华人民共和国航空法》《中国民用航空货物国际运输规则》,国际上通用的法律法规有《华沙公约》《海牙议定书》《瓜达拉哈拉公约》等。

（4）多式联运适用法律法规

我国多式联运适用的法律法规主要有《中华人民共和国海商法》和《国际集装箱多式联运管理规则》,国际上的相关法律法规有《联合国国际货物多式联运公约》、《联运单证统一规则》等。

5. 口岸法规

（1）口岸相关的国内法律法规

我国与口岸相关的法律主要有《中华人民共和国海关法》《中华人民共和国国境卫生检疫法》《中华人民共和国食品卫生法》《中华人民共和国进出境动植物检疫法》等。

(2)口岸相关的国际条约公约

与口岸有关的国际公约很多,其参约国和使用范围各有不同,其中主要的有《关于设立海关合作理事会的公约》《货物暂准进口报关手册的海关公约》《协商商品名称和编码制度的国际公约》等。

四、模拟考试试题分析

(一)判断题

1. 物流技术标准包括包装、集装化单元器具、搬运与仓储三部分。(　　)

试题分析:本题考核对物流标准种类的理解,答案为正确,详见教材"9.1.2物流标准的种类"中相关内容。

2. 物流标准化不要求有国际性,应尽可能突出中国特色。(　　)

试题分析:本题考核对物流标准化特点的理解,答案为错误。全球经济一体化,国际贸易量大幅度增加,要求物流标准化具有国际性,详见教材"9.1.3物流标准化的特点"中相关内容。

3. 国家相关物流标准也属于国内物流法规的范畴。(　　)

试题分析:本题考核对我国物流法规框架的理解,答案为正确,详见教材"9.2.1物流法规法律概述"图9-2中的内容。

4.《合同法》不属于物流法律法规的范畴,在物流诉讼中不涉及《合同法》。(　　)

试题分析:本题考核对物流法律法规的理解,答案为错误。在物流业务中,仓储租赁、流通加工和运输服务等环节广泛涉及合同法,详见教材"9.2.1物流法律法规概述"中相关内容。

(二)单项选择题

1. 我国已建立一套以(　　)为首的全国性的标准化研究管理体系。

　　A. 交通运输部　　　　B. 国家发改委

　　C. 国家技术监督局　　D. 国务院

试题分析:本题考核对物流标准化组织、机构的理解,答案为C,详见教材"9.1.1物流标准化概述"中相关内容。

2. 在国际航空运输公约中,《华沙公约》是基本条约,而(　　)是对其的补充和修订。

　　A.《海牙议定书》　　　B.《ATA议定书》

　　C.《荷兰议定书》　　　D.《华沙议定书》

试题分析:本题考核对空运相关法律法规的理解,答案为A,详见教材"9.2.4运输交接作业相关法律法规"中相关内容。

(三)多项选择题

1. 国际物流法律法规包括(　　)。

　　　A. 国际公约　　　　　　B. 国际惯例

　　　C. 国际标准　　　　　　D. 国际合同

试题分析:本题考核对我国物流法规框架的理解,答案为正确,详见教材"9.2.1 物流法规法律概述"图 9-2 中的内容。

　　2. 物流法律法规具有(　　)的特点。

　　　A. 广泛性　　　B. 复杂性　　　C. 系统性　　　D. 多样性

试题分析:本题考核对物流法律法规特点的理解,答案为 ABD,详见教材"9.2.1 物流法律法规概述"中相关内容。

五、单元测试题及参考答案

单元测试题

(一)判断题

　　1. 物流标准化是指以物流设备为对象,围绕运输、储存、装卸、包装以及物流信息处理等物流活动制定、发布和实施有关技术和工作方面的标准,并按照技术标准和工作标准的配合性要求,统一整个物流系统的标准的过程。(　　)

　　2. 从系统性的角度来看,我国不仅制定了完善的技术标准,有关物流行业的通用标准、工作标准和管理标准也已开始实施和完善。(　　)

　　3. 我国已经建立了一套以国家技术监督局为首的全国性的标准化研究管理机构体系,而这中间有许多机构和组织从事着与物流有关的标准化工作。(　　)

　　4. 物流信息分类编码标准要介绍了各种条码,以及其编码和条码表示的方式。(　　)

　　5. 物流信息交换标准主要包括国内物流信息编码与分类相关标准以及国际物流信息编码与分类标准。(　　)

　　6. 物流技术标准包括包装、集装单元化器具、搬运与仓储三部分,其中,搬运与仓储部分包括搬运设备标准和仓储标准。(　　)

　　7. 由于物流及物流管理思想诞生较晚,组成物流大系统的各个分系统过去在没有归入物流系统之前,早已分别实现了本系统的标准化,因此,物流标准化系统属于二次系统。(　　)

　　8. 物流标准化的科学性是物流标准化主要目的之一,也是标准化生命力的决定因素。(　　)

　　9. 在物流标准中对物流安全性、可靠性的规定和为安全性、可靠性统一技术标准、工作标准是物流标准化的另一个特点。(　　)

　　10. 物流标准化是一个水到渠成的自然过程,在短期内推广完善物流标准

化体系不切实际。（　　）

11. 由于物流活动的范围较大、内容广泛、参与者众多，因此，我国物流法律法规具有广泛性、多样性和复杂性的特点。（　　）

12. 我国物流法律法规可分为国内法规和国际法规两个方面。国内法规包括全国人大通过的法律、国务院通过的法令、行政主管部门通过的部门规章、国际公约、国家标准等。（　　）

13. 国内物流法规是我国国内以各种文件下发的法律文件、法规、标准等，包括全国人大通过的法律、国务院发布的法令、国家标准等，都具有强制性。（　　）

14. 国际法规一般是由国际组织统一制定或者在国际活动中形成的，包括由国际组织制定的国际公约、长期国际实践形成的国际惯例、国际组织制定的国际标准等，约束力强，大多具有强制性。（　　）

15. 装卸搬运相关物流法规主要包括在港站、货场等物流节点的装卸搬运作业所涉及的法规，如《药品包装管理办法》《汽车货物运输规则》等。（　　）

16. 我国制定的专门用于包装的法规主要有《危险货物运输包装通用技术条件》《运输包件尺寸界线》《危险货物包装标志》等。（　　）

17. 保税货物是指经过海关批准未办理纳税手续入境，在境内储存、加工、装配和再运出境的货品，因此保税仓适用的法规尤其具有特殊性。（　　）

18. 在铁路货场作业相关规范中，《铁路货物运输管理规则》对于铁路运输中企业对承运货物的整体进行了规范。（　　）

19. 我国在 1993 年出台了《中华人民共和国海商法》，用于规范国际海上运输活动中各当事人的关系，除此以外，国际上通用的海运国际公约有《海牙规则》《维斯比规则》和《汉堡规则》等。（　　）

20. 我国与口岸相关的法律主要有《中华人民共和国海关法》《中华人民共和国食品卫生法》《中华人民共和国进出境动植物检疫法》等。其中，《中华人民共和国进出境动植物检疫法》是通过实施国境卫生检疫，来防止传染病由国外传入或者由国内传出而制定的相应规范。（　　）

（二）单项选择题

1. 我国已经建立了一套以（　　）为首的全国性的标准化研究管理机构体系，这中间有许多机构和组织从事着与物流有关的标准化工作。

　　A. 中国物流与采购联合会　　　　　　　B. 中国劳动保障部

　　C. 国家技术监督局　　　　　　　　　　D. 国务院

2. 我国积极采用国际物流标准，在包装、标志、运输、储存方面的近百个国家标准中，已采用国际标准的约占（　　）。

　　A. 15%　　　　B. 20%　　　　C. 30%　　　　D. 40%

3. 物流信息采集标准主要介绍了各种(　　)。

　　A. 系统名称　B. 设备用途　C. 系统编码　D. 条码

4. 物流信息交换标准主要分为三个部分,下列不属于这三个部分内容的是(　　)。

　　A. 电子商务　B. 报文　　C. 网络系统

　　D. 电子数据交换及贸易单证

5. 物流标准化系统是属于(　　)系统。

　　A. 一次　　　B. 二次　　　C. 三次　　　D. 四次

6. (　　)大多不具有强制性,约束力也不如国内法规,各个国家自愿自觉受其约束。

　　A. 国际法规　B. 国际惯例　C. 航海法规　D. 海牙法规

7. 下列不属于仓储内部作业相关物流法规的是(　　)。

　　A.《药品包装管理办法》

　　B.《国内水路货物运输规则》

　　C.《林木种子包装和标签管理办法》

　　D.《药品包装、标签规范细则(暂行)》

8. 下列不属于装卸搬运相关物流法规的是(　　)。

　　A.《合同法》　　　　　　　　B.《航空法》

　　C.《铁路法》　　　　　　　　D.《集装箱关务公约》

9. 在流通加工领域,(　　)对于承揽人应亲自完成主要工作并承担风险做了明确规定,同时对于加工材料的使用、合同双方在工作中的配合以及违约责任等都做了明确规范。

　　A.《合同法》　B.《航空法》　C.《铁路法》　D.《公路法》

10. (　　)是指经过海关批准未办理纳税手续入境,在境内储存、加工、装配和再运出境的货品。

　　A. 保税货物　　　　　　　　B. 出口货物

　　C. 进口货物　　　　　　　　D. 港口加工货物

11. (　　)是指在其办理业务过程中,在其控制下的某一区域内或在其有权出入或使用的某一区域内,负责接管国际运输货物,以便对这些货物从事或安排从事于运输有关服务的人。

　　A. 港站经纪人　　　　　　　B. 港站经营人

　　C. 港站营销人　　　　　　　D. 港站管理人

12. 在铁路货场作业相关规范的法规中,(　　)对货场的作业要求、装车作业方法、卸车作业方法进行了明确的规定。

　　A.《铁路货物运输管理规则》

　　B.《铁路装卸作业标准》

　　C.《铁路货物运输管理规则》

　　D.《铁路车站集装箱货运作业标准》

　　13. 在公路货场作业相关法规中，(　　)对装卸搬运的工具、责任人、车辆清洁工作、装卸方法、堆货方法等进行了规范。

　　A.《公路货物运输管理规则》

　　B.《直通货物运输办法》

　　C.《汽车货物运输规则》

　　D.《公路车站集装箱货运作业标准》

　　14. 在内河运输方面，我国于 1995 年出台了(　　)，并且与 2001 年进行了修订。

　　A.《中华人民共和国海商法》

　　B.《水路货物运输规则》

　　C.《中华人民共和国河运法》

　　D.《中华人民共和国河运作业标准》

　　15.《中华人民共和国海商法》的核心内容是(　　)的规范。

　　A. 河上货物运输合同和租船合同

　　B. 海上货物运输合同和租船合同

　　C. 海上和路上货物运输合同

　　D. 港口货物运输交接合同和租船合同

　　16. 在我国的空运相关法律法规中，(　　)明确规范了空运单的性质及其与运输合同的关系、空运单的内容规则、承运人和托运人的责任和义务以及索赔和诉讼的内容。

　　A.《华沙公约》

　　B.《中国民用航空货物国际运输规则》

　　C.《瓜达拉哈拉公约》

　　D.《中华人民共和国航空法》

　　17. 在多式联运适用的法律法规中，(　　)中的规定只适合通过两种以上的运输方式且其中的一种为海上运输方式的情况；主要用于规范多式联运经营人的责任和义务，确定各不同运输区段的责任人。

　　A.《中华人民共和国海商法》

　　B.《国际集装箱多式联运管理规则》

C.《联运单证统一规则》

D.《联合国国际货物多式联运公约》

18.( )是为了加强进出口商品检验工作、规范进出口商品检验行为而制定的法律。

A.《中华人民共和国海关法》

B.《中华人民共和国进出口商品检验法》

C.《中华人民共和国食品卫生法》

D.《中华人民共和国国境卫生检疫法》

19.( )是为防止动物传染病、寄生虫病和植物危险性病、虫、杂草以及其他有害生物传人、传出国境,保护农、林、牧、渔业生产和人体健康而制定的法律。

A.《中华人民共和野生动物保护法》

B.《中华人民共和国进出境动植物检疫条例》

C.《中华人民共和动物检疫法》

D.《中华人民共和国进出境动植物检疫法》

20.《货物暂准进口报关手册的海关公约》又称( )。

A.《ATA 公约》　　　B.《ACA 公约》　　　C.《ATT 公约》

D.《TAT 公约》

(三)多项选择题

1. 下列关于物流标准化的描述正确的是( )。

A. 物流标准化是以物流作为一个大系统

B. 物流标准化制定了系统内部设施、机械设备、专用工具等各个分系统的技术标准

C. 物流标准化制定了系统内各个分领域如包装、装卸、运输等方面的工作标准

D. 制定了物流运作流程标准、服务质量标准

E. 我国的物流标准化已建成覆盖全物流领域的物流标准

2. 在包装标准方面,我国已全面制定的标准有( )。

A. 包装术语　　　B. 包装尺寸　　　C. 包装标志

D. 包装材料　　　E. 包装容器

3. 为方便企业查询和购买相关物流标准,中国标准出版社汇编收集了我国已经颁布的物流国家标准和行业标准,按其内容分为( )。

A. 物流基础、管理与服务　　　B. 物流技术

C. 物流信息分类编码　　　D. 物流信息采集

E. 物流信息交换

4. 物流基础、管理与服务标准共分为物流基础标准、物流管理标准和物流服务标准三部分,其中物流服务标准主要对( )等制定规范。

A. 仓储服务质量　　　　B. 第三方电子商务　　　　C. 乘用车的服务

D. 第三方物流　　　　　E. 物流公共信息平台

5. 物流信息交换标准分为( )部分。

A. 报文　　　　　　　　B. 编码采集　　　　　　　C. 信息交换

D. 电子商务　　　　　　E. 电子数据交换及贸易单证

6. 我国物流标准化的特点主要有( )。

A. 物流系统的标准化涉及面更为广泛

B. 物流标准化系统是属于二次系统

C. 物流标准化具有国际性

D. 物流标准化贯彻了安全与保险的原则

E. 物流标准化更要求体现科学性、民主性和经济性

7. 企业实现物流标准化带来的好处主要有( )。

A. 物流标准化是物流系统设计的前提

B. 物流标准化对物流成本有重大决定作用

C. 物流标准化对物流效益有重大决定作用

D. 物流标准化可以加快物流管理发展进程

E. 物流标准化为物流系统与外系统的衔接创造了条件

8. 提高物流标准化的措施主要有( )。

A. 政府应以优惠政策鼓励企业参与物流标准化建设

B. 行业协会应发挥引导协调作用

C. 积极借鉴、采用国外先进物流标准,注重与国际物流标准接轨

D. 尽快出台基础性实用标准,逐步推出新标准

E. 重视物流标准化人才的培养

9. 我国物流法律法规的特点主要有( )。

A. 广泛性　　　　　　　B. 多样性　　　　　　　　C. 复杂性

D. 针对性　　　　　　　E. 科学性

10. 从总体上分析,我国的国内物流法规主要包括( )。

A. 全国人大通过法律　B. 国务院通过的法令　　C. 国家标准

D. 国际惯例　　　　　　E. 行政主管部门通过的部门规章

11. 下列关于国际法规的描述正确的是( )。

A. 大多具有强制性　　　B. 大多不具有强制性

C. 一般由国际组织统一制定　　D. 约束力不如国内法规

E. 一般是在国际活动中形成的

12. 从物流活动的各个子系统来看,物流法律法规的内容可以分为(　　)等主要类型。

A. 仓储内部作业相关物流法规　　B. 装卸搬运相关物流法规

C. 运输交接作业相关物流法规　　D. 与口岸相关的法律法规

E. 与信息系统相关的物流法规

13. 下列法规中,属于装卸搬运相关物流法规内容的是(　　)。

A.《药品包装管理办法》　　　　B.《林木种子包装和标签管理办法》

C.《国内水路货物运输规则》　　D.《铁路货物运输管理规则》

E.《民用航空货物国际运输规则》

14. 我国至今尚未制定专门的包装法,在具体实施中,主要遵循的包装规范有(　　)。

A.《一般货物运输包装通用技术条件》

B.《危险货物运输包装通用技术条件》

C.《运输包装件尺寸界线》

D.《危险货物包装标志》

E.《运输包装件基本试验》

15. 在国际上,航空运输部分通用的法律法规有(　　)。

A.《华沙公约》　　　　　　　　B.《海牙议定书》

C.《海牙公约》　　　　　　　　D.《海牙联合公约》

E.《瓜达拉哈拉公约》

16. 国际上通用的海运国际公约有(　　)。

A.《海牙规则》　　　　　　　　B.《维斯比规则》

C.《汉堡规则》　　　　　　　　D.《海牙联合法则》

E.《国际水路货物运输规则》

17. 在陆运相关的法律法规中,适用于公路运输方面法规有(　　)。

A.《汽车货物运输规则》　　　　B.《公路使用规则》

C.《集装箱汽车运输规则》　　　D.《汽车公路运行法则》

E.《汽车危险货物运输规则》

18. 在陆运相关的法律法规中,适用于铁路运输方面法规有(　　)。

A.《火车货物运输规则》　　　　B.《铁路使用规则》

C.《中华人民共和国铁路法》　　D.《火车公路运行法则》

E.《铁路货运运输管理规则》

19. 我国多式联运适用的法律法规主要有(　　)。

A.《货物多式联运公约》　　　　　B.《联运单证统一规则》

C.《中华人民共和国海商法》　　　D.《安全联运法则》

E.《国际集装箱多式联运管理规则》

20. 我国与口岸相关的法律主要有(　　)。

A.《中华人民共和国海关法》

B.《中华人民共和国进出境动植物检疫法》

C.《中华人民共和国食品卫生法》

D.《中华人民共和国国境卫生检疫法》

E.《中华人民共和国野生动物保护法》

(四)问答题

1. 物流标准化的定义是什么?

2. 物流标准的分类有哪些?

3. 物流标准化具有哪些鲜明特点?

4. 提高物流标准化的措施有哪些?

(五)论述题

在我国物流法规相对不完善的情况下,如何在纠纷中使用物流法规来保障自己的权益?

【参考答案】

(一)判断题

1. ×,2. ×,3. √,4. ×,5. ×,6. √,7. √,8. ×,9. √,10. √,11. √,12. ×,13. ×,14. ×,15. ×,16. ×,17. √,18. ×,19. √,20. ×。

(二)单项选择题

1. C,2. C,3. D,4. C,5. B,6. A,7. B,8. D,9. A,10. A,11. B,12. A,13. C,14. B,15. B,16. D,17. A,18. B,19. D,20. A。

(三)多项选择题

1. ABCDE, 2. ABCDE, 3. ABCDE, 4. ABCD, 5. ADE, 6. ABCDE, 7. ABCDE, 8. ABCDE, 9. ABC, 10. ABCE, 11. BCDE, 12. ABCD, 13. CD, 14. ABCDE,15. ABE,16. ABC,17. ACE,18. CE,19. CE,20. ABCD。

(四)问答题

1. 见书本"9.1.1 物流标准化概述"。

2. 见书本"9.1.2 物流标准的种类"。

3. 见书本"9.1.3 物流标准化的特点"。

4. 见书本"9.1.5 提高物流标准化的措施"。

(五)论述题

结合书本"9.2 物流法律法规"和其中的案例作答。

第四篇 考试试卷特点及综合案例题答题技巧

单元一 考试试卷特点及答题注意事项

一、考试试卷特点

①试卷分两部分。第一部分客观题,题型有判断题、单项选择题和多项选择题,总共 120 题,满分 100 分。其中判断题 60 题,每题 0.5 分;单项选择题 40 题,每题 1 分;多项选择题 20 题,每题 1.5 分。试卷第二部分为主观题,题型有情景问答题、论述题和综合案例题,总共 10 题,满分 100 分。其中,情景回答题 6 题,每题 6 分或 7 分,满分 40 分;论述题 3 题,每题 10 分;综合案例题 1 题,30 分。

②试卷的两部分分开考试。试卷第一部分要求在答题卡上用 2B 铅笔涂填正确答案,90 分钟考完后交卷,并休息 20 分钟,再进行试卷第二部分考试。试卷第二部分要求用水笔直接在试卷上书写答案,考试时间为 120 分钟。

③试卷第一部分主要考教材上的内容,基本上都是教材中的原文或对应文字内容。如判断题若正确,则大都为教材的原文;若错误,则为在教材原文上删除或添加部分文字,使表达的意思相反或不够全面。试卷第二部分,主要考运用所学知识分析问题能力,大都以案例形式出现,一般不是教材上的原文,需要综合分析、归纳整理。

④考试的题量大、内容广、时间紧。一张试卷涉及三本教材,总共 130 题,考试时间累积为 3 个半小时。试卷第一部分 120 题,平均每题时间不多;试卷第二部分,虽然只有 10 道题,但需要审题、分析整理、书写答案,耗时费力。大部分考生都会感觉到时间紧张、不够用。

⑤试卷又分 A 卷和 B 卷,其题型、题数、内容完全相同,但是其编题序号不同。在编排考生座位时,A 卷和 B 卷是交叉间隔分开的,防止考生抄袭作弊。

二、答题注意事项

(1)考试用具准备

2B 铅笔两只,签字笔两只,橡皮擦 1 个,削笔刀 1 个,计算器、手表、准考证及身份证件。手机、教材、复习资料等不允许带入考场。

(2)试卷第一部分答题注意事项

①发卷后迅速书写、涂填考生姓名、准考证号码、考场、试卷类型（A卷或B卷），这些过程应不占用答题时间。（试卷第二部分类同）

②答题时，先在试卷上勾选答案。浏览试卷一遍，会做的题迅速勾选；对于没有把握做对的题和不会做的题，暂时留下。尔后，重点对没有把握做对的题进行分析思考，尽可能勾选出正确答案。

③注意时间分配，最后留5～10分钟涂答题卡，并做最后检查。对于不会做的题目，不要空，应做选择并涂填。

④按照判卷规则，多项选择题有错选的得0分，少选但选正确的可得到相应的分数，所以对没有把握的选项最好不选。否则，错选1项，只能得0分。

(3)试卷第二部分答题注意事项

①注意审题分析。首选应判定所答题涉及哪本教材哪一个单元的内容，然后审题作答。对于较熟悉、有把握的内容，可以直接在试卷上填写答案，以节约时间。对于思路不是很清楚，或有计算内容的题目，最好在草稿纸上先答，修改定稿后抄写到试卷上。

②合理分配答题时间。试卷第二部分题型有情景问答题、论述题和综合案例题，分数分别为40分、30分和30分，答题时间最好按照这个比例预先划分，合理控制答题进度。不少考生往往在答完情景问答题时，时间已经超过一半，后面分数多的题目来不及答完。具体答题时，应本着先易后难的原则，把会做、容易做的题目先答完，每一个题目都要看看时间，注意进度。

③书写内容简略得当。试卷中每题的题目后都留有空白，供答题书写用，不同分值题目后的空白大小不一样。在书写字体大小中等的情况下，答题书写文字应占空白三分之二以上，即对于情景问答题应简练答题，不要展开过细；对于论述题和综合案例题应尽可能展开答题，详细论述。

单元二　综合案例分析题答题技巧与案例分析

一、综合案例题答题技巧

（1）综合案例题涉及教材内容多，一般涉及一本教材多个章节教材内容，有时甚至涉及两本教材内容，审题事首选应判定所答题涉及哪些教材、哪些单元的内容，然后根据所问问题，进行分析整理，理清答题思路，针对每一个问题具体作答。

（2）综合案例题都结合实际背景情况提出问题，有些问题可在题目内容中寻找答案，有些问题教材很难找到对应一致的内容，需要考生根据自己的专业理论知识，具体分析作答。

（3）综合案例题分值高（30 分），审题作答时间长，需要留有足够的时间进行答题，考生不能埋头做题，不注意时间控制。

二、综合案例题试题分析

试题一

L 电脑公司物流示意图如下：

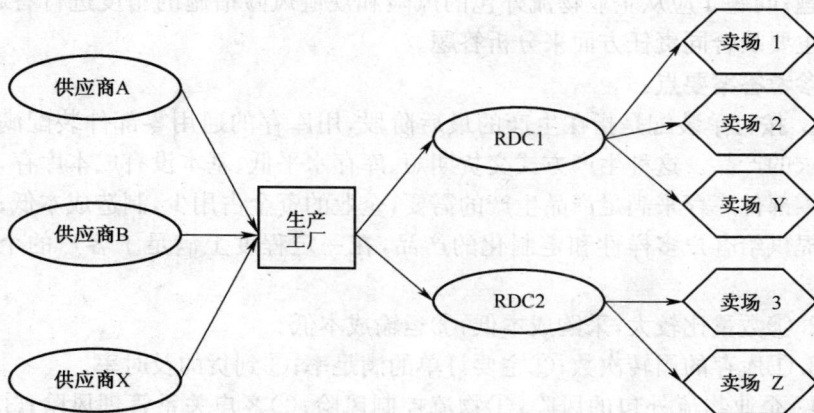

L 公司为我国某电脑生产商，其生产所需的硅芯片、电路板、电阻电容、机箱钢板等零部件、原材料提供商分布在青岛、成都、武汉等诸多城市。每周 L 公司综合计划部集合台式机、笔记本等各产品主生产计划及各种零部件、原料的各种物料需求计划，采购部接受物料需求计划后，向相关供应商下达订单，进行集中采购。各个供应商交货以后，由某综合物流服务商 D 公司负责将各种部件、原料由产地运送至 L 公司的生产工厂。工厂将各种零部件、原料经过加工形成电脑通用标准部件之后，运送至公司两个区域分销中心 RDC1、RDC2。分销中心根据各卖场下达的订单进行组装，并配送至卖场交付给顾客。

根据上述情况描述,回答下列问题:

1. L公司电脑产品的最后阶段是在分销中心按照订单进行装配(ATO),谈谈你对这种生产方式的理解。

2. 你认为公司采购部采用集中采购方法的原因有哪些?

3. 作为RDC1的经理,你通过哪些方面判断现阶段库存水平是否合理?

4. 在L公司高层会议上,有人对于将第三阶段物流服务进行外包提出反对意见,理由是这将会带来诸多风险,对此你是怎样理解的? 并就如何规避风险给出你的建议。

5. 经过投标竞价,D公司成功中标,由其收购L公司现有车辆、仓库等资产,自有资产为L提够第三阶段仓储、配送等物流服务。在D公司竞标庆功会上,负责人对大家说:"我们接过了一个蛋糕,同时也接过了一个炸药",你是怎么理解这句话的? 请简单予以阐述。

试题分析:该综合案例题主要考核生产物流和销售物流教材相关内容,生产物流涉及生产方式、采购管理、物流外包等章节内容,销售物流涉及库存合理化中库存管理方法评价的内容。问题1应可从内涵和特点等方面进行答题;问题2应集合集中采购的优点进行答题;问题3应结合库存管理方法评价指标进行答题;问题4应从企业物流外包的风险和规避风险措施的角度进行答题;问题5主要从合同责任方面来分析答题。

参考答案要点:

1. 按订单装配是指在生产的最后阶段,用库存的通用零部件装配满足客户需求的产品。这种生产方式交货期短、库存水平低、基本没有成本库存,用较少的零部件库存来满足产品生产的需要,企业的资金占用少,制造成本低;并且可以提供给客户多样性和定制化的产品,在一定程度上满足了客户的个性化需求。

2. ①数量比较大,采购成本低;②运输成本低。

3. ①库存的周转次数;②主要订单的满足率;③到货的及时率。

4. 企业物流外包的风险:①物流控制风险;②客户关系管理风险;③连带经营风险。

规避风险建议:a. 识别企业的核心竞争力;b. 外包伙伴的选择;c. 合同管理;d. 物流外包活动的控制;e. 企业内部组织结构的调整;f. 双赢的原则;g. 建立物流服务提供商的竞争模式。

5. 作为第三方物流可能会面临下列的风险:①货物灭损带来的赔偿风险;②延时配送带来的责任风险;③错发错运带来的责任风险。

注意以上为答案要点,具体答题时应适当拓展。

试题二

从企业物流向物流企业的转型的近几年来,物美超市得到迅速发展,以"物美价廉"为销售理念,招来不少回头客,生意越做越红火,在我国零售业中占有一席之地。物美集团副总裁于剑波认为,物流有门槛,包括技术门槛、模式门槛和投资门槛,会将很多竞争对手挡于门槛之外,他们通过对国外零售业物流发展道路的考察,发现国外很多零售企业都将物流外包给第三方运作,而我国物流业特别是零售业物流刚起步,有能力的第三方物流企业还不多,从长远来看,物流市场蕴含着巨大商机,于是物美萌发了创办第三方物流的想法,他们凭借已经建立起来的先进的 IT 系统和强大的物流中心,成立了具有第三方物流性质的"鼎立三通物流公司"。该公司对内是物美的配送中心,对外则是一家独立的第三方物流企业。鼎立三通物流公司的成立反映出了物美集团给物流事业的定位——把企业物流转变成物流企业,是物流中心实现由成本中心向利润中心的转变。

目前,鼎立三通除给物美超市进行配送之外,已经开始向社会提供第三方物流服务,甚至将业务配送延伸到了一些竞争对手的卖场。作为企业物流,总部对它的考核指标主要有送货及时率、配送额指标、送货满足率、库存周转率等几项,但作为独立运作的物流公司,考核指标在这几项之外,还要加上税前净收益。

请分析下列问题:

1. 你认为物美集团自办第三方物流企业的做法可取吗? 为什么?

2. 物美创办了第三方物流企业后,通过何种方式来保证公司业务的扩展和利润?

3. 物美创办了第三方物流企业,重点要开展哪些工作?

试题分析:该综合案例题难度较大,教材上没有明确的章节内容与本题对应,需要考生根据所学知识综合分析作答。问题 1 应尽可能在题目文字中寻找答案,问题 2 和问题 3 应发挥主观能动性,审题、分析和答题。

参考答案要点:

1. 物美集团自办第三方物流企业的做法可取,主要原因如下:(1)物美有自己的核心优势,包括有先进的 IT 系统和强大的物流中心;(2)物美有第三方物流企业具有的几个条件包括:1)物流市场;2)物流管理经验;3)物流技术支持。

2. 通过如下方式保证业务扩展和利润:(1)对内给物美超市进行配送,对外向社会提供第三方物流服务,扩大市场规模;(2)进行物流成本控制;(3)进行绩效考核。

3. 重点做的工作有：(1)成立单独核算、具有法人资格的物流公司；(2)市场考察、市场分析，确定企业经营战略；(3)确定公司管理体制，明确职能部门和运作实体的责任权限，在组织结构方面进行改革；(4)随着业务拓展，突出市场营销，扩大服务范围，完善 IT 系统；(5)运用 PDCA 等方法，进行服务质量管理；(6)按照经营区域物流量分布，拓展和优化物流网络。